W0094382

Gerald Messadié
Verfolgt und auserwählt

Gerald Messadié

Verfolgt und auserwählt

Die lange Geschichte des Antisemitismus

Aus dem Französischen
von Bertold Galli

Piper
München Zürich

Die Originalausgabe erschien 1999 unter dem Titel
»Histoire Générale De L'Antisémitisme« bei JC Lattès.

ISBN 3-492-04253-8
© Éditions JC Lattès 1999
Deutsche Ausgabe: © Piper Verlag GmbH, München 2001
Satz: Dr. Ulrich Mihr GmbH, Tübingen
Druck und Bindung: GGP Media, Pößneck
Printed in Germany

Inhalt

Teil III: Der nationalistische Antisemitismus

Vorwort

Seit mehr als 2000 Jahren werden die Juden verfolgt, und niemand weiß warum, nicht einmal ihre Verfolger: weder die Christen, die nach 17 Jahrhunderten voller Ausschreitungen sich vom Vorwurf des Christusmordes distanzieren, die Juden für unschuldig erklären, sich selbst nachträglich in Hunderttausenden von Fällen des willkürlichen Mordes bezichtigen und glauben, sich mit einigen wenigen Erklärungen entlasten zu können – noch die Nazis und ihre verabscheuenswerten Nachfolger, die in ihren rassistischen Reden den Judenhaß mit der wissenschaftlich völlig unhaltbaren Theorie von der »Rassenreinheit« begründeten und immer noch begründen. Es gibt keine deutsche Rasse. Deutschland hat wie alle anderen Länder der Erde im Lauf der Jahrhunderte mehrere Einwanderungswellen erlebt. Im übrigen ist es wissenschaftlich erwiesen, daß eine »reine« Rasse aufgrund ihrer genetischen Verarmung ziemlich degenerieren würde. Es gibt nur eine einzige und unteilbare menschliche Rasse. Eine »reine« Rasse wäre eine Rasse der Debilen, und so gesehen haben die Vertreter der Rassenreinheitstheorie vielleicht sogar recht, wenn sie sich als Abkömmlinge einer reinen Rasse ausgeben … Nicht einmal ansatzweise läßt sich der fundamentale und tiefsitzende Judenhaß erklären.

Die erstaunlich zahlreichen, aber glücklicherweise aus Gründen der Scham in der Versenkung verschwundenen antisemitischen Texte des 20. Jahrhunderts wirken auf den ersten Blick wie eine Herausforderung an die historische Wahrheit, dann wie erdrückendes Beweismaterial für den pathologischen Charakter ihrer Verfasser. Selbst ein Leser mit nur geringen Psychologiekenntnissen hat die wesentlichen Punkte dieser Wahnvorstellung schnell erfaßt: Eine Wahrheitsfindung über logische Schlußfolgerungen – in diesem Fall über eine historische Neuinterpretation – wird von vornherein abgelehnt. Durch geschickte rhetorische Mittel wird diese Paranoia jedoch verschleiert.

Die Zahl der Fakten und der Dokumente zum Thema Judenverfolgung ist überwältigend. Man findet nicht ein einziges Schriftstück, das uns Anlaß gäbe, an dem 2000 Jahre alten Antisemitismus zu zweifeln. Die Theorien, die ihn verneinen oder zumindest in Frage stellen, werden zwar vielfach angeprangert, doch auf deren unbegreifliche Frivolität hat man im allgemeinen nicht deutlich genug hingewiesen. Den Antisemitismus gibt es seit ungefähr 2000 Jahren. Er hat Millionen von Menschenleben gekostet, und nun sollen ausgerechnet seine militantesten Vertreter, die Nazis, den Juden kein Leid zugefügt haben! Diese Thesen sind so absurd, daß man sie schon allein deshalb mit einem einfachen Schulterzucken quittieren sollte.

Ist deshalb das eindeutig pathologische Phänomen des Antisemitismus nur für die Betroffenen selbst, die Juden, von Belang? Und eventuell noch für die Historiker und alle diejenigen, für die der unaufhörliche Kampf gegen das Absurde ein existentielles Bedürfnis ist? Mitnichten: Der Antisemitismus betrifft jeden zivilisierten Menschen, auch wenn er es nicht wahrhaben will. Er betrifft jeden Menschen, der sich der menschlichen Zivilisation verbunden fühlt. Denn was hier in Frage gestellt wird, ist die ureigene Natur des Menschen, das Bild, das er sich von sich macht, das Vertrauen, das er zu sich und seinem Mitmenschen hat, und seine Überzeugung, anders leben zu können als eine Bakterie oder ein Raubtier. Der Gedanke, daß in einem selbst ein Hitler schlummern könnte, kann einen in tiefen Schrecken versetzen. Hitler, Himmler und andere spätere Nazis waren zunächst einmal unzufriedene Bürger, die sich in nichts von anderen Bürgern unterschieden. Sie befanden sich plötzlich – ganz passiv – im Sog eines haßerfüllten, identitätsbildenden Nationalismus, der durch die konfuse Ideologie des für die damalige Zeit typischen deutschen Nihilismus nur noch schlimmer wurde. Meiner Meinung nach hat man die erschreckende Passivität der Nazis nie deutlich genug hervorgehoben: Man hat sie oft für verrückt gehalten. In Wirklichkeit waren es Marionetten, die Hirngespinsten nachjagten und den Intellekt ablehnten. Allein der Gedanke, daß jemand, der heute neben einem in der U-Bahn sitzt, morgen ein neuer Hitler oder Himmler sein könnte, bringt einen um den Schlaf.

Der Antisemitismus – ganz gleich, ob nun griechisch-römisch, christlich oder modern – ist einer der vielen Aspekte des Absurden in der Welt, gegen das die Philosophie von Anfang an angetreten ist. Jeder, der sich mit den Untaten beschäftigt, welche die Juden seit ungefähr 2300 Jahren und insbesondere in den nationalsozialistischen Vernichtungslagern des 20. Jahrhunderts erfahren haben, ist angesichts dieser unmenschlichen Absurdität zwangsläufig verstört. Das eindringliche Bild eines Primo Levi, der zwar die Lagerhaft überlebt, aber sich hinterher umgebracht hat, weil er die Erinnerung daran nicht ertragen konnte, kommt einem in diesem Zusammenhang unwillkürlich in den Sinn.

Noch schlimmer ist, daß solche psychischen Störungen pathologische Folgen haben. Und zwar nicht nur, weil alle, die nach ethischen Werten streben, nun ihr Scheitern riskieren – wie zahlreiche Philosophen des ausgehenden 20. Jahrhunderts dargelegt haben –, sondern auch weil aus diesem Scheitern jederzeit ein neues Monster hervorgehen kann: die tiefe Überzeugung, daß das Böse fortdauert, jenes Böse, dem das Christentum den Namen Satan gab und das es durch das Töten von Juden zu bannen glaubte. Der über 2000 Jahre währende mörderische Wahn, der in den Vernichtungen seinen Höhepunkt gefunden hat, stellt alle theologischen und philosophischen Überlegungen in Frage. Denn durch den Glauben an die Immanenz des Bösen bekommt das Böse eine immerwährende Existenz. Das Leugnen der menschlichen Freiheit ist das Hauptverbrechen der Religionen, die den Satan predigen. Damit geben sie letztendlich den Nazis Recht. Und ich sage es noch einmal: Alle, die an die Existenz des Satans glauben, sind potentielle Mörder.

Betrachten wir die jüngere Geschichte: Die sich für frei und aufgeklärt haltende Welt mag das schändliche Morden in den stalinistischen Straflagern für die abscheuliche Konsequenz eines politischen Wahns halten, für einen jener historischen »Unfälle«, zu denen man auch die Todeslager der Nazis zu rechnen habe. Doch diese Analogie ist trügerisch und scheinheilig:

Wer dem Gulag entkam, kann sich wieder Hoffnungen hingeben, auch wenn er auf Lebenszeit mit Verletzungen leben muß. Der Schriftsteller Solschenizyn ist ein Beispiel dafür. Die Kaltblütigkeit, mit der die Roten Khmer an die zwei Millionen Menschen umgebracht haben, geht auf einen politischen Wahn zurück, der im Blutrausch noch gesteigert wurde, doch die bestialischen Greueltaten von Pol Pot, Ieng Sary, Khieu Samphan, Ta Mok und Konsorten verblassen, und die Kambodschaner, die einmal unter ihnen gelitten haben, können ein neues Leben anfangen und ihre Toten beweinen. Auch die Massaker der Hutu an den Tutsi und umgekehrt können zumindest von unwissenden und oberflächlichen Zeitgenossen aus der Ferne als Stammesrivalitäten abgetan werden, und vielleicht schaffen es morgen die verschiedenen Stammesangehörigen Ruandas, sich ohne Mordgelüste gegenseitig in die Augen zu schauen. Die Gefangenen der Todeslager hingegen wurden einfach deshalb umgebracht, weil sie als Juden geboren worden waren.

Der Antisemitismus ist nicht auszurotten. Für die einen ist der Jude gefährlich, weil er kein »starkes Nationalempfinden« besitzt. Es ist ein Widerspruch der Geschichte, daß man den Juden die Schuld an ihrer Vertreibung anlastete, obwohl ja gerade sie sich ohne Probleme mit einem Leben außerhalb ihres angestammten Heimatlandes abgefunden haben. Doch der wichtigste Punkt ist folgender: Wer von »Nationalität« spricht, meint »Nation«. Der dritte Teil dieses Buches zeigt hoffentlich klar und deutlich, wie kriminell eine Geisteshaltung ist, die – wie in den beiden Weltkriegen – das Töten von Ausländern gutheißt, nur weil sie Ausländer sind. Für die anderen ist der Antisemitismus durch seine weit zurückreichende Tradition gerechtfertigt. Man beruft sich auf die uralten Erfahrungen der Nationen: Allein schon die Tatsache, daß er geboren wurde, wird dem Juden zum Vorwurf gemacht. Gerade in der Rückbesinnung auf diese Tradition entpuppt sich der Antisemitismus als Rätsel und Herausforderung.

Dieser Herausforderung will sich das vorliegende Buch stellen.

Es gibt zahlreiche hervorragende Studien zum Thema Antisemitismus. Sie tendieren jedoch meines Erachtens alle ins

Extreme: Entweder steht die Greueltat im Vordergrund, was uns einer Lösung des Rätsels mit Sicherheit nicht näherbringt, oder man versucht, den Antisemitismus mit einer einseitigen, also übertriebenen These zu erklären und sorgt damit nur für zusätzliche Verwirrung. Die Schlüssel bleiben unauffindbar, und abermals bestätigt sich, daß Übertreibung die Vorstufe geistiger Unfreiheit ist.

Von den jüngeren Arbeiten, die in der Öffentlichkeit Beachtung fanden, habe ich zwei Beispiele ausgewählt. Bei beiden kann man deutlich sehen, wie gefährlich es ist, wenn man den Antisemitismus nicht im großen historischen Zusammenhang betrachtet. Dann kann man ihn nämlich überhaupt nicht mehr begreifen. Das erste Beispiel ist die unter der Leitung von Léon Poliakov herausgegebene Essaysammlung *Histoire de l'antisémitisme*[1]. Als zweites Beispiel dient *Hitlers willige Vollstrecker. Ganz gewöhnliche Deutsche und der Holocaust* des Amerikaners Daniel Goldhagen[2]. Die mehrbändige Essaysammlung schildert die zahlreichen Greueltaten, die an Juden begangen wurden, das zweite ist der Versuch einer Erklärung.

Die zahlreichen Zeugnisse bei Poliakov bezeugen für die Gegenwart einen weitverbreiteten, ständig präsenten und äußerst gewaltsamen Antisemitismus und stehen für eine pessimistische Beurteilung der Weltgeschichte. Die vielen Greueltaten verwirren den Geist und erfüllen ihn mit einem fatalistischen Weltekel.

Poliakov versucht, dem Christentum die Allein- oder Hauptschuld für den Antisemitismus zuzuweisen. Dies ist ein Irrtum: Die Juden wurden schon verfolgt, bevor Konstantin der Große sich im vierten Jahrhundert zum Christentum bekannte, und auch in den hundert Jahren vor den nationalsozialistischen Vernichtungslagern wurden sie von Bewegungen bekämpft, die dem Christentum fernstanden. Die Verfolgungen nach dem Christenwahn hatten nämlich mit dem Glauben nichts mehr zu tun. Sie waren vielmehr von den bereits erwähnten Hirngespinsten beeinflußt, die auch den Nationalismus hervorgebracht haben.

Das Besondere an der Arbeit von Goldhagen ist, daß sie die deutsche Psyche – und nur sie – zur alleinigen Ursache des Antisemitismus erklärt. Sie allein soll für den Antisemitismus und die Konzentrationslager verantwortlich gewesen sein, und nur auf sie sei die wahnsinnige Besessenheit, mit der die deutsche Nation auf die Ausrottung der Juden hingearbeitet hat, zurückzuführen. Goldhagens überspannte Aussage wurde von nicht weniger angesehenen jüdischen Autoren[3] widerlegt, und selbst im Internet kam es zu polemischen Reaktionen.

Der Antisemitismus ist jedoch einige Jahrhunderte älter als Deutschland. Frankreich war im 11. Jahrhundert die Hölle für die Juden, Spanien im 15. Jahrhundert. Das Wort »Ghetto« ist venezianischen und das Wort »Pogrom« russischen Ursprungs. Wir müssen leider erkennen, daß uns Goldhagen keinen Aufschluß gebracht hat.

Trotz ihrer unterschiedlichen Thesen beschreiben Poliakov und Goldhagen den Antisemitismus letztendlich als unbegreifliches Phänomen, ersterer als moderne, einzigartige Erscheinung, letzterer als zeitgemäßen Ausdruck einer spezifisch deutschen Wesensart. Andere Autoren – besonders Jules Isaac (*Jesus und Israel*, 1947, und *Genesis des Antisemitismus. Vor und nach Christus*, Wien 1957, Frankfurt/Main 1964), Marcel Simon (*Histoire de l'antisemitisme*, 1955) und Rosemary Ruether (*Nächstenliebe und Brudermord. Die theologischen Wurzeln des Antisemitismus*, München 1978) – versuchen, den Antisemitismus hauptsächlich religiös zu erklären.

Selbstverständlich liegt es nahe, hinter einem Phänomen eine einzige Ursache zu sehen. Das ist für einen unkritischen Menschen auch das einfachste. Andere, weniger bekannte Autoren als Poliakov und Goldhagen wollten die Ursachen des Antisemitismus mit Hilfe der Psychoanalyse, der Wirtschaftswissenschaften, mit dem Faschismus, dem Kapitalismus oder dem Sozialismus erklären, kurz: mit Faktoren und Methoden, die alle ganz modern sind. Fast alle bereicherten die Debatte mit nützlichen, ja sogar wertvollen Beiträgen. Keiner von ihnen hat jedoch meines Erachtens das Rätsel um die verschiedenen, aber die gleichen Wirkungen erzielenden Ursachen gelöst. Wie ist es beispielsweise zu erklären, daß die kirchentreue Rechte und die atheistische Linke im 19. Jahrhundert im Antisemitismus vereint waren? Keiner der oben erwähnten Autoren wußte ein Mittel, mit dem man einem Nichtjuden wie mir den Schmerz über all die Qualen, die den Juden mehr als 2000 Jahre lang zugefügt worden sind, hätte lindern können. Vom Schmerz der Juden selbst ganz zu schweigen.

Jeder weiß es: Die Gedanken der anderen sind immer »reine Theorie«. Je mehr jedoch eine Theorie bewirkt, desto größer ist die Zustimmung, die sie in der Öffentlichkeit erfährt. Die genannten Autoren können den Antisemitismus kaum erklären. Auch ich kann mich nicht mit einer Theorie abfinden, die den Antisemitismus der Nazis mit der Eifersucht des jungen Adolf Hitler auf seinen reichen, jüdischen Mitschüler Ludwig Wittgenstein erklärt. Jawohl, es handelt sich um den großen Wittgenstein, welch ein merkwürdiges Zusammentreffen! Ebensowenig überzeugt mich die Ansicht, daß ein totalitäres System rechter oder linker Prägung als Erklärung für Auschwitz genüge: Das faschistische Italien hat nie Gaskammern gebaut. Sicherlich war die Wirtschaftslage ein entscheidender Faktor auf dem Weg zum Nationalsozialismus, und die Weltwirtschaftskrise von 1929 hat ohne Zweifel entscheidend zu seinem Sieg beigetragen. Doch England hatte sicherlich genauso hart unter den Folgen dieser Krise zu leiden, und dennoch hat man auch in England trotz beträchtlicher antisemitischer Strömungen keine Gaskammern gebaut.

Ich bin auch nicht der Meinung, daß die Shoah mit der damaligen Kirche oder dem so oft angeführten »Schweigen« von Pius XII. zu erklären ist, auch nicht teilweise (dies ist ebenfalls eine von Goldhagens Thesen). Es ist eine erwiesene Tatsache, daß die Nazis Gegner der katholischen Kirche waren und sie verfolgt haben. Viele Katholiken fanden sich in den Lagern neben den Juden wieder. Ebenso bewiesen ist, daß die katholische Kirche darüber informiert war und im Rahmen ihrer Möglichkeiten gegenüber dem Nationalsozialismus reagiert hat. Pius XII. hat im Zweiten Weltkrieg den Nationalsozialismus sehr wohl öffentlich verurteilt.[4] Die Kirche hat die Juden und ihre Religion zweifelsohne auf infame Weise verfolgt. Auch dies wird in diesem Buch nicht beschönigt. Doch der Motor der Shoah war die Kirche nicht.

Es ist wichtig, daß wir den Antisemitismus begreifen. Ich

suchte nach einem Schlüssel, den ich allerdings in den unzähligen klugen Arbeiten zum Thema Antisemitismus nicht gefunden habe, vermutlich wegen des allzu grundsätzlichen Charakters dieser Erklärungen. Denn jede grundsätzliche Erklärung ist fatalerweise beschränkt und erweist sich früher oder später als falsch. Es gibt nämlich nicht nur einen Antisemitismus, sondern mehrere. Das ist das Thema des vorliegenden Buches. Wer hinter dem Antisemitismus eine einzige Ursache vermutet, begreift ihn als ein rein mechanisches Phänomen, das nach einem geheimnisvollen, aber immer gleichen Gesetz abläuft, und leugnet letzten Endes die Einmaligkeit der Shoah. Die gleichen Wirkungen gehen nicht immer auf die gleichen Ursachen zurück. Der griechisch-römische Antisemitismus ist etwas völlig anderes als der Antijudaismus der Kirche. Und dieser wiederum unterscheidet sich fundamental vom nationalistischen Antisemitismus.

Was sind die Gründe? Ich suchte nach einem Gesamtüberblick, der die einzelnen Ursachen nicht nur auflistet, sondern auch analysiert. Außerdem müssen die historischen Zusammenhänge der Zeiten der Verfolgung berücksichtigt werden. Aber auch die durchaus aufschlußreichen Perioden und Gebiete, in denen die Verfolgungen nachließen oder sogar aufhörten, beispielsweise die islamischen Reiche oder Asien, dürfen nicht außer acht gelassen werden, ebenso die jeweils recht unterschiedlichen jüdischen Bevölkerungszahlen, die verschiedenen Lebensweisen und das Verhältnis zu den Machthabern und den großen politischen, religiösen und ideologischen Strömungen, kurz: der Zeitgeist der einzelnen Epochen. Es gilt, mit einem Blick sowohl den Wald als auch die Bäume zu erfassen, sowohl das Umfeld als auch das eigentliche Geschehen, sowohl die Gußform als auch das Objekt. Ich konnte eine solche Arbeit nicht finden, also entschloß ich mich, sie selbst zu schreiben. Und da ich selbst kein Jude bin, spürte ich eine um so größere Dringlichkeit.

Was verbindet also diese drei verschiedenen Antisemitismus-Strömungen? Das Bewußtsein einer gemeinsamen Identität bietet als Kriterium nur ansatzweise einen Schlüssel. In der griechisch-römischen Welt gab es nämlich kein Identitätsbewußtsein im modernen Sinne, zumindest nicht bis zum Zusammenstoß mit dem Judentum. In einer Welt voller Götterstatuen, Amulette und Mythen macht sich der Einfluß des Judentums hauptsächlich dadurch bemerkbar, daß dem Göttlichen zum ersten Mal in der Weltgeschichte das Antlitz genommen wird. Zum ersten Mal soll man sich von der obersten Macht des Universums kein Abbild mehr machen. Man soll diese Macht weder beschreiben noch benennen. Auf Grund von Reden, in denen solche Gedanken nur ganz leise angedeutet wurden, hat man im Athen des fünften vorchristlichen Jahrhunderts die beiden großen Philosophen Anaxagoras und Protagoras wegen Gottlosigkeit verbannt. Das griechische und später das römische Gemeinwesen war so eng mit der Darstellung der Götterwelt verknüpft, daß schon eine Kerbe an einer Götterstatue einem Gottesfrevel gleichkam (und ein Skandal wie die Verstümmelung der Hermesfiguren ganz Athen erschütterte). Der Judaismus mit seiner Ablehnung von Gottesdarstellungen war also ein Angriff auf das antike Gemeinwesen, d. h. auf das gesamte antike Religionssystem. Das spezielle Bürger- und Steuerrecht der Juden im Römischen Reich führte dann endgültig zu – mitunter blutigen – Feindseligkeiten.

Der christliche Antijudaismus wiederum stützt sich auf die grundlegend andere Interpretation der Rolle des Messias. Für die Juden kommt der für das Christentum entscheidende Glaube an den »Gottessohn« einer Blasphemie gleich, daher die empörten Reaktionen der Juden in den Städten des Mittelmeerraumes, in denen der Apostel Paulus den neuen Glauben predigte (und der schismatischen Bewegungen des frühen Christentums, die diese Vater-Sohn-Verbindung ebenfalls ablehnten). Die Juden blieben dabei, und so wurden sie von den Christen, als diese im vierten Jahrhundert an Einfluß gewannen, ungeachtet der Tatsache, daß sie den entscheidenden Gedanken vom einzigen Gott vom jüdischen Glauben übernommen hatten, ihrerseits der Blasphemie beschuldigt. Der orthodoxe und vor allem der römische Antijudaismus mündeten in der Folgezeit in den Antisemitismus.

Der sogenannte nationalistische Antisemitismus fällt in die dritte Geschichtsperiode dieses Phänomens. Ihm liegt die in der Französischen Revolution formulierte Vorstellung vom

Staatsvolk zugrunde. Im Zeichen der Judenemanzipation wurde
er noch eine Zeitlang unterdrückt, kam dann aber im 19. Jahrhundert um so stärker zum Durchbruch, und zwar in ganz
Europa, und führte im 20. Jahrhundert zur Shoah. Diesem Antisemitismus fehlten die religiösen Argumente völlig. Er stützte
sich nur auf Vorwände, die dann im Nationalsozialismus völlig
auseinanderbrachen. In Wahrheit handelte es sich um einen
von nun an eng mit der Moral verbundenen patriotischen
Nationalismus. Die Staatsvölker lehnten die Juden ab, weil
diese sich nicht hinter den christlichen Glauben der Mehrheit
und somit hinter die identitätsstiftende Nationalkultur stellten.
Die Juden waren viel zu kosmopolitisch, um als loyale Staatsbürger zu gelten.

In allen drei Epochen war es sehr wohl das Gefühl einer
bestimmten Identität, das die Grausamkeiten heraufbeschwor.
Ganz gleich, ob man sich mit einem bestimmten Staat, einer
bestimmten Religion oder Nation identifizierte, man hatte es
immer mit demselben Widersacher zu tun: dem Judaismus.
Andere Religionen, die eine Zeitlang dem Schwert oder dem
Kreuz trotzten, gingen schließlich unter. Heute praktiziert niemand mehr die religiösen Riten der Griechen, der Inka oder
der Babylonier. Die Juden hatten Ehrgefühl und Mut genug,
um dem 23 Jahrhunderte dauernden Wirbelsturm zu trotzen.
Daher rühren die Verfolgungen.

Wie bereits erwähnt, ist die Zahl der antisemitischen Vorfälle
so groß, daß es einem schwerfällt, den Überblick zu behalten.
Viele sind nur den Spezialisten bekannt, und doch sind sie für
ein Verständnis des Phänomens unverzichtbar. Deshalb war es
mir ein Anliegen, für ein breites Publikum eine auf den Antisemitismus zielende Geschichtsdarstellung zu schreiben. Nur
so erhält jeder den Schlüssel für ein besseres Verständnis. Denn
was wir brauchen, sind nicht neue Fakten, sondern ist eben dieser Schlüssel. Ich hoffe, das Entscheidende trotz der Fülle des
Materials deutlich herausgearbeitet zu haben.

In Anbetracht des Jahreswechsels 1999/2000 hat das Oberhaupt der katholischen Kirche die Christen – und wahrscheinlich
auch die anderen – zu einer »Gewissenssäuberung« aufgerufen.
Wer wollte diesen Aufruf nicht unterschreiben! Zögern läßt

einen lediglich der schwerbelastete Begriff der »Säuberung«. Außerdem ist es fraglich, ob ein einfacher Aufruf – vor allem ein so lange fälliger – für diese »Säuberung« ausreicht. Meines Erachtens kann nur die Geschichte die Gemüter beruhigen.

Der Leser sollte sich besser darauf einstellen, daß die folgenden Seiten die Geschichte sehr wohl als Forschungsgegenstand präsentieren, aber nicht als fertige These. Es handelt sich um die Geschichte des Antisemitismus und nicht um die der Shoah. Es geht um die Geschichte einer Geisteshaltung und nicht um die Geschichte des jüdischen Volkes. Aus diesem Grund mußte oft weit ausgeholt werden. Denn wie die Historikerin Suzanne Citron richtig formulierte, arbeitet derjenige, der sich mit Geschichte beschäftigt, an Mythen. In unserem Fall gilt es, mit den am Judaismus klebenden Mythen aufzuräumen.

Mit der Verwendung des Begriffes »Antisemitismus« stößt man auf Vorbehalte. Der Begriff wurde 1879 von dem Journalisten Wilhelm Marr kreiert und bezeichnete die antijüdischen Aktivitäten im Mitteleuropa der damaligen Zeit. Er ist ethymologisch falsch, wie man weiß, denn die Juden sind nicht die einzigen Semiten. Trotzdem setzte er sich durch und wird heute in der Bedeutung von Antijudaismus gebraucht. Meiner Meinung nach sollte man ihn vor allem für die römischen Judenverfolgungen verwenden, denn ab einem gewissen Zeitpunkt waren diese sehr wohl durch politische und kulturelle Feindseligkeiten gegenüber den Juden im allgemeinen charakterisiert. Für die christlichen Judenverfolgungen der ersten Jahrhunderte unserer Zeitrechnung scheint mir hingegen der Begriff Antijudaismus zutreffender. Erst mit der Zeit entwickelte sich der christliche Antijudaismus zu einem Antisemitismus im heutigen Sinne. Seine schlimmste Prägung erfuhr der Antisemitismus-Begriff jedoch im Laufe des 18. Jahrhunderts, als sich die Judenverfolgung auch auf unaustilgbare »rassistische« Motive stützte.

G. M.

Teil I

Der vorchristliche Antisemitismus

1

Von den Anfängen bis zum Exodus: Die Idee vom einzigen und immanenten Gott kommt auf

Das Rätsel Abraham – Die frühen Anfänge der Diaspora – Die stetige Erforschung der physischen und der geistigen Welt durch die Juden – Moses und der verinnerlichte Gott – Das Wohlwollen der Perser gegenüber den Juden – Die Rückkehr der Juden nach Ägypten – Die Zerstörung des Tempels von Elephantine

Der Antisemitismus gilt allgemein als ein Phänomen des christlichen Zeitalters. Es gibt jedoch auch einen vorchristlichen Antisemitismus, der nicht selten gewalttätige Formen annahm. Er war durchaus keine Randerscheinung, wird aber trotzdem oft vernachlässigt. Zugedeckt vom Staub der Jahrhunderte, scheint er keine besondere Bedeutung zu haben. Das Gegenteil trifft zu: Er hat entscheidende Grundlagen geschaffen, auf die spätere Epochen für andere Zwecke zurückgriffen, so wie man beim Bau neuer Häuser alte Steine wiederverwendet. Eine Untersuchung dieser Zeit ist deshalb mehr als notwendig.

Warum zog Tarach, Abrahams Vater, aus dem Ur der Chaldäer vor etwa 3800 Jahren in das nordwestlich gelegene Kanaan? Weder die Bibel noch die Geschichte geben darauf eine Antwort. War er auf der Suche nach einer anderen Religion? Wohl kaum, denn in Haran, wo die berühmtesten Emigranten der Geschichte sich zum ersten Mal längere Zeit niederließen, herrschte das gleiche Götterpaar: Der Mondgott Sin, dessen Halbmondzeichen rund 20 Jahrhunderte später zum Symbol des Islams wird, und seine Gattin Ningal. Tarach war

mit Sicherheit kein Opfer einer Verfolgung, denn Jahwe war
seinem Sohn Abraham noch nicht erschienen, und so war es
also nicht die Verehrung eines fremden Gottes, die ihn zur Auswanderung zwang. Außerdem scheint der Sin-Kult in Haran
Abraham und seine Sippe nicht weiter gestört zu haben, denn
sie sind lange geblieben. Tarach ist der Überlieferung nach im
Alter von 205 Jahren[1] in Haran gestorben.

Der Patriarch Tarach und seine Sippe zählten zu den noma-
dischen oder halbnomadischen Stämmen im damaligen Nord-
west-Mesopotamien. Zu diesen gehörte ein Stamm Benjamin[2]
und die Habiru oder Apiru, die mit ziemlicher Sicherheit mit
den Hebräern gleichzusetzen sind. Sie zogen in gefürchteten
Banden durch die Lande, lebten von der Weidewirtschaft und
von Plünderungen und boten ihre Dienste den ortsansässigen
Herrschern an.[3]

Nach dem Pentateuch (den fünf Büchern Mose) war Abraham 75 Jahre alt, als Jahwe ihm befahl, Haran zu verlassen.[4]
Er wanderte 700 Kilometer bis zum Hain von More bei Sichem
im Lande Kanaan, wo die Kanaanäer wohnten. Er befand sich
dort an einem geweihten Ort, unterhalb der heiligen Berge von
Garizim und Ebal. Denn die mehrmals in der Genesis (erstes
Buch Mose)[5] erwähnte Eiche von More war ein heiliger Baum,
allerdings war er nicht dem Gott gewidmet, der später der Gott
der Juden werden sollte, sondern anderen Göttern. Sichem war
ein politisches und religiöses Zentrum, wo man Baal-Berit
(»Herr des Bundes«) als obersten Gott verehrte. Baal-Berit war
auch noch fünf Jahrhunderte später zur Zeit Josuas in der
Gegend präsent. Außerdem betete man zu Astarte, der Göttin
der Fruchtbarkeit und der Liebe. Sie besaß zwei Symbole, die
Taube und den Mond, wurde aber auch durch Stierhörner
dargestellt.

Der Gott, der sich in Sichem Abraham offenbarte, teilte ihm
mit, daß Kanaan eines Tages seinen Nachkommen gehören
würde. Ein Kriegsgott also! Denn nur mit Blutvergießen kann
man ein Land seinen Bewohnern entreißen. Wir wissen nicht,
wie die Kanaanäer reagierten, als Abraham dem ihnen noch
unbekannten Gott einen Altar baute. Von einer Verfolgung
durch die Kanaanäer ist jedoch nirgends die Rede. Wahrschein-

lich sahen sie in diesem Gott ein Abbild ihres Gottes Baal, dessen Name schlicht und einfach »Herr« bedeutet und der deshalb verschiedene Gestalten annehmen konnte. Außerdem kann man davon ausgehen, daß sie vom Inhalt der ihnen nicht gerade gewogenen Gottesbotschaft keine Ahnung hatten. Zu feindlichen Reaktionen kam es jedenfalls nicht, denn Abraham baute zwischen Bethel und Ai einen weiteren Altar. Nach More machte er auch in Mamre Station, nördlich der Stadt Hebron, wo Abraham später auch starb.

Im 20. Jahrhundert ist es schwer, die Offenbarung dieses unbekannten Gottes in seiner ganzen Reichweite zu erfassen. Die meisten Exegeten, Historiker und Theologen erkennen zwar deutlich die Nebenaspekte, nicht aber das Wesentliche dieser Offenbarung. Überall liest man ein »ja, aber«. Der Monotheismus geht also auf Abraham zurück. Der ägyptische Pharao Echnaton erdachte ihn allerdings rund vier Jahrhunderte später noch einmal,[6] und in abgewandelter Form entdeckten ihn sechs bis sieben Jahrhunderte später auch die griechischen Philosophen, völlig unabhängig von Abraham und Echnaton. Der Monotheismus ist also keine rein jüdische Angelegenheit. Ohne den Erlösungsgedanken von Jesus ist der jüdische Monotheismus unvollständig.

Das unerhört Neue an diesem jüdischen Gott: Er war in der Menschheitsgeschichte der erste Gott, der keinen Namen und kein Gesicht hatte, ein im wesentlichen verinnerlichter Gott, ein Gott des Glaubens. Eine Verinnerlichung, die eine Vergeistigung voraussetzte: Nur wenn man diesen Gott anrief, trat er in Erscheinung. Kein Bild diente als Stütze.

Wir kennen Abraham nur durch das erste Buch Moses. Sein Lebensabenteuer ist also erst vier Jahrhunderte später von Moses aufgezeichnet worden, nämlich im 13. Jahrhundert vor unserer Zeitrechnung. Angeblich soll der Pentateuch-Text die Jahrtausende unverändert überstanden haben. Dies wird von modernen Exegeten allerdings bestritten. Fest steht jedoch: Der Moses-Text berichtet uns nicht, wie sehr Abraham gegen die Tradition aller Patriarchen seiner Zeit verstieß; es war nämlich Vorschrift, die Götter seiner Väter zu ehren. Wir erfahren auch nicht, wie es dazu kam, daß Abraham zum Werkzeug des

entscheidendsten und folgenreichsten Ereignisses der Religionsgeschichte wurde: Die Idee vom verborgenen und verinnerlichten Gott kam auf.

Dann zog Abraham nach Ägypten. Es ist das Umherirren
eines Mannes, den es offenbar immer in die Ferne zieht. Um
dies begreifen zu können, muß man sich den psychologischen
Zusammenhang jener Zeit vergegenwärtigen. Vor ungefähr
7000 Jahren entdeckte der Mensch den Ackerbau. Er begann
mit der Viehzucht und gewann dadurch Fleisch, Milch und
Tierhäute. Vor rund 7000 Jahren also wurde der Mensch seßhaft und ließ sich in der Regel am Ufer eines Flusses nieder,
denn das Wasser ist für den Menschen, seine Tiere und Pflan-
zungen lebensnotwendig. Die Erde schien unendlich groß, und
der Entdeckungstrieb saß tief. Bei Christoph Columbus (auch
er ein Jude!) war er immer noch lebendig, und in der Gegenwart fliegen die Menschen zum Mond, ohne wirkliche Notwendigkeit, einfach nur zur Wissenserweiterung. Abraham
war mehr als ein Pionier. Heute würde man ihn einen Schwärmer nennen, denn es war kein Zufall, daß das Fernweh und der
Sinn für einen neuen Gott bei ihm zusammenkamen.

In ihrer Sehnsucht nach der Ferne ließen die Hebräer, die
noch keine Juden waren, Gott in den Verheißungen Bileams folgende Worte sprechen: »Zwar ist eure Zahl jetzt noch nicht groß,
da das Land Chananaea euch aufnehmen wird; jedoch wisset,
daß in Zukunft der Erdkreis euch gerade genug sein wird, daß
ihr zahlreicher sein werdet als die Sterne des Himmels und daß
Inseln wie Festland euch zu Wohnstätten dienen werden ...«[7]

Das unaufhörliche Umherirren ist offensichtlich ein Wesenszug, den alle Hebräer – und später auch Juden – mit Abraham
teilten. Dem widersprechen zwar einige moderne Darstellungen, die den Judaismus mit dem Nationalismus verbinden wollen.[8] Doch bereits in den vorchristlichen Jahrhunderten waren
viele Juden über mehrere Länder – die sogenannte Diaspora –
verstreut. Ein weiterer Beweis für das zentrifugale Auseinander-
driften ist die Tatsache, daß die Juden auch 2000 Jahre nach
dem Verlust von Jerusalem und ihrer territorialen Autonomie
immer noch in alle Richtungen zogen und im Mittelalter sogar
den Fernen Osten erreichten.

3000 Jahre später entwickelte sich der Mythos des umher-
irrenden Juden zu einem Negativbild. Die ewige Wanderschaft
blieb ein Wesensmerkmal der Juden und spielte in der Geschichte des jüdischen Volkes eine entscheidende Rolle. Zu
Beginn unserer Zeitrechnung fand man die Juden in Pantica-
paeum auf der Halbinsel Krim und am Bosporus, aber auch in
Meroë am Oberlauf des Nils im Gebiet des heutigen Sudan. Sie
lebten sowohl im südspanischen Elvira als auch in Köln oder in
der Stadt Berenike in der Cyrenaica, im heutigen Libyen, und
auf der anderen Seite des Mittelmeeres im unteren Mazedonien,
im griechischen Epirus und Achaia, sowie im ganzen damaligen
Kleinasien, in Galatien, Kappadozien, Bithynien und in der
Pontus-Region, kurz: im Gebiet der heutigen Türkei. Es gab
eine jüdische Kolonie im persischen Medien, vielleicht sogar in
noch entlegeneren Gebieten.[9] Im Jahr 300 traf man auch im
Königreich Alesum, im heutigen Äthiopien, auf Juden, und
auch im Königreich Himjar bei Aden an der Südspitze der Arabischen Halbinsel. Sie saßen in Tingis (heute Tanger) an der
Straße von Gibraltar und in Karthago, aber auch an der gegen-
überliegenden Mittelmeerküste, d. h. im gesamten unteren Teil
der italienischen Halbinsel einschließlich Roms, außerdem in
Brixia (heute Brescia), Ravenna und Aquileia nahe dem heutigen Triest. Nur die Phönizier machten ihnen in Sachen Mobili-
tät Konkurrenz.

Sie waren unermüdlich: Anfang des 13. Jahrhunderts traf
man sie im südlichen Sri Lanka, an der Malabarküste, im Südwesten von Indien, in Jemen, in England, in Irland... Über-
all richteten sie Handelsplätze ein, gründeten Geschäfte und
Unternehmen, verkauften Perlen und Korallen, Textilien und
Edelsteine, arbeiteten im Großhandel oder im Bau- oder Versi-
cherungsgewerbe. Im 20. Jahrhundert gingen sie mit einigen
Ballen Textilwaren in New York an Land, mit aufgeweichten
Schuhen und angstvollen Augen, und wenige Jahre später fand
man die ehemaligen Emigranten aus Galizien, Lemberg und
Odessa an der Spitze riesiger Industriebetriebe oder in den
Chefsesseln von Hollywood – der Traumfabrik des Westens –
wieder. Sie erfanden neue Werbeformen oder Kosmetika oder
waren geniale Geiger, Pianisten und Dirigenten. Sie waren im

Grunde immer noch dieselben wie zu den Zeiten Abrahams
oder Moses'.

Als sich die Menschheit bewußt wurde, daß ihr nur die Erde
für ihre Entdeckungsreisen zur Verfügung steht, richtete sie
ihren Eifer auch auf die Vorstellung von dieser Welt. Karl
Marx, ein konvertierter Jude aus Trier, beschrieb die Wechselwirkung zwischen Kapital und Arbeit mit Begriffen, die bis
dahin in der Philosophie unbekannt gewesen waren. Henri
Bergson, ebenfalls ein konvertierter Jude, trug entscheidend
zur Erforschung des menschlichen Geistes bei, und mit dem
Juden Albert Einstein änderte sich das Verständnis des gesamten Kosmos. Als Abkömmlinge der aus Kanaan stammenden
Juden waren sie alle Kinder der Diaspora.

Der Exodus und die Diaspora begannen also mit Abraham.
Die Juden schenkten der Welt eine ganze Reihe von Entdek-
kungsreisenden. Wir verweisen hier nur auf den berühmtesten
von ihnen: Den Marranen Colon, bekannter unter dem Namen
Christoph Columbus.

Sie alle schienen von einem unstillbaren Fernweh gepackt,
getrieben von einer nicht nachlassenden Zentrifugalkraft. Das
Zentrum dieser Kraft suchte man allerdings vergeblich, denn
das alte Jerusalem gab es nicht mehr. Betrübt und resigniert
nahmen sie es hin. Ein mystisches Jerusalem ersetzte den fehlen-
den Mittelpunkt. Nur mit der ständigen Bewegung und der
gewissermaßen angeborenen Unruhe vor Augen kann man die
Geschichte der Juden und ihr Schicksal begreifen. Denn kein
Volk hat sich seit der großen indoeuropäischen Wanderbewegung über ein nur annähernd weites Gebiet verteilt. Die Einfälle
der Arier und später der Kelten, Skythen und Parther hatten
militärischen Charakter und zielten auf Landnahme und Reichtümer. Die Juden hingegen führten außerhalb Palästinas keine
militärischen Operationen durch. Die griechischen Eroberer,
die im achten Jahrhundert vor unserer Zeitrechnung die Kolonien Großgriechenlands zu gründen begannen – ihr Prototyp
ist Odysseus –, besaßen ursprünglich auch kein Land. Aber die
Städte, die sie gründeten, waren wahre Staatsgebilde: das korsi-
sche Alalia, Cumae, Metapont, Syrakus, Phokaia, Milet... Die
Juden hingegen – so zahlreich sie auch waren – haben nie eine

eigene Stadt gegründet. Dennoch reisten sie viel weiter als die griechischen Eroberer, aber ohne Gewalt. Dies machte sie natürlich noch sonderbarer.

Seit der Antike sind die Juden auf der Wanderschaft. Dies schloß jedoch eine Seßhaftigkeit nicht aus: Im dritten Jahrhundert vor unserer Zeitrechnung fand man beispielsweise in Hyrkanien am Südufer des Kaspischen Meeres, in der Cyrenaika, in Lydien oder an den Handelstraßen im heutigen Hedschas[10] jüdische Familien, die dort schon seit Generationen ansässig waren. Es wäre also ein Fehler, die Diaspora als Zeichen einer grundlegenden, ja »charakteristischen« Ruhelosigkeit zu werten. Die Juden konnten sich durchaus auf Dauer an einem Ort niederlassen. Aber jeder Ort dieses Planeten, den ihnen Gott – nachdem er ihnen Kanaan genommen hatte[11] – gab, war nichts weiter als eine Zwischenstation. Die Juden standen über den Staatsgebilden und Kommunen. Als Anhänger des verinnerlichten Gottes, den Moses ihnen vermittelt hatte, arrangierten sie sich mit jedem politischen System, mit jedem Klima.

In der bildhaften Abraham-Geschichte erfahren wir einiges über Abrahams quasi metaphysische Wanderung: Was wollte er in Ägypten? War es die – wahrscheinlich aus Gründen der Trockenheit – sonst überall herrschende Hungersnot, die ihn an den Nil trieb? In den ägyptischen Quellen ist viel von diesen »staubigen« Menschen die Rede (so zumindest glaubt man »Habiru« übersetzen zu müssen). Immer wenn das Negev-Gebiet zu trocken wurde oder wenn andere noch größere und plündernd umherziehende Hirtenvölker sie von dort vertrieben hatten, baten sie für ihre Herden um eine Weideerlaubnis im fruchtbaren Nildelta. Wie viele andere Hirten durfte auch Abraham seine Herden dorthin treiben. Seine Frau Sara gab er als seine Schwester aus. Der Pharao wurde auf sie aufmerksam und machte sie zu seiner Konkubine. Ein paar Jahrhunderte später wurde diese Episode böswillig interpretiert: Abraham soll sich dadurch beträchtlich bereichert haben. Als er nämlich nach einer gewissen Zeit von dem inzwischen das Spiel durchschauenden Pharao verjagt wurde, besaß er Gold, Silber und eine riesige Herde.[12] Doch ein kausaler Zusammenhang läßt

sich nicht beweisen. Abraham war durchaus in der Lage, sich
seinen Reichtum selbst zu erwirtschaften.

Mitte des 17. Jahrhunderts vor unserer Zeitrechnung wurde
Ägypten von den Hyksos erobert. Etwa 100 Jahre lang hielten
die »Hirtenkönige« – es handelte sich um Semiten aus dem oberen Mesopotamien – Ägypten besetzt.[13] Später behaupteten die
Ägypter in ihrem Haß auf die Besatzer, daß diese ihre Götterwelt zugrunde gerichtet hätten. Dies ist mit Sicherheit übertrieben,[14] wenn nicht sogar falsch. Dic Hebräer, die dieselbe Sprache wie die Hyksos sprachen und diese seit langem kannten,
folgten ihnen nach Ägypten und ließen sich – von den Besatzern
mit Wohlwollen aufgenommen[15] – am Nil nieder. Einer von
ihnen trug den Namen Joseph und verstand sich meisterhaft
auf die orientalische Kunst der Traumdeutung. Er enträtselte
zwei sonderbare Träume eines unbekannten Hyksos-Pharaos,
gewann dessen Gunst und wurde Wesir. Nach 100 Besatzungs-
jahren kam es in Theben zum Aufstand. Ahmose, Sproß einer
alteingesessenen ägyptischen Familie, konnte die Hyksos aus
Ägypten vertreiben.

Ihr Auszug aus Ägypten verdient eine nähere Betrachtung,
denn die Ähnlichkeit mit dem späteren hebräischen Exodus ist
frappant: 240 000 Menschen verließen Ägypten und gründeten
Jerusalem. Drei Jahrhunderte später nahm König David die
Stadt ein...

Die Hebräer folgten den Hyksos nicht nach. Offensichtlich
ein Fehler, denn die Ägypter betrachteten sie als Verbündete
der ehemaligen Besatzungsmacht und hielten sie deshalb als
Gefangene, als Sklaven, die am Hofe des Pharao gnadenlos
ausgebeutet wurden. Die Feindseligkeiten, die die jüdische
Bevölkerung laut Pentateuch unter Pharao Sethos I. und seinem Sohn Ramses II. erlitt, waren historisch gesehen die ersten
Gewalttaten gegen die Juden. Waren ihre Ursachen religiöser
Art? Aus zwei Gründen darf dies bezweifelt werden.

Erstens: Die Hebräer haben die ägyptische Religion nie
direkt angegriffen. Als Verbündete der Hyksos haben sie zwar
wahrscheinlich die ägyptische Götterwelt nachhaltig gestört,
doch in jenen Zeiten hatte die Religion noch keinen transzen-
dentalen Charakter. Dieser bildete sich erst einige Jahrhunderte

später heraus. Noch war sie in erster Linie Ausdruck einer Kultur und eines Volkes.

Zweitens (und dies ist der entscheidende Grund): Die Zehn Gebote empfing Moses erst auf dem Exodus, dem Auszug aus Ägypten. Das, was nach dem vier Jahrhunderte langen Aufenthalt in Ägypten von der religiösen Tradition Abrahams und Jakobs übriggeblieben war, hat sich sicherlich mit zahlreichen Elementen der ägyptischen Religion vermischt. Viel später, als die hebräische Religion längst gegründet und in ihren Riten festgeschrieben war, gab es in Palästina immer noch Juden, die fremde Götter verehrten. Dies jedenfalls bezeugen die heftigen Vorwürfe des Propheten Jeremias.[16]

Die Verfolgung oder – genauer gesagt – die soziale Zurückstufung, die die Hebräer in Ägypten erlebten, stand nicht für einen Antisemitismus im landläufigen, modernen Sinn des Begriffes. Das Leiden in Ägypten hatte politische Gründe. Und diese Gründe waren es auch, die laut Pentateuch den Allmächtigen bewegten: Über Moses erneuerte er das einst in Kanaan gegenüber Abraham eingegangene Versprechen. Und Moses, der damals mehrere tausend Kilometer von den Juden und Ägyptern entfernt war, unterwarf sich auf der Halbinsel Sinai nicht weit von Ezjon-Geber, dem heutigen Elat, dem Willen des Allmächtigen und organisierte den Auszug der Juden aus Ägypten.

Als Moses starb – Josua überschritt gerade den Jordan –, waren die Grundlagen des Judaismus gelegt. Der Gott der Juden war der erste rein metaphysische Gott der Religionsgeschichte. Er trug keinen Namen. Das war bereits klar, als er sich Moses im brennenden Dornbusch zum ersten Mal offenbarte: »Ich bin, der ich bin.« *Jahwe* oder *Eloah* sind keine Namen, auch wenn kulturelle Strömungen der damaligen Zeit dies glauben machen wollten. Es sind lediglich sekundäre Attribute seiner unfaßbaren Natur. *Jahwe* läßt sich phonetisch von der göttlichen Erklärung an Moses herleiten: *Ehyeh* (»Ich bin«). Die dritte Person Präsens lautet *Yiehyeh* (»Er ist«). Die vier Buchstaben (Tetragramm) YHWH werden nicht ausgesprochen. *Eloah* kommt vom semitischen *El*, was soviel wie »Gottheit« oder »Macht« bedeutet, und *oah* oder *oha* ist vielleicht

mit »einzigartig« zu übersetzen.[17] Er war der große Namenlose,
die innere Stimme. Dies erklärt auch die Rolle der Propheten bei
den Juden.

Zunächst der Exodus, dann im zehnten Jahrhundert vor
unserer Zeitrechnung unter David die Gründung des Königreiches Israel, später die Eroberung Palästinas durch die Perser
und schließlich ab etwa 300 vor unserer Zeitrechnung die Hellenisierung: Während dieser ganzen Zeit hatten die Juden nicht
unter den religiösen Vorurteilen ihrer Nachbarn zu leiden. Im
Gegenteil! Kyros und sein Nachfolger Dareios, die Sieger über
die Babylonier, zeigten sich den Juden gegenüber wohlgesinnt.
Sie erlaubten den Gefangenen nicht nur die Rückkehr in deren
Heimat, sondern stifteten auch das Geld für den Wiederaufbau
des Tempels. Artaxerxes beauftragte Nehemia und Esra mit der
Neugründung einer jüdischen Gemeinde im achämenidischen
Judäa, und das jüdische Recht wurde für die Juden von Babylon
zum königlichen Gesetz erklärt. Gegen Ende des dritten Jahrhunderts vor unserer Zeitrechnung bestätigte der Seleukidenkönig Antiochos III. den Juden erneut das Recht, »nach ihren
überlieferten Gesetzen zu leben«.

In welcher Stimmung befanden sich die ehemaligen Depor-
tierten bei ihrer Heimkehr? Und diejenigen, die in der Heimat
geblieben waren? Die Demütigung durch die Deportation hatte
natürlich beim auserwählten Volk tiefe Spuren hinterlassen.
Wegen welcher Verfehlung war ihnen diese Prüfung auferlegt
worden? Hatte der Herr sie verlassen? Fühlte er sich, was
Kanaan anging, nicht mehr an sein Versprechen gebunden?

Folgender Punkt ist nur wenigen geläufig: Die Erinnerung an
Ägypten war den Juden nicht so verhaßt, daß sie nicht dorthin
zurückgekehrt wären. Sie haßten das Land nicht als solches. Die
1901 und 1904 auf der Insel Elephantine entdeckten aramäischen Dokumente bestätigen, daß es dort sehr wohl eine jüdische Gemeinde gab, »die höchstwahrscheinlich aus Palästina
kam, sich im siebten Jahrhundert vor unserer Zeitrechnung
unter Psammetich I. in Ägypten niederließ und dort bis zum
frühen vierten Jahrhundert vor Christus blieb«.[18] Es handelte
sich vermutlich um eine Gruppe von Söldnern, die Palästina
den Rücken gekehrt hatte, weil es damals unter assyrischer

Herrschaft stand[19] (es ist jedoch hinzuzufügen, daß die Deportation der Juden nach Babylon unter Nebukadnezar II. rein militärische Gründe hatte und nicht religiös motiviert war). 586 vor unserer Zeitrechnung flohen Juden sogar wieder nach Ägypten: Jerusalem war erobert und Jischmael, ein Nachkomme Davids, hatte den von Nebukadnezar in Juda eingesetzten Statthalter Gedalja ermordet. Diesmal befanden sie sich in illustrer Gesellschaft, denn auch der Prophet Jeremia wurde nach Ägypten verschleppt.[20]

Die jüdische Präsenz in Ägypten kannte offensichtlich keine längeren Unterbrechungen: In der Mitte des dritten Jahrhunderts vor unserer Zeitrechnung erhielten jüdische Soldaten von König Ptolemaios II. Philadelphos kleine Landparzellen am Rande verschiedener Städte und Dörfer des Faijum. Und auch auf Elephantine bei der heutigen Stadt Assuan ließen sich jüdische Legionäre nieder.[21]

Eine friedliche Welt also: Die Juden unterwarfen sich – nicht immer ohne Murren – den damals im Niltal geltenden hellenistischen Gesetzen.[22] Besonders erwähnenswert ist, daß die Thora den gleichen Rang wie das griechische Bürgerrecht – *nomos politikos* – erhielt und die Konflikte zwischen den Juden regelte. Die in Ägypten wohnenden Juden waren zwar hellenisiert und sprachen griechisch, blieben ihrer Religion aber mehr oder weniger treu.

Der Antisemitismus ist also kein »unausweichliches historisches Verhängnis«. Dies ist ein wichtiger Punkt, den ich denjenigen – ganz gleich, ob sie Juden oder Nichtjuden sind – entgegenhalten möchte, die die Juden als ewig Fremde einer nie endenden Ächtung ausgesetzt sehen.

Im Jahre 414 vor unserer Zeitrechnung wurde unter dem persischen Großkönig Dareios II., der in jener Zeit Ägypten besetzt hielt, zum ersten Mal eine religiös motivierte Feindseligkeit gegenüber den Juden schriftlich festgehalten: Die Priester des Widdergottes Chnum zerstörten das jüdische Jahwe-Heiligtum (Jahwe wurde hier in der Namensform Jahu verehrt). Die Tempelbauten wurden niedergebrannt und Gold- und Silberschalen von den ägyptischen Priestern entwendet. Dieser Gewaltausbruch mag unbegreiflich erscheinen, denn die jüdischen und die ägyptischen Gemeinden hatten bis dahin im guten Einvernehmen miteinander gelebt, und es gab zahlreiche gemischte Familien. Vieles deutet sogar auf einen gewissen Kultursynkretismus bei den Juden hin: Man identifizierte Jahu mit El, dem mächtigen Gott der Aramäer aus Syene (Assuan). Schon rund 70 Jahre früher hatte Jeremia seine Glaubensgenossen schwer deswegen gerügt.[23]

Es wäre jedenfalls ein Fehler, diesen Zwischenfall als eine Erscheinung des Antisemitismus im modernen Sinne zu werten. Der Streit entbrannte, weil die Juden heilige Widder opferten und »die Priester und Anhänger des Gottes Chnum [...] es nur schwer ertragen konnten, daß die heiligsten und edelsten Tiere der Schafsgattung [...] sozusagen vor ihren Augen im jüdischen Heiligtum geopfert wurden [...]«.[24] Blut floß bei diesem Zusammenstoß offensichtlich nicht. Etwa neun Jahrhunderte früher hatten die ägyptischen Priester, die – wie die Priester aller anderen Zeiten und Religionen auch – streng auf die Einhaltung ihrer Riten achteten, gegenüber ihren ägytpischen Amtskollegen, den Priestern des Atonkultes, mit der gleichen Feindseligkeit reagiert. Drei Jahre darauf baute man das jüdische Heiligtum von Elephantine wieder auf. Zuvor hatten sich die Juden verpflichtet, keine Widder mehr zu opfern.[25] Die antike Welt war also offensichtlich recht tolerant. Die Juden waren Menschen wie alle anderen auch und konnten die Religion ausüben, die ihnen gefiel.

Wann hat sich das geändert? Und warum?

2

Von Alexander dem Großen
bis zu den ersten
antisemitischen Haßwellen

Hellenisierung des Mittelmeerraumes – Makkabäisches Heldentum und Gleichsetzung von Religionen und Nation – Wahnsinn und Desaster des hasmonäischen Königtums – 50 000 Tote in dem von Alexander Iannaios entfesselten Bürgerkrieg – Erste Grausamkeiten unter den Juden und Aufkommen eines negativen Judenbildes in der hellenistischen Welt – Schweres Leben unter der römischen Besatzung – Beginn der Revolte: Essener, Sikarier und Zeloten – Jüdische Apokalyptik – Entstehung des Mythos von der jüdischen Fremdenfeindlichkeit – Spaltung des jüdischen Volkes – Diodor von Sizilien, Apollonios Molon, Lysimachos, Apion und andere Antisemiten

Im Jahr 338 vor unserer Zeitrechnung brachte ein historisches Großereignis die Welt aus dem Gleichgewicht. Ein blonder Prinz auf schwarzem Hengst schlug in der Ebene von Chaironeia mächtige thebanische Truppen in die Flucht. Der makedonische Thronfolger Alexander stand mit seinen achtzehn Jahren am Beginn einer glanzvollen Karriere und sollte im Laufe seines Lebens die Welt oder zumindest den größten Teil der damals bekannten Welt erobern. Der glanzvolle Held zog viele Menschen in seinen Bann. Auch die Juden profitierten von seinen Taten, doch die grausame Ironie wollte es, daß ein Teil des späteren jüdischen Elends auch eine Folge davon war.

Als Alexander 332 auf seinem Eroberungsfeldzug an der östlichen Mittelmeerküste Tyros belagerte, versicherte er sich der Zustimmung des Hohenpriesters von Jerusalem. Und da der

makedonische Feldherr immer knapp bei Kasse war, erhielt er
auf seine Bitten hin von den Juden Geld. Denn diese waren nicht
unglücklich, sich auf diese Weise vom persischen Joch befreien
zu können. Nach einem Bericht des jüdischen Geschichtsschrei-
bers Flavius Josephus aus dem Jahr 94 hatte Alexander sogar
jüdische und samaritanische Soldaten für seine Leibwache
engagiert. Diese galten als besonders zuverlässig.

Nach der Befreiung Jerusalems gewährten die Makedonen
den Juden den Status, den sie auch unter den Persern hatten:
Sie verfügten über eine eigene Ordnung und über eine auf dem
jüdischen Gesetz basierende, besondere Rechtsprechung. Die
Juden durften außerdem die Sabbatruhe einhalten, waren vom
Dienst an fremden Göttern und von der Militärpflicht befreit
und konnten die Abgaben für den Tempel bei den von nichtjüdischen Behörden erhobenen Steuern geltend machen. Sie besaßen jedoch kein griechisches Bürgerrecht, »es war nur einer
Minderheit vorbehalten, und die breite Masse der Juden und
Nichtjuden zählte nicht zur griechischen *Polis* (zum griechischen Staat oder zur griechischen Gesellschaft)«.[1] Alexander
forderte aber von den Juden die gleiche Ergebenheit wie von
allen anderen auch: Als die Samaritaner den makedonischen
Statthalter Andromachos 55 Kilometer nördlich von Jerusalem
aufgriffen und bei lebendigem Leib verbrannten, wurden seine
Mörder festgenommen und grausam bestraft.

Alexander gab sich also als Schutz- und Schirmherr der
Juden. Sie dankten es ihm aber später offensichtlich nicht:
Nach dem auf die Annalen der Hohenpriester zurückgehenden
und rund 150 Jahre später verfaßten Makkabäerbuch griff
Alexander, dessen Herz seit den Eroberungen »vom Stolz aufge-
blasen«[2] war, die die makedonische Oberhoheit unterstützen-
den Seleukidenkönige brutal an. Das etwa 30 Jahre ältere Buch
Daniel schreibt: »Der Ziegenbock ist der König von Griechenland«[3] und spielt damit auf Alexanders Beinamen »der Mann
mit den zwei Hörnern« oder auf die beiden Lichtstrahlen an,
die sein Haupt – wie übrigens auch das von Moses – gekrönt
haben sollen.

Doch trotz dieser etwas unfreundlichen Textstellen bildete
sich nach Paul Faure[4] im ersten Jahrhundert ein legendäres

Alexanderbild heraus. Man erzählte sich, daß der Makedone »nach der Einnahme von Gaza die Stadt Jerusalem besucht und dem Hohenpriester Jaddua alle Ehren erwiesen hat. Er kniete vor dem Priester nieder und brachte dem Herrscher des Universums, dem einzigen Gott der Juden, ein Opfer dar.« Laut Flavius Josephus bekamen die Juden in jener Zeit ihre Steuerprivilegien. Alexander soll nämlich die führenden Leute des auserwählten Volkes gefragt haben, womit er sie am meisten erfreuen könne. Die Antwort: Alle sieben Jahre Steuerbefreiung, und zwar für sie und die jüdischen Gemeinden von Babylon und Medien.[5] Ein Novum war das allerdings nicht, denn bereits unter den Persern genossen die Juden dieses Privileg, und Alexander konnte in diesem Punkt nicht zurückstehen. Also hat er ihnen dieses Recht bestätigt. Ein unheilvolles Geschenk, wie sich dreieinhalb Jahrhunderte später – ausgerechnet in Alexandria – herausstellen sollte.

Alexander wurde jedenfalls für die Juden zum Volkshelden. Hat er doch die Juden ermuntert, sich in Alexandria und den anderen Städten seines Reiches niederzulassen. Damit ist es indirekt ihm zu verdanken, daß in Alexandria das Alte Testament ins Griechische übersetzt (die Septuaginta) und die göttliche Wahrheit verbreitet wurde.

Alexandria blühte auf und zählte im ersten Jahrhundert unserer Zeitrechnung mehr Juden als Jerusalem, nämlich 300 000.

Durch Alexander vergrößerte sich die Diaspora erheblich: Juden gab es nicht nur in Ägypten, in Palästina und im benachbarten Phönizien und Syrien, sondern auch in Kleinasien, nämlich in Äolien, Pamphylien, Kilikien, Bithynien und im Pontus-Gebiet, aber auch in Griechenland, beispielsweise in Thessalien, Böotien, Makedonien, Attika, Argos, Korinth, auf dem Peloponnes und natürlich auch auf den Inseln Euböa, Zypern, Kreta sowie weiter östlich in Mesopotamien, Babylonien und bei den benachbarten Satrapen. So jedenfalls bezeugt es Philon aus Alexandria in seiner *Legatio ad Gaium,* die kurz nach dem Alexandria-Massaker des Jahres 38 verfaßt worden ist. Doch dazu später mehr. Es gäbe soviel Juden auf der Welt – schreibt Philon voller Stolz –, daß ein Kontinent sie gar nicht fassen könne.

Von nun an sprachen die Juden in Alexandria Griechisch, wie übrigens jeder in dieser Stadt. Denn die griechische Sprache war die Lingua franca im östlichen Mittelmeerraum, d. h. sie diente der Verständigung zwischen verschiedensprachigen Völkern. Trotz ihrer Treue zum jüdischen Glauben unterlagen die Juden dem Einfluß der griechischen Philosophie, besonders der Stoa und des Platonismus. Auch Philon, einer der gebildetsten Juden Alexandrias, schrieb seine philosophischen Abhandlungen auf griechisch. Unzählige griechische Vokabeln fanden Eingang in die rabbinische Literatur,[6] und die Hohenpriester trugen griechische Namen: Menelaos (172–162 vor unserer Zeitrechnung), Aristobulos (104–103 und 67–63), Antigonos und natürlich Alexander, wie das Beispiel von Alexander Iannaios (103–76) zeigt. Auch der Name Jesus ist eine gräzisierte Form des hebräischen Namens Josua, der um die Zeitenwende »Jehóschua« oder »Jeschúa« ausgesprochen wurde.

Das Verhältnis der Juden zur griechisch-römischen Kultur ist eines der rätselhaftesten Kapitel der jüdischen Geschichte. In den Arbeiten zu diesem Thema zeigt sich, daß die beiden Kulturen in der Zeit zwischen dem dritten Jahrhundert vor unserer Zeitrechnung und dem ersten Jahrhundert unserer Zeitrechnung in starker Wechselwirkung zueinander standen. Die Römer machten es sich zur – allerdings bald stark bekämpften – Gewohnheit, ihre Sklaven beschneiden zu lassen, und in der Terminologie der jüdischen Gemeinde, den rabbinischen Texten, ja selbst in der Synagogensprache fanden sich immer mehr griechische Wörter.[7] Dies sind nur wenige Beispiele für die starke Hellenisierung der jüdischen Priesterklasse und Oberschicht.

Überlegungen der Art »was wäre, wenn« sind für die Vergangenheit immer gewagt. Trotzdem rechtfertigen viele Indizien die Annahme, daß der Judaismus mit zunehmender Hellenisierung in der griechisch-römischen Kultur aufgegangen und allmählich verschwunden wäre, so wie es vielen anderen antiken Religionen – beispielsweise dem Mithraskult – auch ergangen ist. Diese Entwicklung wurde jedoch durch die sozialen Gegensätze gebremst: Denn die Hellenisierung betraf nur die reichen Klassen, und diese waren in der Minderheit und in ihrem Bestand verletzlich.

Eine Zeitlang ging scheinbar alles bestens. Trotz der Abhängigkeit von ptolemäischen Statthaltern und später von Seleukidenkönigen regierten die Juden in Jerusalem und Judäa praktisch in völliger Autonomie. Man kann in gewissem Sinne sogar von einer Theokratie sprechen, denn die Juden durften ihr Recht auch bei Nichtjuden anwenden. Doch der Schein trügte, denn die jüdischen Arbeiterschichten hatten das unabhängige und mächtige Königreich, das sie unter David und Salomon aufgebaut hatten, nicht vergessen. Im frühen zweiten, ja vielleicht schon im späten dritten Jahrhundert vor unserer Zeitrechnung entstand eine reaktionäre Bewegung, welche die allgemeine Scheinharmonie, in der die Juden mit ihren mächtigen Herren lebten, allmählich untergrub. Es begann mit einem schwelenden Feuer und entwickelte sich zu einem Großbrand, dem der Judaismus beinahe zum Opfer gefallen wäre. Im Jahre 70 unserer Zeitrechnung wurde Jerusalem zerstört.

Das Ereignis ist von herausragender Bedeutung, denn es schuf in der Tat die Vorbedingungen für den Antisemitismus der vorchristlichen Welt.

Zu den ersten Funken kam es durch einen schweren Fehler von Seiten des Seleukidenkönigs Antiochos IV. Epiphanes (175–164 vor unserer Zeitrechnung). Er entmachtete den Hohenpriester Onias III. und verkaufte das Amt an dessen Bruder Jason (eine andere hellenisierte Form von Josua). Außerdem übertrug er syrischen Soldaten die Aufsicht über Jerusalem. Jason schuf das traditionelle jüdische System ab und orientierte sich bei der Reorganisation Jerusalems an den griechischen Städten. Die Umbenennung von Jerusalem in Antiocheia und der Bau eines Gymnasions am Fuße des Tempelberges setzten dem Ganzen die Krone auf. Der Funken traf auf ein bereits gefülltes Pulverfaß, denn viele fromme und traditionsbewußte Juden sahen die jüdische Kultur durch den hellenistischen Einfluß schon stark verfälscht und verwässert, wenn nicht gar zerstört. Bezeichnend war, daß ein Teil dieser fortschrittsgläubigen und reformfreudigen Priester sich überhaupt nicht mehr für den Sakraldienst interessierten, sondern den Spielen in der Palästra frönten, die nackt ausgeübt wurden. Der Tempelschatz diente zur Finanzierung von Sportwettkämpfen und Theateraufführungen.[8] Hinzu kam, daß die meistens in Mischehen geborenen Bauern Palästinas, die sogenannten Amha-Arez (dt.: »Volk des Landes«), welche die Gesetze Moses nur noch vom Hörensagen kannten, sich auf die Seite der Reformer stellten. Die Traditionalisten empfanden sich als das Gewissen ihres Volkes und waren empört.

Zwei Jahre später setzte Antiochos den noch stärker prohellenisch ausgerichteten Menelaos an Jasons Stelle. Dieser eilte dem Apostel Paulus um zwei Jahrhunderte voraus: Er schuf die Gesetze Moses' ab und wollte im Tempel die Verehrung der griechischen Götter durchsetzen.[9] Die Gottheit, so hieß es, sei universell und der Gott Israels derselbe wie der der Griechen. Das war für die an der Schrift und am Geist des Pentateuchs hängenden Traditionalisten zu viel. Sie sahen in dieser Universalreform eine Rückkehr zum Baalkult.

Mattathias, ein Priester aus dem Geschlecht der Hasmonäer, gab mit dem Mord an einem Reformanhänger in Modin bei Lydda das Signal für den Aufstand der Traditionalisten. Seine fünf Söhne organisierten eine Partisanentruppe, die gegen die Seleukidengarnison und alle die Reform bejahenden Juden kämpfte. Der Anführer der Brüder war Judas. Er hatte den ehrenden Beinamen Makkabäus, wahrscheinlich abgeleitet von hebräisch *Makkaba*, »Hammer«, von dem sich die spätere Bezeichnung der Makkabäer herleitet. In den Jahren 166 bis 164 vertrieben diese Partisanen die Griechen aus der Gegend von Jerusalem und sorgten 164 für eine zweite Weihung des von allem griechischen Beiwerk befreiten Tempels. Dieser Weihung gedenkt man heute noch mit dem traditionellen Chanukka-Fest. Zwei Jahre später wies der neue Seleukidenkönig Antiochos v. dem Hohenpriester Menelaos die Schuld am Aufstand zu und ließ ihn hinrichten. Er bemühte sich um eine Verständigung mit den Hasmonäern, die inzwischen Jerusalem und den größten Teil von Juda kontrollierten. Doch diese waren sich ihrer wachsenden Macht durchaus bewußt, und an der schwachen Position der Seleukiden bestand kein Zweifel. Im Jahr 161 vor unserer Zeitrechnung schlossen die Hasmonäer mit Rom einen Vertrag, der ihnen die Regierungsgewalt für den unabhängigen Staat Juda zusicherte. Sicherlich fühlten sich die

Seleukiden übergangen, doch um den Konflikt mit Rom nicht eskalieren zu lassen, erklärten auch sie Juda zur unabhängigen, also nicht steuerpflichtigen Nation.

Simon Makkabäus war praktisch gleichzeitig König und Hoherpriester. In seinen Händen hielt er das Doppelszepter von Moses und Aaron. Wenige Jahrzehnte später folgten auch die Nordprovinzen Galiläa, Gilead und Samaria – d. h. das alte Israel – und die Südprovinzen Moab und Idumäa dem Beispiel Judäas und wurden unabhängig. Im Jahr 76 vor unserer Zeitrechnung starb der letzte jüdische König Alexander Iannaios. Er hinterließ seinen Erben ein Staatsgebiet, das fast so groß war wie dasjenige, über das David im 10. Jahrhundert geherrscht hatte.

Das rund anderthalb Jahrhunderte währende Königtum der Hasmonäer ist von großer Bedeutung und wird von den Historikern – ganz gleich ob sie sich mit dem Judaismus oder mit dem Antisemitismus beschäftigen – meist unterschätzt. In dieser Zeit nämlich glaubten die Juden mit Recht, stolz sein zu können. Zum ersten Mal definierte sich die Nation durch die allen gemeinsame Religion, denn der religiös motivierte Aufstand hatte das jüdische Volk vor der erniedrigenden Abhängigkeit von den Griechen bewahrt. Bei dieser Gelegenheit entwickelte sich bei den Juden eine starre Abwehrhaltung gegenüber allen religiösen Reformbewegungen, die nun von vornherein mit den ungläubigen Nichtjuden in Verbindung gebracht wurden. Vermutlich wurde mancher gläubige Jude in jenen Jahren reaktionär. Die politische Führung wurde jedenfalls immer schwieriger. Jede Regierung, bei der man auch nur geringfügige Maßnahmen gegen die Tradition zu erkennen glaubte, wurde sofort des Verrats bezichtigt.

Was den Hasmonäern letzten Endes zum Verhängnis wurde, war ihr Machtrausch. Die Griechen nannten es Hybris. Die den fremden Mächten so mühselig abgerungenen nationalen Strukturen wurden nicht gefestigt, sondern weiter geschwächt. Der Fanatismus trieb die Hasmonäer in unzählige Exzesse und Konflikte und schließlich in den Zusammenbruch. Johannes Hyrkanos, der Sohn von Simon, dem letzten Makkabäer, wollte Samaria erobern und verwandelte die Hauptstadt in ein Trüm-

merfeld, das er mit Wasserkanälen durchzog, damit man in dem
überschwemmten Gebiet die ehemalige Stadt nicht mehr ausmachen konnte.[10] Auch Skythopolis, eine von den zehn Städten
der griechischen Dekapolis, wurde von ihm zerstört und die
Bevölkerung – einfach nur, weil sie Griechisch sprach – massakriert. Auch bei der Eroberung Idumäas ließ er jeden, der sich
nicht zum Judentum bekehren wollte, über die Klinge springen.
Ein blutrünstiger Tyrann, der sich jedoch – laut Flavius Josephus – für einen Propheten hielt.

Der Gipfel des Wahnsinns war aber sein Sohn Alexander Iannaios: ein trunksüchtiger Despot mit Tobsuchtsanfällen. Er ließ
6000 Juden hinrichten, weil man ihn beim Laubhüttenfest aus-
gepfiffen hatte. Als Hoherpriester hätte Alexander Iannaios
nämlich das rituelle Wassertrankopfer darbringen müssen, das
die Bittgebete für den Regen begleitete. Doch als wahrer Alkoholiker fürchtete er jeden Tropfen Wasser. In einem weiteren
Wutanfall opferte er auf den Thorarollen ein Schwein. Er starb
schließlich an akutem Delirium tremens.

Doch das Schlimmste: Bevor Alexander Iannaios den Geist
aufgab, ließ er sich auf einen Bürgerkrieg ein, der – laut Flavius
Josephus – sechs Jahre dauerte und 50000 Tote forderte.[11]

Aus dem Funken unter Antiochos IV. wurde unter den letzten,
wahnsinnigen Hasmonäerkönigen ein Großbrand, der mit seinem Rauch den bis dahin wolkenlosen Himmel über dem Orient
merklich verdunkelte. Das Mißtrauen, das die Juden von nun
an gegenüber dem Hellenismus hegten, erreichte im Laufe der
Jahrzehnte selbst die entlegensten Gebiete der Diaspora.

Aber auch auf der Gegenseite regte sich Mißtrauen. Zumal
die Berichte über die Grausamkeit, mit der die jüdische Führung
gegen die unterworfenen Völker vorging, und über die Massaker unter den Juden sich schnell jenseits der Grenzen ausbreite-
ten. Es waren zunächst einmal die Juden, denen man Fremdenfeindlichkeit vorwarf: Als der Seleukidenkönig Antiochos VII.
Energetes Sidetes in einer letzten Kraftanstrengung die verlo-
renen Provinzen zurückerobern wollte und deshalb Jerusalem
in den Jahren 134/135 vor unserer Zeitrechnung belagerte, legten ihm seine Berater nahe, die Stadt im Sturm zu nehmen und
die Juden auszurotten, »denn von allen Nationen geht nur die

jüdische jeder Verhandlung mit anderen Völkern aus dem Weg
und betrachtet alle Menschen als ihre Feinde«. Diodor von
Sizilien weiß im ersten Jahrhundert vor unserer Zeitrechnung
zu berichten, daß »die Vorfahren der Juden aus Ägypten vertrieben wurden, weil sie unfromme und von den Göttern gehaßte
Leute waren«. Der griechische Geschichtsschreiber kommt zu
dem Schluß, daß die Nachkommen dieser Juden aus Ägypten
»aus ihrem Haß auf die Menschheit eine Tradition« gemacht
haben.[12]

Heute sieht man in Diodor den Prototyp eines Antisemiten,
doch er war nicht der erste. Bereits Jahrzehnte zuvor hatte der
Schriftsteller Apollonios Molon, von dessen verlorengegange-
nem Werk wir nur durch Flavius Josephus etwas wissen, die
Juden als »Atheisten und Menschenfeinde« bezeichnet.[13]

Die Juden waren sich durchaus bewußt, daß sie in der hellenistischen Welt nicht besonders angesehen, ja manchmal sogar
verhaßt waren. Nach dem Verlust von Davids altem Königreich
und der erniedrigenden Verschleppung nach Babylon sahen sie
sich von ihren eigenen Königen verraten, und das, obwohl diese
von den heldenhaften Makkabäern abstammten. Sie fühlten
sich gedemütigt und gekränkt und waren deshalb der festen
Überzeugung, daß eine so ungerechte Welt nicht von Dauer
sein könne. Sie warteten darauf, daß Gott eines Tages in seiner
ganzen Größe wiederkommen werde, um sein Volk wieder in
dessen alte Rechte einzusetzen. Dies kommt ausführlich in den
Apokryphen zur Sprache, die in den Jahrhunderten vor unserer
Zeitrechnung entstanden sind. Das erste und das zweite Buch
Henoch, das Jubiläenbuch, die Testamente der zwölf Patriarchen, die Sibyllinischen Orakel und etliche andere Schriften
sind voller apokalyptischer Anspielungen und gegen Nichtjuden gerichtete Verwünschungen. »Wehe dir Gog und allen
Völkern, wehe auch dir Magog!«, heißt es beispielsweise in
den Sibyllinischen Orakeln.[14] Die Wirkung auf die nichtjüdische Leserschaft des Mittelmeerraums war verheerend.

Etliche von diesen Texten waren wie die Sibyllinischen Orakel ganz oder wie das erste Buch Henoch teilweise in griechischer Sprache verfaßt. Die Bevölkerung des Mittelmeerraums
konnte sie also sehr wohl zur Kenntnis nehmen. Und wenn sie

es tat, dann mit großem Entsetzen. Bereits die Septuaginta, die griechische Übersetzung des Alten Testamentes, löste bei den Nichtjuden Empörung und Schrecken aus. »Da, seht die Juden! Sie arbeiten auf den Untergang der Andersgläubigen hin!« Was diese Leser jedoch nicht wußten: Die Texte wurden von einer ausschließlich in Palästina lebenden Randgruppe des jüdischen Volkes geschrieben[15] (auf sie kommen wir später noch zurück). Es handelte sich um überspannte Gemüter, die in ihrer Verbitterung die äußere Welt völlig verwarfen und das ganze Universum an den Pranger stellten. Man schloß von dieser kleinen Gruppe auf alle Juden.

So entstand der Mythos von der jüdischen Aversion gegen den Rest der Welt, und die Griechen, die bis dahin in gutem Einvernehmen mit dem Judaismus gelebt hatten (selbst Aristoteles scheint den Juden gewogen gewesen zu sein[16]), entwickelten nun eine ablehnende Haltung. Es war nicht der Monotheismus, der sie störte: Die Idee von einem einzigen Gott war dem griechischen Denken nicht fremd. Ich habe an anderer Stelle[17] bereits darauf hingewiesen, daß diese Idee seit den Vorsokratikern, d. h. schon vor dem fünften Jahrhundert vor unserer Zeitrechnung, in der griechischen Philosophie gegenwärtig war. Doch das sowohl im Alten Testament als auch in den Apokryphen festgehaltene Bild des ausschließlich jüdischen Gottes, der mit seinem Volk auf die Ausrottung der anderen Völker hinarbeitet, konnte die Griechen und die Römer, für die die Götter über die gesamte Menschheit herrschten, nur abschrecken.

Die Römer hielten also ein wachsames Auge auf diesen unruhigen jüdischen Staat. Auch in den von Rom abhängigen Nachbarländern begann man sich Sorgen zu machen. Im Jahr 76 folgte Salome Alexandra, die Witwe von Alexander Iannaios, ihrem Mann auf den Thron und versuchte in kluger Voraussicht, die Ordnung wiederherzustellen. Als auch sie neun Jahre später starb, stritten sich die beiden Erben – Aristobulos und der Hohepriester Hyrkanos – um den Thron. Ein neuer Bürgerkrieg brach aus. Antipater, Salome Alexandras allmächtiger Minister, rief die Römer zu Hilfe. Der römische Feldherr Pompeius führte in Kleinasien und Syrien einen siegreichen Feldzug, war also nicht fern. An der Spitze seiner Truppen eilte er herbei.

Man kann sich die Wut und den Schmerz der Juden bei der Ankunft des Pompeius und seiner Heeresführung in Jerusalem lebhaft vorstellen. Pompeius im Tempel und – schlimmstes Sakrileg – im Allerheiligsten, zu dem bisher nur der Hohepriester Zutritt hatte. Aber schwerer noch wogen die harten Sanktionen, die ihnen von den Römern auferlegt wurden: Israel mußte die Riesensumme von 1000 Talenten zahlen und die eroberten syrischen Gebiete den Syrern zurückgeben. Außerdem wurde das Amt des Statthalters oder des Königs auf einen Laien übertragen. Die weltliche Macht des Hohenpriesters war damit beendet und die jüdische Theokratie in ihrer Struktur aufgelöst. Israel wurde Provinz des Römischen Reiches. Doch das Schlimmste war die Zerstörung der Einheit des Volkes. In Anbetracht der verzweifelten Lage, der Zugeständnisse und des Machtmißbrauchs der Priesterschaft am Königshof entstand in der jüdischen Nation eine Protestbewegung, die dem Priesterstand von Jerusalem nicht gerade zur Ehre gereichte. Getragen wurde sie von den Sadduzäern, die aus den höheren Schichten stammten, dem Königtum sehr nahestanden und sich auf den Hohepriester Zadok beriefen.

In der Strömung, die der jüdischen Religion ihre weltlichen Elemente raubte, lassen sich drei Richtungen ausmachen: Zunächst einmal die unter Alexander Iannaios zum ersten Mal in Erscheinung tretenden Pharisäer, die Paruschim (»die sich absondern«). Sie unterschieden zwischen dem himmlischen und irdischen Königreich und entsprechend zwischen Religion und Nationalismus. Dies brachte sie in Opposition zum König, der nun kein jüdischer Hoherpriester mehr war und deshalb in ihren Augen abgesetzt gehörte.

Dann die Sikarier. Sie glaubten, daß das himmlische Königreich in Anbetracht der schreienden Ungerechtigkeiten nicht mehr lange auf sich warten lasse, und taten deshalb alles, um seine Ankunft – notfalls mit Gewalt – zu beschleunigen. Aus dieser Gruppierung entstanden zu Beginn des ersten Jahrhunderts die zum Terrorismus neigenden Zeloten, die bei öffentlichen Festen sowohl Römer als auch deren jüdische »Mitläufer« angriffen. Es ist also keine reine Boshaftigkeit, wenn Flavius Josephus sie als »Räuber« bezeichnet.

Zu guter Letzt diejenigen, die im allgemeinen Sprachgebrauch die Essener[18] genannt werden, eigentlich die Hassinin oder »die Tugendhaften«, die Rigoristen oder Fundamentalisten, die sich schon zu Zeiten des Hohenpriesters Jonathan des Makkabäers (152–142) aus dem öffentlichen jüdischen Leben zurückgezogen hatten. Entgegen allem, was in manchen Büchern seit über 50 Jahren behauptet wird, saßen die Essener nicht nur in Qumran, dem als Fundort von Schriftrollen berühmt gewordenen Ort am Toten Meer. Unter dem Namen der Hemerobaptisten oder der Therapeuten gab es auch an anderen Orten Essenergemeinden, selbst am Rande von Städten der Diaspora mit großen Judenkolonien, beispielsweise am Mareotis-See (heute Marjutsee) bei Alexandria.

Zwischen diesen drei Gruppen war eine strikte Trennung nicht immer möglich. Die Zeloten und die Essener beispielsweise waren fest davon überzeugt, daß die für die Juden schmachvolle Situation nicht lange dauern würde. Der Herr würde sie bald mit einer allgemeinen Katastrophe beenden und seinen Messias schicken, damit er das verlorene Königreich wiedererrichte. Man kann diese Haltung apokalyptisch nennen. Die eigentliche Bedeutung des Wortes Messias war von den Christen entstellt worden. Ursprünglich bedeutete das hebräische *Massih* nämlich »derjenige, der vom König und vom Hohenpriester gesalbt worden ist«. Doch diese doppelte Salbung hat Jesus nie erhalten.

Dann die Pharisäer: Auch wenn sie weiterhin am öffentlichen Leben teilnahmen, hatten sie sich nie grundsätzlich gegen die Gewalt ausgesprochen. Was ihnen Jesus, der selbst ein Pharisäer war, später vorwarf, waren ihre dialektischen Vorbehalte gegenüber der Gewalt.

Von diesen drei mehr oder weniger scharf voneinander unterschiedenen Strömungen stammt der größte Teil der oben erwähnten Apokryphen. Etliche moderne Autoren trennen strikt zwischen den kontemplativen Essenern und den blutrünstigen Zeloten, doch die in Qumran gefundene *Kriegsrolle* berichtet bereits in ihren ersten Zeilen von den Vorbereitungen zu einem Waffengang, den die »Söhne des Lichts« gegen die »Söhne der Finsternis« beginnen werden.[20] »Am Tag der Katastrophe wer-

den die Söhne des Lichts und das Heer der Finsternis im Namen
der Macht Gottes gegeneinander kämpfen, und der Lärm und
das Geschrei der Menschen und der Götter[21] wird ohrenbetäu-
bend sein«. Das sind bereits die Töne der Offenbarung des
Johannes.

Diese jüdische Randgruppe hatte also der restlichen Welt
den Krieg erklärt: einen nationalistischen Befreiungskrieg, der
schnell die Dimensionen eines blutigen und selbstzerstörerischen Aufstandes annahm und – so die Hoffnung der Kämpfenden – Gott wieder auf die Erde zurückbringen sollte. Die Essener und die Zeloten wollten Gott also zwingen und stürzten im
Jahr 70 Jerusalem selbst in den Untergang. Es war in der Antike
der grauenhafteste Bürgerkrieg des Mittelmeerraums. Noch
wußten sie nicht, daß später eine im Namen des berühmtesten
Mannes aus ihren Reihen – Jesus – gegründete Religionsge-
meinschaft diesen Krieg wieder gegen sie aufnehmen würde,
und zwar für viele Jahrhunderte. Die Einheit des jüdischen Volkes war durch diesen Krieg zerstört: Auf der einen Seite die
Mehrheit der Juden, die ein friedliches Zusammenleben mit
den anderen Völkern für möglich hielt, und auf der anderen
Seite eine Minderheit von Aktivisten, überspannten Mystikern
und Terroristen, die jeden fremden Einfluß streng ablehnten.

Von da an litten die Juden unter dem Ruf eines schwierigen
und fanatischen Volkes, ganz so, wie sie von Diodor und Molon
beschrieben wurden. Auch Lysimachos und Apion, die wir
durch Josephus[22] kennen, liefern ein ähnliches Bild. Man sollte
die beiden Schriftsteller genauer betrachten, denn als notorische
Antisemiten haben sie ihre Zeit maßgebend beeinflußt.

Von Lysimachos wissen wir wenig: In griechischen und hellenistischen Kreisen war der Name geläufig, doch die Werke
dieses Autors haben die Zeit nicht überdauert. Wahrscheinlich
war Lysimachos ein Zeitgenosse von Josephus, anscheinend ein
Sophist und Grammatiker. Eines ist sicher: Seine Exodusversion ist betont antijüdisch; sie behauptet nämlich, daß Moses
die Juden dazu angehalten hätte, sich gegenüber Fremden un-
freundlich zu zeigen. In Wahrheit forderte Moses jedoch genau
das Gegenteil: »Lehnt den Fremden nicht ab, denn ihr selbst
wart Fremde in Ägypten.« Lysimachos betrachtete die Juden

als »unreine, gottlose« Gesellen, die offensichtlich der ganzen
Menschheit feindselig gesinnt waren. Doch seine historischen
Kenntnisse waren mehr als mangelhaft: Den Aufbau Jerusalems
datierte er in die Zeit nach dem Exodus. Halten wir fest, daß es
einen Geschichtsschreiber Lysimachos gab, der in den Augen
von Josephus zumindest so wichtig war, daß es sich lohnte, Stellung gegen ihn zu beziehen.

Über Apion hingegen wissen wir mehr: ein Ägypter, der zu
Beginn unserer Zeitrechnung in Alexandria lebte und einige
Gemeinheiten über die Juden verbreitete. Gemeinheiten, die
sich nicht von den »Protokollen der Weisen von Zion« unterscheiden, die die russische Polizei 19 Jahrhunderte später in
Umlauf brachte. Laut Apion zogen unter Moses' Führung angeblich Leprakranke, Blinde und gebrechliche Menschen aus
Ägypten aus. Und da sie unterwegs an geschwollenen Lymph-
knoten litten, habe man die sogenannte Sabbatruhe einführen
müssen... und ähnlicher mit Bosheit gepaarter Schwachsinn.
Derselbe Apion fuhr im Jahr 38 von Alexandria nach Rom, um
sich dort bei Kaiser Caligula über die Juden zu beschweren,
wahrscheinlich als Reaktion auf Philon, der – um den Juden zu
helfen – ebenfalls zu Caligula gereist war.

Ähnlicher Tratsch – wie sonst soll man es nennen? – findet
sich auch bei dem griechisch-ägyptischen Pamphletisten Chai-
remon oder dem römischen Geschichtsschreiber Pompeius Tro-
gus, der u. a. behauptet, daß die Juden ursprünglich aus Damaskus stammten und Moses einer von den zehn Söhnen des
Königs Israel sei... Soweit die Beispiele aus der Vulgärliteratur.
Traurig ist, daß diese Beispiele leider auch bei einem so renom-
mierten Autor wie Tacitus ihr Echo fanden. Auch er schreibt
über den Exodus, und seine Version ist nicht viel besser als die
des Lysimachos und des Apion: Wegen einer schweren Pest-
seuche in Ägypten habe das Amun-Orakel dem Pharao Bok-
choris (Bakenrenef) aufgetragen, die Juden des Landes zu verweisen, »denn die jüdische Nation war den Göttern verhaßt«.
Nach der Ankunft in ihrem neuen Land habe ihr Oberhaupt
Moses religiöse Praktiken eingeführt, die zu denen der anderen
Sterblichen im krassen Gegensatz standen. Außerdem hätten sie
als Huldigung an den Esel, der sie aus der Wüste geführt hat,

ein Heiligtum errichtet, also ähnlicher Unsinn wie bei Apion
und Diodor.[23]

Im 20. Jahrhundert hat man sehr wohl begriffen, daß Tacitus
mit seinen stilistischen Fähigkeiten zwar ein Geschichtsschreiber, aber kein Historiker im modernen Sinn war. Die Anfänge
der seriösen Geschichtswissenschaft liegen im 18. Jahrhundert,
viel weiter geht sie nicht zurück. Im Zusammenhang mit dem
Brand von Rom beispielsweise wird deutlich, daß Tacitus wider
besseres Wissen schreibt. Denn er schob den Brand arglistig und
völlig ungerechtfertigt dem sowieso schon in schlechtem Ruf
stehenden Kaiser in die Schuhe. In Wahrheit war Nero nicht
für den Brand verantwortlich. Tacitus gehörte jedoch zur Sena-
torenklasse, die für Nero nur Verachtung übrig hatte. Bei der
Fälschung historischer Tatsachen hatte Tacitus keine Skrupel,
im Gegenteil: Er fälschte, wo es ihm in den Kram paßte. Hat er
denn tatsächlich geglaubt, der Exodus habe unter Pharao Bok-
choris (24. Dynastie) stattgefunden, also in den Jahren 720 bis
715 vor unserer Zeitrechnung? In dem Fall wäre das nur ein
Beweis für sein Desinteresse an der Geschichte der Juden, über
die er jedoch ansonsten mit großer Redegewandtheit herzog.

Zwei Punkte sind festzuhalten: Zum einen die Torheiten des
hasmonäischen Königshauses, die seit dem zweiten Jahrhundert
vor unserer Zeitrechnung die Juden zunächst gegen die Griechen und später gegen die Römer einnahmen. Griechen und
Römer wiederum warfen den Juden mangelnde Anpassungsfähigkeit vor, und vor allem die Intellektuellen der hellenistischen
und später der römischen Welt vermittelten den Führungs-
schichten immer größere, spezifisch antisemitische Vorurteile.

Zum andern die vergeblichen Bemühungen hellenisierter
Juden wie Philon oder Josephus um eine Brücke zwischen den
beiden Kulturen. Philons Erklärung, daß Moses die griechische
Philosophie und Moral erneuert habe[24], blieb ein nutzlos-ana-
chronistischer und kulturrevisionistischer Versuch, und Josephus handelte sich mit seiner Unterscheidung zwischen den
edlen Juden und jenen, die er zu den »Schurken« und den Feinden des jüdischen Volkes rechnete, vor allem den Ruf eines Verräters ein.

3

Der römische Antisemitismus und die fatalen Folgen der Septuaginta

Römische Arroganz und jüdischer Stolz: Aus einem politischen Konflikt wird ein Kulturstreit – Die ersten fatalen Folgen der Septuaginta – Sabbat, Beschneidung und Verbot des Schweinefleisches: viel Streit und unsinniges Gerede – Erste Ausweisung der Juden aus Rom 139 vor unserer Zeitrechnung – Das Fehlen humanistischer Gedanken in Rom und die Unkultur der Römer – Die zweifelhafte Jupiter-Sabazius-Affäre – Weiteres unsinniges Gerede über Moses und den Exodus – Die Feindseligkeit des Tacitus

Bei manchen griechischen und römischen Autoren war vom Wohlwollen Alexanders den Juden gegenüber nichts mehr zu spüren. Innerhalb von rund drei Jahrhunderten wurde der Ton immer aggressiver. Wie erklärt sich dieser alarmierende Stimmungsumschwung? Alarmierend deshalb, weil der hellenistische und später der römische Antisemitismus den Grundstein für den Antisemitismus späterer Jahrhunderte legte, auch wenn die Gründe sich im Laufe der Zeit änderten.

Mehrere Faktoren scheinen eine Rolle zu spielen. Der erste war ohne Zweifel die römische Arroganz. Das Gefühl der haushohen Überlegenheit ist militärisch begründet: Von der Schlacht bei Actium im Jahr 31 vor unserer Zeitrechnung bis zum Jahr 116 unserer Zeitrechnung breitete sich das Römische Reich stark aus. Der gesamte Mittelmeerraum und der größte Teil der damals bekannten westlichen Welt wurden von Rom erobert und auf Dauer besetzt: Von den schottischen Grenzen über

Frankreich und Spanien bis Mauretanien, von Ägypten bis zum Bosporanischen Reich an der Nordküste des Schwarzen Meeres, Germanien, die Provinz Noricum, Kappadokien und Judäa – was noch nicht römisch war, wurde römisch. Aus all diesen Gebieten führte Rom Sklaven und billige Arbeitskräfte ein. Außerhalb der Pax Romana, dem römischen Friedensprogramm für alle eroberten Gebiete, gab es nur finstere Randgebiete, bewohnt von Völkern, die gerade mal das Feuer zum Braten von Fleisch zu nutzen wußten: Im Osten die Horden der Steppenvölker, die Parther im heutigen Gebiet des Iran, im Norden die noch unbekannten Hunnen, die rohes Rentierfleisch essenden Finnen, Germanen, Balten, Slawen und Roxolanen. Sie alle kannten keine Badekultur und hatten noch nie apulischen Wein getrunken, auch von den literarischen Künsten Vergils oder der Rhetorik Ciceros hatten sie keine Ahnung. Der römische Imperialismus hatte nicht nur eine politische, sondern auch eine kulturelle Komponente.

Für das römische Militär, die Senatoren und die kaiserliche Regierung unterschieden sich die Juden in nichts von den Numidern, den Sarmaten, den Galatern oder anderen exotischen Volksgrupen. Die jüdische Religion war ihnen fremd, und die römischen Steuereintreiber zeigten bei der Beschlagnahmung von Geldern, die eigentlich für den Kult bestimmt waren, keine Skrupel. Der in den Jahren 62 und 61 vor unserer Zeitrechnung als Prokonsul für die Provinz Asien eingesetzte Flaccus legte bei den Juden von Apameia, Laodikeia, Adramyttion und Pergamon seine Hand auf Gelder, die eigentlich für den Jerusalemer Tempel bestimmt waren.[1] Er folgte darin dem Beispiel von Mithridates, der auf der Insel Kos ebenfalls für den Tempel in Jerusalem vorgesehene Geldbeträge konfisziert hatte.[2] Die römische Arroganz traf auf jüdischen Stolz. Die Juden waren zwar besiegt, blickten aber auf eine ruhmreiche Vergangenheit zurück: Zweimal hatten sie ein unabhängiges Königtum besessen, das erste unter David und Salomon, das zweite unter den Hasmonäern. Ihre Geschichte reichte um einiges weiter zurück als die der Römer, und ihre Propheten standen im Zwiegespräch mit Gott. Romulus und Remus hingegen waren von einer Wölfin gesäugt worden. Ihr Gesetz war

ihnen von Gott persönlich diktiert worden und stand in nichts
hinter dem zurück, was die Legionen mit dem Adlerwappen
im Namen einer Republik von Abenteurern, Haudegen und
Schwätzern und später im Namen eines nicht viel besseren
Imperiums der Welt aufzwangen. Ganz zu schweigen von diesen römischen Göttern und Göttinnen, die sich – ähnlich wie
ihre griechischen Pendants – nackt präsentierten und sich mit
ihren amourösen Abenteuern gegenseitig zu übertreffen versuchten.

Der jüdische Stolz, auf den Charles de Gaulle als Oberhaupt
eines demokratischen Staates sich noch im 20. Jahrhundert
bezog, ging mit einem politischen, nationalen und religiösen
Zusammengehörigkeitsgefühl einher, das für Rom und die
Römer natürlich ein rotes Tuch war. Im vorangegangenen Kapitel wurde deutlich, daß vor allem die Juden Palästinas fortlaufend irgendwelche Streitereien untereinander austrugen und so
die Region ständig in Unruhe hielten. Seit den letzten Hasmonäerkönigen – dem verrückten Trunkenbold Alexandros Iannaios und seinen blutrünstigen Söhnen Hyrkanos und Aristobulos – hatte das Ansehen der Juden deutlich nachgelassen.
Offensichtlich begriffen die Juden nicht, daß die Römer, die die
Oberherrschaft besaßen, entschlossen waren, diese im Ernstfall
mit allen Mitteln durchzusetzen.

Was die Verständigung mit den Römern sicherlich nicht
leichter machte, war die Tatsache, daß die Juden seit der Mitte
des zweiten Jahrhunderts vor unserer Zeitrechnung über den
ganzen östlichen Mittelmeerraum verstreut waren, vom südlichen Makedonien über den Epeiros bis nach Galatien, Kappadokien und das gesamte Partherreich, Armenien, Hyrkanien,
Babylonien und Elam. Sie unterhielten Kolonien in Mesopotamien, Syrien, Ägypten und an der Küste der Cyrenaika; sie lebten aber auch in Rom und in Städten der südlichen italienischen
Halbinsel wie Tarracina und Puteoli. Eine Minderheit, die zwar
oft zerstritten war, aber mit der man dennoch rechnen mußte:
Zwei bis drei Millionen Starrköpfe. Der ständige Kontakt zwischen Juden und Römern mit all seinen Verständigungsschwie-
rigkeiten sorgte für endlose Reibereien.

Nachdem das Alte Testament im dritten Jahrhundert vor

unserer Zeitrechnung in Alexandria unter dem Namen Septuaginta ins Griechische übersetzt worden war (die Übersetzung
beschränkte sich zunächst auf den Pentateuch), haben zumindest die Gebildeten unter den Römern und den im Römischen
Reich lebenden Hellenen das Judentum entdeckt. Man muß
sich immer in Erinnerung rufen, daß Bücher in jener Zeit Man-
gelware und nur Reichen und Hochgebildeten zugänglich
waren. In der Verbreitung neuer Ideen und Gedanken übernahmen damals die Bibliotheken – beispielsweise die von Alexandria – eine wichtige Rolle. In wieviel Exemplaren die Septuaginta in der römischen Welt – die jüdischen Einrichtungen
mitgerechnet – im Umlauf war, läßt sich heute nicht genau
sagen. Es waren jedoch mit Sicherheit nicht mehr als ein paar
Dutzend. Allerdings genug, um die meinungsbildenden Kreise
in Erstaunen zu versetzen: Sie entdeckten in den heiligen Texten
der Juden völlig fremde Begriffe, die zu den ihrigen zum Teil
im Widerspruch standen.

Das ist ein wichtiger Punkt, wenn man die seit dem ersten
Jahrhundert unserer Zeitrechnung im Römischen Reich zu
beobachtende Ausgrenzung der Juden begreifen will. Darauf
wurde in den zahlreichen historischen Abhandlungen über den
Antisemitismus nie hingewiesen. Eine eingehendere Betrachtung ist also durchaus angebracht.

Alle Religionen der mediterranen Welt – einschließlich die
der germanischen, dakischen, kappadokischen, armenischen
oder sarmatischen Nachbarn – hatten gemeinsame Riten, die
den sozialen Zusammenhalt des Staatswesens garantierten. Die
von den Juden abgelehnten Götterstatuen waren keineswegs
nur Bilder, die die Phantasie der Gläubigen anregen sollten,
sondern regelrechte Kommunikationsmedien, über die man die
Götter direkt anrufen konnte. Der römische Larenkult beispielsweise war durch seine Statuen an den Ort gebunden, an
dem er gepflegt wurde. Das war zweifelsohne eine Folge des
Seßhaftwerdens. In der römischen Religion hatte der Ritus
nicht nur eine religiöse, sondern auch eine staatsbürgerliche
Funktion. Dem Judaismus hingegen war der Begriff des Staatswesens in jener Zeit fremd. Folglich waren die jüdischen Gesetze rein religiöser Natur. Selbstverständlich tendierten auch

die Juden zur Seßhaftigkeit oder besser gesagt: Sie siedelten sich
gerne an bestimmten Orten an. Auch sie hatten Städte und mit
Jerusalem sogar eine Hauptstadt. Doch Jerusalem war eine heilige Stadt und ein geistiges Zentrum, vergleichbar mit dem heutigen Vatikan, mit Mekka oder Benares, und entsprach somit
weniger einer Stadt im griechisch-römischen Sinn, die ja auch
ein politisches Gemeinwesen war. Das Wort »Politik« geht auf
das griechische Wort für Stadt zurück: *polis.*

Da der jüdische Gott verinnerlicht wird, ist er mit jedem einzelnen seines Volkes untrennbar verbunden. Der jüdische Gott
ist überall da, wo Angehörige seines Volkes sind. Die Juden
mußten also nirgendwo Wurzeln schlagen. Das war für die
jüdische Diaspora von großer Bedeutung. Die Juden konnten
nach römischem Verständnis kein politisches Zusammengehörigkeitsgefühl entwickeln und waren deshalb für den Römer
als Staatsbürger nicht faßbar.

Den Römern mußte bei einer genaueren Betrachtung der
anderen indoeuropäischen Religionen ein Charakteristikum des
Judaismus auffallen. Denn mit Ausnahme des Judentums waren
alle Religionen nach dem gleichen Schema organisiert: Alle
antiken Stadtstaaten – einschließlich der Völker des mehr oder
weniger fest umrissenen römischen Einflußgebietes – wurden
symbolisch von der indoeuropäischen Triade König – Priester –
Krieger oder Priester – Krieger – Bauer regiert.[3] Im Pentateuch
findet sich jedoch keine Unterscheidung nach diesen Funktionen. Bei den Hebräern hatte nur der Priester eine Oberfunk-
tion.[4] Mit anderen Worten: Das hebräische Volk hatte eine
theokratische Struktur.

In der politischen Hierarchie des Schemas König – Priester –
Krieger übernahmen die oft in einer Person zusammenfallenden
Funktionen des Königs und des Priesters die Vermittlerrolle
zwischen den kosmischen und irdischen Gewalten. Der königlichen und der priesterlichen Gewalt lag der Gedanke zugrunde,
daß König und Priester für das Wohl des Volkes verantwortlich
sind und dessen Interessen gegenüber den Göttern zu verteidigen haben. Militärische Siege und große Ernteerträge waren
die Früchte einer guten Vermittlung.

In der hebräischen Religion hingegen gibt es keine Vermittler.

Es gibt nur das Gesetz und Riten, die dieses Gesetz beachten. Der Mensch steht machtlos einem unberechenbaren Gott gegenüber. Die Propheten nehmen zwar in der hebräischen Religion und Kultur einen großen Platz ein, haben aber nur eine untergeordnete Vermittlerfunktion oder – genauer gesagt – eine Vermittlerfunktion, die nur eine einzige Aufgabe hat: den göttlichen Willen kundzutun. Die Hauptfunktion des Propheten ist, Sprecher von Jahwe/El zu sein und die Menschen mit strengen Riten an die Einhaltung des göttlichen Gesetzes zu erinnern. Saul, der erste jüdische König, besaß keinerlei priesterliche Gewalt. Das erklärt die unmäßige Wut Samuels, als Saul – ohne auf ihn zu warten – mit der Opferhandlung begann und sich so die Priesterrolle anmaßte.

Als Alexander oder die Römer Ägypten besetzten, unterzeichneten die politischen und militärischen Führer beider Seiten einen Vertrag, in dem man den Status quo als Voraussetzung für ein dauerhaftes friedliches Zusammenleben akzeptierte. In Alexandria war deutlich zu sehen, wie sich die religiösen Führer den Waffen beugten und sich mit dem neuen Kult zu arrangieren versuchten. So kam es zu dem Synkretismus, auf den ich an späterer Stelle näher eingehe.

Nicht so bei den Juden: Die religiösen Führer, die die griechischen und römischen Feldherren als Ansprechpartner vorfanden, vertraten eine Religion, die den Eroberern von vornherein feindlich gesinnt war. Man konnte zwar einen Waffenstillstand schließen, aber keinen Frieden. Jahwe duldete keine Niederlage oder Unterwerfung seines Volkes, es sei denn als Strafmaßnahme. Für die Römer waren die Juden nicht zu besiegen: Als Soldaten Gottes hätten sie eine Niederlage nie akzeptiert, denn sie wäre einer Niederlage Gottes gleichgekommen, und das galt als völlig undenkbar. Wenn Juden eine Niederlage akzeptierten, dann nur zum Schein. Die Frage des militärischen Kräfteverhältnisses stellte sich für die Juden nicht: Gott kann alles. Hatte er nicht das Heer des Pharao in den Fluten umkommen lassen, um sein Volk zu retten? Die Zeloten aus Palästina wußten sehr wohl, daß das römische Besatzungsheer unvergleichlich stärker war als alle Männer, die Israel aufbieten konnte. Trotzdem: In der Hoffnung, mit der Hilfe Gottes einen Brandherd legen zu

können, unterhielten sie terroristische Guerilla-Einheiten. Und
da Gott nicht zu Beginn des ersten jüdischen Aufstandes ein-
griff, erfand man eine List: Bei der Belagerung Jerusalems setzten die Zeloten den römischen Truppen unter dem Befehlshaber
Metilius so sehr zu, daß diese sich gegen die Zusicherung freien
Abzugs ergaben und die Waffen ablegten, woraufhin sie von
den Zeloten niedergemacht wurden. Die im jüdischen Volk verankerte und untrennbar mit der identitätsbildenden Religion
verbundene Theokratie machte die Juden im vorchristlichen
Zeitalter zur Ausnahme.

Natürlich führten die Senatoren, Konsuln und Armeeführer,
die mit den Juden zu verhandeln hatten, keine solchen Analysen
durch. Sie konnten solche Feinheiten auch nicht erkennen. Im
damaligen Rom gab es keine Wissenschaft, die die Religionen
und die Kulturen im Hinblick auf ihre unterschiedlichen Strukturen erforscht und Vergleiche angestellt hätte. Auch wenn
einige von Herodot und Strabon beeinflußte römische Staats-
männer instinktiv die verschiedenen Kulturen der unterworfenen Völker miteinander verglichen, näherte sich Rom hauptsächlich auf praktischem, militärischem und administrativem
Weg den fremden Welten. Alle Beobachtungen, die die Römer
in dieser Richtung machten, beschränkten sich auf die Feststellung, daß sich die Juden stark von Ägyptern, Skythen oder
Sarmaten unterschieden.

Solche intuitiven »empirischen« Beobachtungen fanden
durch die Septuaginta-Übersetzung innerhalb weniger Jahre
ihre Bestätigung, allerdings sehr zum Nachteil der Juden. Auf
Befehl von Ptolemaios II. Philadelphos (285 – 246 vor unserer
Zeitrechnung) sollte Eleasar, der Hohepriester von Jerusalem,
72 Übersetzer (septuaginta, lat. = siebzig) zur Ausarbeitung
einer griechischen Übersetzung des Alten Testaments nach Alexandria schicken. Was die wirklichen Motive des Monarchen
waren, wissen wir nicht. Vielleicht wollte der gebildete Eklekti-
ker die damals in Alexandria in großer Zahl vorhandenen heiligen Bücher der Juden näher kennenlernen. Zu seinen Lebzeiten
konnte er allerdings nur den Pentateuch lesen. Die Propheten
wurden offensichtlich erst im zweiten Jahrhundert übersetzt,
und Philon von Alexandria kannte im Jahre 40 – also rund

zwei Jahrhunderte später – immer noch keine griechische Übersetzung des Buches Esther, des Predigers Salomo, des Hohen-
lieds Salomos und des Buches Daniel.[5] Die Übersetzer hatten es
nicht eilig.

Vielleicht wollte der Herrscher auch nur eine bessere Grundlage für die jüdische Sprachpraxis schaffen, denn nur wenige
sprachen Aramäisch. Obwohl dies die Sprache war, in der man
in Jerusalem das Gottesgesetz lehrte. Vom Hebräischen ganz
zu schweigen. Aber auch die Griechischkenntnisse entsprachen
nicht dem Niveau der gebildeten Hellenisten in der Hauptstadt
am Mittelmeer.

Sicher ist, daß die Septuaginta sich äußerst schlecht in die
kultiviert-hellenistische Tradition von Alexandria einfügte. Die
sprachliche Form der Übersetzung war holprig und ohne Eleganz[6], und auch die geschilderten Gewalttätigkeiten kamen in
einer Stadt, in der die Rhetorik blühte, in der sowohl die Kyni-
ker als auch die Stoiker ihre Gedankenpracht entfalteten und
die Platoniker ihre philosophischen Ideen präsentierten, wenig
an. Für die gebildete Elite von Alexandria gehörte die Septuaginta zur Literatur der »Barbaren«.[7]

Bei der hellenistischen Oberschicht, die die heiligen Bücher
der Juden nicht oder fast gar nicht kannte, löste der Text Empörung aus. Was sollte sie von diesem Gott der Genesis halten,
der fast die ganze Menschheit ertränken wollte, weil sich ihre
Frauen mit »den Göttern« eingelassen haben?[8] Ein paar Götter
hatten also die Menschen mit ihrem Samen beglückt, und ein
anderer wurde deshalb wütend? Und warum um alles in der
Welt machten diese Juden so viel Aufhebens um diese düstere
Familiengeschichte von Isaak, die voller Verrat und Gewalt
ist? Was war denn das für ein Gott, der sein Volk zu vernichten
drohte, nur weil es ihm »starrsinnig« vorkommt?[9] Wer drohte
dem Volk, dem die Juden das Land wegnehmen, mit dem Aus-
satz?[10] Hat er nicht auch die Opfer erschaffen? Hat er seinem
Volk wirklich befohlen, die Altäre der Menschen zu zerstören,
in deren Länder sie eindringen?[11] Was ist das für ein Volk, von
dem Gott selbst sagt, daß es »starrsinnig« sei und er es jederzeit
vernichten könne?[12] Und dann dieser Moses, der seine Leute
beglückwünschte, weil sie 3000 Menschen von ihrem eigenen

Stamm umgebracht hatten.[13] Und was ist von den Schlichen Abrahams zu halten, der seine Frau als seine Schwester ausgab und sie dem Pharao überließ? Oder etwa von Jakob, der seinen älteren Bruder Esau mit Hinterlist um sein Recht brachte?

Man war sich einig, daß das keine ehrenhafte Leute waren. Die hellenistische Welt hatte bereits die apokalyptischen Voraussagen der apokryphen Schriften und die Katastrophen, die diese Texte für alle nichtjüdischen Völker prophezeien, mit Befremden zur Kenntnis genommen. In Alexandria jedenfalls war man über die Septuaginta empört. Das muß der irritierte Leser des 21. Jahrhunderts wissen, wenn er begreifen will, warum damals die Juden so oft des Fremdenhasses und der »Gotteslästerung« beschuldigt wurden. Weder in Alexandria noch in den anderen Städten des Imperium Romanum hatte man eine Ahnung vom Leid und der Demütigung, die die Juden empfanden, als sie zum vierten Mal das Königtum verloren. Auch von der starken jüdischen Hoffnung auf eine neue Davidschleuder wußte man nichts.

Das Alte Testament hatte zwar im allgemeinen einen deutlich weniger aggressiven und besorgniserregenden Ton als die im vorangegangenen Kapitel angesprochenen Apokryphen, enthielt aber trotzdem zahlreiche Ge- und Verbote, die der hellenistischen und der ägyptischen Kultur fremd waren und deshalb den Eindruck von der Fremdenfeindlichkeit der Juden bestärkten.

In ihrer arroganten Haltung zeigten die Römer sehr wenig Verständnis für die jüdischen Sitten, insbesondere für die Sabbatruhe, die Beschneidung und das Verbot von Schweinefleisch. Mit vielen abfälligen Kommentaren ließen sich die Griechen und die Römer über diese drei Vorschriften aus.

Die Bemerkungen der römischen Autoren über die Sabbatruhe sind entweder ironisch oder voller Unverständnis. Man machte sich darüber lustig oder sah darin eine Ermunterung zum Faulenzen. In einem verlorengegangenen Text mit dem Titel *De Superstitione* – wir kennen ihn nur, weil der hl. Augustinus ihn erwähnt[14] – stellte Seneca fest, daß die Juden durch die Sabbatruhe ein Siebtel ihres Lebens durch Nichtstun verlören. Was würde er heute zum Wochenende sagen? Cassius

Dio wiederum machte die »abergläubische Furcht«[15] der Juden dafür verantwortlich, daß sie im Jahr 63 vor unserer Zeitrechnung bei der Einnahme Jerusalems durch Pompeius den Römern unterlegen waren. Der alles miteinander vermischende Plutarch sah mit seinen kühnen Mutmaßungen und ewigen »Gräcozentrismen« in der Sabbatruhe natürlich eine entartete Form des Dionysoskultes, denn schließlich sprächen die Juden den Segensspruch zu Beginn des Sabbats über einer Weinschale! Keiner der römischen Autoren fragte nach dem eigentlichen Grund für diesen Ruhetag: Die Juden sollten sich Gedanken machen über das Verhältnis des Menschen zum Schöpfer und vor allem meditieren.

Die Beschneidung löste bei den Römern noch mehr Erstaunen und Entrüstung aus. Auch hier hatte man keine Ahnung vom eigentlichen Grund und der langen Tradition dieser Praxis und ließ sich von einem Mißverständnis leiten, dem selbst die Juden aufsaßen, wenn sie glaubten, daß die Beschneidung ein spezifisch jüdischer Ritus wäre, der von Gott angeordnet worden sei, damit er sein Volk besser von den anderen unterscheiden könne. In Wahrheit ist die Beschneidung eine seit der frühen Antike allgemein übliche Praxis. Nur die Indogermanen, die Mongolen und die finno-ugrischen Völker kannten sie nicht.[16] Die Ägypter praktizierten sie bereits 2400 Jahre vor unserer Zeitrechnung, d. h. schon lange bevor Abraham nach Ägypten kam. Auch der Geograph Strabon und der Philosoph Kelsos kannten sie und schrieben darüber. Natürlich wußten die Römer, die die Beschneidung nicht praktizierten, nicht, daß es in erster Linie eine hygienische Maßnahme war: Man beugte damit einer durch das Sekret der Vorhaut ausgelösten Entzündung der Eichel vor.

Bereits den Seleukidenkönigen war die Beschneidung ein Dorn im Auge, und so wurde sie unter Antiochos IV. Epiphanes und ein zweites Mal unter Johannes Hyrkanos verboten. Nach den Griechen waren es die Römer, die dieses Vorurteil pflegten: Tacitus schreibt, daß die Juden diese »unwürdige und scheußliche« Praxis eingeführt hätten, um sich von den anderen Menschen unterscheiden zu können. Richtig ist jedoch, daß schon in der römischen Welt – ja selbst in Rom – die Juden nicht die einzigen beschnittenen Männer waren; Pythagoras hatte sich seinerzeit auch einer Beschneidung unterziehen müssen, um in den ägyptischen Tempeln studieren zu dürfen. Doch wie immer, wenn es um Geschlechtsorgane geht, meldeten sich auch die Satiriker zu Wort: Der römische Dichter Martial vermutete, daß die Beschneidung zur Luststeigerung und zu einem Penis mit Riesenproportionen führe.[17] Und nach ihm versuchten sich noch viele andere Autoren mit ähnlichen Zoten auf Kosten der Juden.

Und schließlich das Schweinefleischverbot: Tacitus, der immer ein offenes Ohr für Tratschgeschichten hatte, glaubte, daß die Juden deshalb kein Schweinefleisch essen würden, weil sie einst schwer unter der vom Schwein übertragenen »Pest« gelitten hätten, und auf jeden Fall für die Ausbreitung dieser Krankheit in Ägypten verantwortlich seien.[18] Was für schauerliche Ansichten! Wahrscheinlich hatten die Juden erkannt, wie später die Muslime auch, daß Schweinefinnen sehr wohl auf den Menschen übertragbar sind und haben sich deshalb ebenfalls aus hygienischen Gründen den Verzehr von Schweinefleisch untersagt. Die Römer hingegen waren begeisterte Fleisch- und Wurstesser, und in den römischen Vorstädten stank es fürchterlich nach Schweineställen, denn jeder Bauer, der einen Eber und ein Schwein besaß, stürzte in die Metropole und gründete eine Schweinezucht zur Förderung des Fleisch- und Wursthandels. Für die kategorische Ablehnung des Schweinefleisches hatten die Römer sicherlich wenig Verständnis: »Warum mögen die Juden keine Würste? Für wen halten die sich denn?«

Wahrscheinlich gewöhnten sich die Römer mit der Zeit daran. Nur die Tatsache, daß die Juden es nach wie vor ablehnten, die Götter der Besatzungsmacht zu verehren, sorgte immer wieder für Verwirrung. Für die Juden war die Begründung klar und einleuchtend, denn ihr Gott war nicht in menschlicher Gestalt darstellbar, und deshalb war Jahwe kein Zeus, kein Baal, kein Helios und auch sonst kein anderer Gott. Die Vergötterung der Könige und Kaiser – etwa die von Alexander oder später von Augustus – empfanden die Juden als ganz besonders blasphemisch. Die Riten der Fremden konnten also unmöglich für sie gelten.

Voller Stolz auf ihren Imperator und ihr Imperium waren die Römer davon überzeugt, daß das, was für sie gut war, auch für den Rest der Welt nur von Vorteil sein konnte. Sie hatten nur vage Vorstellungen von der jüdischen Religion und konnten deshalb nicht begreifen, warum die Juden ihre Religion nicht in der römischen aufgehen ließen, denn in der Regel haben die unterworfenen Völker die römischen Götter übernommen und ihre Religionen mit denen von Rom vermischt. Auch die Römer haben ihrerseits fremde Götter angenommen, beispielsweise Isis und Mithras. Warum also haben die Juden die Götter ihrer Besatzungsmacht nicht akzeptiert?

Für die Antike ist diese ablehnende Haltung eher verwunderlich. Im gesamten Mittelmeerraum, ja sogar im Mittleren und im Fernen Osten war der Synkretismus gang und gäbe. Asiaten und Griechen, Asiaten und Ägypter, Griechen und Römer, Griechen und Skythen, Römer und Ägypter, Römer und Phönizier, Römer und Gallier, sie alle haben untereinander ihre Gottheiten ausgetauscht. Aus Zeus wurde Jupiter, aus Aphrodite Venus, aus dem hinduistischen Gott Siva der griechische Gott Dionysos. Der piktische Gott Adsmerius entsprach dem römischen Gott Merkur. Der gallische Gott Smertrios wiederum wurde bei den Römern zum Herkules. Außerdem verehrten die Römer den persischen Gott Mithras. Die Synkretismen der antiken Religionen würden ein ganzes Buch füllen. Und offensichtlich kam jeder dabei auf seine Kosten. Warum jedoch die Juden nicht?

Die antiken Synkretismen lassen sich leicht erklären. Jedes Volk hatte einen Kriegsgott, eine Fruchtbarkeitsgöttin, einen Wassergott usw. Die Namen, die man diesen Göttern gab, waren letzten Endes irrelevant, denn es handelte sich immer um die gleichen Gottheiten. Die Juden waren im Mittelmeerraum – ja vielleicht in der ganzen Welt – die einzigen, die sich nachhaltig dieser Religionsvermischung widersetzten. Sie führten die Idee vom einzigen und unbeschreibbaren Gott ein. Diese Idee konnten die indogermanischen Völker nicht nachvollziehen, denn sie mußten beim Glauben unterscheiden, d.h. sie mußten *sehen*.

Für die Römer der ersten Jahrhunderte vor und nach der Zei-

tenwende war diese jüdische Eigenart genauso unbegreiflich
wie für die Griechen des dritten Jahrhunderts vor unserer Zeitrechnung. Die Römer waren in der Theologie und der Exegese
nicht besser als die Griechen. Sie merkten sich vom jüdischen
Mythos nur das, was ihnen besonders exotisch oder seltsam
vorkam. Der Geschichte vom Goldenen Kalb beispielsweise
schenkten sie ungewöhnlich viel Aufmerksamkeit. Sie sahen in
ihr einen Beweis für die Scheinheiligkeit der Juden, die offensichtlich »wie alle Welt« Götzendienst betrieben.

Bleibt noch die jüdische »Fremdenfeindlichkeit«, die in der
Septuaginta an mehreren Stellen zum Ausdruck kommt. Hier
geht es vor allem um das Verbot, mit Andersgläubigen eine
Ehe einzugehen. Dies empfanden die Nichtjuden als besonders
beleidigend, denn sie werteten es als ein Zeichen des Mißtrau-
ens und lagen damit auch nicht ganz falsch. Die Juden hatten
ja bereits mit den hellenistischen Reformbestrebungen der Hasmonäer blutige Erfahrungen gemacht und wollten das mit den
Römern nicht noch einmal erleben. Schon im ausgehenden vierten Jahrhundert vor unserer Zeitrechnung hatte der Grieche
Hekataios von Abdera den Vorwurf der Fremdenfeindlichkeit
mit scharfen Worten formuliert. Er beschreibt die jüdischen
Sitten als »wenig gastfreundlich und menschenfeindlich«.[19]

Diese Tradition setzte sich fort: Zu Beginn des zweiten oder
am Ende des dritten Jahrhunderts vor unserer Zeitrechnung
schreibt der jüdische, aber mit dem Hellenismus vertraute
Autor Ben Sira im *Ecclesiasticus*: »Wenn du einen Fremden in
deinem Hause aufnimmst, wird er deine Lebensweise verändern
und dir deine Familie wegnehmen.«[20]

»Die Tendenz, diejenigen, die das Gesetz treu beachteten,
abzusondern, wurde zu einem typischen Wesenszug der jüdischen Frömmigkeit«, schreibt Martin Hengel in diesem Zusammenhang.

Dies sind die religiösen Faktoren, die seit dem dritten Jahrhundert vor unserer Zeitrechnung ein für die Juden ungünstiges
Klima schufen. Und das war noch nicht alles: Um die Juden
abzuwerten, bezogen sich viele griechische und römische Autoren auch auf die Exodusversion des hellenisierten ägyptischen
Priesters Manetho. Dieser behauptete im dritten Jahrhundert

vor unserer Zeitrechnung in seinem Geschichtswerk über Ägypten, daß der Exodus mit der heroischen Abenteuergeschichte des Pentateuchs nichts zu tun habe. In Wirklichkeit habe es sich um eine des Landes verwiesene Gruppe von Aussätzigen und Kranken gehandelt, die auch nicht von Moses, sondern von einem abtrünnigen Priester namens Osarseph angeführt worden sei. Wenn Manetho recht hat, müssen die Aussätzigen und die Kranken ein erstaunliches Durchhaltevermögen gehabt haben, denn schließlich durchquerten sie die Wüste und vollbrachten einige Heldentaten, beispielsweise den Kampf gegen die Amalekiter. Aber wie ich bereits festgestellt habe, waren die damaligen Chronisten und Geschichtsschreiber keine Historiker im heutigen Sinn.

Das politische Zusammengehörigkeitsgefühl der in Palästina (seit dem Jahr 6 römische Provinz) lebenden Juden, die Verbreitung der Septuaginta, die römische Arroganz, die religiöse und die soziale Absonderung der Juden, deren Sitten für die Römer sowieso unverständlich und suspekt waren – all das machte die Akte gegen die Juden bereits reichlich schwer. Hinzu kam noch die Auswirkung dessen, was manche Autoren den »jüdischen Bekehrungseifer« nennen.

Gab es wirklich jüdische Missionare, die versucht haben, die Römer zu bekehren? Man kann es nicht ausschließen, doch es gibt keinen einzigen Beweis. Jüdische Einrichtungen in Meroë im Gebiet des heutigen Sudan, in Axum im Gebiet des heutigen Äthiopien und bei den Himjaren nördlich von Aden legen den Gedanken nahe, daß die Juden einer Bekehrung Andersgläubiger nicht abgeneigt waren. Doch dieser »Bekehrungseifer« bestand wohl eher darin, daß die Juden mit ihrem Beispiel überzeugten und mit ihren Siedlungen im Stillen Einfluß ausübten. Denn zum Zeitpunkt ihrer Eingliederung herrschte in der römischen Republik das Chaos. Und als sie im Jahre 139 vor unserer Zeitrechnung zum ersten Mal aus Rom ausgewiesen wurden, waren die Zustände auch nicht besser.

Die zeitgenössischen Beschreibungen des antiken Rom sind genauso idealisiert und falsch wie die des antiken Griechenland. Man zeichnete das Bild eines Goldenen Zeitalters, in dem die Philosophen sich stundenlang im Schatten der Ölbäume mit

den Politikern unterhielten. Der römische Humanismus ist eine
Fiktion: Die Republik war ein Kesseltreiben. »Lassen wir uns
nicht durch Begriffe täuschen, deren Bedeutung heute eine andere ist als gestern«, warnte der Historiker Lucien Jerphagnon.
»Die politischen Strukturen der römischen Republik waren
nur nach außen hin demokratisch [...] Der mutige Versuch der
Gracchen war schon seit langem am sturen Egoismus der besit-
zenden Klassen gescheitert. Die geplante Agrarreform konnte
sich nicht durchsetzen. Die Plebs in ihrer latenten Unzufriedenheit verschaffte sich bei jeder Gelegenheit Luft [...] Die blutigen
Affären nahmen zu, und der politische Stil war der von Mafiosi,
die untereinander ihre Konten beglichen.«[21]

Da eine echte Zentralgewalt – sowohl im politischen als auch
im moralischen Sinn – fehlte, kam es schließlich unter Cäsar
zur Diktatur. Eine Welt voller Ganoven war mit Hilfe der
Religion nur schwer zusammenzuhalten. Mehr Wirkung als
die wirklich religiösen Werte zeigten die zur Schau getragene
Frömmigkeit, der Aberglaube und der Respekt vor allgemein-
gültigen Riten, denn diese hielten das soziale Gefüge wenigstens oberflächlich zusammen. In dieser Situation traten die
Juden auf. Zunächst besaßen sie den Charme des Exotischen.
Dann erwiesen sie sich als fleißig, solidarisch und offensichtlich wohlhabend. Was haben sie denn für eine Religion? Eine
monotheistische. Man war verwundert, doch in einer Gesellschaft voller Chaos, Gewalt und Verbrecher, die keine Götter
mehr fürchteten, klang das eher interessant. Selbst in den oberen Schichten hatte das Judentum nicht wenige Anhänger, und
die Neubekehrten taten bestimmt ein übriges. Auch Poppäa,
die Gattin des Nero, soll sich zum Judentum bekehrt haben.
Die Juden waren übrigens nicht die einzigen, die Neuzugänge
verzeichnen konnten. Auch die Ägypter hatten Zulauf. Mit
Sicherheit kamen mit der wachsenden Bedeutung der Juden
auch ihre Neider.

Der Vorwand der Ausweisung ist bekannt: Ein Mißverständnis sprachlicher Art; der in Rom neu verehrte Jupiter Sabazius[22]
wurde als »Jupiter des Sabbats« verstanden. Doch über das
eigentliche Motiv wissen wir nichts[23], und auch über die Reichweite der Ausweisung liegen keine näheren Angaben vor. Der

Vorwand an sich war äußerst fragwürdig: man verehrte bereits einen Jupiter Capitolinus, einen Jupiter Custos, einen Jupiter Plutonius, einen Jupiter Salus, einen Jupiter Stator usw. Ein Jupiter mehr oder weniger hätte da sicherlich nicht gestört. Für die Behörden gab es eigentlich keinen Grund, dagegen einzuschreiten. Vermutlich erregten die Juden als lautstarke Minderheit das Mißfallen der soeben von Jerphagnon erwähnten römischen »Mafiabosse«. Wie viele Juden gab es damals in Rom und wie viele wurden ausgewiesen? Wie viele Menschen haben sie bekehren können? Wir wissen es nicht.

In der römischen Republik waren die Juden ausgewiesen worden, unter den Kaisern kehrten sie zu einem unbestimmten Zeitpunkt wieder nach Rom zurück. Im Jahre 59 vor unserer Zeitrechnung beschreibt sie Cicero als ein zahlreiches Volk, auf dessen inoffiziellen Versammlungen man besser nicht unangenehm auffalle.[24] In den Texten von zeitgenössischen Geschichtsschreibern erfahren wir, daß sie im Jahr 19 von Kaiser Tiberius ein zweites Mal aus Rom verjagt wurden. Drei antike Texte zu diesem Thema wurden eingehend untersucht.

Tacitus (ca. 55–120), unsere älteste Quelle, scheint – allerdings nur auf den ersten Blick – die genauesten Angaben zur jüdischen Ächtung zu machen: »Im Senat wurde auch über die Beseitigung des jüdischen und des ägyptischen Gottesdienstes verhandelt. Schließlich einigte man sich darauf, daß 4000 Freigelassene, die von diesem Aberglauben angesteckt waren und die das erforderliche Alter hätten, auf die Insel Sardinien verbracht würden, um das dortige Räuberunwesen einzudämmen. Falls sie dort wegen des ungesunden Klimas umkämen, sei der Verlust leicht zu verschmerzen. Alle übrigen hätten Italien zu verlassen, sofern sie nicht bis zu einem bestimmten Termin ihren unheiligen Gebräuchen entsagten.«[25]

Die Interpretation dieses Textes ist schwierig, denn im Imperium Romanum war eigentlich die Religionsfreiheit garantiert. Wer waren diese 4000 Freigelassenen und warum betraf der Senatsbeschluß nur sie? Hatten denn nur die Männer im »erforderlichen Alter«, d. h. die Militärpflichtigen, etwas mit dem ägyptischen oder dem jüdischen Gottesdienst zu tun? Was wurde denn aus den älteren Männern und den Frauen? Waren nur die Freigelassenen an den orientalischen Religionen interessiert? Wie viele von ihnen zählten zu den Anhängern des Isiskultes und wie viele zum Judentum? Und bekannten sie sich wirklich zum Judentum, oder handelte es sich lediglich um Sympathisanten? Wer waren denn die übrigen, die Italien verlassen sollten? Tacitus wird für seine knappe Ausdrucksweise gerühmt, doch in diesem Falle ist er entschieden zu wortkarg. Wir erfahren lediglich, daß 4000 sich zum Judentum bekennende Freigelassene nach Sardinien deportiert wurden. Was das Klima der Insel angeht, so war es mit Sicherheit weniger gefährlich als der mit verseuchten Sümpfen umgebene Malariaherd Rom.

Festzuhalten ist, daß bei Tacitus nicht ausdrücklich von einer Judendeportation die Rede ist, sondern von einem orientalischen Religionen gegenüber recht ungehaltenen Senat.

Sueton (ca. 69–125), ein Zeitgenosse von Tacitus, bestätigt, daß Kaiser Tiberius fremde Religionen – insbesondere die ägyptische und die jüdische – verboten hat.[26] Die Maßnahme zielte also nicht speziell auf die Juden, sondern auf fremde Religionen im allgemeinen. Sueton macht auch nähere Angaben zu den »übrigen«: Sie gehören entweder zum gleichen Volk oder vertreten eine ähnliche Glaubensrichtung *(similia sectantes)*. Man kann sich gut vorstellen, daß Tiberius in der unter Intrigen und blutigen Rivalitäten schon genug leidenden Kapitale ein für allemal Schluß machen wollte mit diesem ganzen orientalischen Treiben: Schluß mit den chaldäischen Magiern, mit den ägyptischen Verkündern pythagoräischer Weisheiten, mit den Wahrsagern aus Syrien und Babylonien, mit den Juden und ihren Riten und Opferbräuchen. Die Römer waren schon multikulturell genug, einer zusätzlichen exotischen Würze bedurfte es nicht.

Werfen wir noch einen Blick auf den im folgenden Jahrhundert lebenden Cassius Dio (ca. 155–235): Zwischen seinem Bericht über Tiberius, der über den Rivalen Germanicus verärgert ist, und seinen Ausführungen über einen exzentrischen Konsul, der bei jeder Gelegenheit auf seiner Trompete spielte, finden sich folgende drei Zeilen, die mit dem übrigen Text in keinem Zusammenhang stehen: »Da die Juden in großer Zahl nach Rom strömten und dort viele Mitbürger zur Annahme ihrer Bräuche überredeten, wies er die meisten von ihnen aus.«[27]

Cassius Dio spricht zwar nur von den Juden. Man weiß jedoch, daß zu Cassius' Zeiten auch die anderen orientalischen Religionen einen sehr starken Einfluß hatten. Auch die Christen mit ihrem viel größeren Bekehrungseifer wurden noch lange Zeit zu den Juden gerechnet. So berichtet etwa Sueton von Juden, die, »angestachelt von einem gewissen Chrestos«[28], für Unruhen sorgten und deshalb ein drittes Mal ausgewiesen wurden.[29] Diese Ausweisung richtete sich also in Wirklichkeit gegen Christen, verfehlte aber – wie man weiß – ihre Wirkung.

Doch das Übel nahm bereits konkrete Formen an. Ob Bekehrungseifer oder nicht, mit dem ersten Jahrhundert entwickelte sich in Rom ein ausgesprochener Antisemitismus. Wie der folgende erschreckende Text von Tacitus zeigt, konzentrierte sich die ablehnende Haltung aller Orientalen auf die Juden:

»Um sich die Herrschaft über das Volk für die Zukunft zu sichern, führte Moses neue religiöse Bräuche ein, die denen der übrigen Sterblichen entgegengesetzt sind. Dort ist alles unheilig, was bei uns heilig ist; andererseits ist bei ihnen erlaubt, was bei uns ein Greuel ist [...] Diese Bräuche, woher sie auch stammen mögen, werden durch ihr hohes Alter gerechtfertigt. Die übrigen Einrichtungen, verwerflich und abscheulich wie sie sind, setzten sich eben wegen ihrer Verkehrtheit durch. Gerade die schlimmsten Schurken, die den Glauben ihrer Väter aufgaben, brachten Beiträge und Spenden, wodurch die Macht der Juden gewaltig wuchs. Denn die Juden halten unter sich unerschütterlich in Treu und Glauben zusammen und üben stets Mitleid gegeneinander, während sie allen anderen Menschen gegenüber eine feindselige Haltung einnehmen.«[30]

Seitdem waren die Juden aus der Stadt verbannt. Tacitus hatte dies sicherlich nicht zu verantworten. Er war nur die besonders laute Stimme einer Geisteshaltung, die sich bis zur Übernahme des Christentums als offizieller Staatsreligion des Römischen Reiches immer weiter ausbreitete. Der Monotheismus als Garant der jüdischen Identität prallte auf die starke Mauer des römischen Polytheismus. Die Juden konnten sich dieser feindlichen Welt nicht entziehen, denn schließlich war die ganze damalige Welt römisch. Wohin sollten sie fliehen?

Neben diesen beiden Gründen gab es noch einen dritten: Der steuerliche Sonderstatus der Juden. Er löste eine Tragödie aus, die für die Zukunft Schlimmes vorausahnen ließ.

4

Der erste Pogrom:
Das Massaker vom August 38
in Alexandria

Steuerprivilegien der Juden von Alexandria – Kluft zwischen der jüdischen Elite und der breiten Masse der Juden – Weitere Folgen der Septuaginta: Sie zeichnet bei den Hellenen ein falsches Bild von den Juden – Thronbesteigung Caligulas – Die verheerende Rolle des Präfekten Avillius Flaccus und die Staatsaffäre Agrippas – Caligulastatuen in den Synagogen – Erste Judenfeindlichkeiten in Alexandria – Pogrom im Deltaviertel – Juden als Bürger zweiter Klasse – Ihre Ausweisung aus Rom durch Claudius

Wie bereits erwähnt, hatte Alexander während seines Jerusalembesuches den Juden Palästinas und aller anderen jüdischen Gemeinden der hellenistischen Welt einen steuerlichen Sonderstatus bewilligt und sie außerdem ermuntert, sich auch in den anderen Städten seines Reiches niederzulassen. Die jüdische Kolonie von Alexandria nahm daraufhin beachtliche Ausmaße an, d. h. zwischen 200 000 und 400 000 Seelen.

Die Bedingungen, unter denen die Juden nach Alexandria kamen, waren jedoch offensichtlich nicht rein ziviler Art. Und ausgesprochen friedlich ging es anscheinend auch nicht zu.[1] Die älteste Quelle, die eindeutig die jüdische Präsenz in Alexandria bezeugt, geht auf die Zeit des ersten Ptolemäerkönigs in Ägypten zurück: Ptolemaios I. Soter (304–285 vor unserer Zeitrechnung).[2] Danach handelte es sich um 100 000 Gefangene, die nach der Eroberung Jerusalems aus Judäa mitgeschleppt worden waren. 30 000 von ihnen sollen im waffenfähi-

gen Alter gewesen sein. Die übrigen 70 000 – Kinder und Alte –
waren den makedonischen Soldaten als Sklaven überlassen
worden. Ptolemaios II. Philadelphos (285–246 vor unserer
Zeitrechnung) soll den Soldaten die Freiheit geschenkt haben.
Von Frauen ist nicht die Rede. Was auch nicht erwähnt wird:
Die 30 000 Armeeangehörigen durften auf den Sabbat keine
Rücksicht nehmen. Auch über das religiöse Umfeld dieser
100 000 Juden, über die Mischehen, die sie wohl notgedrungen
eingegangen sind, und über die aus diesen Verbindungen her-
vorgegangenen »Bastarde« erfahren wir in dieser Quelle nichts.
Solche Fragen waren für antike Geschichtsschreiber auch nicht
von Interesse. Im übrigen ist anzunehmen, daß die Stadt Alexandria durch die altjüdischen Einrichtungen in Ägypten den
Zwangsumgesiedelten vertraute Strukturen besaß, so daß diese
sich nicht völlig entwurzelt vorkamen. Aber bei weitem nicht
alle Juden sprachen Griechisch, sondern meistens Aramäisch,
und konnten trotz allem Charme Alexandrias den Verlust ihrer
Häuser und Familien nicht verschmerzen.

Diese Zwangsumsiedlung – 100 000 Personen waren für die
damalige Zeit sehr viel – weckt unweigerlich schmerzhafte
Erinnerungen an die jüngere Vergangenheit: Es handelte sich in
der Tat um eine regelrechte Deportation.

Erst allmählich erreichten die Juden von Alexandria einen
Status, der demjenigen, den sie unter den Persern genossen hatten, vergleichbar war: Sie verfügten über eigene Einkünfte und
mit dem Ältestenrat über eine eigene Rechtsprechung, nämlich
einen 71 Mitglieder zählenden und von einem Ethnarchen ge-
leiteten Sanhedrin. Dieser Ethnarch war zugleich Oberhaupt
und Finanzminister der Juden. Außerdem besaßen sie ihre legalen Kultstätten, hatten aber kein Bürgerrecht und waren deshalb keine vollberechtigten Einwohner. Als Zwangsangesie-
delte waren sie lediglich geduldet und ließen sich im Osten der
Stadt – zwischen Nekropole und Meer – am Fuße des Rhakotis-
hügels nieder. Es war das sogenannte Deltaviertel (Alexandria
war in fünf Viertel eingeteilt. Jedem Viertel war einer der fünf
Anfangsbuchstaben des Alphabets zugeordnet). Nach Philon
gab es in der Stadt zwei Klassen von Bürgern.[3] Er hätte noch
hinzufügen können: »Und zwei Klassen von Juden.«

Denn einige Juden genossen einen Sonderstatus, beispielsweise die Familie Philons: Alexander, ein Bruder des berühmten jüdischen Philosophen, bekleidete als erster das Amt eines Arabarchen, d. h. Steuer- und Zollbeamten, und besaß ausnahmsweise das römische Bürgerrecht. Es handelte sich um eine Bankiersfamilie, was damals so viel wie Geldleiher bedeutete. Offensichtlich war man in Rom den Juden nicht feindlich gesinnt, zumindest nicht den reichen. Nero scheint, obwohl er Opfer einer von Tacitus in die Welt gesetzten und von anderen Autoren bereitwillig aufgenommenen üblen Propaganda war, den Juden eher wohlgesinnt gewesen zu sein; eine Beeinflussung durch seine Frau Poppäa ist nicht auszuschließen. Poppäa war – wie bereits erwähnt – zum jüdischen Glauben übergetreten.

Die gebildeten (und also reichen) Juden des Reiches waren zwar hellenisiert, blieben aber ihrem Glauben treu. Wie die Pharisäer von Jerusalem und die sadduzäischen Hohenpriester waren sie überzeugt, daß man zwischen Religion und Nationalismus unterscheiden müsse. Von Anfang an waren sie der Meinung, daß die Religion wegen ihres immanenten Charakters außerhalb der Geschichte stehe. Ein in Schlachten, Erbfolgekriege und wechselnde Intrigenspiele verwickelter jüdischer Glaube sei allzu stark gefährdet. Der verinnerlichte Gott des Moses war nicht mehr der Herr der Heerscharen. Die jüdische Religion war vielmehr transzendent, universal und für alle Ewigkeit bestimmt. Und deshalb empfand man es nicht als einen Verrat an Gott, wenn man den Mächtigen des Augenblicks – in diesem Fall den Römern – diente. Einige unter ihnen, beispielsweise Philon, bemühten sich sogar um eine breite Synthese zwischen dem jüdischen Glauben und der griechischen Philosophie. In seiner *De vita Mosis* stellt Philon den ersten Propheten als typischen Vertreter hellenistischer Tugenden hin. Geschickt tat Philon so, als ob er von der Mißachtung, mit der die Intellektuellen der römischen Welt dem Judentum begegneten, nichts wisse. Die Gründe dafür wurden bereits erläutert. Er sehnte sich nach einer Verschmelzung von Judentum und Hellenismus. Auch Maimonides träumte Jahrhunderte später von einer Verbindung von Judentum und griechischer Philosophie. Doch diese Verschmelzung trat nie ein.

Es gab also eine Kluft zwischen der jüdischen Elite und der breiten Masse der Juden. In den folgenden Kapiteln wird der Leser sehen, wie groß sie bis in das 20. Jahrhundert hinein war.

Die breite Masse der Juden war in dreifacher Hinsicht isoliert: geographisch, gesetzlich und kulturell. Ausschlaggebend für diese Isolierung war die wachsende Abneigung, mit der ihnen die Hellenen und die Ägypter begegneten. Denn diese machten keinen Unterschied zwischen der Minderheit der in römischen Diensten stehenden, gebildeten Juden wie Philon, Flavius Josephus oder den jüdischen Königen, die ungewöhnliche, ja fast schon keine Juden mehr waren, und den anderen, die auch deshalb, weil sie kein Bürgerrecht hatten, von vornherein als Fremde ausgeschlossen waren. »Die Ägypter waren die ersten, die uns verleumdet haben«, schreibt Josephus und pocht damit paradoxerweise auf seine Zugehörigkeit zu einer Gemeinschaft, deren überzeugteste Vertreter er scharf denunzierte. Wir wissen übrigens nicht, wen Josephus mit den »Ägyptern« meinte. Verstand er darunter die Gesamtheit aller in Ägypten wohnenden Menschen? Das würde bedeuten, nicht nur die Hellenen, sondern auch die ägyptischen Ureinwohner. Die Feindseligkeit, von der Josephus spricht, wurde vor allem durch zwei Faktoren am Leben gehalten. Der erste Faktor ist die Erinnerung an das jüdische Verhalten während des Krieges, der Ende des dritten Jahrhunderts vor unserer Zeitrechnung zwischen den Ptolemäern und den Seleukiden getobt hatte. Es ging um die Kontrolle über Palästina. Die ägyptischen Truppen hatten damals unter den Ptolemäern gekämpft, und zwar mit einem solchen Geschick, daß ihnen ihr Wert sehr wohl bewußt geworden war. Dies führte später zu einer Reihe von ägyptischen Aufständen gegen die Ptolemäer. Die in Palästina und Ägypten lebenden Juden waren hingegen auf der Seite der Seleukiden. Selbst in Jerusalem bildeten sie eine stark proseleukidische Partei. Die auch auf der Seite der Seleukiden kämpfenden Syrer erlebten damals in Palästina einen ungeheuren jüdischen Zulauf. Bei dieser Gelegenheit kam es sogar zu einer Belagerung einer ägyptischen Garnison durch die Juden.[4] Zu den Verbündeten der Ägypter zählten die Juden also mit Sicherheit nicht. Der zweite ausschlaggebende Faktor für die ägyptische Feindseligkeit gegenüber den Juden war deren steuerlicher Sonderstatus: Wie zur Zeit der Perser konnten die Juden ihre Ausgaben für den Tempel steuerlich geltend machen. Außerdem war ihnen der Sabbattag als arbeitsfreier Tag bewilligt worden, und da die Juden in manchen Berufszweigen das Monopol besaßen, standen die Kunden an diesen Tagen in ganzen Branchen vor verschlossenen Türen. Die Juden hatten also nicht nur keine Freunde, sondern waren von der politischen Macht auch noch privilegiert.

Die gespannte Lage spitzte sich zu, als Tiberius im Jahr 32 einen seiner engeren Vertrauten zum Präfekten von Ägypten – dies entsprach dem Rang des Vizekönigs – ernannte. Er hieß Aulus Avillius Flaccus und war ein kompetenter und geschickter Verwaltungsfachmann, von dem selbst sein Gegner Philon zugeben mußte, daß er in die ägyptische Zivil- und Militärverwaltung Ordnung gebracht und einen hervorragenden Statthalter abgegeben hatte. Als nach Tiberius' Tod Caligula auf den Thron folgte, mußte sich Avillius große Sorgen machen: Er hatte seinen mächtigsten Gönner verloren und sah sich plötzlich in Gefahr, hatte er doch gegen die Mutter des neuen Kaisers gearbeitet. Avillius mußte also mit unangenehmen Konsequenzen rechnen.

Die Bewohner Alexandrias hatten Avillius schon in der Vergangenheit als Verwaltungsfachmann außerordentlich schätzen gelernt. Avillius wußte, daß sie ihn noch mehr schätzen würden, wenn er sie in ihrem Antisemitismus unterstützen und die Juden verfolgen würde. Also wurden die Juden zu Sündenböcken erklärt. Eine willkommene Gelegenheit ergab sich schon bald. Caligula hatte beschlossen, daß sein Freund Agrippa, der Enkel Herodes des Großen, die Herrschaft über die drei palästinischen Provinzen Galiläa, Batanäa und Trachonitis übernehmen sollte. Nach dem Willen des Kaisers sollte Agrippa nicht auf dem direkten Seeweg (Brindisi–Tyros) reisen. Diese Route war nämlich lang und gefährlich. Vernünftiger war es, auf kürzerem Seeweg nach Alexandria zu reisen und dort auf günstige Winde für die Weiterfahrt nach Tyros zu warten.

In Alexandria angekommen, begab sich Agrippa diskret in sein Quartier beim Arabarchen Alexander, dem er wegen eines früheren hohen Kredits zu Dank verpflichtet war. Avillius fühlte sich brüskiert, weil der Günstling des Kaisers ihm keinen Besuch abstattete, und ließ sich deshalb von den Einwohnern Alexandrias, die ihrerseits empört waren, weil man den Juden so etwas wie einen König geben wollte, aufhetzen. Er verbot zunächst einmal den Sabbat, was eine reine Provokation war. Dann startete er mit Hilfe dreier antisemitischer Pamphletisten eine Verleumdungskampagne gegen Agrippa und Philon mitsamt deren Familie. Vor der eigentlichen Judenverfolgung wollte man zunächst einmal die einflußreichsten Juden der Stadt in Mißkredit ziehen. Als nächsten Schritt plante Avillius die Aufstellung von Caligula-Statuen in den Synagogen. Damit wollte er die Gunst des Kaisers wiedergewinnen und gleichzeitig die Juden, die jeden Objektkult strikt ablehnen, ein weiteres Mal provozieren.

Die Juden reagierten mit der Schließung ihrer Synagogen. Daraufhin veröffentlichte Avillius einen Erlaß, in dem die Juden von Alexandria zum ersten Mal als Fremde bezeichnet wurden, d. h. man entzog ihnen das Wohnrecht für Alexandria. Die von den Pamphletisten aufgewiegelten Einwohner Alexandrias starteten ihrerseits eine Hetzkampagne gegen Agrippa. Das Intrigenkomplott nahm immer größere Ausmaße an. Die einen verkündeten lauthals, daß Agrippa eigentlich nur nach Alexandria gekommen sei, um die Stadt in Besitz zu nehmen, und zeigten sich über die Passivität des Präfekten empört. Die anderen holten einen sabbernden Idioten, hängten ihm einen Purpurmantel um, setzten ihm ein Diadem auf, gaben ihm als Szepter ein Schilfrohr in die Hand und setzten ihn auf einen alten Wagen, der seit Kleopatras Zeiten im Museum gestanden hatte. Sie selbst spielten die Leibwächter und zogen ihn im Paradezug durch die lästernde und johlende Menge zum Gymnasion.

Avillius tat nichts, um diesem Treiben Einhalt zu gebieten. Im Gegenteil: Er befahl die Festnahme von 38 Mitgliedern des jüdischen Ältestenrates, ließ sie nackt ausziehen, auspeitschen und ihr Vermögen beschlagnahmen. Unter dem Vorwand, die Juden wollten einen Bürgerkrieg vom Zaun brechen und hätten deshalb bei sich Waffen versteckt, ließ er das Militär ihre Wohnungen durchsuchen. Man fand jedoch nicht eine einzige Waffe.

Der Pöbel – Philon schreibt nämlich deutlich, daß hinter diesem ganzen Treiben nicht die wohlhabende Bevölkerungsschicht steckte, sondern eine Plebs, wie man sie in allen Hafenstädten der Welt findet – dieser Pöbel ließ seine Aggressionen an den Juden aus: Man sperrte sie im Deltaviertel ein und hungerte sie aus. Außerdem stürzte man sich auf die jüdischen Geschäfte und plünderte sie. Wer sich von den Juden vor Hunger aus dem Deltaviertel herauswagte, wurde von der rasenden Menge massakriert. Man schleifte sie an einem Seil, das am Fuß festgebunden war, durch die Stadt und quälte sie zu Tode. Einigen zog man auch bei lebendigem Leibe die Haut ab. Die Leichen wurden verstümmelt und mit Füßen getreten. Oder aber man verbrannte die Opfer lebendig auf grünem Holz, damit sie an den Gasen erstickten (ein trauriges Vorbild für spätere Zeiten). Alter und soziale Herkunft spielten keine Rolle, alle wurden ausgerottet: ganze Familien, alte Menschen, Frauen und Säuglinge. Es war der erste Pogrom der Geschichte. Opferzahlen werden von keinem Autor genannt.[5] Das mörderische Toben deckt sich schlecht mit unserem heutigen Bild von hellenistischer – insbesondere alexandrinischer – Kultur: Mehrere Arbeiten über den Antisemitismus in der Antike gehen nur mit zwei oder drei Zeilen auf diesen Pogrom ein.

Zwei Jahre später, zu Beginn des Jahres 40, reiste eine jüdische Abordnung unter Philons Führung zum Kaiser nach Rom. Man war beunruhigt, weil man wußte, daß Antisemiten wie Apion, die die Juden in die Sklaverei führen oder aus der Stadt vertreiben wollten, bei Caligula vorstellig geworden waren. Ziel der Abordnung war es, für die Wiederherstellung des früheren Zustandes einzutreten. Außerdem hatte Caligula sich in den Kopf gesetzt, vor dem Jerusalemer Tempel eine Statue von sich aufstellen zu lassen. Agrippa I. war bereits zuvor in Rom gewesen, um dem Kaiser für die Ernennung zum König zu danken. Bei dieser Gelegenheit hatte er sich bereits beherzt der Sache seiner jüdischen Untertanen angenommen, aber lediglich einen Aufschub erreicht. Zu einem späteren Zeitpunkt sollte die Statue dennoch errichtet werden.

Caligula hielt die Delegation mehrere Monate lang hin, bevor er sie in den Gärten des Mäcenas auf dem Esquilin emp-

fing. Die Juden erlebten einen Ausbruch antisemitischer Gefühle des Kaisers. Er beleidigte und beschuldigte die Juden als
Feinde der Götter, denn schließlich würden sie ja auch ihn
nicht als Gott anerkennen. Außerdem interessierte ihn wie alle
Römer offenbar vor allem, warum die Juden kein Schweinefleisch essen. Apion war beim Empfang anwesend und hetzte
den wütenden Kaiser noch weiter auf. Als Philon ihm antworten wollte, fuhr Caligula ihm über den Mund und befahl ihm,
sich auf der Stelle zu entfernen.[6]

Mit Caligulas Ermordung im Januar 41 hätte die Gefahr
römischer Mißhandlungen für die Juden eigentlich gebannt
sein müssen. Zuvor hatte man sowohl in Alexandria als auch
in Palästina und in den anderen größeren Ballungszentren des
Imperiums mit den schlimmsten Ausschreitungen gerechnet.
Doch des Kaisers Tod bewirkte zunächst das Gegenteil: Als die
Einwohner Alexandrias Ende März oder Anfang April von
Caligulas Ermordung erfuhren, machten sie zunächst die Juden
von Rom dafür verantwortlich und drohten mit einem neuen
Blutbad. Doch dieses Mal sorgte der Präfekt für Ruhe und Ordnung. Und wenig später traf ein Erlaß des neuen Kaisers Claudius ein, der glücklicherweise mehr Besonnenheit als der mono-
mane Caligula zeigte.

Der Erlaß des Claudius stellte die bereits von Augustus
gegenüber den Juden gewährte Religionsfreiheit wieder her
und hob den Plan, an den jüdischen Kultorten Kaiserstatuen zu
errichten, wieder auf. Es wurden zwar in der Folgezeit Kaiserstatuen errichtet, aber ausschließlich auf öffentlichen Plätzen
der Stadt, und sie waren auch keineswegs als Gegenstand
irgendeiner Verehrung gedacht. Der Erlaß erwähnte zweimal
den »Wahnsinn von Gaius« [Caligula] und machte ihn für das
Blutbad verantwortlich. Außerdem warnte er die Einwohner
Alexandrias (d. h. die Hellenen, Makedonen, Thraker, Zyprio-
ten, Ionier und Ägypter) und die Juden vor neuen Zwistigkeiten. Des weiteren wurden die Juden aufgefordert, keine neuen
Sonderrechte zu fordern (beispielsweise ein spezielles Bürgerrecht für Alexandria[7]) und keine Sonderdelegationen mehr
nach Rom zu schicken, die nicht alle Einwohner der Stadt vertraten. Schließlich nahm der Erlaß die Anordnungen Alexan-

ders des Großen wieder zurück: Die Juden wurden gebeten, keine weiteren Glaubensbrüder aus der Fremde herbeizuholen. Im Klartext: »Ihr seid schon zahlreich genug.«

Der Kaiser ließ zwei der Pamphletisten vor Gericht stellen. Die beiden wahrscheinlich von Avillius Flaccus aufgehetzten, antisemitischen Agitatoren waren maßgeblich für das Massaker von 38 verantwortlich. Das Verfahren wurde am 30. April und 1. Mai 41 zügig abgehandelt – ein Beweis dafür, wie wichtig dem Kaiser diese Angelegenheit war – und das Urteil sofort vollstreckt.[8] Dem Kaiser lag offensichtlich viel daran, die Ruhe so schnell wie möglich wiederherzustellen. Zumal einer der beiden behauptete, der Kaiser sei ein Judensohn, womit er den römischen Hof in Mißkredit zu ziehen versuchte und damit seine Sache nur noch schlimmer machte.

Zuvor kursierten Gerüchte, daß der Kaiser Partei für die Juden ergreife, aber die Juden ihrerseits fanden offensichtlich nicht, daß Claudius ihnen wohlgesonnen sei. Die Apostelgeschichte berichtet nämlich, daß Claudius mit einem Erlaß alle Juden aus Rom ausgewiesen habe.[9]

Auch wenn Claudius den Status der Juden mit einer gewissen Großzügigkeit wiederhergestellt hat, läßt sich nicht leugnen, daß der Antisemitismus im Imperium Romanum, ja sogar am kaiserlichen Hof, salonfähig geworden war. In allen Ballungszentren des Reichs kam es zu mehr oder weniger starken Spannungen zwischen Juden und Nichtjuden. Man nahm in Kauf, daß es Leute gab, die die Juden haßten, und zwar aus dem einzigen Grund, weil sie Juden waren, und in diesem Haß auch vor keinem Massaker zurückschreckten. Die Mauern von Rom und die von anderen Städten des Imperiums waren voller Graffiti mit Eselsköpfen: Der Gott der Juden wurde gerne als Esel kariert (manche Zeichnungen zeigen einen gekreuzigten Esel, denn die Römer machten keinen Unterschied zwischen Juden und Christen).[10]

Das Christentum kann man dafür nicht verantwortlich machen. In den vierziger Jahren des ersten Jahrhunderts gab es nämlich noch kein Christentum, und die kleine Schar der Jesus-Anhänger wäre völlig außerstande gewesen, im Römischen Reich irgendwelche Einflüsse geltend zu machen. Das Schema dieses »den Grund legenden« Antisemitismus ist einfach: Für die Römer war ihre Kultur die reichste der Welt. Wer sich ihr nicht unterwarf, konnte nur ein Barbar und ein Feind des Imperiums sein. Man betrachtete den Menschen nicht als Menschen, sondern in erster Linie als treuen Diener der *civitas romana*. Die Juden waren das nicht und zählten deshalb zu den gottlosen Barbaren und Feinden. Sie waren im Imperium Einwohner zweiter Klasse und ihren Mitmenschen stets suspekt. Man tolerierte die Verleumdungen, den blinden Haß und die mörderische Gewalt gegen sie und merkte nicht, wie sehr diese kriminelle Niederträchtigkeit auf die eigentlichen Verantwortlichen zurückfiel. Diese Haltung finden wir später in noch extremerer Form im Oströmischen Reich wieder, wo sie mit ihrer rigiden Moral und Arroganz zu unzähligen Religionsspaltungen und abweichenden Lehren führen wird. Mit dem Unterschied allerdings, daß dort ein ausschließlich kultureller und politischer Antisemitismus vorlag und kein religiöser.

Trotz der außerordentlichen Hochachtung, mit der spätere Zeiten das Römische Reich beschreiben, ist die fehlende Toleranz in Rom nicht zu leugnen. Es gab keinen römischen Humanismus. Auch die Philosophie spielte in Rom tatsächlich keine große Rolle. »Die Philosophen galten in der Regel als politisch unsichere, subversive Bürger, was in Rom alles andere als eine Empfehlung war. Während seiner Zeit als Rhetor sah Dion von Prusa in ihnen ›die Todfeinde allen sozialen Lebens‹ und wollte sie kurzerhand aus der menschlichen Gesellschaft ausschließen«, schreibt Jerphagnon. Genau wie die Juden. Die Übersteigerung der *Polis* mit deren Selbstsicherheit, die einzig mögliche Religion der Welt zu verteidigen, konnte nur zu einer Übersteigerung der Politik führen.

Wir bezeichnen heute gerne geachtete (aber oft wenig respektable) Autoren als Philosophen, wobei »Philosoph« schon an sich ein recht vager Begriff ist. »Weder Tacitus, noch Sueton, noch Cassius Dio waren den bärtigen Männern mit ihren langen Mänteln wohlgesinnt«, ruft uns Jerphagnon in Erinnerung. Wenn bestimmte Römer wie etwa der Kaiser Claudius eine gewisse Menschlichkeit gegenüber den Juden zeigten, so taten sie dies nicht aus Respekt vor dem Menschen, sondern aus

Großzügigkeit (und weil sie in den entlegenen Provinzen des Imperiums Ruhe haben wollten). Es gab in Rom keine Demokratie, weder unter den Kaisern noch zur Zeit der Könige oder der Republik. Dies bestätigt bereits Aristoteles: »Bei mehr als hunderttausend Menschen ist keine Demokratie möglich.« Rom hatte die Vormachtstellung und nahm sie für sich auch in Anspruch. Seine Zivilisation, das große Vorbild der westlichen Welt, ist eine Fiktion. Für eine Weltgeschichte des Antisemitismus ist dieser Punkt entscheidend. Rom gleicht in seinen Grundstrukturen einer Tyrannenherrschaft, und die Parallelen zwischen der römischen und der germanischen Kultur sind frappierend. Beide sind ein idealer Nährboden für kriminelle Geisteshaltungen wie den Antisemitismus.

Das Unglück will, daß diese Denkungsart ausgerechnet diejenigen infiziert, die als erklärte Feinde dieses »Heidentums« mit angeblicher Nächstenliebe die Welt verändern wollen und sich dabei auf die Werte des Juden Jesus berufen.

5

Die Massaker
von 66, 70, 115 und 132

Der Krieg zweier Nationen – Der Widerspruch des jüdisch-
»antisemitischen« Beamten Tiberius Alexander – 50 000 jüdi-
sche Opfer beim Massaker von 66 in Alexandria – Der Schlüs-
sel zum jüdischen Desaster in der vorchristlichen Zeit: Die
Zerstörung Jerusalems – Der apokalyptische Horror während
der Belagerung: Jüdische Zeloten töten Juden – Blutlachen
im heiligen Bezirk – Das erste Ghetto – 580 000 Tote im
Jahr 132 – Aus der heiligen Stadt wird die römische Aelia Capi-
tolina, die den Juden verboten ist

In etwas mehr als 50 Jahren kam es zu drei blutigen Auseinandersetzungen zwischen Juden und Römern: 66 unter Nero, 115
unter Trajan und 132 unter Hadrian. Dabei handelte es sich
nicht mehr nur um lokale Auseinandersetzungen zwischen den
Hellenen von Alexandria und der uralten jüdischen Kulturge-
meinschaft. Die Denkweise hatte sich verändert, und zwar entschieden zum Schlechteren hin.

Die Auseinandersetzung von 66 kam abermals in Alexandria
zum Ausbruch, und zwar in einem besonderen Kontext: In
Judäa war es zu einem Aufstand gegen die Römer gekommen.
Die Folge war eine allgemeine Verwirrung, in der sogar ein
jüdischer Vertrauter von König Agrippa – sein Name war Noa-
rus – im Schutz der Nacht jüdische Aufständische umbringen
ließ.[1] Über das Ausmaß der Unruhen waren die Juden des östlichen Mittelmeerraums genauso beunruhigt wie die Römer.
Denn wenige Wochen zuvor hatten die Einwohner von Caesarea
»innerhalb einer Stunde« 20 000 Juden umgebracht, so jeden-

falls berichtet Josephus in seinem üblichen Hang zu Übertreibungen. Auch die Römer hatten unter schweren Verlusten zu leiden und mußten deshalb in einigen Fällen kapitulieren. Die Einwohner Alexandrias – Griechen, Makedonen und wahrscheinlich auch die von den damaligen griechischen und römischen Geschichtsschreibern stets vergessenen Ägypter – versammelten sich im Amphitheater und berieten über eine Abordnung, die sie zu Nero schicken wollten. Die Juden waren in Sorge: Wollte man wegen des Aufstands in Judäa mit dieser Abordnung vielleicht irgendwelche Maßnahmen gegen sie durchsetzen? Sie fielen mit einem Riesenaufgebot ins Amphitheater ein, woraufhin die Störenfriede empört als feindliche Spione beschimpft wurden. Auf die Juden wurde Jagd gemacht, doch sie entwischten. Lediglich drei wurden gefangengenommen und auf der Stelle lebendig verbrannt, so wie man es bereits im Jahr 38 getan hatte.

Doch diesmal rebellierten die Juden. Sie kehrten mit Fackeln ins Amphitheater zurück und drohten, das Gebäude mitsamt den Menschen in Brand zu stecken. Das hätten sie sicherlich auch getan, wenn der Präfekt nicht reagiert hätte. Der damalige Präfekt hieß Tiberius Alexander, ein Sohn des Arabarchen Alexander und Neffe von Philon, also ein Jude. In Begleitung hochangesehener Persönlichkeiten der Stadt forderte er die Juden auf, von ihrem Vorhaben abzulassen. Er versuchte ihnen klarzumachen, daß sie sonst die römische Armee auf den Plan rufen würden. Doch die Aufständischen beschimpften ihn nur.

Da half nur militärische Gewalt: Der Präfekt setzte die zwei in der Stadt stationierten römischen Legionen gegen seine Glaubensbrüder ein. 2000 Soldaten, die zufällig in der Gegend waren, wurden als Verstärkung hinzugeholt. Das war schon außergewöhnlich: Der zwischen religiöser Solidarität und Ordnung hin- und hergerissene Jude entschied sich für die Ordnung. Laut Josephus, der sich als in römischen Diensten stehender Jude in einer vergleichbaren Situation befand, befahl er den Truppen, die Juden zu töten, »ihren Besitz zu plündern und ihre Häuser niederzubrennen. Die Soldaten stürzten sich ins sogenannte Delta[viertel], wo die Juden dichtgedrängt wohnten, und führten nicht ohne eigene Verluste die Anordnungen aus.« Die Römer verübten also ein Massaker, das noch schlimmer war als das der Griechen und der Ägypter im August 38: »Sie hatten weder Mitleid mit den Kindern noch Respekt gegenüber den Alten und töteten alles, was ihnen in den Weg kam. Im ganzen Viertel floß das Blut in Strömen. 50000 Leichen wurden aufgeschichtet und die Überlebenden nur auf flehentliches Bitten hin geschont.« So der Bericht von Josephus.

50000 Tote, das war ein Viertel oder Fünftel der jüdischen Bevölkerung Alexandrias. Einige Autoren vermuten, daß Josephus wieder einmal übertrieben hat. Mit Zahlenangaben war man damals nicht so genau wie heute, schließlich waren die Bewohner einer Stadt nicht gemeldet. Es waren jedoch auf alle Fälle mehrere zehntausend Tote. Letzten Endes bringen diese Zahlenbilanzen aber ebenso wenig wie die der Todeslager. Was uns schockiert, sind das Ausmaß und die Ungeheuerlichkeit dieser Vorgehensweise. Einen solchen Pogrom hatte es bisher im Römischen Reich nicht gegeben: Das Massaker vom August 38 war in erster Linie auf die griechische Bevölkerung zurückzuführen, die in dem angstbesessenen und später allgemein verurteilten Präfekten ihre Unterstützung gefunden hatte. Und die fürchterlichen Ausschreitungen, zu denen sich die römischen Truppen in den verschiedenen Kriegen hatten hinreißen lassen, müssen in einem militärischen Kontext betrachtet werden. Doch beim Massaker von 66 war dies nicht der Fall. Der militärische Gegenschlag stand in keinem Verhältnis zum Aufstand. Tiberius Alexander hätte die Truppe zurückhalten können, nicht nur als Jude, sondern auch als Verantwortlicher für die Bevölkerung von Alexandria, und nicht zuletzt als Neffe von Philon, der sich in Rom zum Anwalt der Juden gemacht hatte. Dann wäre es bei ein paar Dutzend Toten geblieben. An dem wenig bekannten Beispiel des Tiberius Alexander zeigt sich deutlich der Bruch zwischen der jüdischen Elite und der breiten Masse der Juden.

Wollte Tiberius Alexander in seiner blinden Wut endgültig Schluß machen mit seinem Judentum? Hat er sich mit der Anordnung, den Aufruhr der »Fremden« brutal niederzuschlagen, die römische Sichtweise zu eigen gemacht, um so zum ersten Juden zu werden, der ein Massaker dieses Ausmaßes und dieser Härte an den Juden befahl? Auf den ersten Blick wollte er offensichtlich nur das philosophische Scheitern seines Onkels Philon, der den Judaismus und die griechische Kultur miteinander zu verbinden trachtete, mit Blut besiegeln. Offenbar war ein tolerantes Zusammenleben zwischen römischen Bürgern und Juden nicht möglich, und Tiberius Alexander hat demnach die Haltung der Römer angenommen, für die das Verbrechen der Juden einfach unbegreiflich war: Sie glaubten an einen einzigen, nicht darstellbaren Gott, der ihnen alle anderen Religionen und die Nationen, die sie praktizierten, verhaßt machte. Wenn dem so gewesen wäre, hätte der Beamte das Absurde seines Verrats nicht begriffen. Denn selbst wenn er den Juden das Recht, sich zu verteidigen, deshalb verweigert hätte, weil diese an einen anderen Gott glaubten, so hätte er sich dennoch nicht auf römische Götter berufen können, denn jede Gottheit verlangte Respekt. Handelte Tiberius Alexander also aus Ordnungsliebe (Ordnung war eine der Grundsäulen der Pax Romana)? In diesem Falle wäre man versucht, ihn mit den finstersten Gestalten des 20. Jahrhunderts zu vergleichen.

Doch die Wirklichkeit sieht ganz anders aus: Als politische Persönlichkeit ersten Ranges in der jüdischen und der römischen Welt war der Präfekt von Ägypten über den jüngsten Aufstand in Palästina informiert. Er wußte, daß dahinter keine »gewöhnlichen« Juden steckten, sondern Leute, die sein Zeitgenosse Josephus »Räuber« nannte. Es handelte sich um Banden von Zeloten, die der schmachvollen römischen Okkupation und den ständigen Bedrohungen – beispielsweise durch Kaiserstatuen und nackte Götterfiguren im Tempel und in den Synagogen – ein Ende setzen wollten. Großes Vorbild dieser »Räuber« waren die Makkabäer, die ja bekanntlich mit ihrer Revolte das Joch der Seleukidenkönige abschütteln konnten und Judäa und Israel mit dem hasmonäischen Königtum für mehrere Jahrzehnte Unabhängigkeit und Würde – zumindest nach außen hin – verschafften. Doch für die hellenisierten Juden waren die Zeloten Unruhestifter und Terroristen.

Wer die Entwicklung des Antisemitismus seit dem ersten Jahrhundert begreifen will, dem hilft ein Blick auf die verschiedenen Strömungen des Judaismus. Sie hatten innerhalb des jüdi-

schen Volkes einen großen Bruch zur Folge und bestimmten auf
Jahrhunderte hinaus dessen Schicksal. Es geht um die Juden, die
von den anderen Juden für Feinde gehalten wurden.

Wer waren diese Zeloten? Ein Sproß aus dem Dissidenten-
stamm, der sich im zweiten Jahrhundert vor unserer Zeitrechnung mit den Pharisäern herausgebildet hatte. Sie verteidigten
das mosaische Gesetz gegen die Seleukidenherrscher und später
gegen die quasi vom jüdischen Glauben abgefallenen Hasmo-
näerkönige. Die fast zur gleichen Zeit auftauchenden Essener
waren der erste Sproß aus diesem Stamm, und die im ersten
Jahrhundert in Erscheinung tretenden Zeloten dessen letzter
Zweig. Während der Revolte von Judas dem Galiläer gegen die
Römer um das Jahr 6 oder 7 nahm man sie in Galiläa zum
ersten Mal bewußt wahr. Sie stellten bewaffnete Banden auf
und führten einen hartnäckigen Kampf, der erst mit der Zerstörung von Jerusalem im Jahr 70 sein Ende fand. Danach hörte
man nur noch sporadisch von ihnen. Die Ähnlichkeit der Zeloten mit den Pharisäern hat ihre Gründe: Die Anhänger von
Judas dem Galiläer beriefen sich auf die pharisäische Theologie.
Ihr Anführer reformierte diese Theologie und entwickelte daraus die sogenannte »vierte Philosophie«.

Man kann die Zeloten allerdings nicht auf ihre politische
Dimension beschränken. Denn sie organisierten nicht nur den
terroristischen Widerstand, sondern kämpften auch für einen
apokalyptischen Messiasglauben, denn sie waren felsenfest
davon überzeugt, daß der Herr bald einen Messias schicken
werde, um die verdorbene Welt ihrem Untergang zuzuführen
und den Glanz seines Königreiches Israel wiederherzustellen.
Pharisäer, Essener und Zeloten waren die direkten Erben der
Gottesvorstellung des Moses. Gott war keine indifferente
Größe, sondern griff direkt in das Weltgeschehen ein. Die
Offenbarung am brennenden Dornbusch oder auf dem Berg
Sinai, wo Gott dem Mann, der sein Volk aus Ägypten herausge-
führt hatte, die Gesetzestafeln übergab, war ein klares Beispiel
für dieses göttliche Eingreifen. In diesem Punkt unterschieden
sie sich grundlegend von den Sadduzäern, die an keine göttliche
Intervention und keine Vorsehung glaubten, auch nicht an die
Seele, die Engel und die Auferstehung der Toten. Im Vergleich

zu den anderen Widerstandsgruppen war die Haltung der Zeloten die radikalste und ließ sich folgendermaßen zusammenfassen: »Wir müssen unser Schicksal selbst in die Hand nehmen
und das Eingreifen des Allmächtigen provozieren.«

Man hat den Pharisäern oft ein mangelndes Interesse an spirituellen Fragen und am Wohlergehen des Volkes vorgeworfen.
Dieser Vorwurf wird ihnen jedoch nicht gerecht: Nur weil sie
nicht über die ganze Macht verfügten, zogen sie es vor, sich
nicht durch eine Beteiligung an der sadduzäischen Regierung
die Hände schmutzig zu machen, und nahmen deshalb zur
Zeit Jesu eine abwartende Haltung ein. Aus diesem Grund ver-
glich Jesus sie mit einem »übertünchten Grab«, das innen voller Verwesung sei, und warnte »vor dem Sauerteig der Pharisäer und Sadduzäer«, d. h. vor ihrer Lehre. Diese Schimpfreden
sagen über den Kläger Jesus mindestens genauso viel aus wie
über die Beklagten. Denn sie spiegeln die Meinung der Zeloten
wider, die den Pharisäern Passivität vorwarfen und sie deshalb
sogar verfolgen ließen. Sie entsprechen auch der Haltung der
Essener, die jeden Kontakt mit der Jerusalemer Priesterschaft
ablehnten.

Der Messiasglaube der Zeloten deckte sich mit dem der Essener. Die sadduzäische Priesterklasse von Jerusalem war auf
beide schlecht zu sprechen. Die Aversion beruhte also durchaus
auf Gegenseitigkeit. Vom Warten auf den Messias versprach
sich die Priesterschaft nichts Gutes. Die Ankunft des zum König
und zum Hohenpriester gesalbten Messias hätte nämlich nur
Blutvergießen bedeutet, denn dieser König und Hohepriester
wäre natürlich ein Feind Roms gewesen und hätte sofort einen
Befreiungskrieg provoziert. Das war auch genau das, was die
Jünger von Jesus erwarteten: »Wir aber hatten gehofft, daß er
der Mann sei, der Israel befreien würde«, erklärten sie später
auf dem Weg nach Emmaus dem Unbekannten, der sich
anschließend als Jesus zu erkennen gab.[2] Sie hatten also nicht
nur religiöse, sondern auch nationalistische Erwartungen
gehabt. Die Apokalypse war untrennbar mit dem Messias und
der Befreiung Israels verbunden, denn diejenigen, die auf den
Messias warteten, bereiteten sich auf die Zerstörung der Welt
vor. Man kann die Geschichte Jesu ohne diesen Hintergrund

nicht verstehen. »Jeder, der sich als König ausgibt, lehnt sich gegen den Kaiser auf«[3], schrien diejenigen Juden, die seine Kreuzigung wollten.

Aus diesem Grund fuhr die Jerusalemer Priesterschaft im Jahr 30 oder 33 erschreckt auf, als sie hörte, daß Jesus, der bekanntlich mit den Essenern in Verbindung stand, als Messias ausgegeben wurde, und verurteilte ihn zu Tode. Die Tatsache, daß man ihn zwischen zwei »Räubern« kreuzigen ließ, die natürlich in Wahrheit zwei Zeloten waren, besagt viel. »Es ist besser für euch, wenn ein einziger Mensch für das Volk stirbt, als wenn das ganze Volk zugrunde geht«[4], sagte Kaiphas zu den Juden. Deutlicher konnte man es nicht sagen.

Für Tiberius Alexander, Flavius Josephus, die Sadduzäer und die anderen Juden aus der Oberschicht bestanden die Zeloten-»Banden« nur aus Halunken, die eigentlich als Feinde der Juden zu betrachten waren. Und der Ältestenrat und die jüdische Elite von Alexandria dachten genauso. Beweis: Als im Jahr 73, drei Jahre nach dem Fall von Jerusalem, die jüdischen Sikarier auf ihrer Flucht aus Palästina in Ägypten eintrafen und dort Unruhe stiften wollten, waren es die Juden der Oberschicht, die auf Drängen des Rates 600 von ihnen verhaften und die übrigen bis nach Oberägypten verfolgen ließen. Die Verhafteten wurden an die Römer ausgeliefert, gefoltert und umgebracht. Zuvor haben allerdings einige von diesen Sikariern die Juden, die an ihre Vernunft appellieren wollten, kurzerhand ermordet.[5] Dieselbe jüdische Elite protestierte jedoch nicht im geringsten, als der Präfekt Lupus den jüdischen Tempel von Onias schließen ließ. In diesem Fall handelte es sich nämlich um einen Unterschlupf von Aufständischen.

Die Römer kannten nur eine »jüdische Nation«. Doch für die oberen jüdischen Schichten der gesamten römischen Welt war diese Nation zweigeteilt: Auf der einen Seite die Gebildeten, die Philosophen und Intellektuellen, die sich um das Überleben dieser Nation Sorgen machten, und auf der anderen Seite die unwissende Plebs, die sich, aufgehetzt von den aufrührerischen Zeloten und Essenern, bereitwillig an umstürzlerischen und selbstmörderischen Aktionen beteiligte, die für das ganze Volk gefährlich waren. Sowohl in Jerusalem als auch in Alexandria (und wahrscheinlich auch in den übrigen jüdischen Gemeinden des Imperiums) war sich die wohlhabende Schicht einig, daß es für das Judentum nicht gut wäre, die Waffen gegen Rom zu erheben. Diese Schicht war nicht nur hellenistisch, sondern auch laizistisch orientiert und lehnte alle politischen und nationalistischen Ambitionen der Juden kategorisch ab.[6]

Es wäre jedoch absurd, die gegen das revolutionäre und nationalistische Feuer kämpfenden Juden des Antisemitismus zu bezichtigen. Tiberius Alexander und die anderen gebildeten Juden der Oberschicht waren trotz ihres Hasses auf die »Räuber« voll und ganz Juden. Sie vertraten jedoch eine Realpolitik – so jedenfalls hätte man das im 19. und im 20. Jahrhundert genannt – und waren voller Abneigung gegenüber den Zeloten und »ahistorischen« Essenern, die nicht begreifen wollten, daß die Zeiten von Moses, David, ja auch der Makkabäer längst vorbei waren. Ihrer Meinung nach ließ sich die Religion mit der Politik nicht mehr in Einklang bringen. Und die folgenden Ereignisse gaben ihnen auf kurz oder lang recht. Das Judentum überlebte die Verfolgungen der späteren Jahrhunderte nur, weil es den nationalistischen Gedanken aufgab. Und auf kurze Sicht hatte der Haß, den die hellenisierten Juden den Zeloten gegenüber empfanden, sehr wohl seine Berechtigung, denn letztere begingen mit der Zerstörung Jerusalems das grausamste Verbrechen der jüdischen Geschichte.

Auf den ersten Blick hat dieses Desaster keinen Bezug zum Antisemitismus. Doch bei genauerer Betrachtung besteht doch ein enger Zusammenhang, denn durch diesen Wahnsinn entstand in der Welt ein von Mord- und Zerstörungswut geprägtes Judenbild, das in Wirklichkeit jedoch nur auf ein paar wenige Banden zutraf, die von einem apokalyptischen und selbstzerstörerischen Fanatismus beherrscht waren. Doch nur wenige konnten in dem allgemeinen Durcheinander zwischen den Zeloten und den übrigen Juden unterscheiden.

Wir kennen nur eine Quelle, die darüber berichtet: Flavius Josephus[7]. Sie ist lang, sehr ausführlich und läßt sich folgendermaßen zusammenfassen: Von den Römern gejagt, flohen die Zeloten nach Jerusalem, damals eine für alle Juden offene Stadt, in der keine Garnison lag. Sie stellt den Ausgang der Kämpfe,

an denen die Zeloten teilgenommen hatten, zu deren Gunsten
dar, erdichtete Heldentaten und konnte die Jüngeren überreden,
sich ihnen anzuschließen. Im Jahr 68 belagerte der römische
Kaiser Vespasian mit 70 000 Fußsoldaten und 10 000 Reitern
die Stadt. Eine Zelotenbande nach der anderen – »so nannten
sich die Spitzbuben selbst« – traf in der Stadt ein. Man konnte
zwar der römischen Belagerung trotzen, doch die Lebensmittel wurden knapp. Die »Räuber«, so Josephus, begannen zu
plündern und zu morden, »und zwar nicht heimlich bei Nacht
und gegenüber den erstbesten Opfern, sondern am hellichten
Tage und fingen bei den bekannteren Persönlichkeiten an«. Sie
verhafteten sie, warfen sie ins Gefängnis und schnitten ihnen
die Kehle durch. Es regierte der Terror, und die Priesterschaft
revoltierte. Daraufhin losten die Zeloten die Priester aus, die
hingerichtet werden sollten. Mit Blut an den Füßen betraten
sie den Tempel.[8] Die Heiligkeit des Ortes kümmerte sie wenig.
Die Essener haßten ihn sogar, diesen Tempel, von dem Jesus
gesagt hatte, daß er ihn in drei Tagen zerstören und wieder
aufbauen könne. »Sie benutzten den Tempel als Operations-
basis, als Schlupfwinkel und lagerten dort ihre Waffen gegen
uns [die nicht mit den Zeloten sympathisierenden Juden]«,
berichtet Josephus.

Der Hohepriester Ananias rief das Volk zu einem Aufstand
gegen die Zeloten auf: eine zweischneidige Angelegenheit, denn
schließlich sorgten die Zeloten für die Verteidigung der Stadt.
Ananias' Worte waren reine Provokation: »Eure Leidenschaft
ist nur auf Sklaverei ausgerichtet, auf ein Leben unter Despo-
ten, als ob unsere Vorfahren uns nur die Tradition des Dienens
vermittelt hätten.« Doch die Zeloten – »von starker Zahl, jung
und unerschrocken« – waren »schwer zu beseitigen«. Ananias
wurde umgebracht, und die ganze Stadt war voller »nackter
Leichen, die den Hunden und wilden Tieren zum Fraß dienten«.
In Jerusalem herrschte der blutrünstige Tyrann Johannes bar
Gischala, dem 6000 Mann unterstanden. Simon bar Giora
machte ihm mit seinen 10 000 Mann die Macht streitig. Schließlich kam noch Eleasar bar Simon hinzu, der sich mit seinen
2400 Mann auch seinen Anteil an der Macht sichern wollte.

Jerusalem war diesen drei Gruppierungen ausgeliefert. Die

Zeloten Simons und Eleasars hatten sich in dem zur Festung umfunktionierten Tempel verschanzt und schossen auf die Zeloten von Johannes. Langsam aber sicher brachten sich die Mitglieder dieser drei zelotischen Fraktionen gegenseitig um, und wie wir aus den Berichten von Josephus wissen, war das Volk am Ende und bat in seinen Gebeten um die Ankunft der Römer. Auf der Suche nach Lebensmitteln plünderten die drei Banden überall. »Die Leichen der Nichtjuden zusammen mit denen der Juden, der Laien und der Priester wurden zu einem Block aufgeschichtet, und das Blut dieser Toten aus aller Herren Länder sammelte sich im heiligen Tempelbezirk zu großen Blutlachen.«

Josephus' Beschreibung der Jerusalemer Belagerung ist schockierend: »Die Aufständischen trampelten im Kampf auf den übereinandergeschichteten Leichen herum. Ihre Wut wurde immer größer, als ob die Verzweiflung der unter ihren Füßen liegenden Toten auf sie übergegangen wäre.« Völlig ausgehungert, schlitzten die Zeloten den Juden den After und den Bauch auf, um zu sehen, ob sie kurz zuvor etwas gegessen hatten. Sie schleuderten die Neugeborenen auf den Boden und schnitten jedem die Gurgel durch, der nicht zu ihnen gehörte. »Die Kranken hatten keine Kraft, ihre Familienangehörigen zu bestatten, und diejenigen, die noch bei Kräften waren, legten immer wieder neue Tote auf diejenigen, die sie gerade bestatteten. Viele gingen zu ihren Gräbern, bevor der Tod sie hinwegraffte.« Weil die Zeloten den Verdacht hatten, daß die Leute Gold in ihren Eingeweiden versteckten, schlitzten sie in einer Nacht 2000 Menschen den Bauch auf. »Manche durchsuchten in ihrer Verzweiflung die Abwässer und alte Kuhfladen und aßen, was sie darin fanden.«

Jesus hatte diese Katastrophe bereits vorausgeahnt: »Wahrlich, ich sage euch, noch bevor diese Generation dahingeht, werden sich diese Dinge ereignen.« Er konnte die Gewalttätigkeit der Zeloten mit ihren schrecklichen Folgen gut einschätzen.

Auch wenn in der Weltgeschichte des Schreckens noch viele Kapitel folgten, einer ihrer Höhepunkte war erreicht: Die jüdischen Zeloten massakrierten die Juden von Jerusalem mit einer Besessenheit, die jedes Begriffsvermögen übersteigt. Der Bericht

des Josephus ist der einer Shoah vor der Shoah, jedoch noch
schlimmer, weil sie von Juden an Juden begangen wurde.

Endlich griff Titus, Sohn und Nachfolger von Vespasian, vom
Westen her an und bezwang die dritte, noch nicht vollendete
Befestigungsmauer,[8] dann die zweite und den Antoniaturm,
der den Tempelvorplatz beherrschte, und schließlich den Tempel selbst und die gesamte Oberstadt. Als die Zeloten ihren
bevorstehenden Untergang spürten, gebärdeten sie sich noch
grausamer. Matthias und seine drei Söhne wurden von Simon
zum Tode verurteilt. Und weil Matthias darum bat, als erster,
d. h. vor seinen Söhnen, hingerichtet zu werden, ließ Simon die
Söhne vor den Augen des Vaters umbringen. Als die Römer
schließlich die Stadt einnahmen, konnten die Zeloten ihre Stellung im Tempel immer noch halten und mordeten weiter.
»Wehrlose Zivilisten, die einen großen Teil der Bevölkerung
ausmachten, wurden aufgegriffen und auf der Stelle erstochen.
In der Nähe des Altars türmten sich die Leichen, und selbst über
die Stufen zum Allerheiligsten rann das Blut der toten Opfer.«
Gegen den Willen von Titus, der das herrliche Gebäude mit seinen Gold- und Silbertüren retten wollte, wurden der Tempel
und das Allerheiligste in Brand gesteckt. Laut Josephus wurden
durch Jerusalems einziges Stadttor 115 880 Leichen aus der
Stadt herausgebracht. Alle Opfer waren zwischen dem 1. Mai
und dem 20. Juli des Jahres 70 umgebracht worden.

Nach dem Bericht des Josephus zählten die Römer am Ende
der Belagerung 97 000 Gefangene; 1 100 000 Menschen sollen
umgekommen sein. Diese Zahlen sind mit Sicherheit übertrieben oder bei der späteren Anfertigung von Abschriften absichtlich falsch übertragen worden. Denn danach hätte die Hälfte
der judäischen Bevölkerung bei dieser Belagerung den Tod
gefunden. Zur Zeit Jesu zählte Jerusalem nicht viel mehr als
20 000 Einwohner,[9] 30 Jahre später vielleicht sogar 30 000.
Auch wenn man die Zelotenbanden, die sich während der Belagerung in der Stadt niedergelassen haben, mitrechnet, kommt
man nur mit Mühe auf 40 000 oder 50 000 Seelen. Außerdem
haben nicht alle Bewohner während der Belagerung den Tod
gefunden. Die Zahl der Opfer dürfte selbst bei großzügiger
Berechnung die 20 000 oder 25 000 kaum überschritten haben.

Hier läßt Josephus' Glaubwürdigkeit zu wünschen übrig. Der jüdische Patrizier war stark von der römischen Kultur beeinflußt und diente im römischen Heer. Außerdem hatte er für die Zeloten – für die »Halunken«, wie er selbst schrieb – nur Haß übrig. Machte er sie bewußt zu den Alleinverantwortlichen für die vielen Toten? Wurden die Rivalitäten zwischen den einzelnen Gruppierungen von ihm zu einem Bürgerkrieg aufgebauscht? Es ist durchaus möglich. Josephus hat den *Jüdischen Krieg* für die Römer geschrieben und ahnte nicht, daß ihn Jahrhunderte später andere Leser zur Rechenschaft ziehen würden.

Wie verheerend der Brand von Jerusalem wirklich war, wird jedoch nicht an den Opferzahlen deutlich, sondern an den für den Judaismus bitteren Konsequenzen und unermeßlichen Verlusten, von der grauenhaften Verwüstung Jerusalems ganz zu schweigen. Noch während der Belagerung erhielt der Pharisäer und Rabbi Johanan ben Zakkai von Titus die Erlaubnis, die Thorarollen, die die Plünderungen überstanden hatten, aus der Stadt herauszuholen. Er ging mit ihnen an den Küstenort Jamnia (Jabne) und eröffnete dort eine Schule.

Nach dem Bericht bestimmter Autoren sollen die Juden der anderen Gemeinden nicht gegen die Zerstörung der Heiligen Stadt protestiert haben. Das ist zu bezweifeln. Denn schließlich hatte die Zerstörung Jerusalems schwerwiegende Konsequenzen: Zum einen konnten für den zerstörten Tempel keine Zahlungen mehr geltend gemacht werden.[10] Von nun an floß dieses Geld in die römische Staatskasse. Zum andern waren die jährlich zu Ostern stattfindenden Pilgerwanderungen sinnlos geworden. Das Judentum hatte seine religiösen Institutionen, seine Hauptstadt und seinen Schwerpunkt eingebüßt und das Volk seine Einheit verloren. Das Bild des Judentums hat für immer Risse bekommen.

In den Jahren 72 und 73 schrieb die jüdische Widerstandsbewegung in Masada eines der markantesten Kapitel ihrer Geschichte. Insgesamt 960 Zeloten hatten sich mit ihren Frauen und Kindern in die von Herodes dem Großen ausgebaute Festung geflüchtet und wurden dort von den Römern belagert. Als sie sich verloren wußten, brachten sie sich gegenseitig um. Die römischen Soldaten waren entsetzt, als sie beim Eindringen

in die Zitadelle den Kollektivselbstmord entdeckten. Nur zwei
Frauen – die beiden einzigen Zeugen – waren entkommen.

Es war eine grauenhafte Epoche, in der offensichtlich alles ins
Wanken geriet. Auch bei den Römern mehrten sich die Zeichen des Unheils. Nach Neros Selbstmord im Jahr 68 ging die
auf Gewalt und Intrigen ruhende Kaisermacht in den Wirren
eines Bürgerkrieges unter. Kaiser Galba wurde mitten auf dem
Forum ermordet. Sein Nachfolger Otho bekämpfte den von
den in Germanien stehenden Legionen auf den Schild gehobe-
nen Vitellius. Der aufziehende Bürgerkrieg forderte einen hohen
Blutzoll. Schließlich war Vitellius gerade acht Monate und
zwanzig Tage an der Macht, als er mitten in Rom am Ende eines
Festbanketts umgebracht wurde. 50000 Tote begleiteten ihn in
die Hölle.

In jenen Jahren regierte nur das Schwert. Bei der »Befrie-
dung« Palästinas kannten die Römer keine Skrupel mehr. Sie
brannten ganze Städte nieder – Chabulon, Cäsarea, Joppe –
und massakrierten Tausende von Juden. Diese schienen die
politischen und geistigen Veränderungen überhaupt nicht zur
Kenntnis nehmen zu wollen. Ein Großteil der im östlichen Mittelmeerraum lebenden Juden stand ausschließlich unter dem
Einfluß des apokalyptischen und selbstzerstörerischen Ideen-
guts der Zeloten. Die reichen Juden hingegen hielten sich im
Hintergrund und versuchten den Brand, der ihnen alles zu nehmen drohte, unter Kontrolle zu halten.

Im Jahr 115, es war das 18. Regierungsjahr des Kaisers Trajan, kam es nach den Berichten des Eusebius von Cäsarea[11] zu
heftigen Aufständen bei den Juden des östlichen Mittelmeerraums und des Mittleren Ostens. Möglicherweise spielten dabei
auch die Parther eine Rolle, die sich mit Erfolg gegen die römische Unterwerfung wehrten. Sicher ist, daß die Parther die
Juden in ihren nationalistischen Bestrebungen ermunterten.

In ihrem Kampf gegen die willkürlichen Massaker setzten die
Juden alles auf eine Karte und starteten eine Offensive gegen
ihre Unterdrücker: In Ägypten gingen sie gegen die Griechen
und die Makedonen vor und in den übrigen Provinzen direkt
gegen die Römer. Drei Jahre – von 115 bis 117 – dauerte der

Aufstand am Nil. Auch die Römer mußten zur Unterdrückung
des Aufstandes auswärtige Besatzungstruppen herbeirufen. Auf
beiden Seiten kam es zu mehreren tausend Toten; jüdische Siedlungen und Wohnhäuser wurden mehrfach geplündert. Auch
in Alexandria wurde der größte Teil des jüdischen Besitzes
beschlagnahmt und die große Synagoge zerstört. Der Präfekt
Quintus Rammius Martialis ließ die Juden zum ersten Mal in
der Geschichte in ein Stadtviertel zusammentreiben, das sie
nur unter bestimmten Umständen verlassen durften. Nach den
ersten Pogromen nun also das erste Ghetto.

In ihrer Wut zerstörten die Juden zahlreiche Baudenkmäler
der Stadt, unter anderem auch den Tempel der griechischen
Göttin Nemesis, die als Schutzherrin der Armee auch als Rache-
göttin verehrt wurde. Eine stark symbolische, ja fatale Wahl!
Obwohl Hadrian das schwer verwüstete Alexandria wieder
aufbauen mußte, kamen die Juden in dieser Stadt vergleichsweise glimpflich davon, denn im Gegensatz zu anderen Orten
hatte man hier den Aufstand schnell unter Kontrolle und
konnte die schlimmsten Exzesse verhindern.

Um 120, immer noch unter Hadrian, kam es offenbar zu
Spannungen zwischen Juden und Griechen – und wahrscheinlich auch Ägyptern. Diesmal ging es um Juden, die sich in der
Stadt niederlassen wollten, und um entlaufene Sklaven.[12] Doch
dieser Aufruhr hatte im Vergleich zu den beiden vorangegangenen Aufständen ein geradezu bescheidenes Ausmaß. Es ist
durchaus möglich, daß die Geschichtsschreiber kleinere Zwi-
schenfälle in Alexandria und in den anderen jüdischen Siedlungen des Mittelmeerraums nicht festgehalten haben.

Mit dem Aufstand des Simon Bar Kochba von 132 machte
sich der jüdische Widerstand zum letzten Mal deutlich bemerkbar. Bar Kochba, der »Sternensohn«, trat als Messias auf
und wurde von Akiba ben Joseph, dem wichtigsten Rabbi seiner Zeit, auch als solcher anerkannt. Nach drei harten Kriegs-
jahren waren hohe Verluste an Menschenleben und materiellen Gütern zu verzeichnen: Nach Cassius Dio fielen 580 000
Juden im Kampf, Hunger und Scheiterhaufen kosteten weiteren
unzähligen Menschen das Leben, und 985 Städte und Dörfer
wurden zerstört.[13]

Jerusalem wurde dem Erdboden gleichgemacht. Auf den Trümmern ließ Hadrian eine römische Stadt errichten. Sie trug den Namen Aelia Capitolina und besaß Tempel des Bacchus, der Venus und des Serapis. An der Stelle des alten jüdischen Tempels wurde der Tempel des Jupiter Capitolinus errichtet. Jerusalem hatte seinen Namen verloren. Man baute außerdem ein Theater, öffentliche Thermen und verschiedene andere Gebäude. Höchster Ausdruck des römisch-imperialen Antisemitismus: Juden durften sich in der Stadt nicht aufhalten[14] (Heidenchristen waren von dem Verbot ausgenommen). Außerdem wurde das Beschneidungsverbot erneuert.

Mit dieser Demütigung endete die Geschichte der Juden im Römischen Reich. Die Juden waren zwar geduldet, aber nur als Menschen zweiter Klasse. Essener und Zeloten gab es nicht mehr. Die Zerstörung der Heiligen Stadt, bei der auch der Tempel vernichtet worden war – das Schlimmste, was den Juden passieren konnte –, lag bereits wieder 50 Jahre zurück. Die innere Zerstörung Jerusalems geschah von jüdischer Hand, die äußere mit dem Schwert der Römer. Der jüdische Nationalismus wich einem vollkommen unpolitischen Judaismus und verschwand für 2000 Jahre von der Bildfläche.

Trotz der Grausamkeiten in einzelnen Episoden dieses Kapitels bleibt festzuhalten, daß die Römer im Gegensatz zu späteren Jahrhunderten niemals die Ausrottung der Juden im Sinne hatten. Sie haben die Juden auch nie gezwungen, ihrem Glauben abzuschwören. Die Ausschreitungen, die sie sich im Namen des Imperiums den Juden gegenüber zuschulden kommen ließen, hielten sich in Grenzen. Die Massaker von Alexandria in den Jahren 38 und 66 gingen von der einheimischen Bevölkerung aus, in Rom oder Korinth beispielsweise gab es keine vergleichbaren Vorfälle. Außerdem hatten alle diese Ausschreitungen ein politisches Motiv: die Erhaltung der Pax Romana. Es gab keinen römischen Rassismus, geschweige denn einen religiös begründeten Fremdenhaß. Solange fremde Gottheiten und Religionen die öffentliche Ordnung nicht störten, wurden sie von den Römern bereitwillig aufgenommen. Nach Varro zählte man in Rom im dritten Jahrhundert vor unserer Zeitrechnung 30000 Götter. Im Kaiserreich verehrte man von den fremden

Gottheiten vor allem Isis, Attis, Kybele und Mithras. Glaubt man dem französischen Religionswissenschaftler Renan, so wäre das Christentum beinahe vom Mithraskult verdrängt worden. Doch diese Religionen bedeuteten weder für die römische Republik noch für das Kaiserreich eine wirkliche Gefahr. Beide Staatsformen waren stark genug, um die verschiedenen Kultformen absorbieren zu können. Der Judaismus wurde auch nur deshalb als Gefahr empfunden und unterdrückt, weil er die politischen Ambitionen eines Volkes in sich trug.

Aus den bisherigen Kapiteln lassen sich zwei Lehren ziehen. Erstens: Der Eindruck, den die Juden auf die Römer machten, hätte für ihre Zukunft nicht abträglicher sein können. Sie – und nur sie allein – provozierten viermal hintereinander die schrecklichsten Verfolgungen, und dies nicht in Kriegs-, sondern in Friedenszeiten: 38, 66, 115 und 132. Außerdem machten sie mit zwei fürchterlichen Bürgerkriegen auf sich aufmerksam. Der erste wurde von Alexander IV. Iannaios im Jahr 76 vor unserer Zeitrechnung ausgelöst und kostete etwa 50 000 Menschenleben. Der zweite führte während der Belagerung von Jerusalem zur Zerstörung der Stadt Davids und brachte ebenfalls unzähligen Menschen den Tod. Das Bild der Juden erfuhr in der mediterranen Welt eine unwiderrufliche Beeinträchtigung.

Zweitens: Die zweifelsohne gewaltsame, ja oft sogar haßerfüllte Verfolgung der Juden im Römischen Reich hatte im wesentlichen kulturelle und politische Gründe und entsprach nicht unseren heutigen Vorstellungen vom Antisemitismus. Das sollte sich in der Folgezeit ändern.

Teil II

Antijudaismus und christlicher Antisemitismus

1

Saul/Paulus

Paulus und die Urkirche: Antijudaismus, aber kein Antisemitismus – Judenfeindlichkeit und Versäumnisse der kanonischen Evangelien – Saul/Paulus: Römischer Polizeiagent oder jüdischer Gesetzeslehrer? – Paulus' Genialität – Problematik, Bedeutung und Folgen des römischen Bürgerrechts

Die Unterscheidung zwischen dem römischen und dem urchristlichen Antisemitismus ist durchaus angebracht. Letzterer beginnt ganz offensichtlich mit dem missionarischen und theologischen Wirken von Paulus, dem früheren Saul. Man kommt also nicht umhin, sich mit den Anfängen des Christentums und mit der Figur Saul/Paulus auseinanderzusetzen.

Man sollte jedoch von vornherein klarstellen, daß die oft schweren und ungerechtfertigten Beschuldigungen der ersten Kirchenoberen gegen die Juden nicht dem modernen Antisemitismus gleichzusetzen sind. Denn der moderne Antisemitismus ist die Verfolgung einer Minderheit durch eine Mehrheit. Bei den Beschuldigungen der Urkirche gegen die Juden handelt es sich hingegen um die ablehnende Haltung einer Minderheit gegenüber einer Mehrheit, also nicht um einen Antisemitismus, sondern um einen Antijudaismus. In der Anfangsphase des Christentums, d. h. vor dem Jahr 70, lebten höchstwahrscheinlich sechs bis sieben Millionen Juden im Römischen Reich, etwa zweieinhalb Millionen in Judäa und an die viereinhalb Millionen in der Diaspora, das entsprach einem Zehntel der Gesamtbevölkerung des Imperiums.[1] Zu den Christen zählten am Ende des ersten Jahrhunderts hingegen nicht mehr als 100 000 bis 200 000 Menschen, die außerdem durch häretische Bewegungen untereinander zerstritten waren.[2]

In den vier sogenannten »kanonischen« Evangelien nahm der christliche Antijudaismus zum ersten Mal Gestalt an. »Kanonisch« deshalb, weil diese Evangelientexte in der Mitte des zweiten Jahrhunderts von der Kirche für verbindlich erklärt wurden.[3] Die Historiker sind nach ihrer Lektüre im allgemeinen überrascht. Das Matthäusevangelium, das erste in der traditionellen Reihenfolge, legt schon in den ersten Zeilen großen Wert darauf, Jesus als einen direkten Nachkommen Davids hinzustellen. Das macht ihn zu einem Juden par excellence, außerdem zu einem für das Königtum geradezu prädestinierten Juden. Aber alle, insbesondere das Johannesevangelium als letztes in der Reihe, bezeichnen die Juden unentwegt als Fremde und Feinde und weisen nie darauf hin, daß – auch wenn die Sadduzäer und zahlreichen Pharisäer, wie bereits erwähnt, für ihr Mißtrauen gegenüber einem möglichen Messias gute Gründe hatten – ein großer Teil des Volkes, darunter die Zeloten und die Essener, Christus außerordentlich verehrten. Diejenigen, die bei seinem letzten Einzug in Jerusalem Palmen vor seine Eselin legten, gehörten nicht zu denen, die ihn nach seiner Verhaftung verhöhnten. Man wollte ihn zum König krönen, doch die Sadduzäer organisierten in ihrer Panik einen Aufstand, um sich des Agitators zu entledigen, und durchkreuzten so den Plan.

Mag sein, daß die Autoren der kanonischen Evangelien das noch wußten, sie verloren jedoch kein Sterbenswörtchen darüber. Zu Beginn des zweiten Jahrhunderts war die Trennung zwischen den Anhängern der Sekte Jesu – den Christen – und den Juden vollzogen. Die Autoren hatten deshalb kein Interesse daran, den Zuhörern (die Evangelien wurden meistens öffentlich vorgelesen, denn fast die ganze Bevölkerung bestand aus Analphabeten) Argumente für ein historisches Verständnis der Christustragödie zu liefern. Man wollte es meistens verdrängen, zumal die Evangelisten in erster Linie Propagandisten und keine Historiker waren. Da ihnen die Verschleierung das beste Mittel schien, verschwiegen sie wohlweislich, daß Jesus als Galiläer aus einem Gebiet kam, das schon immer besonders rebellisch war, und zwar sowohl gegenüber der Jerusalemer Priesterschaft als auch gegenüber jeglicher Besatzungsmacht. Als Anführer einer Bande, die mit Ausnahme von Judas Ischariot nur aus

Galiläern bestand, vertrat Jesus die Interessen der breiten Masse des jüdischen Volkes. Der Begriff »Volk« ist hier im sozialen, nicht im ethnologischen Sinne zu verstehen.

Die Lektüre der nichtkanonischen Evangelien und anderer apokrypher Texte[4] überrascht nicht weniger, allerdings aus genau entgegengesetzten Gründen. Dort findet sich nämlich fast gar nichts Judenfeindliches. Im Gegenteil, es gibt zahlreiche Hinweise auf die Verbundenheit der Apostel mit den Juden und auf die Verehrung, die die Juden Jesus entgegengebracht hatten, beispielsweise in den Schriften Philipps, in denen dieser Apostel erklärt: »Meine Brüder, Söhne meines Vaters, gemäß Christus seid ihr der Reichtum meiner Rasse...« An einer späteren Stelle im selben Text ruft die Jüdin Nikanora, die Frau des Prokonsuls von Syrien, nachdem sie Philipp hat reden hören: »Ich bin Jüdin, die Tochter eines Juden, sprecht mit mir in der Sprache meiner Väter...« Man wartet gespannt auf eine unparteiisch vergleichende Arbeit über die Einflüsse, denen die Verfasser der kanonischen Evangelien und der Apokryphen ausgesetzt waren. Auf die Gründe für diesen radikalen Unterschied gehe ich an späterer Stelle ein.

Es ist wahrscheinlich einer der irritierendsten Widersprüche der Religionsgeschichte, daß das Christentum, so wie wir es kennen, von einem Mann gegründet wurde, der zunächst auf Seiten des Hohen Rates von Jerusalem (Sanhedrin) eifrig gegen die Zeloten und andere Messianisten gekämpft hatte: Saul, der sich später nach römischer Art Paulus nannte. Denn der Begründer der römischen Kirche – und wie römisch sie ist! – begann seine Laufbahn mit der Jagd auf Jesusjünger, wie wir in der Apostelgeschichte lesen: Er ist – auch das ein Widerspruch – der einzige Heilige, der für den Mord an einem anderen Heiligen, dem Erzmärtyrer Stephanus, die Mitverantwortung trägt. Stephanus war einer der ersten Neubekehrten, die sich der Jerusalemer Apostelgemeinschaft angeschlossen hatten, wurde jedoch von Mitgliedern der Jerusalemer Freigelassenensynagoge – darunter befanden sich Leute aus Kyrene, Alexandria, Kleinasien – der Gotteslästerung angeklagt[5] und wahrscheinlich um 33/34 durch den Hohenpriester zum Tod durch Steinigung verurteilt. Bevor die Henker ihrer Aufgabe nachgingen, legten sie »ihre Kleider zu Füßen eines jungen Mannes namens Saul«.[6] Mit dieser Geste unterwarfen sich die Henker dem Aufsichtsführenden, der als Abgesandter des Hohen Rates die ordnungsgemäße Durchführung der Steinigung zu überwachen hatte. War Saul etwa ein Gegner der Steinigung? Nein: »Und Saul war unter denen, die seiner [des Stephanus'] Ermordung zustimmten.«[7]

Zur Bestätigung fügt der Autor der Apostelgeschichte hinzu: »An jenem Tag brach eine schwere Verfolgung über die Kirche in Jerusalem herein. Alle wurden in die Gegenden von Judäa und Samaria zerstreut, mit Ausnahme der Apostel [...] Saul aber versuchte, die Kirche zu vernichten; er drang in die Häuser ein, schleppte Männer und Frauen fort und lieferte sie ins Gefängnis ein.«[8] Also ein junger Mann mit Machtbefugnissen. Er drang in die Häuser ein, und das sicherlich nicht alleine. Eine Miliz begleitete ihn. Er verhaftete die Leute und steckte sie ins Gefängnis, weil sie der Jesus-Sekte angehörten. Also ein mit polizeilichen Befugnissen ausgestatteter Handlanger im Dienste des Tempels, der Leute festnehmen und abführen durfte. Ein wahrer Polizeibeamter des Tempels und der sadduzäischen Partei, der außerdem über sehr viel Einfluß verfügte, denn im Zusammenhang mit der Verfolgung der Jesusjünger konnte er ohne weiteres beim Hohenpriester vorsprechen und ihn um Briefe an die Synagogen von Damaskus bitten, »um die Anhänger des (neuen) Weges, Männer und Frauen, zu fesseln und nach Jerusalem zu bringen«.[9]

Dieser Mann verdient eine nähere Betrachtung, denn er zählt zu den wichtigsten Persönlichkeiten der Religionsgeschichte und ist einem Moses durchaus ebenbürtig. Saul/Paulus ist eines der meistdiskutierten und trotzdem weitgehend unbekannten Genies der Geschichte, eine der widersprüchlichsten Gestalten, denn sein Werk ist ebenso grandios wie seine Persönlichkeit suspekt.

Die Auseinandersetzung mit Saul/Paulus ist unumgänglich, denn seine Gründung, die Kirche, trägt für die zweite, rund 16 Jahrhunderte dauernde Phase des Antisemitismus die Verantwortung. Diese Phase endet mit dem öffentlichen Schuldbekenntnis der Kirche, wovon im dritten Teil dieses Buches die

Rede sein wird. Was hat der Kirchengründer mit der Judenverfolgung der Christen zu tun? Zur Beantwortung dieser Frage
müssen wir die Persönlichkeit und die Biographie dieser Schlüs-
selfigur analysieren. Eine von der Kirche seit Jahrhunderten
unterstützte Tradition bemüht sich, Paulus allem Anschein zum
Trotz zum Juden zu machen. Damit sollte das Christentum legi-
timiert werden. Ähnliche Ziele verfolgten die Evangelisten: Sie
führten den Stammbaum Jesu bis auf David zurück und wollten damit seine Zeugung durch den Heiligen Geist bekräftigen
und das Christentum als einen natürlichen Sproß des Judentums
hinstellen. Die Tatsachen widersprechen jedoch einer jüdischen
Abstammung des Saul/Paulus.

Paulus gab sich als ein in Tarsos (Kilikien, Südostanatolien)
geborener und aufgewachsener Jude aus, der nach Jerusalem
gekommen war, um »zu Füßen des Rabbiners Gamaliel« zu studieren. Zweimal – doch jedesmal gegenüber Nichtjuden, die
über die jüdische Welt nur schlecht informiert waren – stellte
er sich als Sproß aus dem Stamm Benjamin vor.[10] Eine Angabe,
die laut Hyam Maccoby[11] keinen Sinn macht, denn »damals
konnte kein Jude mit Sicherheit von seiner Zugehörigkeit zum
Stamm Benjamin ausgehen, auch wenn ein Teil dieses Stammes
sicherlich die Deportation durch Salmanassar von Assyrien
überlebt hat. Denn der Stamm Benjamin vermischte sich über
Heiratsverbindungen so stark mit dem Stamm Juda, daß seine
Mitglieder ihre Identität verloren und selbst zu Judäern wurden [...] Da die Unterscheidung zwischen Juda und Benjamin
keinerlei religiöse Bedeutung mehr hatte, gab es auch keinen
Grund mehr, sie beizubehalten.« Maccoby hält deshalb die
angebliche Abstammung des Paulus vom Stamm Benjamin für
einen Schwindel.

Später nahm Paulus dreimal das römische Bürgerrecht für
sich in Anspruch: Das erste Mal in Philippi, als ihn die Römer
wegen Unruhestiftung verhafteten und wie einen einfachen
Bauern geißeln und ins Gefängnis werfen ließen. Das zweite
Mal, als ihn die Römer im Jerusalemer Tempelvorhof abermals
verhafteten und ihm mit der Geißelung drohten. Paulus erin-
nerte den Centurio daran, daß man einen römischen Bürger
nicht geißeln dürfe. Der vom Centurio herbeigerufene Tribun

Claudius Lysias verhörte Paulus: »Sage mir, bist du ein Römer?«
Paulus antwortete: »Ja.« Das dritte Mal, als er Lysias versicherte, als römischer Bürger *geboren* zu sein. Ja, sogar ein vier-
tes Mal, denn gegenüber dem Präfekten nahm Paulus ein nur
für römische Bürger geltendes Privileg in Anspruch: Der Kaiser
selbst sollte über ihn richten.

Lysias war kein gewöhnlicher Vertreter der römischen
Armee. Er war Militärtribun, Befehlshaber der Antoniafestung
und hatte mehrere Kohorten unter sich, also durchaus ein mili-
tärischer Vertreter hohen Ranges. Außerdem trat er mit mehreren Centurionen und deren Soldaten, d. h. mehreren Zenturien
auf. Besonders bemerkenswert und fast unbegreiflich ist die
Tatsache, daß er Paulus erlaubte, der Menge die Geschichte seiner Bekehrung auf dem Weg nach Damaskus zu erzählen – all
dies unter dem Schutze der römischen Armee![12]

Die Situation war wie in einem Roman: Der ehemalige Mit-
arbeiter der im Dienst des Hohen Rates und der verbündeten
Römer stehenden Polizei wurde verhaftet und fand sich in römischer Schutzhaft wieder. Balzac oder Dumas hätten das nicht
besser erfinden können. Lysias war der Meinung, daß Paulus
sich das Bürgerrecht gegen eine stattliche Summe erworben
habe.[13] Daraufhin entgegnete Paulus: »Nein, ich bin damit geboren.« Er habe das römische Bürgerrecht also auf dem Erbweg
bekommen. Bei dieser Frage ging es nicht um irgendwelche For-
malitäten, denn durch die von Augustus verkündete Lex Porcia standen die römischen Bürger unter dem besonderen Schutz
des Kaisers. In juristischen Streitfragen, in die römische Bürger
verwickelt waren, fällte der Kaiser höchstpersönlich das Urteil.
Die Verhaftung des Paulus fiel in das Jahr 58, und der damalige
Kaiser war Nero. Die Fürsorge des Römers Lysias war geradezu bewundernswert. Damit man Paulus nicht in Stücke riß,
»befahl er den Soldaten, hinunterzueilen, ihn in der Menge
zu verhaften und in die Kaserne zu führen.« Paulus wurde im
Antoniaturm untergebracht und erfuhr dort von seinem Neffen,
daß 40 Juden in den Hungerstreik treten wollten, um so beim
Hohen Rat seinen Tod zu erzwingen. Die Kreuzigung Christi
hatte man auf die gleiche Weise erreicht. Paulus ließ einen Centurio rufen und vertraute diesem den jungen Mann, der »eine

Mitteilung für den Tribun hatte«, an. Man fragt sich, warum Jesus oder Stephanus nicht den gleichen Schutz in Anspruch nehmen konnten.

Doch der weitere Fortgang der Ereignisse ist noch verwunderlicher. Als Lysias nämlich von Paulus' Bedrängnis erfuhr, rief er seinerseits zwei Centurionen zu sich und trug ihnen folgendes auf:»Haltet von der dritten Stunde der Nacht an 200 Soldaten zum Marsch nach Cäsarea bereit, außerdem 70 Reiter und 200 Leichtbewaffnete.«[14] Der Tribun Lysias mobilisierte also 470 Männer, um Paulus an einen sicheren Ort bringen zu können. Jeder Kenner der römischen Geschichte weiß, daß ein solcher Geleitschutz – denn um einen solchen handelt es sich hier – nur hohen Persönlichkeiten vorbehalten war.

Als Angehöriger der Polizei, der über einen gewissen Reichtum, ja sogar über großen Reichtum verfügte, denn immerhin konnte er den römischen Statthalter bestechen, genoß Paulus ein außerordentliches Ansehen, das die römischen Behörden verunsicherte. Als Paulus also im Jerusalemer Tempelvorhof verhaftet wurde, warf er sein römisches Bürgerrecht in die Waagschale und wurde daraufhin unter stattlichem Geleitschutz nach Cäsarea gebracht, wo der Statthalter Antonius Felix, der Nachfolger von Pontius Pilatus, gerade am Meeresstrand Erholung suchte. Der Hohepriester Ananias und mehrere Mitglieder des Hohen Rates, darunter auch ein gewisser Redner namens Tertullius oder Tertullus, erhoben unter dem Druck der öffentlichen Meinung und der 40 hungernden Juden Anklage gegen Paulus. Die Gründe waren einleuchtend. Der Hohepriester brauchte nur hervorzuheben, daß Paulus mit seinen Reden gegen die jüdische Religion verstoße und die gleichen unheilvollen Lehren verbreite wie jener Jesus von Nazareth rund 25 Jahre zuvor.

Doch Antonius Felix lehnte es ab, in Abwesenheit des Tribuns Lysias ein Urteil zu fällen. Dies war jedoch eine reine Verzögerungstaktik zugunsten von Paulus. Er befahl dem Centurio, Paulus in Cäsarea zu behalten und »mit Nachsicht«[15] zu behandeln. Die Apostelgeschichte berichtet weiterhin, daß der Statthalter, der ranghöchste Vertreter des Reichs, Paulus zu sich kommen ließ und relativ häufig mit ihm sprach. Auch das

war verwunderlich, und als im Jahre 60 mit Porcius Festus ein
neuer Statthalter auf Antonius Felix folgte, ging man allgemein davon aus, daß es nun mit der unerklärlichen Vorzugsbehandlung gegenüber Paulus ein Ende habe. Doch dem war nicht
so. Auch Porcius Festus gab dem Verlangen des Paulus nach
einem Urteilsspruch von Nero höchstpersönlich statt, was ein
eindeutiger Hinweis auf die römische Bürgerschaft des Paulus
ist. Denn auf eine widerrechtliche Anmaßung solcher Art stand
die Todesstrafe.

Auch folgende Episode ist bemerkenswert: Herodes Agrippa II., der König von Chalkis und später von Ituräa, befand
sich mit seiner Schwester Berenike auf der Durchreise und stat-
tete Porcius Festus einen Höflichkeitsbesuch ab. Als der Statthalter den königlichen Gästen von Paulus erzählte, verlangten
sie, ihn zu sehen. Porcius Festus organisierte also eine Zusam-
menkunft mit den Würdenträgern von Cäsarea und ließ auch
Paulus rufen. Dieser stellte den König zur Rede: »Glaubst du,
König Agrippa, den Propheten? Ich weiß, daß du glaubst!« Daraufhin erklärte der König Paulus für unschuldig.[16] Bei Paulus
handelte es sich nicht um einen gewöhnlichen römischen Bürger: Trotz heftiger Proteste der jüdischen Würdenträger Cäsa-
reas wohnte Paulus nach seiner Verhaftung beim Vertreter des
Kaisers und stellte auch noch den König zur Rede.

Die Vorzugsbehandlung ließ nicht nach: Paulus stand unter
dem Schutz der einflußreichsten Persönlichkeiten des Imperiums. Das war schon bei Gallio so, der als Prokonsul von Achaia
in Korinth seinen Dienstsitz hatte. Als Paulus wieder einmal
verhaftet worden war, diesmal auf eine Anzeige der Juden von
Korinth hin, mußte er sich vor dem Korinther Tribunal verantworten. Doch Gallio ließ ihn trotz der Empörung der Juden
laufen und das Prätorium räumen.[17] Paulus konnte sich also
mit römischer Hilfe immer wieder aus der Affäre ziehen und
brachte so die Juden zu höchster Verzweiflung. Christus war
da viel weniger begünstigt gewesen.

Paulus war also ein ungewöhnlicher römischer Bürger. Doch
folgender Punkt ist aufschlußreich: In seinen Briefen gab er sich
nie als Römer, sondern immer als Jude. Nur bei Lukas erfahren wir, daß Paulus bei drei Gelegenheiten auf seine römische

Bürgerschaft gepocht hatte. Lukas hat uns also gewissermaßen
»das Geheimnis verraten.«

Die Verfechter von Paulus' Doppelstatus als Jude und römischer Bürger können noch andere Beispiele für Juden mit »Dop-
pelpaß« anführen. Es waren zwar nicht besonders viele, aber es
ist durchaus möglich, daß Paulus einer von ihnen war. Wenn
das stimmen würde, wäre dies für die christliche Tradition von
großer Bedeutung: Zum einen würde es Paulus vom Verdacht
der Lüge befreien, und zum andern erhielte die Kirchengründung durch Paulus' jüdisch-römischen Doppelstatus ihre entscheidende Legitimation. Wäre Paulus hingegen kein Jude
gewesen, würden die jüdisch-christlichen Grundlagen seiner
Predigten in sich zusammenfallen, und seine übrigen Behauptungen wären auch nicht über alle Zweifel erhaben. Augustus
hatte zweifelsohne den reichen Bürgern von Tarsos, das mit
Alexandria und Antiochia rivalisierte, das römische Bürgerrecht verliehen. Daraus ließe sich ohne Probleme Paulus' Herkunft aus einer reichen jüdischen Familie von Tarsos ableiten.
Reich deshalb, weil selbst der Statthalter Antonius Felix, ein
nicht gerade mittelloser Mann, von ihm Geld erwartete, das
Paulus den Weg aus dem Gefängnis ebnen sollte.[18] Diese Gabe
hätte er von dem bescheidenen Zeltmacher, für den Paulus sich
offiziell ausgab, bestimmt nicht erwartet.

Die weiteren Ereignisse zeigen, wie unklar der ganze Fall
war. Paulus blieb bis zu Beginn des Jahres 60, d. h. zwei Jahre
lang, in Cäsarea, zunächst unter der Statthalterschaft von Antonius Felix, dann unter der seines Nachfolgers Porcius Festus.
Die Bedingungen seiner Gefangenschaft waren allem Anschein
nach außerordentlich milde. Ende 59 hob Nero in seiner Ver-
ärgerung über die zahlreichen beim kaiserlichen Gericht anhängigen Beschwerdeverfahren der jüdisch-römischen Bürger die
Lex Porcia für die Juden auf.[19] Die Aufhebung dieses Rechts ist
von entscheidender Bedeutung, denn dadurch ist formell bewiesen, daß Paulus ein römischer Bürger nichtjüdischer Abstammung war. Andernfalls hätte der Statthalter Antonius Felix –
oder zumindest sein Nachfolger Porcius Festus – seinem außergewöhnlichen Gefangenen klarmachen müssen, daß der Kaiser
ihm als Juden soeben sein römisches Bürgerrecht entzogen hat,

und hätte ihn zur abschließenden Behandlung seines Falles dem Hohen Rat übergeben. Doch dem war nicht so.[20]

Der römische Statthalter Antonius Felix, der in der ersten Zeit für den Gefangenen Paulus verantwortlich war, verdient übrigens auch eine nähere Betrachtung: Selbst Tacitus, dem man nun wirklich keine Sympathie für die Juden unterstellen kann, beklagt seine »Barbarei« und berichtet, daß er in Palästina »mit der Macht eines Königs, aber dem Geist eines Sklaven regierte«. Seine Brutalität war auch der Grund, weshalb man ihn 60 nach Rom zurückrief und durch Porcius Festus ersetzte. Paulus wurde in der Obhut dieses Judengegners vorzüglich behandelt. Mit einem jüdischen Unruhestifter wäre der Statthalter sicherlich anders umgesprungen.

Paulus war also zweifellos ein Römer und – zumindest aus römischer Sicht – nichtjüdischer Abstammung (d. h. sein Vater war kein Jude). Es besteht natürlich auch die Möglichkeit, daß Paulus sich mit Lügen aus der Affäre ziehen wollte. Schließlich konnten die Römer nicht alles wissen … Doch diese Hypothese deckt sich nicht mit der angeblichen Abstammung Paulus' vom Stamm Benjamin. Durch sie ist sein Judentum nämlich sehr in Frage gestellt. Kein echter Jude würde sich nämlich vor den Juden Palästinas zu einer solchen Behauptung erdreisten. Auch das angebliche Studium bei Gamaliel ist kein eindeutiger Hinweis auf das Judentum des Paulus. Gamaliel war nämlich der berühmteste Gesetzeslehrer seiner Zeit. Er unterrichtete weder Anfänger noch einfache Fortgeschrittene, sondern – wie Maccoby[21] bemerkt – »nur Studenten mit einer soliden Vorbildung, die auch in der Lage waren, diese weiterzuvermitteln«.[22]

Zu behaupten, beim Rabbiner Gamaliel studiert zu haben, ohne selbst Gesetzeslehrer zu sein, das wäre etwa, als wenn man heute behaupten würde, bei Heidegger Abitur gemacht zu haben. Nichts deutet darauf hin, daß Paulus ein Rabbiner war. Wann hätte er dazu denn die Zeit gehabt? In den Jahren 33/34 war er, um es genau zu sagen, Polizeiagent, und Gamaliel hätte nie einen Polizisten als Schüler angenommen, geschweige denn, daß ein Gamalielschüler sich jemals hätte vorstellen können, Polizeiagent zu sein.

Auch die Absichten von Paulus bleiben rätselhaft. Denn nach

dem angeblichen Studium bei Gamaliel landete er – das ist in der Apostelgeschichte eindeutig belegt – bei der im Dienst des Hohen Rates stehenden Polizei. Er verfolgte dort die gleichen Juden wie 30 Jahre später der alexandrinische Präfekt Tiberius Alexander. Es waren die Juden, die vom jüdischen Aristokraten Flavius Josephus als »Räuber« bezeichnet wurden. Es konnte Paulus nicht entgangen sein, daß nur angehende Gelehrte bei Gamaliel zum Studium zugelassen wurden, keine Polizeianwärter.

Noch entscheidender ist jedoch die Tatsache, daß Paulus in zwei wesentlichen Punkten ein radikaler Gegner von Gamaliels Lehre war. Der für seine Toleranz berühmte Gesetzeslehrer hatte sich nämlich, als der Apostel Petrus wegen häretischer Propaganda von der Tempelpolizei verhaftet worden war, für dessen Freispruch eingesetzt.[23] Aber nicht nur bei Petrus, auch bei den anderen Aposteln mahnte er die jüdischen Richter zur Mäßigung. Man wisse nie, erklärte er sinngemäß, ob es nicht doch von Gott gesandte Leute seien. In diesem Punkt stand Paulus im krassen Gegensatz zur Lehre seines angeblichen Meisters.

Und nun der zweite Punkt: Nach seiner Bekehrung auf dem Weg nach Damaskus stürzte sich Paulus in den Jahren 37/38 in missionarische Aktivitäten und kam schließlich zum Schluß, daß die Thora ein »Fluch« sei.[24] Solche Worte aus dem Munde eines Juden? Das ist unvorstellbar und unwahrscheinlich.

Paulus ein Jude? Ein Schüler Gamaliels? Es gibt jüdische Wissenschaftler, die in bester Absicht bei Paulus gewisse Thorakenntnisse nachzuweisen glaubten. Aber ich frage mich, ob man in diesen Fällen nicht das fand, was man finden wollte. Denn zunächst einmal waren Paulus' Hebräischkenntnisse allem Anschein nach mehr als bescheiden. Wenn er die Bibel zitierte, dann in der griechischen Septuagintaversion. Gamaliel hingegen benutzte natürlich die hebräische Version. Hinzu kam, daß Paulus Ideen verkündete, die der jüdischen Tradition fremd waren, etwa die »der längst vorherbestimmten Weisheit derjenigen, die vollkommen sind«[25] und deshalb auch keine Interpretation des Mosesgesetzes brauchen, es sei denn, dieses Gesetz würde ein dem Judaismus fremdes Konzept – das der menschlichen Vollkommenheit – einführen. Es war sicherlich nicht Gamaliel, der ihn das gelehrt hatte. Und wenn Gamaliel tatsächlich im Unterricht auf die göttliche Vorsehung eingegangen ist, dann nur um die Bedeutung der menschlichen Freiheit zu unterstreichen. So wie es sein Nachfolger Hanina im zweiten Jahrhundert tat. Paulus äußerte außerdem Ideen, die auch Jesus widersprachen; beispielsweise seine Vorstellung von der menschlichen Vollkommenheit, die die Vergebung überflüssig mache, oder seine Erklärung, daß die Gerechtigkeit Gottes sich durch Jesus auch unabhängig vom Gesetz offenbare.[26] Jesus dagegen: »Ich bin nicht gekommen, um das Gesetz abzuschaffen, sondern um es zu ergänzen.«

Daraus ergibt sich zwingend, daß das Studium bei Gamaliel reine Erfindung ist. Die außergewöhnliche Beharrlichkeit, mit der Paulus sein Judentum unter Beweis stellen wollte, läßt sich nur dadurch erklären, daß er für seine missionarische Arbeit eine Legitimationsgrundlage brauchte. Wenn er kein Jude gewesen wäre oder sich nicht als solcher ausgegeben hätte, hätten ihm die Apostel schlicht und einfach verboten, sich auf die Lehre Jesu zu berufen.

Paulus war also kein Jude, sondern ein Römer. Irrtümlicherweise hat der hl. Hieronymus, auf den die lateinische Bibelübersetzung (Vulgata) zurückgeht, im vierten Jahrhundert auch den Geburtsort Tarsos in Frage gestellt und somit Paulus fast unverblümt als Lügner hingestellt.[27] Dennoch war die Persönlichkeit des Paulus weitaus komplexer als das Bild, das die christliche Tradition von ihm gezeichnet hat.

Er wurde als Römer geboren, also muß auch sein Vater Römer gewesen sein. Sein Name weist jedoch auch auf Verbindungen zum Judentum hin, und zwar von der Mutterseite her. Das erklärt auch, warum er sich gegenüber Fremden als Jude ausgab, denn in der jüdischen Tradition ist man nur über die Mutter Jude. Er kam mit Sicherheit aus einer wohlhabenden Familie, denn die römischen Bürgerrechte bekamen nur reiche oder einflußreiche Leute. Höchstwahrscheinlich stammte seine Familie aus der Dekapolis und stand mit der herodianischen Sippe in Verbindung, vielleicht gehörte sie sogar zum engeren Kern der Herodesfamilie.[28] Saul war jedenfalls ein Mann griechischer Bildung, das kommt in seinen Briefen deutlich zum

Ausdruck. Er zitierte Euripides und übernahm Texte von Aischylos und anderen Dichtern der griechischen Antike.

Ganz gleich, ob Jude oder nicht, wird man sagen, Paulus steht am Anfang der christlichen Kirche. Wer so spricht, irrt sich gewaltig, und zwar aus zwei Gründen. Zum einen hätte sich nie ein christlicher Antijudaismus und als Folge davon ein Antisemitismus entwickeln können, wenn Paulus wirklich Jude gewesen wäre. Jesus und seine Jünger hatten es nämlich – trotz aller Vorbehalte gegenüber der Jerusalemer Priesterschaft – nie gewagt, das Gesetz und das Volk der Juden an den Pranger zu stellen. Jesus predigte in erster Linie zu den Juden, nicht zu den Römern. Diesen Punkt hat die große Mehrheit der christlichen Exegeten verschwiegen: Die Lehre Jesu war für die Juden bestimmt, erst Paulus hat sie verfremdet und gegen die Juden verwendet. Die Schmähreden Jesu gegen die Pharisäer und die Sadduzäer waren nur für Ohren innerhalb der jüdischen Gemeinschaft bestimmt. In jedem anderen Zusammenhang bekamen sie einen völlig anderen Sinn, nämlich den einer Anklage gegen das gesamte jüdische Volk. Weshalb hätte Christus das gesamte Volk beschimpfen sollen? Es hätte keinen Sinn ergeben.

Nur ein Nichtjude konnte die Lehre Jesu vom Judaismus lösen, und das war Paulus. Und genau aus diesem Grunde wäre sein Werk ein Jahrhundert nach seinem Tode – zumindest im Orient – beinahe untergegangen.[29]

Der Römer Paulus zeigte schon sehr früh die Absicht, nach Rom zu gehen. Das Christentum hätte sich sonst auch nicht in der Weise in Rom festsetzen können, wie es in Wirklichkeit der Fall war. Als Paulus jedoch endlich sein Ziel erreicht hatte, stand er – Ironie des Schicksals – als Gefangener vor seiner letzten Etappe. Aber Rom war damals das Zentrum der Welt. Von dort aus strahlte die Lehre Jesu über die ganze Ökumene. Wieder einmal hatte Paulus den richtigen Weitblick gehabt.

Paulus' Genialität zeigte sich im Bruch mit der Thora (die seiner Meinung nach zur Rettung des Menschen nicht ausreichte, der Glaube hingegen sehr wohl) und in der Ausformung von zwei Konzepten: dem der Vergebung und dem der zweigeteilten Welt, nämlich in ein Reich des Lichtes und ein Reich der Finsternis. Für Paulus war der Gott des Universums, der in Jesus

menschliche Gestalt angenommen hatte, das Ereignis, das die
Welt verändert hat. Für die Menschen des griechisch-römischen
Kulturkreises war dies durch die unzähligen Geschichten, in
denen ihre Götter auf die Erde herunterstiegen, ein vertrautes
Bild. Dieser Mensch gewordene Gott hat sich in diesem Kampf
zwischen dem Licht und der Finsternis für die Menschheit geopfert (ein dem Gnostizismus erstaunlich nahestehendes Bild).
Gott war nicht mehr fremd und unbeschreibbar. Er war unter
den Menschen, Zeus etwa bei Philemon und Baucis. Er war
nicht mehr der eifersüchtige Gott der Juden, sondern für jeder-
mann zugänglich. Von nun an konnten sich die Heiden, denen
Paulus' Hauptinteresse galt, einer neuen Religion anschließen,
die von vornherein allen offenstand. Als Antwort auf die Angst
der Menschen erweiterte Paulus die heidnische Menschwerdung um ein eschatologisches Moment: Zeus, Apollon oder
Artemis hatten Menschengestalt angenommen, um ihren irdischen Dingen nachgehen zu können. Jesus hingegen, der neue
Mithras, nahm Menschengestalt an, um sich für das Seelenheil
aller Menschen zu opfern.

Paulus hatte in seiner Genialität die Situation mit sicherem
Blick erfaßt. In der römischen Welt stand es schlecht um den
von inneren Zwistigkeiten zerrissenen Judaismus. Vielleicht
hatte Paulus als Polizeiagent im Dienst des Hohen Rates als
erster die wahrscheinlich unüberwindbare Krise des Judaismus
erkannt: Die Spaltung zwischen den hellenisierten Juden auf der
einen und den auf den Messias hoffenden Juden auf der anderen
Seite. Nur die im voraus angepaßte Lehre Christi konnte bei
fremden Völkern Fuß fassen. Doch in Palästina durfte man das
Werk nicht angehen. Was dabei herauskam, hatte man gesehen.
Paulus zog also aus, um die römische Welt zu erobern, von Kappadokien bis nach Rom. Eine einzige Bedingung hatte er zu
erfüllen: Er mußte seine Lehre ausdrücklich von dem in Kleinasien, Griechenland, Illyrien und Italien auf Ablehnung stoßen-
den Judaismus trennen.

Paulus wußte, wie außergewöhnlich aufnahmebereit die
römische Welt in religiösen Dingen war. Wahrscheinlich wußte
er auch von der starken Verbreitung des dem Urchristentum
erstaunlich nahekommenden Mithraskultes mit seinem Märty-

rertum, seinen Taufbecken und dem Erlösergott. Die Erfolgs-
aussichten waren gut, denn die römische Welt war mit der offiziellen Religion des Imperiums nicht mehr zufriedenzustellen.
Es war eine Sammlung von Riten, die zwar den Zusammenhalt
des Reichs förderten, aber dem menschlichen Bedürfnis nach
transzendentaler Verinnerlichung nicht entsprachen.

Dieser Gedanke findet sich bei einer ganzen Reihe von Histo-
rikern, beispielsweise bei John North und J. B. Rives[30]: In der
Kaiserzeit kam es zu einer Veränderung der römischen Religion.
Sie verlor ihre politische Aufgabe, und so entstanden religiöse
Strömungen, die in der Republik noch streng unterdrückt worden wären. Folglich hatten »exotische« Religionen wie der
Mithras- oder der Isiskult selbst im Zentrum des Römischen
Reiches beachtlichen Erfolg. Bis zu einem gewissen Grad profitierte auch der Judaismus von dieser Entwicklung. Im Gegensatz zum Mithras- oder Isiskult brachte man ihn allerdings mit
einem rebellischen Volk in Verbindung und sympathisierte deshalb deutlich weniger mit ihm.[31] Auch die Astrologie nahm an
Beliebtheit ungemein zu. Selbst die römischen Kaiser ließen
sich zu Torheiten hinreißen, die man in den Zeiten der Republik
niemals geduldet hätte. Augustus bezog sich in seiner Politik auf
für ihn günstige Horoskope, und Tiberius hielt sich sogar einen
eigenen Hofastrologen, einen gewissen Thrasyllus, der in Rom
eine regelrechte Astrologendynastie begründete.

Kurz: Rom glich einem Schwamm, der alle Religionen auf-
saugte, und war deshalb reif für das dem Mithraskult in vielen
Punkten ähnelnde Christentum. Auch der Mithraskult kannte
beispielsweise die Taufe oder das Weihwasserbecken am Eingang der Mithräen, der Heiligtümer. An den verschiedenen
Stationen seiner Missionsreisen durch das Imperium (in den
Außenbezirken der Metropole, in Zypern, Antiochia, Ephesos,
Korinth und Thessalonike) verkündete Paulus also den völlig
neugestalteten Glauben jener jüdischen Sekte der Christen, die
er einst verfolgt hatte, und beschimpfte jene, die ihn einst dafür
bezahlt hatten, die Juden.

Natürlich sollte man sich vor jeglichem Personenkult hüten
und auch Paulus nicht als einen Deus ex machina darstellen.
Die Geschichte läßt sich nicht mit Einzelpersonen erklären,

doch lang ist die Liste derer, die den Lauf der Geschichte zum Guten oder zum Schlechten hin beeinflußt haben, angefangen bei Alexander dem Großen bis hin zu Churchill oder de Gaulle. Ohne Paulus wäre das Christentum unter Umständen nie zustandegekommen oder zumindest in völlig anderer Form, ohne die Lehre Jesu. Während Paulus mit seiner Lehre über die Meere fuhr, wurden die ursprünglichen Apostel Opfer der Polizei des Hohen Rates. Etwa ab dem Jahr 40 verschwand einer nach dem anderen. Übrig blieb eine kleine Schar von Jüngern, die weder die Autorität noch die Zahlenstärke hatten, um das Überleben der neuen Lehre garantieren zu können, und nach der Zerstörung von Jerusalem im Jahr 70 untergegangen sind.

Paulus also ist der Begründer der Kirche: Ein Mann, der in den großen Zentren des Imperiums eine Lehre verkündete, die er Jesus zuschrieb. Der hatte jedoch mit Sicherheit nie behauptet, daß »Israel zwar nach dem Gesetz der Gerechtigkeit streben, es aber nie erreichen« würde, und zwar deshalb nie erreichen würde, weil seinem Streben nicht der Glaube zugrundeliege, sondern »Werke«.[32] Das war eine der ersten radikalen und allgemeinen Verurteilungen Israels. Der Judaismus wurde beschuldigt, sich an inhaltslose Riten zu halten. Ein Vorwurf, den viele Römer ihrer eigenen Religion gegenüber machten. Dabei war es jedoch gerade Jesus, der die Werke den frommen Reden gegenüberstellte und erklärte, daß der Baum an seinen Früchten zu erkennen sei. Paulus hatte sich die Lehre Jesu zu eigen gemacht, sie gegen den Willen der Jerusalemer Apostelgemeinschaft eigenständig interpretiert und damit den Lauf der Welt entscheidend beeinflußt: Er schuf eine Kirche, die jahrhundertelang die Juden verfolgt hat.

Es bleibt die Frage, ob Jesus diese Kirche wirklich gründen wollte und warum diese Kirche, nachdem sie judenfeindlich geworden war, antisemitisch wurde oder – mit anderen Worten – warum das Christentum schließlich seine Väter umgebracht hat.

2

Die Kirche entsteht
aus dem Judentum

Wollte Christus eine Kirche gründen? Nach den Evangelien ist das zu bezweifeln – Das Wort »Kirche« ist in den Evangelien so gut wie unbekannt – Paulus fühlt sich nicht an die Apostel gebunden – Die seltsame Verhaftung des Paulus und seine »Aufhebung« der Thora – Trennung von Christentum und Judentum – Erste christliche Anklagen gegen die Juden – Modernes Christentum und urtümliches Judentum

Die Geschichte des Antisemitismus – nach der Bekehrung Konstantins bis ins 20. Jahrhundert – ist so eng mit der Geschichte der Urkirche verbunden, daß man sich 2000 Jahre später immer noch unweigerlich fragt, wie eine Kirche, die sich von der Lehre eines Juden herleitete, antisemitisch werden konnte.

Es gehört zu den grausamsten Widersprüchen der Geschichte, daß die quasi antisemitische Feindseligkeit der Sadduzäer und des jüdischen Großbürgertums gegenüber den messianischen Zeloten und anderen jüdischen Dissidenten den eigentlichen, noch im 20. Jahrhundert lebendigen Antisemitismus hervorgebracht hat. Denn die aus der bereits erwähnten messianischen Bewegung hervorgegangene Kirche Christi begann, nachdem sie sich im zweiten Jahrhundert konstituiert hatte, sich gegen ihre Verfolger zu richten. Die Sektierer vergaßen, daß Jesus ein Jude war und sich vom Judentum genauso wenig distanziert hatte wie seine Apostel, und belegten in seinem Namen »die Juden« mit dem Kirchenbann. Sie gingen in ihrer Entschlossenheit sogar so weit, daß sie die Berichte der Passionszeugen fälschten, beispielsweise wenn von der wütenden Menge die Rede ist, die sich vor der Residenz von Pilatus versammelt und fordert, daß das Blut Jesu über sie und ihre Kinder komme.[1]

Zwei Punkte sind zu klären: Zunächst geht es um die Situation Jesu innerhalb des Judentums seiner Zeit. Die jüdische Religion war zu Beginn unserer Zeitrechnung kein homogener, festgefügter Block, sondern bestand aus unterschiedlichen Strömungen, die so stark waren, daß man durchaus von häretischen Bewegungen sprechen kann: u. a. Samaritaner, Sadduzäer, Pharisäer, Essener. Die Vielfalt dieser verschiedenen Strömungen nahm weiterhin zu. Nach der Zerstörung des zweiten Tempels im Jahr 70 zählte man nicht weniger als 80 verschiedene Sekten. Vieles deutet darauf hin, daß Jesus zur pharisäischen Bewegung gehörte. Er war aber auch von den Essenern beeinflußt. Mit dieser knappen Beschreibung würde man jedoch der Person Jesu nicht gerecht werden. Unser ganzes Wissen über ihn stammt ausschließlich aus den Evangelien, und zwar sowohl aus den kanonischen Texten als auch aus den Apokryphen. Die Informationen aus den Apokryphen – es sind insgesamt nicht mehr als fünf oder sechs – waren in bestimmten Punkten genauso aufschlußreich wie die der oft von ihnen abweichenden kanonischen Evangelien. Der heute gültige Kanon entstand erst im ersten Drittel des zweiten Jahrhunderts. Es ist ein schwieriges Unterfangen, die Wahrheit und die propagandistischen und apologetischen Interessen der Verfasser auseinanderzuhalten. Deshalb ist es nicht leicht, den historischen Jesus auszumachen.

Bei einem Mindestmaß an Vertrauen gegenüber den kanonischen Evangelien steht fest, daß die Worte Jesu nicht immer dem pharisäischen Judentum entsprachen. Redensarten wie »Gebt Gott, was Gottes ist, und dem Kaiser, was des Kaisers ist« entsprachen nicht der rabbinischen Tradition. Der geringe Niederschlag der Midrasch-Tradition in der Lehre Jesu hat die Experten stark beschäftigt.

Unter den Sekten – die Rabbiner nannten sie die *Minim* – gab es eine, die eine besondere Bedeutung hatte, nämlich die der Jünger Jesu, der sogenannten Judenchristen oder Nazarener. Unser Wissen über sie ist mehr als dürftig. Sie wurden als Andersgläubige verfolgt, und der Zutritt zur Synagoge, in der man nach der Zerstörung des zweiten Tempels jeden Morgen Schmähreden gegen sie verlas, war ihnen verwehrt. Es ist anzunehmen, daß sie eine unabhängige Gemeinschaft bildeten, die unter der Leitung eines Oberhauptes stand. Doch was für ein Verhältnis hatten sie zur Versammlung der Apostel in Jerusalem, zu der nach der Kreuzigung Jesu alle noch lebenden Apostel gehörten? Und was für ein Verhältnis hatten sie zu Paulus?

Dies führt zur zweiten Frage: Wollte Jesus wirklich eine Kirche gründen? Hätte er die gesellschaftliche Ächtung seiner Anhänger für gut befunden? Viele Christen glauben, daß Jesus bereits mit seinen ersten Worten ihre Religion mitsamt der Kirche und allen dazugehörigen Dogmen – einschließlich der Verachtung der Juden – hervorgezaubert hat. Nach der christlichen Tradition wurde Jesus schon zu Lebzeiten und erst recht nach seinem Tod von allen Aposteln unangefochten als Gottessohn und Mensch gewordener Gott betrachtet, der entschlossen war, eine Kirche zu gründen. Zahlreiche Textstellen der kanonischen Evangelien unterstützen diese Tradition. Durch andere Textstellen der gleichen Evangelien wird diese Sichtweise jedoch wieder relativiert.

Als Kleophas und ein nicht näher bezeichneter Apostel auf dem Weg nach Emmaus von einem Unbekannten gefragt werden, worüber sie sich unterhalten, antworten sie: »[über] einen Propheten, mächtig in Wort und Tat vor Gott und dem ganzen Volk.« Ein Prophet ist sicherlich kein Gottessohn. Als der Unbekannte sich ihnen jedoch zu erkennen gibt, ändern die beiden Männer ihre Meinung. Sie kehren nach Jerusalem zurück und bringen ihre Nachricht den anderen Aposteln: »Der Herr ist wirklich auferstanden.«[2] Bis dahin hatten sie Jesus also für einen Propheten gehalten. In der Apostelgeschichte spricht Petrus folgendermaßen zur Menge: »Männer von Israel, hört diese Worte: Jesus von Nazareth, den Gott vor euch beglaubigt hat durch machtvolle Taten, Wunder und Zeichen, die er durch ihn in eurer Mitte getan hat, wie ihr selbst wißt.«[3] Hier ist nicht von einem Messias oder von einem Gottessohn die Rede, sondern von einem von Gott beglaubigten Mann. Und als Maria aus Magdala, Maria, die Mutter des Jakobus, und Salome zum Grab Jesu kommen, um dort den Toten mit wohlriechenden Ölen zu salben, finden sie das Grab geöffnet und ohne den Toten vor. Ein junger Mann im weißen Gewand spricht sie an: »Erschreckt nicht! Ihr sucht Jesus von Nazareth, den Gekreuzigten. Er ist auferstanden; er ist nicht hier.«[4] Auch er spricht nur von Jesus, nicht vom Gottessohn.

Vergleichbare Widersprüche gibt es des öfteren in den Evangelien, vor allem bei den Synoptikern.[5] Sie lassen sich teilweise mit der Tatsache erklären, daß die Evangelien mehrmals umgearbeitet wurden. Je nach dem Entwicklungsstand der Theologie oder den Absichten der Schreiber kam es zu klärenden oder verwirrenden Zusätzen. Bereits Ende des zweiten Jahrhunderts beschwor Irenäus »im Namen unseres Herrn Jesus Christus und seiner glorreichen Wiederkunft« die Schreiber, bei den Abschriften darauf zu achten, was sie schreiben.[6] Ihre Abschriften überschritten manchmal die Grenze zum Absurden, etwa die Stelle im Markusevangelium, wo die Juden anstatt für Jesus für den Räuber Barabas die Freiheit fordern.[7] Der Vorname dieses Räubers lautet nämlich ebenfalls Jesus, und der Schreiber, der ganz offensichtlich kein Hebräisch konnte, begriff nicht, daß »bar Abbas« nichts anderes als Sohn des Vaters« bedeutet. Der legendäre Räuber mit dem vielsagenden Namen »Jesus Sohn des Vaters« ist niemand anderes als Jesus selbst. Die Menge forderte also in Wirklichkeit die Befreiung Jesu.

Soviel zur Glaubwürdigkeit der Textgrundlagen. Bleibt noch der Punkt der Kirchengründung. Sagte Christus wirklich: »Ich aber sage dir: Du bist Petrus, und auf diesen Felsen werde ich meine Kirche bauen«?[8] Nichts ist unsicherer als das. Für den deutschen Theologen Rudolph Bultmann und viele andere Exegeten wurde diese Textstelle nämlich erst nach 70, also nach dem Tod von Petrus und Paulus eingefügt.[9] Eine nachträgliche Ergänzung also. Die Erklärung ist einfach: Nachdem die christliche Gemeinschaft sich vom Judentum getrennt hatte, brauchte sie dringend eine durch den göttlichen Willen sanktionierte Identität, und zwar eine neue, vom Judentum völlig unabhängige Identität. Petrus hatte es eilig, nach Rom zu kommen. Vielleicht wollte er verhindern, daß Paulus sich zum Oberhaupt der Christengemeinschaft in der Hauptstadt erklärte. Also fügte man die Stelle, die scheinbar den Willen Christi wiedergibt, in die Abschriften der Evangelien ein. Die heutige Version der kanonischen Evangelien war den christlichen Autoren des zweiten Jahrhunderts nicht bekannt. Sie entstand wahrscheinlich nicht vor dem sechsten Jahrhundert.

Die Fälschung wurde vermutlich in aller Eile eingefügt, denn die Verantwortlichen berücksichtigten nicht, daß das Wort »Kirche« nur zweimal in den Evangelien vorkommt, und zwar beide Male im Matthäusevangelium.[10] Die Ernennung von Petrus ist auch deshalb zweifelhaft, weil Jesus im Thomasevangelium auf einen ganz anderen Mann verweist, als die Apostel ihn fragen, an wen sie sich wenden sollen, falls er nicht mehr da sein sollte. Jesus verwies nämlich auf Jakobus, wahrscheinlich auf Jakobus den Kleinen, den Sohn von Alphäus, auch »der Tugendhafte« genannt.[11] In der Tat war er und nicht Petrus das erste Oberhaupt (Presbyter) der Jerusalemer Apostelgemeinschaft.[12]

Keine Stelle in den Evangelien bestätigt also, daß Jesus eine neue Religion und eine neue Kirche gründen, geschweige denn, daß er die Führung dieser Kirche Petrus hatte anvertrauen wollen, denn dieser »Stein« war entschieden zu bröckelig. Das hatte Jesus mit seiner Prophezeiung, daß Petrus ihn noch vor dem ersten Hahnenschrei dreimal verleugnen würde, selbst angedeutet. Die Geschichte von Emmaus am Ende des Lukasevangeliums liefert einen weiteren Beweis dafür, daß Jesus niemals daran gedacht hat, Petrus zum Haupt einer unabhängigen Kirche zu machen: Nach seinem rätselhaften Verschwinden – Jesus hatte die Apostel bis nach Bethanien begleitet – kehrten diese nach Jerusalem zurück und gingen in den *Tempel,* um Gott zu preisen.

Die Apostel verstanden sich noch immer als Juden, und die christliche Gemeinde zahlte weiterhin ihre Abgaben für den Tempel[13], obwohl sie mit den Autoritäten dieses Tempels im Streit lagen. Jesus und die Urgemeinde gingen auch weiterhin in die Synagogen und unterwarfen sich der dort geltenden Rechtsprechung.[14] Nach dem Tod Jesu bildete sich in Jerusalem die Versammlung der Apostel, der Petrus, Andreas, Johannes, Jakobus – der Sohn von Alphäus und theoretisch der erste Pres-

byter oder »Bischof« von Jerusalem – und Philipp angehörten.
Auch sie betrachteten sich nach wie vor als eine rein jüdische
Einrichtung. Auf dem ersten Konzil, das sie wahrscheinlich im
Jahr 49 gemeinsam mit Paulus und Barnabas, den beiden Abge-
sandten aus Antiochia, abhielten, wurden die Neubekehrten
zur strikten Einhaltung des Mosesgesetzes aufgefordert: kein
Fleisch, das von Götzenopfern oder erstickten Tieren stammt,
kein Blut und keine Unzucht...[15]

Rudolf Bultmann bringt es klar zum Ausdruck: Die urchrist-
liche Gemeinde verstand sich nicht als eine Gruppe, die einer
neuen, vom Judentum zu unterscheidenden Religion anhing,
sondern als das wahre Israel.[16]

Die Situation änderte sich erst allmählich: Die Verfolgung
der Jünger Jesu durch den Sanhedrin führte zur Vertreibung
aus der Hauptstadt und aus Palästina. Durch die wachsende
Zahl der zum Christentum bekehrten Nichtjuden nahm auch
der griechisch-römische Antisemitismus zu, jetzt unterstützt
durch einen religiösen Antisemitismus gegenüber dem »Volk
der Gottesmörder.« Die Juden wurden von diesen sogenannten
Heidenchristen verdammt.

Wer stand hinter der Bekehrung dieser Heiden? Man weiß es
nur zu gut: Saul/Paulus. Er hat die Trennung zwischen den Jüngern des Juden Jesus und der jüdischen Gemeinschaft entscheidend vorangetrieben. Mit seinem Auftreten und seiner Einflußnahme begann das Christentum, sich gegen das Judentum zu
stellen. Handelte er dabei mit dem Einverständnis der Apostelversammlung? Mit Sicherheit nicht. Die Machtbefugnisse des
Paulus waren begrenzt, und selbst diese wurden ihm – wie die
weiteren Ereignisse zeigen – noch genommen. Vielleicht sollte
man sich hier den historischen Kontext vergegenwärtigen: Keiner aus der Apostelgemeinschaft wird Sauls Vergangenheit als
römischer Polizeiagent vergessen haben. Er war es, der an der
Spitze seiner Söldnerbande bei der Steinigung des Stephanus
die Aufsicht geführt hatte und zahlreiche Jünger im Morgen-
grauen verhaften ließ. Mit welchem Recht sprach er von seiner
Berufung zum Apostel? Er gehörte nicht zu den zwölf Auserwählten und hatte von der Lehre Jesu wenig Ahnung. Erst sein
Erlebnis auf dem Weg nach Damaskus löste eine plötzliche

Wandlung aus. Die Lehre Jesu, auf die er sich stets berief, hatte er damit aber noch lange nicht verinnerlicht.

Doch damit hatte Paulus offensichtlich keine Probleme. Im Gegenteil: In seinen Briefen betonte er mit allem Nachdruck seine Unabhängigkeit gegenüber der Versammlung der Apostel.[17] Die schwerste Anklage gegen Paulus formuliert Bultmann: Seine Briefe würden die palästinische Tradition im Hinblick auf die Geschichte und Lehre Christi eigentlich kaum erahnen lassen. Wenn er sich auf Christus berufe, dann nicht auf den historischen, sondern auf den präexistenten.[18] Nur im ersten Korintherbrief zitiere er die Worte des Herrn (7, 10ff. und 9, 14), und beide Male handele es sich um Regeln, die das Leben innerhalb der Kirche betreffen. Folgender Punkt sei von entscheidender Bedeutung: Paulus' eigene Theologie mitsamt seinen religionswissenschaftlichen, anthropologischen und soteriologischen Gedanken sei alles andere als eine »Neuauflage« oder Weiterentwicklung der Lehre Christi. Nichts von dem, was Christus über die Thora gesagt habe, werde von Paulus zur Unterstützung seiner eigenen Ausführungen über die Thora herangezogen. Mit anderen Worten: Bei Paulus ist Jesus bereits eine mythische Figur, und so ist auch die Lehre, die Paulus verbreitete, seine eigene Erfindung.

Nach der Erscheinung vor Damaskus fühlte sich Paulus durch die Weisungen des Judenchristen Ananias, der ihn wieder sehend machte, zum zweiten Mal zum Missionar berufen.[19] Für die Versammlung der Apostel in Jerusalem war es vor allem der Heilige Geist, der auf den Bekehrten eingewirkt hatte. Laut Apostelgeschichte[20] haben die vielen von Paulus bekehrten Juden der Diaspora (Phönizien, Zypern, Antiochia) schließlich die Aufmerksamkeit der Versammlung der Apostel in Jerusalem erregt. Barnabas wurde nach Antiochia geschickt, um nähere Informationen einzuholen.[21] Denn die Jerusalemer Apostelversammlung war tatsächlich ziemlich überrascht von der wachsenden Ablehnung der Thora durch Paulus – ganz besonders im Hinblick auf die Beschneidung – und von seiner Befürwortung der Heidenmission.

In Begleitung von Barnabas reiste Paulus von Tarsos nach Antiochia. Über die folgenden Ereignisse schweigt sich die Apostelgeschichte aus. Antiochia war nämlich Schauplatz eines heftigen Konflikts zwischen Paulus und der Versammlung der Apostel von Jerusalem. Petrus hielt nach wie vor an der Thora fest und wurde deshalb von Paulus, der die Thora formell ablehnte, als »falscher Bruder« und indirekt auch als »falscher Fünfziger« bezeichnet. Für Paulus hat »Christus uns vom Fluch des Gesetzes freigekauft, indem er für uns zum Fluch geworden ist«. Das bedeutete den totalen Bruch mit dem Judentum, und zwar auf besonders blasphemische Art und Weise. Der Fluch des Gesetzes! Doch das war für Paulus noch nicht genug: »Warum gab es denn das Gesetz? [...] lediglich als vorübergehende Angelegenheit.«[22] Das also war der Mann, der sich als Jude vom Stamm Benjamin ausgab und behauptete, »zu Füßen des Rabbiners Gamaliel« studiert zu haben! Welcher Jude hätte seiner Religion auf so radikale Weise abschwören können? Nicht einmal die Apostel, die allen Grund hatten, den Vertretern des Mosesgesetzes zu grollen.

Paulus kam zu einem verwunderlichen Schluß: Das Ziel von alledem sei, daß durch Jesus Christus den Heiden der Segen Abrahams zuteil werde. Die Vorstellung von einem auserwählten Volk, der Bund zwischen Gott und seinem Volk, das Verbot, Heiden zu heiraten – all das, was Abrahams Segen fortführte, war verschwunden. Mit Paulus' Kenntnissen des Judentums konnte es nicht allzu weit her sein. Abraham sagte zu den Juden: »In Euch werden alle Völker ihr Heil finden.« Bei Paulus hingegen war es umgekehrt: Alle Völker werden ihr Heil in sich selbst finden, mit Ausnahme der Juden.

Die Ratlosigkeit der Jerusalemer Apostelversammlung war verständlich. Für was stand sie denn jetzt noch? Die Apostel, die als Auferstehungszeugen die Lehre Jesu bewahrten, fühlten sich verraten. Paulus gründete eine stattliche Zahl von Gemeinden: Derbe, Lystra, Ikonion, Antiochia in Pisidien, Tarsos, Troia, Thessalonike, Beroia, Athen, Korinth, Philippi, Ephesos, Assos, Milet, Kos und Rhodos. Überall erklärte Paulus die Thora für überholt, und die Apostelversammlung hatte keinen Einfluß auf diese Gemeinden...

Man startete einen letzten Versuch zur Rettung des geistigen Erbes und zitierte Paulus nach Jerusalem, wo er sich den

»Anweisungen des [Heiligen] Geistes« fügen sollte.[23] Nach seiner Ankunft begab er sich zu Jakobus, dem Oberhaupt der Apostel, und berichtete ihm in Gegenwart der »Ältesten«, d. h. der
anderen Apostel und wichtiger Mitglieder der nazarenischen
Gemeinde, von »all dem, was Gott durch seinen Dienst unter
den Heiden getan hatte«. Die Apostel lobten Gott, taten so, als
ob sie die Worte des Paulus gar nicht gehört hatten, und wiesen
darauf hin, daß Tausende ihrer Anhänger entschiedene Verfechter des Mosesgesetzes seien. Auf die bekehrten Heiden gingen
sie nicht weiter ein.

»Man hat uns einige Nachrichten über dich zukommen lassen«, sagten sie schließlich. »Man sagt, du würdest allen Juden
in der heidnischen Welt zur Abkehr vom Mosesgesetz raten
und ihnen nahelegen, ihre Söhne nicht mehr beschneiden zu
lassen und unsere Lebensweise nicht mehr zu befolgen.« Die
Anklage hätte man nicht klarer formulieren können. Außerdem waren die Apostel der Meinung, daß die Juden von Jerusalem sicherlich wüßten, daß er sich in der Stadt aufhalte. Aus
diesem Grunde sollte Paulus zur Sühne für den Reinigungsritus
von vier Männern aufkommen, die von der Apostelversammlung bestimmt werden sollten. Natürlich mußte auch Paulus
Buße, d. h. Nazireat, geloben. »Dann wird alle Welt sehen, daß
die Geschichten, die man über dich erzählt, nicht wahr sind,
daß du vielmehr ein praktizierender Jude bist und das Gesetz
respektierst.«

Kurz: Paulus mußte vor der Versammlung der Apostel seinen Lehren abschwören. Was im Fall einer Weigerung passiert
wäre, lag auf der Hand: Man hätte an alle von ihm gegründeten
Gemeinden Boten geschickt mit der Nachricht, daß er keinerlei
Machtbefugnisse besitze, seine Lehre null und nichtig und das
Gesetz nach wie vor gültig sei. Paulus ahnte schon seit einiger
Zeit, was ihm drohte: »Ich hoffe, daß wir nicht versagt haben«,
erklärt er bereits im zweiten Brief an die Korinther.[24] Er mußte
sich fügen, unterwarf sich dem Reinigungsritual und begab sich
zum Tempel, um dort den Termin der siebentägigen Sühnezeit
zu verkünden. Kurz vor dem Ende dieser Sühnezeit wurde Paulus von Juden aus Kleinasien im Tempel erkannt und in einen
Tumult verwickelt: »Männer von Israel! Zu Hilfe! Zu Hilfe!

Hier steht der Mann, der seine gegen unser Volk, gegen unser Gesetz und dieses Heiligtum gerichtete Lehre in der Welt verbreitet, außerdem Nichtjuden in den Tempel hineinläßt und so diesen heiligen Ort entweiht.« Mit »Nichtjuden« war Trophimos von Ephesos gemeint, ein bekehrter Heide, der Paulus nach Jerusalem begleitet hatte. Als Bekehrter durfte er den Tempel betreten, doch die Juden von Kleinasien taten so, als ob sie das nicht wüßten. Sie schleppten Paulus aus dem Tempel und wollten ihn wegen antisemitischer Vergehen umbringen. Im letzten Moment kam die römische Legion Paulus zu Hilfe.

Was ist aus den vier Männern geworden, die Paulus begleiteten und für ihn bürgen sollten? Ihr Verschwinden bleibt ein Rätsel. Und was macht die Versammlung der Apostel? Nichts. Sie hätten trotz allem Leute bestimmen können, die Paulus – wenn nicht sofort, dann doch später – bei den römischen Behörden entlastet hätten, denn die Juden forderten von den Römern lautstark die Verurteilung des Paulus. Aber nichts dergleichen. Die Hauptsache war, Paulus unschädlich zu machen. Gleich zweimal hatte man ihn bewußt in Verruf gebracht. Zum einen mußte er in aller Öffentlichkeit seiner Lehre abschwören, und zum anderen war er – ebenfalls in aller Öffentlichkeit – zum Judenfeind gebrandmarkt worden. Paulus saß in der Klemme.

Es gibt keine Hinweise auf weitere Kontakte zwischen Paulus und der Apostelversammlung. Das ist verwunderlich, denn Paulus wurde eine ganze Weile in Cäsarea gefangengehalten. Die Apostel hätten ihm ohne weiteres einen Boten schicken können. Aber nein. Man war froh, daß man ihn los war.

Paulus wurde nach Rom gebracht, um dort – so wie er es wünschte – Kaiser Nero höchstpersönlich seinen Fall entscheiden zu lassen. Im Jahr 60 erlebte er den großen Brand von Rom, dann verlieren sich seine Spuren. Der Überlieferung nach wurde er zwischen Juli 67 und Juni 69 enthauptet. Petrus, der ihm 64 nach Rom nachfolgte, wurde wahrscheinlich am selben Tag hingerichtet, mit Sicherheit aber nicht enthauptet. Die Enthauptung des Paulus ist ein weiterer Beweis, daß er römischer Bürger war. Nur die römischen Bürger hatten Anspruch auf diesen »ehrenvollen« Tod, die anderen wurden erhängt oder gekreuzigt.

Doch das Entscheidende war geschafft: Die von Paulus gegründeten christlichen Gemeinden konnten sich in Eigendynamik weiterentwickeln. Mit den heidnisch inspirierten Reden von Paulus fiel ihnen dies um so leichter: »Aufgrund seiner nichtjüdischen Herkunft«, schreibt Hyam Maccoby, »wird Saul dem Tod und der Auferstehung Jesu eine Bedeutung beigemessen haben, die dem Geist der Nazarener fremd war [...] Der für den Mysterienkult typische Gottestod wurde durch ihn wieder zum Leben erweckt.«[25] Christus gehört damit zu jenen Göttern, die in ihrer Jugend von finsteren oder höheren Mächten zur Erhaltung des Lebens geopfert werden: Osiris, Herakles, Tammuz, Adonis.

Paulus bemühte sich um eine Neudefinition des »wahren Juden«: Jude sei nicht, wer es nach außen hin sei, sondern wer ein »beschnittenes« Herz habe.[26] Eine kühne Formulierung, die in die hellenistische Zeit gepaßt hätte. Mit ihr konnte jeder Jude prinzipiell oder de facto als falscher Jude hingestellt werden. Die Juden gehörten zum »Israel nach dem Fleisch«[27], nicht zum »Israel Gottes«[28], der platonischen Vision eines für alle Ewigkeit existierenden Israel, das den *Gottesstaat* des Augustinus vorwegnahm. Abermals war der »jüdische« Jude – wenn man ihn so nennen will – ein Mensch zweiter Klasse, der sich mit seinem Gott und der Thora[29], seinen »Visionen« und »Offenbarungen« aufspielte.[30] Mit einem Schlag wurden die Propheten vom Sockel gestoßen und nur noch als arrogante Visionäre betrachtet. Beim Lesen der Paulusbriefe stolpert man unweigerlich über die zahlreichen Verunglimpfungen der Juden und des Judentums. Natürlich ist man versucht, Paulus deshalb zu verurteilen. Man sollte jedoch nicht vergessen, daß Paulus keine andere Wahl hatte. Die jüdischen Gemeinden im kleinasiatisch-griechischen Raum waren für gefährliche Angriffe immer noch stark genug, beispielsweise Korinth. Und die Zeit war knapp. Um sichergehen zu können, daß die jüdischen Gemeinden in ihrer Feindseligkeit die neue Bewegung nicht im Keim erstickten, mußte er vor seinem Lebensabend genügend Leute bekehren. Und eines war sicher: Der Bruch zwischen dem Christentum und dem Judentum war erreicht. »Mit dem Auftreten von Paulus brach ein immer tiefer werdender Graben zwischen den beiden Religionen ein.«[31] Die Grundlage des Judentums ist die Thora, und genau die wurde von Paulus für ungültig erklärt. Die jungen Christengemeinden richteten ihr Augenmerk auf die Ablehnung der Thora und nahmen so eine Haltung gegen die Juden ein. Zum ersten Mal in der Geschichte tauchte ein spezifisch religiöser Antijudaismus auf.

Zwei Jahrhunderte lang schwankten die jungen Christengemeinden hin und her: Auf der einen Seite wurde die Thora in Bausch und Bogen verurteilt, auf der anderen Seite versuchte man, sich über eine Neuinterpretation mit Teilen von ihr zu arrangieren.[32] Gegen Ende des ersten Jahrhunderts ließ das fieberhafte Warten auf den Messias und den Beginn des Goldenen Zeitalters nach. Trotzdem konnte die von Paulus gegründete Kirche der Nichtjuden nicht auf ihre große eschatologische Hoffnung verzichten. Und so kam die Theologie der Gnade und der Glaubensgeheimnisse auf, die in der hellenisierten römischen Welt mit ihren eleusinischen, dionysischen und orphischen Mysterien starken Anklang fand. Mit seinem Brief an die Galater, die er zunächst als »unvernünftig« beschimpfte, ihnen dann aber versicherte, daß sie den Heiligen Geist sehr wohl empfangen hätten[33], hat Paulus bereits die Grundlagen für diese Theologie geschaffen. Mit ihr entfernte sich – wie William Nicholls beobachtete[34] – das Christentum einen weiteren Schritt vom Judentum, das eine solche Lehre von den letzten Dingen nie gekannt hat.

Im zweiten Jahrhundert sprachen die ersten christlichen Autoren bereits vom »Volk der Gottesmörder«. Einer von ihnen ist Justin, der jedoch im Leid der Juden nicht die Strafe für dieses Verbrechen sah. Die Beschneidung empfand Justin jedoch als negatives Kennzeichen, das die Juden von der Gemeinschaft der Gläubigen ausschloß, und nicht als Zeichen ihres Bundes mit Gott.[35] Meliton, Bischof von Sardes, stellte das christliche Osterfest dem um einiges »tieferstehenden« jüdischen Passahfest gegenüber. Er warf den Juden vor, dieses Fest gefeiert und gleichzeitig Christus gekreuzigt zu haben, und war deshalb der festen Meinung, daß sie wahrlich ein Osterlamm geopfert[36] und Gott selbst ans Kreuz geschlagen hätten. Er war auch überzeugt, daß die Heiden Christus besser aufgenommen hätten als die Juden.

Meliton vergaß allerdings in seinem Eifer, daß mit den »Juden«, die Kaiser Claudius wegen deren Unruhen *(impulsore Chresto)* aus Rom ausgewiesen hatte, nicht die Juden, sondern die Christen gemeint waren. Auch an die Verfolgungen durch Nero und die »Quasi-Verfolgungen« durch Trajan schien er sich nicht erinnern zu können.[37] Für die Zukunft ließ das nichts Gutes erwarten.

Vor seinem Bruch mit der Kirche griff Tertullian nachhaltig, aber ungerechtfertigterweise die Juden an. Er warf ihnen die Mißachtung des (eigentlich bereits von Paulus für ungültig erklärten) göttlichen Gesetzes und auch sonst »alle möglichen Vergehen« vor und empfand deshalb ihr Unglück als gerechte Strafe: »Aus ihrer Heimat und ihrem warmen Klima verstoßen, irren sie über die ganze Erde verstreut als Vagabunden umher, haben weder einen Menschen noch einen Gott zum König und können nicht einmal als Fremde den heimatlichen Boden küssen oder betreten.«[38] Das ist deshalb erstaunlich, weil die Christen für Tertullian nach wie vor als »jüdische Sekte« galten.

Wenn man allerdings Tertullians *Apologeticum* glauben darf, waren die Christen keineswegs besser: Man warf ihnen Kindermord, Inzest, Orgien und alle möglichen Greueltaten vor. Im übrigen waren sie, jedenfalls nach Tertullian, von Feinden umgeben, »besonders von haßerfüllten Juden und ständig ausfällig werdenden Soldaten«.

Der historische Jesus und sein Prozeß gingen jedenfalls in den christlichen Gemeinden in einer ausnahmslosen Verherrlichung unter. Selbst Marcion, ein gnostischer Häretiker, der nicht an die vollkommene Menschwerdung Christi glaubte, hielt den Judaismus mit seinem »zweitrangigen Gott«, der nicht der wahre Gott des Christentums sei, für überholt. Das frühe Christentum glaubte nicht einmal mehr, daß der Messias ein Jude oder – was nicht dasselbe ist – daß er ein jüdischer Messias gewesen sei. Es gab sogar Theologen, die mit der göttlichen Vorherbestimmung Jesu beweisen wollten, daß das Christentum älter sei als das Judentum. Eine Denkweise, die eine eingehendere Betrachtung verdient, denn schließlich setzt sie bei den Religionen eine »Weiterentwicklung« voraus.[39] Sie deutet allerdings auf rein oberflächliche Kenntnisse des Judentums hin oder auf eine bewußte Unkenntnis. Aufgrund der Textquellen ist anzunehmen, daß man im frühen Christentum von der Geschichte des Judentums keine Ahnung hatte. Man wußte nichts von den samaritanischen und den sadduzäischen Bewegungen, die jede mündliche Auslegung des Gesetzes ablehnten, geschweige denn von der Mischna und der Halachatradition. Man betrachtete das Judentum als unbeweglichen Block, was es in Wirklichkeit niemals war. Eine vergleichende Religionsgeschichte gab es damals natürlich noch nicht. Trotzdem ist es verwunderlich, daß bei den Kirchenvätern nicht ein einziges Wort der Dankbarkeit zu finden ist. Schließlich haben die Juden den Monotheismus eingeführt, von ihnen haben die Christen ihn später übernommen. Was sich in der Folge entwickelte, bezeichnet man am besten als »Wahnvorstellung von den Juden«, deren verheerende Konsequenzen weit über das Christentum hinausreichten. Die Maschinerie der christlichen Rhetorik, die sich nun für Jahrhunderte in Bewegung setzte, stellte die Juden, die im Römischen Reich recht zahlreich waren, als die berüchtigten »Gottesmörder« hin.[40]

Marcion warf dem Judentum eine starke Rückwärtsgewandtheit vor. Dies verrät viel über die Geisteshaltung des jungen Christentums, das sich mit tiefer Überzeugung für das Ergebnis einer metaphysischen Revolution hielt. Ein Widerspruch in sich, denn die Metaphysik schließt jede Form von Evolution, geschweige denn von Revolution, von vornherein aus. Doch das junge Christentum glaubte allen Ernstes, daß Gott sich plötzlich gegen das Judentum gestellt habe, um eine andere oder – besser gesagt – eine moderne Religion zu schaffen. Marcion war nicht der einzige. Der gleiche Gedanke findet sich bei fast allen christlichen Autoren der ersten Jahrhunderte, wenn sie auf Paulus und dessen Aufhebung des Gesetzes zu sprechen kommen. Die neue Religion – das Christentum – war für sie die einzig wahre Religion.

Soweit es sich beobachten läßt, verstanden sich die ersten Christen als Erben des Judentums und gaben zu, daß Gott – laut Pentateuch – über das Judentum zum ersten Mal in die Angelegenheiten der Menschen eingegriffen habe. Doch dieses unauslöschliche Gefühl, etwas »Neues« zu sein, brachte dem jungen Christentum eine besondere Dynamik und sorgte für eine Geringschätzung, ja Verachtung der Juden, die immer noch auf den Messias warteten, obwohl dieser schon längst gekommen war.

Man ginge entschieden zu weit, wenn man Paulus zum Alleinverantwortlichen für diesen neuen Antijudaismus machen würde. »Der Keim ist nichts, der Boden ist alles«, sagte Pasteur. Der »Keim« war allerdings schwer aktiv. Hätte Paulus nicht die Bindungen zum Judentum radikal gekappt und das Mosesgesetz schwer verunglimpft, wäre das Christentum nicht in Richtung Antijudaismus abgedriftet und hätte den Weg nicht freigemacht für jahrhundertelange, oft widerliche Formen annehmende antisemitische Verfolgungen. Paulus folgte in gewisser Weise einer von Jesus vorgezeichneten Linie, allerdings war diese Linie ursprünglich nicht gegen die Juden im allgemeinen, sondern gegen die Pharisäer und Sadduzäer gerichtet.

Manch einer wird einwenden, daß Paulus und die ersten Apologeten sich in ihrer Feindseligkeit gegenüber den Juden hätten zurücknehmen können. Dies wäre jedoch nur unter zwei Bedingungen möglich gewesen: Erstens hätten auch die Juden ihre Feindseligkeit gegenüber Paulus und den Apologeten ablegen müssen, und zweitens hätten Paulus und die Apologeten Humanisten im allgemeinen Sinn sein müssen. Es gab jedoch keine humanistischen Apostel und konnte sie auch nicht geben. Denn der Humanismus predigt den Respekt vor dem Mitmenschen, aber keine Religion kann sich ausbreiten, wenn sie die Überzeugung des anderen respektiert. Der Kontakt mit den Philosophen hätte die Strenge der Apologeten mit Sicherheit abgemildert, deren Überzeugung relativiert und den Bekehrungseifer geschwächt. Paulus war jedoch Römer, und auf das Fehlen eines römischen Humanismus wurde ja bereits hingewiesen.

Die römischen Bürgerrechte, die Paulus für sich in Anspruch genommen hat, waren also kein Zufall, sondern ein entscheidendes Merkmal. Denn das Aktionsfeld des Paulus war die gesamte römische Welt. Allein mit der Botschaft eines gekreuzigten jüdischen Propheten hätte Paulus jedoch nicht diese Massen von Zuhörern erreichen können. Am Kreuz hingerichtet zu

werden, galt als eine Schande, und für die zu Bekehrenden wäre
dies für einen Gott nicht nachvollziehbar gewesen. Die Genialität des Paulus zeigt sich in der Reinterpretation dieser Kreuzigung. Sie wird zu einem Mythos erhoben und als radikaler
Widerspruch dargestellt: Die göttliche Allmacht wird erniedrigt
und in der demütigenden Nacktheit des Gekreuzigten zur Schau
gestellt, und zwar zur Erlösung der Welt. Fatalerweise brauchte
es einen Schuldigen, und diese Schuldigen waren die Juden.

Sehen wir für einen Augenblick von den historischen Umständen und den Menschen, die auf sie Einfluß nahmen, einmal
ab. Die sich bereits mit Paulus' ersten missionarischen Aktionen abzeichnende Trennung zwischen dem uralten Judentum
und dem jungen Christentum und der unglaubliche Erfolg dieser Paulusmission sind nur mit dem mythischen Hintergrund
vor Augen zu begreifen. Der christliche Mythos vom Gott, der
sich für die Erneuerung der Welt opfert, hat so, wie er von Paulus dargestellt wird, starke Parallelen zu den großen griechisch-
römischen Mythologien. Besonders nahe ist er dem Mythos
von Dionysos, der als göttlicher Sohn des Göttervaters Zeus
von den Mänaden zerrissen und in Form von Fleisch und Blut
den Göttern dargebracht wird; ähnlich auch der Mythos von
Adonis, der durch sein eigenes Blut zu neuem Leben erwacht,
um das Frühjahr einzuläuten. Paulus zitiert übrigens zweimal
aus den *Bakchen* von Euripides, natürlich ohne es anzumer-
ken.[41] Die eucharistische Liturgie mit dem symbolischen Verzehr von göttlichem Fleisch und Blut hatte in den dionysischen,
eleusinischen und orphischen Mysterien schon seit ewigen Zeiten einen Vorläufer. Außerdem waren im Christentum Darstellungen des Göttlichen (Skulpturen, Gemälde, Mosaiken)
erlaubt und gern gesehen. Auch in diesem Punkt also lassen
sich von der neuen Religion direkte Verbindungslinien zur griechisch-römischen Kultur ziehen. Die Bildertradition machte
den zum Dogma erhobenen Mythos der Menschwerdung an-
schaulicher. Das Bild, das das Göttliche repräsentierte, stand
zugleich für dessen Menschwerdung und für dessen Trans-
substantiation.

Der strenge und abstrakte jüdische Mythos hingegen konnte
allenfalls mit seinem Mysterium bestimmte Gruppen der grie-

chisch-römischen Bevölkerung ansprechen (wahrscheinlich vor allem diejenigen, die dem Gnostizismus gegenüber offen waren), besaß jedoch nicht die notwendige Dynamik oder Präsenz, um die alten heidnischen Religionen verdrängen zu können. Die Fakten sind deutlich: Der Erfolg der 300jährigen jüdischen Mission war deutlich geringer als der der christlichen Mission. Der einzige Gott der Juden war unerbittlich und eifersüchtig. Man durfte ihn weder benennen noch bildlich darstellen. Das wirkte auf die heidnische Welt, die voller Sinnlichkeit, Bilder, Zauber und Schönheit war, genauso abstoßend wie das völlige Fehlen der weiblichen Komponente im jüdischen Himmel.

Selbst 1800 Jahre später wundert man sich noch über den kraftvollen Aufschwung, den das Christentum in den ersten drei Jahrhunderten unserer Zeitrechnung genommen hat, ein Aufschwung, der das Judentum in den Schatten stellte. Manche Historiker sehen darin einen nahezu mystischen Beweis dafür, daß man auf das Christentum sehnlichst gewartet hatte. Andere wiederum schreiben diesen ungeheuren christlichen Aufschwung eher der Tatsache zu, daß die römische Religion sich zu sehr in Richtung »Literatur« entwickelt hatte, zu allzu schönen Erzählungen, die den Mythen ihren geheimnisvollen Charakter nahmen. Mit anderen Worten: Die Religion war zur Folklore verkommen.

Ich halte es für wahrscheinlicher, daß die römische Religion das starke allgemeine Verlangen nach mehr Transzendenz nicht erkannt hat. Aus der Religion war eine staatsbürgerliche Angelegenheit geworden. Es war ein großer Fehler der Kaiser, sich als Götter verehren zu lassen. Sowohl das Volk als auch der Adel kannten die Schwächen ihrer Herren sehr genau. Man war über ihre lächerlichen Geheimnisse, ihre Exzesse, Amtsverletzungen und zahlreichen Tricks im Bilde. Die Römer von Rom wußten genauso wie die von Korinth oder Philadelphia, daß es keine Götter, sondern Intriganten waren, die über Mord oder Sex auf den Thron gekommen waren. Die Umzüge und Prozessionen, die Augustus oder Nero zu Ehren des Capitolinischen Jupiter, Jupiter Fulgur, Apoll oder Herakles veranstalten ließen, entsprangen nicht der keineswegs auf das 20. Jahrhundert beschränkten Existenzangst. Man sehnte sich vielmehr nach einer transzendenten Religion und einem intensiven Kontakt mit dem Göttlichen. Was Paulus zu bieten hatte, entsprach nicht nur diesen Erwartungen, sondern auch den althergebrachten Traditionen.

3

Die große Verwirrung
der ersten Jahrhunderte

Heiden beschimpfen Christen, und Christen beschimpfen Juden – Für Johannes Chrysostomos sind die Juden »Bordellbetreiber« – Die Juden verlieren ihre Bürgerrechte – Das Bauen oder Renovieren von Synagogen wird verboten – Auch die Beschneidung ist verboten, die Schändung jüdischer Heiligtümer jedoch erlaubt – Parallelen zwischen den antijüdischen Maßnahmen von Byzanz und denen des Dritten Reiches – Der Einfluß des hl. Augustinus, des Erben von Platon und Aristoteles – Überlegungen zum Totalitarismus

Im Jahr 380, d. h. 43 Jahre nach der Bekehrung und dem Tod Konstantins, erhielt das Christentum durch Kaiser Theodosius I. seinen offiziellen Status. Bis dahin zeigt sich der christliche Antisemitismus nur in schriftlichen Zeugnissen. Mündliche Beleidigungen hatten sich weder auf eine politische Macht noch auf ein Gesetz gestützt und waren deshalb ohne Wirkung geblieben. Niemand konnte die Christen zwingen, die Juden zu lieben. Doch die Römer hatten das nicht anders bewertet als eventuelle Animositäten zwischen den Thrakern und den Bithyniern. Denn für die Römer waren die Christen nichts weiter als eine jüdische Sekte gewesen.

Die Urkirche wurde von den Römern mindestens genauso verfolgt wie die Juden. Sie besaß weder Reichtümer noch politische Macht und war, weil jegliche Zentralgewalt fehlte, durch andauernde schismatische und häretische Bewegungen – besonders durch den Arianismus und den Gnostizismus[1] – zerrissen. Diesen Mißstand konnte die Kirche in der Folgezeit nur durch eine ganze Reihe von Konzilien lösen. Die ersten christlichen Gemeinden – Cäsarea, Ephesos, Antiochia, Thessalonike, Korinth – unterstanden einem lokalen Oberhaupt und waren dem geistigen und politischen Druck der örtlichen Kultgemeinschaften ausgesetzt. Sie besaßen keine Dogmen und keine Theologie im eigentlichen Sinn, dafür aber zahlreiche Auslegungen der Evangelien und mindestens genauso viele Christologien wie Bischöfe und Patriarchen, die sich als Folge der Streitereien zwischen den einzelnen Provinzen gegenseitig mit dem Kirchenbann belegten.

Bis ins dritte oder vierte Jahrhundert hinein waren die Christen Zielscheibe von zum Teil sehr heftigen Angriffen. Ein Beispiel ist der heidnische Philosoph Porphyrios von Tyros (ca. 232–305). In seinem Pamphlet *Gegen die Christen* lehnt er die Göttlichkeit Jesu ab und wirft den Christen vor, daß es ihnen nur um Geld und Ruhm gehe.[2] Ammianus Marcellinus, ein römischer Geschichtsschreiber des vierten Jahrhunderts, war mit seinen Vorwürfen nicht weniger zimperlich: »Die wildesten Tiere richten bei den Menschen weniger Unheil an als die Christen untereinander.« Auch nach der Bekehrung Konstantins war die Schlacht für die Christen noch lange nicht geschlagen: Im Jahr 362 versuchte Kaiser Julian, auch »Apostata« (»der Abtrünnige«) genannt, die alten heidnischen Kulte wieder einzuführen, ließ die Tempel öffnen und verbot den Christen, die klassischen Sprachen zu unterrichten. Ein Jahr später veröffentlichte er seine Streitschrift *Gegen die Galiläer,* in der er die Christen als ungebildete und rohe Menschen beschrieb.

Das Ausmaß der Christenverfolgung in römischer Zeit wurde stark übertrieben. Im 19. Jahrhundert wurde die Behauptung aufgestellt, daß allabendlich bei Zirkusspielen in Rom Christen den Löwen zum Fraß vorgeworfen worden seien und »christliche Fackeln« die Nacht erhellt hätten. Man fragt sich, ob die Löwen bei einem solchen Überangebot überhaupt noch Hunger gehabt hätten. Hin und wieder kam es durchaus zu Verfolgungen. Im zweiten Jahrhundert beispielsweise warnte Tertullian den Prokonsul Scapula von Karthago und ließ ihn wissen, daß er bei einer Fortsetzung seiner Christenverfolgung es nicht nur mit der Masse der Armen, sondern auch mit Leuten seiner eigenen Klasse zu tun bekäme.

Die eigenen Schwierigkeiten bewogen die Christen jedoch nicht zur Nachsicht gegenüber den Juden. Im Gegenteil! Die antijüdische Kampagne weitete sich aus. In einem Text aus dem zweiten Jahrhundert, den die beiden Kirchenschriftsteller Klemens von Alexandria und Origenes als »Barnabasbrief« zu den kanonischen Schriften rechneten, wird die Thora mit seltsamen Verzerrungen ausgelegt: »Welches Vorbild aber, meint ihr, liegt darin, daß Israel geboten ist, daß solche Männer eine junge Kuh darbringen, an denen vollendete Sünder sind, und daß sie sie nach dem Schlachten verbrennen und daß dann Kinder die Asche aufheben und in Gefäße füllen und die rote Wolle um ein Holz legen – siehe wiederum das Vorbild des Kreuzes und die rote Wolle! – samt dem Ysop und daß die Kinder so das Volk einzeln besprengen, damit sie von den Sünden gereinigt werden? Versteht, wie schlicht er zu euch spricht: Der junge Stier ist Jesus, die darbringenden sündigen Männer sind die, die ihn zur Schlachtung dargebracht haben. Danach ist es vorbei mit den Männern, vorbei mit der Herrlichkeit von Sündern.«[3]

Nichts lag den Autoren der Urkirche mehr am Herzen als die Abschaffung des Mosesgesetzes: »Wer auf ein Leben nach dem Gesetz beharrt, gibt zu, daß ihm keine Gnade zuteil wurde«, schrieb Ignatius von Antiochia an die christliche Gemeinde von Magnesia.[4]

Rund zwei Jahrhunderte später nahm die antijudaistische Gewalt drastisch zu. Ein entschiedener christlicher Judenfeind war mit Sicherheit der im vierten Jahrhundert lebende Johannes I. Chrysostomos (»Goldmund«), einer der höchstverehrten Kirchenväter der Ostkirche. Wahrscheinlich gibt es keinen, der seinem Namen weniger Ehre machte als dieser Heilige. Er berichtet sogar von einem Bordell in Ägypten, das die Juden, die übrigens »mit den Barbaren maßlos der Liebe frönen und fremde Götter verehren«, gebaut hätten.[5] Außerdem, so fährt Johannes Chrysostomos fort, seien sie Atheisten, Götzendiener (ein ganz schöner Widerspruch!), Kindesmörder, steinigten ihre eigenen Propheten und trügen für Tausende von Greueltaten die

Verantwortung. Trotzdem wurden seine Reden wegen ihrer »spirituellen Schönheit« viel gerühmt. Die Juden galten also als Abtrünnige, Gottesmörder, Heiden, und nun auch noch als korrupte Leute, die Bordelle betreiben. Wenn es darum ging, die Juden schlecht zu machen, übernahm man sogar Schimpfwörter, die ursprünglich von Heiden stammten. Selbst die boshaftesten Antisemiten des 20. Jahrhunderts brauchten – wie wir sehen werden – nichts mehr hinzuzudichten.

Mit den von den Christen schriftlich festgehaltenen und veröffentlichten Anklagen, Beleidigungen und Verleumdungen gegen die Juden ließen sich ganze Bände füllen. Die Texte waren überall im Umlauf, wurden den Gläubigen vorgelesen und schürten einen tödlichen Haß. Wie wir bereits gesehen haben, war die griechische Übersetzung des Alten Testaments ein Tiefpunkt in der jüdischen Geschichte, denn sie lieferte den Christen, die die Niederträchtigkeit des jüdischen Volkes »beweisen« wollten, jede Menge Material. Bei einer tendenziösen Auslegung der Exodusstelle 17, 4, wo Moses gegenüber Gott erklärt, daß er Angst habe, gesteinigt zu werden, könnte man meinen, daß die Juden versucht hätten, Moses umzubringen.

Es ist jedoch nirgendwo die Rede davon, daß Gott daraufhin den Bund mit ihnen aufgelöst hat.

Es waren wüste Beschimpfungen und die Wahrheit entstellende Verleumdungen, die von den Kanzeln verkündet und von der kaiserlichen Macht geduldet wurden. Dabei triumphierten Rhetoriker, die in besonders perverser Weise die (nicht gerade zimperlichen) Schimpfreden der jüdischen Propheten gegen ihr eigenes Volk benutzten, um zu beweisen, daß das jüdische Volk mit seinem Bund mit Gott gescheitert und deshalb die Heiden an dessen Stelle getreten seien. Als Ersatz für das historische Israel sollte die Kirche nun zum himmlischen Israel werden, und so konnte Eusebius, der als Bischof von Cäsarea unter anderem die weit ausholende *Praeparatio evangelica* geschrieben hat, Ende des 4. Jahrhunderts behaupten, daß Abraham, Isaak und Jakob keine Juden waren, sondern zu einer »universellen Rasse« und zur auserwählten, ewigen Kirche gehörten. Man nahm den Juden also selbst ihre Urväter und die heiligen Bücher.

Noch komplizierter wird die Sache durch das Judenchristentum, einen eigenartigen, stark vom Gnostizismus beeinflußten Synkretismus. Er berief sich auf Texte,[6] die später nicht zu den kanonischen Schriften gezählt wurden. Schon zu Paulus' Zeiten gab es Christen, die das Judentum nicht völlig aufgeben wollten. Sie werden im Brief an die Galater (1, 8) gewarnt: »Wer Euch aber ein anderes Evangelium verkündigt, als wir Euch verkündigt haben, der sei verflucht, auch wenn wir selbst es wären oder ein Engel vom Himmel«. Doch die Abweichler blieben eigensinnig.

Trotzdem gewann das Christentum immer mehr die Oberhand. Die Juden wurden Opfer von unzähligen kaiserlichen Erlassen, die ihnen nicht nur ihre Privilegien raubten, sondern sie auch mit beleidigenden Ausdrücken als Menschen zweiter Klasse abstempelten. Mit dem Konzil von Nizäa im Jahre 325 breitete sich die antijüdische Hysterie noch weiter aus. Nachdem Christus als »Gott aus Gott, Licht aus Licht, wahrer Gott aus dem wahren Gott, gezeugt nicht geschaffen, gleichen Wesens mit dem Vater« definiert worden war, war der häufigste Vorwurf gegenüber den Juden der des Gottesmordes. Einen besseren Vorwand für deren Verfolgung konnte man nicht finden.

Am 18. Oktober 315 fing alles an. Konstantin verbot den Juden, gegen Juden vorzugehen, die zum Christentum übergetreten waren, und ergriff bei der Gelegenheit Maßnahmen, die die Christen vom Übertritt zum jüdischen Glauben abhalten sollten.

Am 7. März 321 erklärte Konstantin den Sonntag zum offiziellen Ruhetag. Vordergründig war dies keine judenfeindliche Maßnahme. Doch es kann Konstantin nicht entgangen sein, daß er damit den Juden einen Arbeitstag nahm. Denn bis dahin hatte jeder gearbeitet, wann er wollte, auch am Sonntag. Da die Juden samstags keiner Arbeit nachgingen, dehnte sich für sie die arbeitsfreie Zeit nun auch auf den Folgetag aus.

Wir wissen nicht genau, wann die byzantinische Rechtsprechung entschied, daß die Juden mit der Beschneidung ihrer Sklaven diesen sozusagen automatisch die Freiheit schenkten. Getreu den Vorschriften der Thora hatten die Juden nämlich auch ihre Sklaven beschnitten. Dahinter steckte sicherlich ein gewisser Bekehrungseifer, aber auch der Wunsch, die Sklaven

stärker in das Familienleben einzubinden. Doch nun wurde es
für die Juden immer schwieriger, nichtjüdische Sklaven zu halten. Der byzantinische Erlaß ist allerdings nicht als ein Ent-
gegenkommen gegenüber den Sklaven zu werten, geschweige
denn als eine Maßnahme gegen die Sklaverei, denn auch die
Christen besaßen Sklaven. Der Sinn des Erlasses war die wirtschaftliche Schwächung der Juden, die ohne die Arbeitskraft
der Sklaven ihre Handwerksbetriebe und Geschäfte nur schwer
halten konnten.

Am 3. August 339 – inzwischen war Konstantius II., der
uneheliche Sohn Konstantins des Großen aus einer flüchtigen
Bekanntschaft mit einer serbischen Gastwirtin, über die Erb-
folge auf den Thron gekommen – wurde entschieden, daß jeder
jüdische Sklave, der von einem Juden gekauft würde, automatisch vom Staat beschlagnahmt werde. Die Juden hatten
sich nämlich in der Zwischenzeit durchaus damit abgefunden,
ihre Sklaven nicht beschneiden zu können. Doch nun wollte
man ihnen das Recht auf Sklaven völlig verwehren. Außerdem
hatte die Beschneidung eines Sklaven nicht nur automatisch
dessen Freilassung zur Folge, sondern auch die Beschlagnahmung des gesamten Vermögens des jüdischen Käufers und die
Todesstrafe.

Konstantius verkündete noch zwei weitere Gesetze: Wenn ein
Christ eine Jüdin heiratet, wird dessen ganzes Vermögen vom
Staat beschlagnahmt. Und wenn eine Christin aus den kaiserlichen Produktionsbetrieben einen Juden heiratet, wird sie entlassen und ihr Ehemann hingerichtet.

Unter Gratian (367–383) wurde das Christentum endgültig
zur Staatsreligion. Die Mitglieder der jüdischen Priesterschaft
mußten sämtliche Staatsämter abgeben, es sei denn, sie trieben
kaiserliche Steuern ein. Dieses in der Bevölkerung besonders
mißliebige Amt durften sie behalten.

Von 379 bis 395 regierte Theodosius der Große erst über
Ostrom, dann über das ganze Reich, ein an Wassersucht leiden-
der Vielfraß, der die beiden Heiligen Johannes und Philipp auf
weißen Kampfrössern sah oder zu sehen glaubte und dies als
Verheißung seines militärischen Sieges verstand. Er galt als ein
Beschützer der Juden. In Wahrheit war der sprachliche Aus-

druck der Gesetze, die unter seiner Regierung gegen die Juden erlassen wurden, weitaus stärker beleidigend als bei den bisherigen Kaisern: Eine schreckliche Sekte voller Schande, deren Versammlungen Gotteslästerungen seien. Doch das Schlimmste kommt noch: Die zum Judentum Bekehrten werden als »infizierte« Menschen beschrieben, die »sich selbst beschmutzen«.

Theodosius war um seinen Ruf als Beschützer aller Bürger des Imperiums besorgt und verteidigte deshalb zum Schein die Rechte der Juden gegenüber den gegen sie vorgehenden kaiserlichen Beamten. Er ließ sich sogar auf einen Streit mit dem Mailänder Bischof Ambrosius ein, was ihm den Anschein einer gewissen Gutwilligkeit einbrachte. Ambrosius war zu seiner Zeit eine Art christlicher Ajatollah, der den Christen sogar das Recht zusprach, die Synagogen in Brand zu setzen.[7] Doch was für einen Sinn hatte es, die Rechte der Juden zu verteidigen, wenn die kaiserlichen Gesetze den Bau neuer Synagogen und die Restaurierung der alten untersagten und die Heiratsverbindungen zwischen Juden und Christen »ehebrecherisch« nannten?

Nach dem Tod des Theodosius folgen ihm seine Söhne Arcadius im Osten, Honorius im Westen. Unter Honorius durften die Juden keine Ämter bekleiden, und unter Arcadius, der zur Zeit von Johannes Chrysostomos regierte, duldete man sogar die Schändung jüdischer Kultgegenstände.[8] Neben anderen Schikanen war es den Juden auch verboten, vor christlichen Gerichten als Zeugen aufzutreten.

William Nicholls hat eine beeindruckende Parallele zwischen der Politik des christlichen Oströmischen Reiches und derjenigen der Nationalsozialisten gezogen.[9] Demnach hat das Dritte Reich – von der »Endlösung« einmal abgesehen – bei seiner Judenverfolgung nichts Neues erfunden. Die Geisteshaltung war die gleiche. Die antisemitischen Maßnahmen des kanonischen Rechts der Jahre 306 bis 1434 finden sich auch in der nationalsozialistischen Rechtsprechung der Jahre 1933 bis 1941, angefangen bei der 1215 auf dem 4. Laterankonzil beschlossenen Kennzeichnungspflicht (Kanon 68) bis hin zur Synode von Ofen (heute Budapest), die 1279 den Christen den Verkauf ihrer Habe an die Juden verbot. All diese Maßnahmen zeigen deutlich, daß man die Juden um jeden Preis aus der Gesellschaft ausschließen wollte.

In etwas mehr als 50 Jahren wurden die Juden auf die unterste Stufe der menschlichen Gesellschaft verwiesen und sind dort rund sieben Jahrhunderte lang geblieben. Erst mit der Französischen Revolution, d. h. mit dem Ende der christlichen Monarchie von Gottes Gnaden, änderte sich die Situation der Juden. Bis zur Proklamation des auf theistischen Grundsätzen ruhenden Staates von 1789 – und nicht auf dem Atheismus, wie ein weitverbreitetes Vorurteil behauptet – galt die christliche Nächstenliebe nur für die Christen. Im Christentum entwickelte sich der Antijudaismus zu einem ausgeprägten Antisemitismus.

Die christlichen Reiche in Ost und West konnten den Juden keine politischen Aufstände vorwerfen. Seit dem Triumph des Christentums in Byzanz zeigten die Juden bis ins 19. Jahrhundert hinein keine politischen Ambitionen mehr. Das einzige Motiv ihrer unerbittlichen Verfolgung ist deshalb im Grunde religiöser Natur (wir werden später sehen, daß dieser Vorwand selbst für Plünderungen und die Übernahme des jüdischen Besitzes herhalten mußte). Wenn man die Entwicklung der Ereignisse betrachtet, sieht es fast so aus, als hätten die Christen die Juden mit Erfolg von deren angeblicher Nichtswürdigkeit überzeugt.

Man ging ganz offiziell gegen die Juden vor und wollte zunächst einmal die Wirtschaftsstruktur und die Rechtsgrundlage ihrer Unternehmen zerstören. Da es dem jüdischen Klein- und Mittelbürgertum quasi verboten war, Sklaven zu halten, waren diese beiden Gesellschaftsschichten bereits entscheidend geschwächt. Der reichen jüdischen Oberschicht machten die starken Belastungen des Decurionats[10] schwer zu schaffen. Bei der Zerstörung der jüdischen Gemeinden ging man also durchaus gezielt vor. Man wollte die weniger vermögenden Juden zur Konversion drängen, wenn sie überleben wollten.

Die Ausrottung des Judentums war das nächste Ziel: In mehreren Königreichen – in Byzanz natürlich (Erlaß von 632), aber auch im Frankenreich (Erlaß von 633) und auf der Iberischen Halbinsel (Erlaß von 613) – mußten sich alle Juden zwangstaufen lassen. Diesem harten Durchgreifen waren Maßnahmen gegen die Kultorte vorausgegangen: 418 bereits war die Synagoge von Menorca zerstört worden, und alle Juden mußten sich taufen lassen, 495 das gleiche in Ravenna, 500 in Genua, 535 in Clermont... Zwischen 419 und 422 wurden auch in Palästina alle noch vorhandenen Synagogen zerstört. Andernorts wurden sie von den Christen übernommen: 423 in Antiochia, 500 in Rom und Amida (Diyarbakir), 590 in Carales (Cagliari) und Panormos (Palermo).[11]

In vier Wellen arbeitete die kaiserliche Gesetzgebung an der geistigen und der sozialen Zerstörung der Juden: Zunächst einmal die Gesetze Konstantins, dann diejenigen von Konstantius, später diejenigen von Theodosius und schließlich diejenigen von Justinian. Sicherlich richteten sich diese Gesetze auch gegen andere Minderheiten, etwa gegen die Samaritaner oder die Manichäer sowie gegen sämtliche Häretiker und Heiden. Aber auch die Samaritaner waren Juden, auch wenn sie von den Juden als Häretiker betrachtet wurden. Die Manichäer oder Anhänger von Mani, einem Perser, der im dritten Jahrhundert gelebt hatte, verkündeten eine synkretistische Lehre aus pythagoräischen und platonischen Ideen und Verkündigungen Jesu. Sie glaubten, daß zwei Prinzipien – das Gute und das Schlechte – die Welt regieren, zwei Prinzipien, die nicht vom selben Gott stammen können. Sie versuchten auf ihre Weise, ein Problem zu lösen, das bis heute keine Religion gelöst hat. Doch die Manichäer waren trotz ihrer großen Zahl kein Volk, so wie es die Juden waren, kein Volk mit alten Traditionen, aus denen heraus sich ein Christentum entwickelt hat. Die Häretiker ihrerseits waren für die Christen eine viel ernstere Gefahr als die Juden, denn sie machten mit ihren Lehren Propaganda gegen die offizielle christliche Doktrin. Der jüdische Bekehrungseifer hingegen war aus den genannten Gründen völlig verschwunden. Trotzdem galten die Juden als die eigentlichen Feinde. Das erinnert an gewöhnliche Familienstreitigkeiten, bei denen ja auch der Haß zwischen den Brüdern immer deutlich stärker ist als der gegenüber Fremden.

In Anbetracht der systematischen Verfolgungen liegt der Gedanke nahe, daß die christlichen Reiche in Ost und West definitiv mit der hellenistischen Kultur gebrochen und die direkte Nachfolge des Römischen Reiches angetreten haben. Doch dem ist nicht so. Unser heutiges Bild vom klassischen und hellenistischen Griechenland ist idealisierend und künstlich. Das klassische Griechenland war kein Vorbild für Toleranz, so wie wir uns das heute vorstellen. Der allgegenwärtige geistige Imperialismus kommt in dem Satz des Aristoteles – »Es gibt Griechen und Barbaren« – klar zum Ausdruck. Danach war die Kultur in Griechenland zu Hause, und überall sonst herrschte das Chaos. In seiner Schrift über die Politik wird sein totalitäres Weltbild überdeutlich: »Wir dürfen nicht glauben, daß auch nur einer der Bürger sich selbst gehört. Sie sind alle als Eigentum des Staates zu betrachten.«[12] Wie das Beispiel von Sokrates (bei dem Nietzsche sich fragt, ob er nicht Jude gewesen sei ...) zeigt, hat man abweichende philosophische Lehren nur schwer toleriert. Die griechischen Stadtstaaten hatten die Klippe einer Staatsphilosophie gerade noch einmal umschifft. Das christliche Rom mußte sich damit auseinandersetzen.

Wieder einmal hatten die Juden keine Möglichkeit, Widerstand zu leisten. Sie waren zu wenige, besaßen weder Land noch Waffen und hatten ständig mit der allgegenwärtigen Kaisermacht zu kämpfen. Wer vor ihr fliehen wollte, dem blieb nur das nichtromanisierte Asien oder Afrika. Die Juden waren zur völligen Abhängigkeit verdammt und außerdem Opfer des größten Kulturraubs der Weltgeschichte. Denn das Christentum hatte ihnen mit dem Alten Testament ihre heiligen Schriften genommen und beteuerte lauthals, daß alle diese Bücher die Juden verurteilten. Obwohl sie alle von Juden geschrieben waren, gehörten diese Schriften nun zum Christentum und nicht mehr den Juden, die jetzt also nicht einmal mehr daraus zitieren konnten, ohne daß man sie des Betrugs beschuldigte.

Das Christentum übernahm in Rom das immense griechisch-römische Erbe. Bei dieser Gelegenheit plünderte es in seinem Bildersturmfieber die antiken Kunstschätze, Statuen und Tempel, von den Handschriften ganz zu schweigen.[13] Die Römer hatten die Gebiete, in denen der Hellenismus geblüht hatte, in Besitz genommen und dessen Kultur übernommen, denn die hellenistischen Kunstwerke waren für sie das größte Vorbild. Das Christentum wollte zwar über dieses griechisch-römische

Erbe hinauswachsen, ließ es aber durch seine Theologie wiederaufleben. Mit diesem breitangelegten Kulturkolonialismus wurde das Judentum, die Wiege des Christentums, in ferne Randgebiete abgedrängt. Hatte es in früheren Zeiten nicht seinerseits den Hellenismus abgelehnt?

Ein weiteres Mal war das Judentum als »veraltet« verschrien. Ein Vorwurf, der sich jahrhundertelang halten sollte, bis zu den Zeiten Voltaires und darüber hinaus. Von nun an galten die Juden als rückständig, als unzivilisierte Wilde, die auf ihrem falschen Glauben und ihren schlechten Manieren beharrten, anstatt ihren Irrtum einzugestehen und am christlichen Abendmahl teilzunehmen. Üble Typen also, die stur an ihrem Irrglauben festhielten, im besten Fall Schwachköpfe, ansonsten schlechte Menschen.

Ihrer Kultur beraubt, waren die Juden seit Byzanz Menschen zweiter Klasse, die von der geistigen Verherrlichung des Christentums ausgeschlossen waren. So entstand ein Bild, das sich 2000 Jahre lang halten sollte.

Mit dieser Taktik folgte die Kirche einer Politik, die schon vom hl. Augustinus in seinem *Gottesstaat* beschrieben wurde, der das öffentliche Allgemeinwohl durch die göttliche Ordnung ersetzte. Augustinus' Gesamtwerk dient der Verherrlichung dieser göttlichen Ordnung. Die »bis zur Gottesverachtung gehende Eigenliebe« ist für Augustinus die Grundlage des irdischen Staates, die Gottesliebe und das »Erlösungsversprechen« hingegen bilden die Grundlage des Himmelreichs. In diesem Zusammenhang entstand auch das Konzept des beide Reiche regierenden obersten Priesters. Ein Konzept, das – wie wir heute wissen – zum Scheitern verurteilt war, denn »der Papst übte weltliche Macht aus und der Kaiser wollte an der geistlichen Macht teilhaben.«[14]

Das Christentum hat von Rom den staatlichen Zentralismus übernommen. Der heidnische Römerstaat bot dem Christentum den idealen Nährboden, hier konnte es leicht Wurzeln schlagen. Und so entstand zum ersten Mal in der Weltgeschichte eine geistige Tyrannei. Wegen der Herkunft des Christentums und der gemeinsamen heiligen Schriften konnte das Judentum im christlichen Imperium genausowenig geduldet werden wie

die großen christlichen Häresiebewegungen der Arianer und
der Gnostiker.

Man ging nicht nur gegen die Juden vor. Bekämpft wurden
alle: die häretischen und die schismatischen, die nichtchristli-
chen und die heidnischen Gemeinschaften. Daß die Judenverfolgungen besonders lange anhielten, ist auf den erstaunlichen
Widerstand der Juden zurückzuführen. Trotz allem Anschein
waren die Juden keine Schismatiker. Doch der Schein reichte
aus, um sie mit den übrigen Verfolgten in einen Topf zu werfen.

Aber auch das griechisch-römische Kulturerbe gehört kri-
tisch gesichtet. Es ist bis heute ein weitgehend unbeachtetes For-
schungsfeld geblieben. Doch es macht keinen Sinn, im Namen
eines spät entwickelten Humanismus die beiden Philosophen
Aristoteles und Platon den Päpsten gegenüberzustellen. Sie alle
stehen für das gleiche totalitäre Gedankengut. Mit dem Unterschied allerdings, daß Aristoteles, der Lehrer von Alexander
dem Großen, nicht an der Macht war und Platon, der nach
dem Sokratesprozeß klugerweise das Weite gesucht hatte, bei
dem Tyrannen Dionysios 1. von Syrakus lediglich eine Berater-
funktion innehatte.

Die Geschichte ist nicht nur vom modernen Standpunkt aus
zu betrachten. Wie Jean B. Neveux treffend bemerkt, »fällt es
den Historikern schwer, eine teleologische Sichtweise auf die
Ereignisse zu meiden und ihre eigene Zeit nicht als das ›letzte
Ziel‹ – das *Meta* – zu betrachten«.[15]

Man hätte sicherlich mehr Toleranz üben können. Doch
sollte man nicht außer acht lassen, daß diese – so wie wir sie
heute verstehen (und selten genug praktizieren) – im wesentlichen ein moderner Begriff ist.[16] In einer Zeit des ständigen
Umbruchs, wie er in den Jahrhunderten nach dem Niedergang
des Römischen Reichs herrschte, war es schwer, für mehr Toleranz einzutreten. Denn die Toleranz gegenüber den Arianern,
Marcioniten, Montanisten und Juden hätte endlose Aufstände
ausgelöst. Augustinus hatte dies in seinem *Gottesstaat* deutlich
formuliert: Der heidnische Staat mache den Fehler, daß er alle
Philosophen toleriere. »Das Wahre wird neben dem Unwahren
verkündet, und welche Irrlehre gerade triumphiert, ist völlig
egal, denn sie führen alle zur Gottlosigkeit«, schrieb Étienne

Gilson.[17] »Das auserwählte Volk kannte Probleme dieser Art nicht, denn seine Philosophen und Weisen sind Propheten, die im Namen Gottes sprechen.« Augustinus schreckte nicht einmal davor zurück, den Historiker Orosius mit einer Sammlung von Leidensgeschichten zu beauftragen, die die heidnischen Völker angeblich nur deshalb erfahren haben, weil man ihnen die Wahrheit des Gottesstaates vorenthalten hatte. Von nun an sollte die christliche Welt im Frieden des himmlischen Lichtes leben. Doch bei solchen Vorbedingungen konnte daraus natürlich nichts werden.

Von der Römerzeit bis ins 19. Jahrhundert kannten alle Kulturen und Religionen nur das Gesetz des Schwertes. Sie alle – auch das Judentum – empfanden es als normal, einen Menschen seiner physischen und moralischen Freiheit zu berauben und ihn fremden Bedürfnissen und Sitten zu unterwerfen. Das Judentum beispielsweise schrieb für die nichtjüdischen Sklaven die Beschneidung vor. Eine Toleranz im modernen Sinn des Wortes, d. h. Respekt vor dem anderen, so wie ihn Jesus im ersten Jahrhundert gelehrt hatte, war für die Menschen unvorstellbar. Bis ins 19. Jahrhundert trieben die christlichen Staaten völlig ungestraft und ruhigen Gewissens Sklavenhandel mit Schwarzen.

Sind also alle Ungerechtigkeiten und Greueltaten der Vergangenheit zu entschuldigen, weil auch die Verantwortlichen sich nicht von der allgemeinen Geisteshaltung freimachen konnten? Sicherlich nicht. Wir kennen nicht alle Einzelheiten. Außerdem wird in solchen Prozessen immer rückblickend geurteilt. Die in diesem Kapitel behandelten Fehler des Christentums erteilen uns jedoch eine Lektion: Der ideologische Totalitarismus hat unweigerlich einen intellektuellen Abstieg zur Folge und verstümmelt den Schuldigen genauso wie das Opfer. Das 20. Jahrhundert lieferte uns anschauliche Beispiele dafür: Die 70 Jahre des kommunistischen Regimes der UdSSR, die zwölf Jahre des Dritten Reichs und die 50 Jahre, die das von Mao Tse-tung gegründete kommunistische Reich nun schon besteht. Die christlichen Reiche in Ost und West waren die Vorläufer und zählen zu den dunkelsten Kapiteln der Kulturgeschichte. Was wir daraus lernen können, geht weit über das Problem des Antisemitismus hinaus.

Von allen Verfolgungen konnte der christliche Antisemitismus sein Lügengebilde, mit dem er die unmenschlichen Aktionen inszenierte, am längsten aufrechterhalten, nämlich das trügerische Bild vom barmherzigen Gott. Weil er sich als Verkünder einer göttlichen Offenbarung verstand, fühlte er sich erst recht zu seiner unmenschlichen Vorgehensweise berechtigt. Es bleibt zu prüfen, ob der Glaube auch ohne totalitären Charakter existieren kann und ob die Gottesliebe die Nächstenliebe ausschließt.

4

Das finstere Mittelalter:
Frankreich, Spanien, Deutschland

Die Ruhe vor dem Sturm – Massaker auf Juden während der Kreuzzüge – Die Kluniazenser – Die Toleranz der Westgoten im Languedoc – Die Hegemoniebestrebungen des Papsttums und die »Zwei Schwester-Lehre« – Die Toleranz der Westgoten in Spanien – Die Theologen schreiben den Juden das Tragen des gelben Sterns vor – Die Juden als Bankiers – Judenverfolgungen in Deutschland – Gerüchte über Hostienschändung, Ritualmorde und Brunnenvergiftung

Ab dem vierten Jahrhundert hing das Schicksal der Juden eng mit dem des Römischen Reichs und der angrenzenden Länder zusammen. Noch 395 reichte das Imperium im Westen von England über die Iberische Halbinsel bis nach Mauretanien in Afrika und im Osten vom Pontus über Kappadokien, Syrien, Judäa bis nach Arabien und Ägypten. Den Expansionsunternehmungen in Richtung Mesopotamien und Armenien war nur ein kurzfristiger Erfolg beschieden. Seit dem vierten Jahrhundert war der Druck der »Barbaren« auf das Reich immer stärker geworden. Dem versuchte man mit zusätzlichen Garnisonen an der Nordgrenze zu begegnen, doch der Druck der Germanen auf die Grenzen wurde von Tag zu Tag stärker. Die Markomannen und die Quaden machten den Grenztruppen in Norditalien und Illyrien schwer zu schaffen, und Wandalen, Gepiden, West- und Ostgoten drohten in Griechenland einzufallen. Im Nordosten und Osten war das Gebiet der heutigen Türkei durch die Perser und die Alanen bedroht. Die Pax Romana war unsicher geworden. Wahrscheinlich auch durch die Verlegung der Hauptstadt von Rom nach Byzanz und der damit zusammenhängenden Verlagerung des Machtzentrums nach Osten war die Kontrolle über das riesige Reichsgebiet zusehends schwieriger geworden.

Als Theodosius I. 395 starb, teilte man das Imperium in zwei Teile. Als Grenze galt eine Nord-Süd-Linie, die – grob gesagt – zwischen Sirmium (heute Sremska Mitrovica, Serbien) und Kyrene (Libyen) verlief und bereits bei der Reichsaufteilung von 364 maßgeblich gewesen war.[1] Die westliche Hälfte bekam Honorius, die östliche Arcadius. Weder der Sturz Roms 476 noch die allmähliche Zersplitterung des Reiches konnten die Judenverfolgungen im unmittelbaren Einflußbereich von Byzanz und Rom aufhalten. Der durch kaiserliche Erlasse gewährte Sonderstatus führte jedoch bei den christianisierten Bevölkerungen der neuen Reiche auf dem Gebiet des ehemaligen weströmischen Reiches zu keinen nennenswerten antisemitischen Vorfällen: In Spanien siedelten Sueben, Basken und Westgoten, in Frankreich Franken und Burgunder, in Deutschland andere germanische Stämme und auf dem Balkan und in Osteuropa Gepiden, Awaren und Slawen. Das belegt, daß die antisemitischen Wellen von Rom und Byzanz ausgingen.

Die neubekehrten Christen waren zum großen Teil Arianer. Sie waren voller Bewegung, lebten deshalb in sich stets veränderten Grenzen und fühlten sich nicht stark an die kaiserliche Zentralgewalt gebunden. Man hatte seine Unabhängigkeit erreicht und kümmerte sich nicht groß um die theologischen Streitereien mit den Juden. Diese lebten in arbeitsamen Gemeinschaften, verhielten sich neutral und mischten sich nicht in die Politik, sondern versuchten über die Landwirtschaft und das Handwerk einen gewissen Wohlstand zu erreichen. Außerdem existierten noch keine romhörigen Mönchsorden wie etwa die Kluniazenser, Franziskaner und Dominikaner, und somit hatten weder der Papst noch der Kaiser irgendwelche Möglichkeiten, sich bei diesen Völkern, den sogenannten »Barbaren«, Gehör zu verschaffen. Die Toleranz der Westgoten in Südfrankreich und Spanien macht das ganz besonders deutlich.

Das gilt auch für die Regierungszeit Karls des Großen und für die Zeit nach der im Vertrag von Verdun von 843 festgelegten

Reichsteilung. Die Stellung der Juden entsprach in etwa dem durch die kaiserlichen Gesetze vorgeschriebenen Status: Sie waren zwar den Bürgern des Reiches nicht gleichgestellt, hatten aber trotzdem einen erträglichen Stand, konnten einen gewissen Wohlstand erreichen und sich dauerhaft niederlassen. Manchmal wurden ihnen sogar bestimmte Privilegien zugesprochen. 1084 beispielsweise gestand der Bischof Rüdiger von Speier den Juden unter anderem das Recht zu, ihr Viertel mit einer Mauer einzufassen. 1090 weitete Kaiser Heinrich IV. diese Vorrechte noch weiter aus. Unter dem böhmischen Herzog Wratislaw II. besaßen die Juden sogar einen autonomen Status. Vorübergehend beschäftigte sich die Kirche weniger mit den Juden als vielmehr mit den theologischen Streitereien zwischen der West- und der Ostkirche (der Aufstand der syrischen und der ägyptischen Monophysiten gegen die byzantinischen Schikanen förderte im siebten Jahrhundert die Eroberung dieser Länder durch den Islam).

Ab dem zehnten Jahrhundert zeichnete sich jedoch eine Veränderung ab. Mit der Klosterreform der Benediktiner des neunten Jahrhunderts standen dem Papsttum entscheidende Instrumente für theologische und ideologische Maßnahmen zur Verfügung, nämlich die 910 gegründeten Kluniazenser, die Zisterzienser, die Prämonstratenser und die beiden großen Bettelorden der Dominikaner (gegründet 1216) und der Franziskaner (gegründet 1223). Die Kluniazenser bildeten mit ihren 350 in ganz Europa verbreiteten Klöstern eine starke Kongregation und stellten so im zehnten und elften Jahrhundert eine regelrechte geistige Armee. Ihr »General« galt unangefochten als der zweite Mann der Christenheit; in enger und intensiver Zusammenarbeit mit Rom kämpften die Benediktiner für ein Wiedererstarken des Christentums, das unter der Schwächung des Reichs, den Schismen und Häresien gefährlich gelitten hatte.

1095 rief Papst Urban II. zu einem Kreuzzug nach Palästina zur Rückeroberung des vom Islam besetzten Heiligen Landes auf. Angeblicher Grund: Bedrückung der Christen durch die muslimischen Herrscher. In Wahrheit war es ein Plünderungszug. Die Goldvorräte des Westens waren aufgebraucht, denn die gallischen und die iberischen Goldminen, mit denen die Römer ihre ewig negative Handelsbilanz ausgeglichen hatten, lieferten kein Edelmetall mehr. Man träumte vom Osten, der angeblich voller Reichtümer war.[2] Urban II. verstand sich als oberster Feldherr des Westens und wollte als solcher in einem großen Religionskrieg gegen die »Heiden« Osteuropas und den Islam ziehen. Und gegen die Juden.

Schon der erste Kreuzzug wurde noch in Europa gewalttätig. Plündernd, vergewaltigend und massakrierend suchten die Kreuzfahrer die Juden entlang des Rheins heim. Der damalige Chronist Guibert de Nogent schrieb: »Eigentlich wollten wir die im Orient sitzenden Feinde Gottes bekämpfen, doch mit den Juden haben wir die allerschlimmsten Gottesfeinde direkt vor unseren Augen.«[3] Tatsächlich war nicht nur die Religion gemeint. Die Juden waren reich. Warum also das Geld in der Ferne suchen? Also ging es bald nur noch um die Reichtümer, wenn nicht gar um die physische Ausrottung der Juden.

Peter von Cluny, die rechte Hand des Papstes, griff das Thema von Guibert von Rouen gegenüber dem französischen König Philipp I. auf: »Wozu sollen wir die Feinde Christi in fernen Ländern suchen? Die gotteslästerlichen Juden, weit schlimmer als die Sarazenen, leben in unserer Mitte und schmähen ungestraft Christus und die Sakramente.« Zu Recht stellt man sich die Frage, ob die Juden in einer solchen Situation dazu noch in der Lage waren. Es sei denn, man empfindet schon allein die Anwesenheit von Juden als eine Schmähung Christi. Der barmherzige Mönch fand Gehör: 1096 wies Philipp I. die Juden aus Frankreich aus. Die Ausweisung war nicht ganz uneigennützig, denn alles, was die Juden nicht mitnehmen oder zu Niedrigstpreisen verkaufen konnten, wurde beschlagnahmt. Später sollte sich dieser Vorgang wiederholen, im Nazideutschland, im Zweiten Weltkrieg auch im übrigen Europa.

In der Zwischenzeit benahmen sich die Kreuzfahrer im Heiligen Land wie erwartet. 15 000 Mann waren von den Ufern der Maas und des Rheins aufgebrochen. Diejenigen, die am Ziel ankamen, richteten ein Blutbad unter den muslimischen Verteidigern der Stadt an. Sie massakrierten aber auch die Juden, die mit dieser Auseinandersetzung eigentlich nichts zu tun hatten.

Die Brutalität dieses Massakers gibt ein Brief des Anführers Gottfried von Bouillon, dem Idealbild der französischen Heldendichtung des Mittelalters, an den Papst deutlich wieder: »Wenn Ihr wissen wollt, wie es dem Feind in Jerusalem ergangen ist, so will ich Euch sagen, daß das schändliche Blut der Sarazenen den Pferden unserer Leute bis an die Knie reichte.« Die Juden der Stadt wurden in ihrer Synagoge eingeschlossen und bei lebendigem Leibe verbrannt.[4] Das Drama von Oradour-sur-Glane[5] hat sich also bereits 850 Jahre zuvor in ähnlicher Weise abgespielt. Die Berichte der heimkehrenden Kreuzfahrer heizten die Stimmung noch weiter an. Auch im heimischen Frankreich wollte man dem Beispiel der kühnen Recken, die im fernen Sarazenenland den Glauben verteidigt hatten, folgen und rüstete so zum Kampf gegen die Juden, wo immer sie auch zu finden waren.

Der Kampf ließ auch nicht lange auf sich warten: 1144 ließ Ludwig VII., der neue Hoffnungsträger der kapetingischen Dynastie, abermals die Juden aus Frankreich ausweisen. Wer von ihnen die Ausweisung ignorierte, wurde hingerichtet oder verstümmelt. In der allgemeinen Kreuzzugshysterie beeilten sich die meisten Städte, dem königlichen Erlaß nachzukommen und sich des jüdischen Besitzes zu bemächtigen. Zum missionarischen Eifer kam eine gehörige Portion Niedertracht. Der erste Kreuzzug hatte nämlich mehr Geld gekostet als eingebracht, und die Kassen mußten wieder gefüllt werden.

1181 ließ Philipp August die Pariser Juden während der Sabbatfeierlichkeiten verhaften. Erst nach Begleichung einer »Geldstrafe« von 15 000 Mark wurden sie wieder freigelassen. Es war der Beginn einer reinen Raubpolitik, wie sie später auch die Inquisition verfolgte. Im darauffolgenden Jahr ließ sich der nach wie vor von Geldnöten geplagte Monarch noch etwas Besseres einfallen. Alle ihre Häuser, Felder, Kellereien, Scheunen und Schuldbriefe wurden beschlagnahmt. Um der nichtjüdischen Bevölkerung diese Raubpolitik, die im Widerspruch zur christlichen Nächstenliebe stand, schmackhaft zu machen, ließ Philipp August bekanntgeben, daß jeder Christ, der den Juden etwas schuldete, sich freikaufen könne, wenn er ein Fünftel des Betrags in die Kasse des Königs zahle. Von Skrupeln war der

König offensichtlich nicht geplagt, denn 1196 öffnete er die Grenzen wieder für die Juden. Natürlich mußten sie dafür eine bestimmte Summe in die Staatskasse entrichten.[6] Dafür standen sie sogar unter dem »besonderen Schutz« des Königs. Die Zinsen ihrer Geldgeschäfte durften allerdings eine bestimmte Grenze nicht überschreiten.

Zusammenfassend kann man sagen, daß der Antisemitismus in jener Zeit wenig mit Religion zu tun hatte. In erster Linie ging es um Geld.

Die Juden kehrten also nach Frankreich zurück und engagierten sich in einem Bereich, der ausschließlich ihnen vorbehalten war: Sie verliehen Geld gegen Zinsen. Mit dem Bild des goldgierigen, krummfingrigen Juden kam ein neuer Mythos auf. Die Wirklichkeit sah jedoch anders aus: 1179 war den Christen auf dem dritten Laterankonzil der Handel mit Geld untersagt worden. Da es aber keinen Handel ohne Kredit und keinen Kredit ohne Zinsen geben konnte, überließ man den Juden, was den Christen verboten war. Es waren also die Christen, die die Tradition der jüdischen Wirtschaftsmacht begründeten.[7]

Trotzdem setzte man die Plünderungen und Massaker fort: 1196 kam es zu einem Blutbad in Rouen, von 1236 bis 1239 zu mehreren Ausschreitungen in der Bretagne, 1240 in der Grafschaft Maine und 1288 in der Gascogne. Von 1306 bis 1315 kam es zu weiteren Massakern in Burgund, von 1322 bis 1361 in Toulouse, Tours und Chinon, 1320 in Bourges und schließlich 1380 in Paris. Auch von 1348 bis 1350 wurden zahlreiche antijüdische Aufstände registriert, und zwar in Villedieu, Saint-Saturnin, Châtel, Saint-Genx, Yennes, Chambéry, Aiguebelle, Montmélian, Tain-l'Ermitage, Valence, Veynes, Nyons, Buis-lès-Baronies, Forcalquier, Orange, Manosque, Vauduen, Toulon, Malemort, Mirabel...

Der Antisemitismus war in Frankreich jedoch nicht überall gleich stark. Wie Fieberanfälle flackerte er mal hier und mal da auf. Die Juden wanderten ins Languedoc aus, das damals den Grafen von Toulouse als Erben des westgotischen Königreichs unterstand. Schon unter den Westgoten, die sich im Vergleich zu den übrigen christianisierten Völkern wesentlich weniger um religiöse Fragen gekümmert hatten, fanden die Juden

Zuflucht in dieser Region. Die Westgoten schätzten vor allem das Talent und das handwerkliche Können der Juden. Sie waren zwar Christen, folgten aber der häretischen Lehre des Arius, der die Wesensgleichheit zwischen Gott-Vater und Sohn ablehnte. Da für die Arianer der Sohn Gottes kein vor aller Ewigkeit existierendes Wesen war, mußten sie auch das Dogma von der ewigen Kirche, mit dem Rom seinen universalen Hegemonieanspruch begründete, in Frage stellen. Die Westgoten hatten also wesentlich weniger Gründe zur Judenverfolgung und waren deshalb so tolerant, daß der im fünften Jahrhundert lebende Salvianus von Marseille den Lastern der Römer die Tugenden dieser »Barbaren« gegenüberstellte und der Hoffnung Ausdruck gab, daß die Westgoten trotz ihres häretischen Glaubens zum Heil finden.

Die Westgoten in Spanien und Aquitanien schützten die Juden, die im Textilgewerbe, im Handel, im Acker- und Weinbau arbeiteten und so wesentlich zum Wohlstand des Königreichs beitrugen, seit den Anfängen ihrer Königsherrschaft. Es gab jüdische Siedlungen in Narbonne, Agde, Aigues-Mortes, Montpellier, Béziers, Nîmes, Carcassonne und natürlich in Toulouse. Synagogen standen in Toulouse, Béziers, Mende, Pamiers, Posquières, Lunel, Nîmes, Saint-Gilles.

Man sollte sich jedoch kein zu idyllisches Bild von der Toleranz im Languedoc machen. »In Béziers«, schreibt Philippe Bourdrel, »war es üblich, aus ›Rache für den Herrn‹ die Juden am Palmsonntag mit Steinen zu bewerfen und tätlich anzugreifen. In Toulouse versetzte einer der Stadtherren an Ostern jedem Juden mit einem eisernen Handschuh einen Schlag ins Gesicht. Damit wollte man an diejenigen erinnern, die Christus auf seinem Leidensweg verspottet haben.«[8]

Die Ruhe war trügerisch. Auch die Albigenser genossen im Languedoc Asylrecht. Man gab ihnen den vielsagenden Namen »die guten Männer« und zollte ihnen für ihr tugendhaftes Leben großen Respekt. Auf Papst Innozens III. machte diese Tugendhaftigkeit natürlich wenig Eindruck. Für ihn waren die Albigenser – man nannte sie nach der Stadt Albi, weil sie dort besonders zahlreich vertreten waren – Katharer (»die Reinen«), Mitglieder einer häretischen Sekte, auf die unser Wort »Ketzer«

zurückgeht. Ihre Lehre fußte auf dem Gnostizismus. Sie glaubten nicht an die Menschwerdung Gottes, weil sie die geistige und materielle Welt für unvereinbar hielten. Ihren Ursprung hatten die Katharer bei den thrakischen Bogomilen, also in Bulgarien. Von dort verbreitete sich die Bewegung über den Balkan sowie über Mittel-, West- und Südeuropa. Die Katharer hatten sogar einen eigenen Papst und eigene Bischöfe.

Für die römische Kirche, die sich 1054 endgültig von den Ostkirchen getrennt hatte, war die Albigenserfrage von außerordentlicher Bedeutung. Innozens III. beschloß einen Kreuzzug gegen diese Ketzer und schickte deshalb Dominikanermönche als Gesandte zu den katholischen Bischöfen der Provence, wo sie mit ihren Predigten einen Kreuzzug gegen die Albigenser mobilisieren sollten. Doch die Bischöfe ignorierten die päpstlichen Anordnungen, die ihrer Meinung nach weit über das Ziel hinausschossen. Auch der Graf Raimund VI. von Toulouse verweigerte den Gehorsam. Für ihn gab es überhaupt keinen Grund, die »guten Männer« zu verfolgen. Auch Roms Behauptung, daß die Katharer mit dem Teufel im Bunde stünden, schenkte er keinen Glauben. Doch dann spitzten sich die Dinge zu: Am 15. Januar 1208 fiel der päpstliche Legat Peter von Castelnau einem Mordanschlag zum Opfer.

Innozenz III. wandte sich an König Philipp August: »Es ist Eure Aufgabe, den Grafen von Toulouse zu vertreiben und sein Land den guten Katholiken und nicht den Ketzern zu überlassen.« Doch der französische König hatte wenig Spielraum, denn der englische König Johann Ohneland und der deutsche Kaiser Otto IV. schürten bewußt die Auseinandersetzungen in Frankreich. Außerdem rief der päpstliche Legat Arnold von Cîteaux auf Betreiben von Innozenz III. zum Kreuzzug gegen die Albigenser auf und erteilte allen Teilnehmern schon im voraus die Absolution. Das Angebot war verlockend. Auf die Frage, woran man die Häretiker erkennen könne, antwortete der finstere Arnold mit einem berühmt-berüchtigten Satz, der im Hinblick auf den Glauben und die christliche Barmherzigkeit Bände spricht: »Erschlagt sie alle, Gott wird die Seinen schon erkennen!« Als Raimund VI. im Jahr darauf durch die von Norden heranrückenden Truppen in Bedrängnis kam, mußte er mit Rom einen Kompromiß aushandeln und verpflichtete sich, der Kreuzzugsarmee beizutreten.

Wie zu erwarten war, brachte das reumütige Einlenken von Raimund weder den Katharern noch den Juden eine Erleichterung. Letztere wurden völlig überraschend in die Auseinandersetzung hineingezogen. Bei ihrer Eroberung Béziers' metzelten die Kreuzritter 15 000 Katharer und Juden nieder.[9] Raimund begab sich nach Rom und konnte so die drohende Exkommunikation verhindern – damals für einen Christen genauso gefährlich wie heute für einen Muslimen eine *Fetwa* aus Teheran. Und damit hätte das Grauen eigentlich sein Ende finden können. Doch die päpstlichen Legaten bedrängten den aus Rom Zurückkehrenden mit neuen Forderungen. Man drohte ihm mit der Zerstörung seiner Schlösser und der seiner Vasallen, wenn er nicht seine ganze Macht und all seinen Besitz dem Klerus zur Verfügung stellen und sich verpflichten würde, »den hinterlistigen Juden und den ihm von den Klerikern zu bestimmenden Häretikern seinen Schutz zu entziehen«.

Schon seit sieben Jahrhunderten wurden damals die Juden von den Vertretern der Kirche verfolgt. Aus dem Antijudaismus der christlichen Minderheit entwickelte sich das, was man allgemein als Antisemitismus bezeichnet. Der Haß der Christen auf die Juden setzte sich in der Gesellschaft fest und trieb weitere sechs Jahrhunderte sein Unwesen. Erst Joseph Bonaparte nahm der Kirche mit der Inquisition ihren weltlichen Arm und setzte den Ausschreitungen, die angeblich im Namen des Juden Jesus geschahen, ein Ende.

Der außerordentliche, ja pathologische Haß der Christen auf die Juden ist schon einige Male beschrieben worden, meistens als eine Katastrophe, der man machtlos gegenüberstand, vergleichbar mit der zur gleichen Zeit wütenden Pest. Dies ist meines Erachtens ein Schwachpunkt, auf den ich schon im Vorwort zu diesem Buch im Zusammenhang mit der Shoah eingegangen bin. So gesehen käme der Antisemitismus jenen in den Genen schlummernden, letzten Endes durch nichts aufzuhaltenden Krankheiten gleich. Die eingehende Analyse der Fakten bestätigt das jedoch nicht.

Wie dieses Beispiel zeigt, war Frankreich – wie das übrige

Europa – nicht durch und durch antisemitisch. Die zentrale Autorität, die den europäischen Antisemitismus hochpeitschte, war Rom. Dort saß in jenen Jahren Papst Innozenz III. (seit 1198), der sich als Instrument einer theokratischen Weltherrschaft verstand. Er fühlte sich als die absolute geistige Macht und wollte sich sämtliche politischen Mächte unterordnen. Fast ganz Italien stand schon unter seiner Herrschaft, 1209 krönte er Otto IV. zum deutschen Kaiser (und später exkommunizierte er ihn, weil er mit der Besetzung der Toskana durch das kaiserliche Heer nicht einverstanden war). Er versuchte auch, Philipp August und Johann Ohneland seinen politischen Willen aufzuzwingen... An die Stelle der römischen Arroganz war in direkter Nachfolge die päpstliche Arroganz getreten. Unter den nachfolgenden Päpsten wurde der Anspruch noch größer: 1302 wurde mit der Bulle *Unam Sanctam* erneut bekräftigt, daß alle Macht – auch die weltliche – der Autorität des Papstes unterstehe. Es war der Triumph der sogenannten »Hierokratie«, der Priesterherrschaft. Dementsprechend definierte Ägidius von Rom: »Nur innerhalb der Kirche und mit dem Segen der Kirche gibt es eine gültige Rechtsgrundlage für den Besitz weltlicher Güter.«

Es gibt nichts, worauf sich dieser päpstliche Anspruch auf die »zwei Schwerter« – die geistige und die weltliche Macht – stützen könnte: Die Lehre Jesu rechtfertigt diesen Anspruch jedenfalls mit keinem Wort. Auch bei Paulus findet sich nirgends der Wunsch nach weltlicher Macht. Heute steht fest, daß die Kirche auch ohne die jahrhundertelang in unrühmlicher Weise eingesetzte weltliche Macht überlebt hat. Der radikale Antisemitismus wird ein unauslöschlicher Schandfleck auf dem Wappen des Heiligen Stuhls bleiben. Solange Rom genügend weltliche Macht besaß, um in das Leben der Völker einzugreifen, wollte es eine ausschließlich katholische Welt. Der römische Totalitarismus zielte auf die Ausrottung der Juden.

Wenn es der päpstlichen Politik um den Schutz der Juden gegangen wäre, hätte sie dazu unter Innozenz III. und seinen Nachfolgern alle Möglichkeiten gehabt. Mit dem starken Einfluß, den der Klerus auf die Bevölkerung hatte, hätte die Kirche die Ausschreitungen gegen die Juden – notfalls unter Andro-

hung der Exkommunikation – verhindern können. Auch auf die
weltlichen Machthaber hätte sie dementsprechend einwirken
können. Sie tat jedoch das Gegenteil und gab sich dabei noch
den Anstrich von Toleranz und Mitmenschlichkeit.[10] Auf den
Konzilien – insbesondere dem vierten Laterankonzil – setzte
man sich endlos mit der Lehre des hl. Augustinus auseinander.
Er sah das jüdische Volk zu einem Leben in untergeordneter
Position verdammt. »Auch auf den Synoden von Fritzlar
(1259) und Wien (1267) wurde das Thema wieder aufgegriffen
und das Verhältnis zwischen Juden und Christen bis ins kleinste
Detail festgelegt«, schreibt Francis Rapp.[11] Auch 1246 auf dem
Konzil von Béziers wollte der Klerus das jüdisch-christliche Verhältnis in allen Einzelheiten bestimmen. Unter anderem verbot
man den Christen die Behandlung durch einen jüdischen Arzt,
»denn besser stirbt man, als daß man sein Leben einem Juden
verdankt«. Die Ergebnisse der Konzilien von Wien und Breslau
(1261) fanden Eingang in die weltliche Gesetzgebung: Von nun
an war es den Christen verboten, bei Juden Lebensmittel einzu-
kaufen. Es ging nämlich das Gerücht, daß die Juden ihre Kinder
darüber urinieren ließen...

Im Namen Christi trat Rom den Grundsatz der Menschenwürde mit Füßen und verwarf die Politik Gregors des Großen
(590–604), der die Zwangstaufe klugerweise abgelehnt hatte.[12]
Erneut drängte man die Juden zur Zwangsbekehrung. Doch
was für einen Wert hatte eine mit dem Schwert durchgesetzte
Konversion? Keinen großen, denn er ließ den Juden nur die
Wahl zwischen Verrat oder Scheinheiligkeit. Der konvertierte
Jude Nicolas Donin reiste in eigener Initiative zu Papst Gregor IX. und übergab ihm eine lange Liste von Anklagepunkten
gegen den Talmud und die tabbinische Literatur. Daraufhin
ordnete Rom eine großangelegte, europaweite Studie an, die
der Frage nachgehen sollte, inwieweit der Talmud eine Quelle
für häretische Bewegungen sei.

Man war zu Recht entsetzt, als die Nationalsozialisten den
Juden in Europa den gelben Stern aufzwangen. Das unheilvolle,
die schlimmsten Judenverfolgungen der Geschichte einleitende
Zeichen war jedoch keine Erfindung der Nationalsozialisten,
sondern der Kirche. 1215 wurde auf dem vierten Laterankonzil

die äußere Kenntlichmachung von Juden gefordert, angeblich, um eine »irrtümliche« geschlechtliche Vermischung zu verhindern. Bestimmte Juden, »die viel [Steuer]geld einbrachten, beispielsweise wichtige, zu Auslandsreisen verpflichtete Kaufleute«, konnten von dieser Kennzeichnungspflicht entbunden werden.[13]

Die Bestimmungen dieses Laterankonzils lassen keinen Zweifel aufkommen: Die Kirche wollte die Juden mit allen Mitteln ins gesellschaftliche Abseits drängen. Zu bestimmten Zeiten – besonders in der Karwoche – durften sie sich nicht einmal mehr in der Öffentlichkeit zeigen. Sie bekamen einen Status, der schlechter war als der der Sklaven im antiken Rom.

Die Aufwiegelungen von Innozenz III. hatten schwerwiegende Folgen: In Frankreich tobte der Bürgerkrieg zwischen Norden und Süden. Simon IV. von Montfort kommandierte die Truppen des Nordens, und Graf Raimund VI. von Toulouse stand für den Widerstand des Südens gegen die päpstliche Intoleranz. Vordergründig ging es um die Auslegung der Menschwerdung Christi, in Wahrheit jedoch um die Kirche und deren Herrschaft über die ganze bekannte Welt. Der Krieg zog sich lange hin, und zwar immer auf Kosten der Juden, deren einziger Fehler es war, französische Schutzherren zu haben.

1217 befreiten die Soldaten Raimunds VI. die Stadt Toulouse. Simon von Montfort fiel im Kampf. Sein Sohn Amaury VI. bat den König um Hilfe, und so kam es unter der Führung des späteren Ludwig VIII. zur Belagerung von Toulouse. Am 1. August 1219 hob Prinz Ludwig aufgrund des heftigen Widerstands die Belagerung auf. Das Languedoc war wieder frei. Allerdings nicht lange, denn 1226 gingen die königlichen Truppen erneut in die Offensive und zwangen die Stadt Toulouse in einer zweiten Belagerung in die Knie. Diesmal trug der königliche Superchrist den Sieg davon. Das Languedoc kapitulierte und fiel im Vertrag von Meaux an die französische Krone. Raimund VII. von Toulouse mußte sich gegenüber den päpstlichen Gesandten verpflichten, weder Juden noch Häretiker in öffentliche Ämter zu berufen. Das Judentum stand vor einem düsteren Kapitel.

Im übrigen Europa war die Situation der Juden nicht viel besser. Durch die französischen Verfolgungen bekam die jüdische Wanderbewegung eine andere Richtung. Nun zählten die Gebiete der orthodoxen Kirche, Nordafrika, Mauretanien, die Cyrenaika, das Königreich Neapel und das damals unter staufischer Herrschaft stehende Benevent zu den freizügigeren Regionen. Auch in Polen war man in jener Zeit toleranter als in den dem römischen Diktat unterworfenen Ländern und nahm Juden auf. 1264 erhielten die Flüchtlinge unter König Boleslaw v. (»der Keusche«) sogar einen Autonomiestatus, d. h. in der Rechtsprechung über ihre Leute galten nicht die fremden Vorschriften des Gastlandes, sondern die eigenen Gesetze.

Das Beispiel Spanien zeigt besonders deutlich, daß es vor der Einflußnahme durch das christliche Rom keinen Antisemitismus gab. Auch dort war die relative Toleranz zum Teil den Westgoten zu verdanken. 494 dehnten die Westgoten unter Alarich II. (484–507) ihr Herrschaftsgebiet von Aquitanien auf die Südseite der Pyrenäen aus und verlegten unter Athanagild (551–567) ihre Hauptstadt nach Toledo.[14] Man mußte mit dem Schlimmsten rechnen, denn die westgotische Minderheit[15] war – wie bereits erwähnt – arianisch, die hispano-römische Mehrheit katholisch. Die zwischen den beiden Lagern sitzenden Juden waren also von zwei Seiten bedroht. Heiratsverbindungen über die Konfessionsgrenzen hinweg waren verboten. Doch trotz dieser instabilen Lage lassen sich für jene Zeit keine außerordentlichen Judenverfolgungen feststellen.

Erst später begehrten die Katholiken auf und pochten auf ihr zahlenmäßiges Übergewicht. König Rekkared, der Nachfolger von Leowigild, folgte dem Beispiel Chlodwigs und trat aus politischen Gründen zum katholischen Glauben über. 589 wurde auf dem dritten Konzil von Toledo der Katholizismus zur Reichsreligion erhoben. Doch trotz einer zunehmenden Einflußnahme durch den katholischen Klerus gab es auch zu dieser Zeit noch keine antisemitischen Verfolgungen. Zu den ersten Anzeichen kam es erst 612 mit der Thronbesteigung von Sisibut, der bis 621 regierte. 613 ließ dieser König die Juden zwangstaufen. Die Stärkung des Katholizismus war für die westgotischen Könige wichtig, denn dadurch wurde der Zusammenhalt des Volkes gefördert. Doch sowohl für die Könige als auch für die Juden wehte recht bald ein anderer Wind. Schon auf dem vierten Konzil von Toledo wurden unter dem Vorsitz des hl. Isidor der König und die Regierung der kirchlichen Autorität unterstellt.

In jener Zeit lebten in Spanien zahlreiche Juden. Noch unter den Römern war der jüdische Glaube auf die Iberische Halbinsel gekommen. Zumindest im schwach christianisierten Norden waren die Lebensbedingungen für die Juden vergleichsweise gut gewesen. Sie profitierten von der relativen Toleranz des Römischen Reiches. Doch das änderte sich mit König Sisibut und den beiden Konzilien von Toledo. Rom verfolgte die Juden bis zu den Säulen des Herakles.

Doch auch diese Situation änderte sich völlig überraschend. In der Zwischenzeit hatte nämlich der Islam ganz Afrika erobert, und stieß 711 mit Tarik, dem Oberbefehlshaber von Tanger, bei Gibraltar (Dschebel at-Tarik = »Berg des Tarik«) auf die Iberische Halbinsel vor. Am 19. Juli wurden die westgotischen Truppen bei Medina-Sidonia mit Roderich, ihrem letzten König, völlig aufgerieben. Mit Ausnahme von Asturien fiel die ganze Halbinsel unter die islamische Herrschaft. 956 verlegten die Omaijaden ihre Hauptstadt nach Córdoba. Damit begann für die Juden ein Goldenes Zeitalter, denn die Muslime führten – wie später Kaiser Friedrich II. – den Handelsreichtum ihres Landes auf sie zurück und gewährten ihnen deshalb Schutz. Die jüdische Kolonie blühte auf und entwickelte zahlreiche neue Handwerkszweige, darunter begehrte Seidenspinnereien und Glashütten. Besonders bemerkenswert war der fruchtbare Austausch zwischen der hebräischen und der islamischen Kultur. Ich werde im folgenden Kapitel näher darauf eingehen.

Doch mit der Reconquista kehrte das Christentum nach Spanien zurück und beendete die Friedenszeit, in der Christen, Muslime und Juden in gutem Einvernehmen miteinander gelebt hatten. In der Übergangszeit gaben sich die Christen zunächst einmal gemäßigt. Sie waren auf die Juden angewiesen und respektierten deshalb die Privilegien, die die Muslime ihnen zugestanden hatten. Doch mit der Zeit wurde der Ton härter.

Und wieder einmal war es der christliche Klerus, der den Stein
ins Rollen brachte. Folgendes Beispiel steht für viele andere:
König Jakob I. von Aragon (1213–1276) verbrachte den Karfreitag in der Stadt Gerona. Ungeachtet der königlichen Präsenz
ließen die Priester die Sturmglocke der Kathedrale läuten. Es
war nicht das erste Mal, daß diese Sturmglocke am Karfreitag
läutete. Mit ihr forderte man regelmäßig die Bevölkerung zu
Ausschreitungen gegen die Juden auf. Die Jagd auf die Juden
begann. Man verprügelte sie, schlug sie halbtot. Ihre Häuser
wurden geplündert und in Brand gesteckt. Der König war entrüstet und sah sich gezwungen, die Juden mit Waffengewalt
gegen das vom Klerus aufgehetzte Volk zu verteidigen. Sein
Sohn Peter III. von Aragon wurde mehrmals hintereinander
wegen Ausschreitungen, für die der Klerus die Verantwortung
trug, beim Bischof von Gerona vorstellig. Als 1278 der Stadt-
herold wieder einmal die Priesterschaft aufforderte, die Bevölkerung nicht zu solchen Ausschreitungen anzustiften, wurde er
vom Klerus ausgelacht. Dokumente über diese organisierten
Tumulte sind in den bischöflichen Archiven natürlich nicht zu
finden. Von einem detaillierten Zeugenbericht aus dem Jahre
1302, den die Zensur der Inquisition offensichtlich übersehen
hat, wissen wir jedoch, daß diese Ausschreitungen regelmäßig
stattfanden,[16] und zwar nicht nur in Gerona, sondern auch in
Barcelona, Villafranca del Penedès, Camarasa, Pina, Besalú,
Daroca, Alcoletge, Valencia und Teruel.
    Da die Juden nur untereinander heiraten durften, verarmten
ihre genetischen Anlagen. Schlechte Ernährung und ständige
Angst taten ein übriges. Sie waren Ausgestoßene, wie schon
vor dem Auszug aus Ägypten. Die Krone von Aragon ließ auf
Kosten der Juden eine Bürgergarde aufstellen, die eventuelle
Ausschreitungen während der Karwoche verhindern sollte.
1473 weigerten sich jedoch die Juden der Stadt Castellon, weiterhin für diese Garde aufzukommen, denn auch von dieser
waren sie gesteinigt worden.
    1378 startete Ferrante Martinez, der Erzdiakon von Ecija,
eine antisemitische Kampagne großen Stils. Als er kurze Zeit
später die Verwaltung der Diözese von Sevilla übernahm,
wurde aus dieser Kampagne ein regelrechter Feldzug gegen die

Juden. 1391 kam es erneut zu antijüdischen Ausschreitungen in Gerone, Burgos, Toledo, La Cuenca, Segovia, Valencia, Cordoba, Sevilla, und in Palma de Mallorca. Tausende von Juden – insgesamt ein Drittel der jüdischen Bevölkerung Spaniens[17] – wurden niedergemetzelt, Frauen und Kinder als Sklaven verkauft, die Synagogen in Kirchen umgewandelt und die jüdischen Viertel in Brand gesteckt. Von den überlebenden Juden wanderten viele in die islamische Welt und nach Osteuropa aus.

Was den Antisemitismus betrifft, hinkte Deutschland den Franzosen etwa ein halbes Jahrhundert hinterher. Erst zu Beginn des 13. Jahrhunderts nahmen die antijüdischen Tumulte deutlich zu. Wir müssen uns aber ins Gedächtnis rufen, daß die Grenzen des Heiligen Römischen Reiches Deutscher Nation sich sehr von den heutigen Grenzen Deutschlands unterscheiden. Zum Reich gehörten viele Gebiete, die nicht von alters her im eigentlichen Sinne deutsch waren: das Herzogtum Niederlothringen einschließlich Belgiens und der heutigen Niederlande, das den ganzen Südosten Frankreichs umfassende Königreich Burgund und die damals ganz Venetien mit einschließende Mark Verona. Auch Böhmen war seit 1041 ein deutsches Lehen. Wer also vom »tiefsitzenden« deutschen Antisemitismus spricht, zeigt nur seine erstaunliche Unkenntnis in historischen Dingen. Denn Deutschland als politische Einheit gab es damals noch nicht.

In den germanischen Ländern war man ursprünglich dem Antisemitismus auch nicht mehr zugetan als im Languedoc. Kaiser Ludwig 1. mit dem Beinamen »der Fromme«[18] stellte die Juden unter seine Protektion. Auch seine Nachfolger gewährten ihnen manche Privilegien. Doch der Friede war nur von kurzer Dauer. Unter dem Einfluß der französischen Judenverfolgungen kam es ab dem späten elften Jahrhundert auch im Reich zu ersten antisemitischen Feindseligkeiten, und zwar während des ersten Kreuzzugs von 1096. Die Ausschreitungen waren so heftig, daß bei Christen wie dem Erzbischof von Mainz Mitleid aufkam. Er versuchte, die Juden seines Erzbistums zu schützen, mußte aber letzten Endes selbst fliehen, sonst wäre auch er von der aufgehetzten Menge niedergemetzelt worden. Allein in Mainz fielen 1000 Juden dem Pöbel zum Opfer. Dem Beispiel von Masada folgend, töteten viele zunächst ihre Frauen und ihre Kinder, bevor sie sich selbst umbrachten. Denn nur so konnten sie der Konversion oder der Gewalt der Menge entgehen.[19] Sieben Jahre später, im Jahr 1103, waren die Erinnerungen an diese Unruhen immer noch so stark, daß Kaiser Heinrich IV., als er in Mainz den Reichsfrieden verkündete, die Juden explizit unter seinen persönlichen Schutz stellte. Er gewährte ihnen jedoch nicht den Status »freier Menschen«, d. h. sie durften keine Waffen tragen.

Mehr als ein Jahrhundert später (1236) erneuerte Friedrich II. die kaiserliche Toleranz, doch der Schutz durch den Kaiser hatte auch eine Kehrseite, denn der Herrscher betrachtete die Juden als Diener seines Hauses, *servi camerae nostrae*. Zum ersten Mal ging der »Schutz« der Juden mit der völligen Knechtung einher. Die Juden wurden zum Eigentum der Fürsten, ähnlich den Sklaven im antiken Rom. Ohne die Zustimmung ihres Herrn durften sie ihren Wohnort nicht verlassen. Insgesamt zehnmal hatte der Kaiser die Juden von Speyer als Pfand eingesetzt. Die Juden als Untermenschen mit einem niederen Status, diese Haltung setzte sich allgemein durch und machte sich selbst beim gemäßigteren Teil der Bevölkerung breit. Die Gewalt gegen die Juden nahm in Deutschland besonders heftige Formen an.

Offensichtlich ist die unheilbringende Legende von der Hostienschändung, die als Vorwand für zahlreiche Ausschreitungen gegen die Juden diente, in Deutschland entstanden. 1243 kam bei Berlin das Gerücht auf, daß die Juden eine gestohlene Hostie für ihre schändlichen Entweihunszeremonien verwendet hätten. 1298 waren im fränkischen Röttingen und in Nürnberg ähnliche Gerüchte im Umlauf, auch sie lösten ein Blutbad aus. Diese Gerüchte verdichteten sich mit der Zeit zu einer regelrechten Wahnvorstellung: Die Juden wiederholten an dem in der Hostie gegenwärtigen Körper Christi ein zweites Mal die Passion. Fromme Seelen ließen den Klöstern Fragmente von angeblich geschändeten Hostien zukommen, damit sie dort den Mönchen, Nonnen und Volksmassen zur Anbetung ausgestellt würden. Auch so konnte man den Antisemitismus am Leben erhalten.

In ganz Europa gab es plötzlich Unmengen geschändeter

Hostien, und die wildesten Geschichten kamen auf: Es soll Hostien gegeben haben, die den jüdischen Händen entglitten, davonflogen und die jeweilige Synagoge zum Einsturz brachten. Andere wiederum verwandelten sich in Schmetterlinge und flogen davon, um Leprakranke zu heilen. Wieder andere sollen herzzerreißende Schreie von sich gegeben haben, Schreie, die an gekreuzigte Kinder erinnerten.

Es kamen noch andere Wahnvorstellungen auf: Angeblich hätten die Juden Kinder gekreuzigt und deren Blut ausgesaugt oder zur Herstellung von Teufelshostien verwendet. Die Legende von den jüdischen Ritualmorden kam erstmals in England auf: 1144 im englischen Norwich.[20] Weitere Gerüchte dieser Art kursierten 1171 in Blois, wo man daraufhin die ganze jüdische Gemeinde verbrannte, und 1179 in Pontoise. Schon das kleinste Indiz schien den Verdacht der Ritualmorde zu bestätigen und diente als Vorwand, Juden niederzumetzeln, aufzuhängen oder auf den Scheiterhaufen zu bringen. Die Volksüberlieferung machte sich diese Legende zu eigen und besang mit ihren Liedern Kinder, die die Juden angeblich bei ihren Riten hatten ausbluten lassen. Ein Beispiel dafür ist »der gute Werner von Bacharach« aus dem Jahre 1287. Jahre später versuchten die Mönche und die Stadtherren von Bacharach aus dem Jungen, den die Juden auf dem Gewissen haben sollten, eine offizielle Kultfigur zu machen, was aber mißlang. Wie man jedoch weiß, war die Kindersterblichkeit in jenen Zeiten ziemlich hoch. Das Leben eines Kindes war durch vieles bedroht, beispielsweise durch Diphtherie, durch einen Schlangenbiß oder Sonnenstich. Man mußte deshalb nicht auf jüdische Hexereien oder sonstigen Teufelsspuk zurückgreifen. Der bereits erwähnte Francis Rapp nimmt an, daß solche Volkserzählungen erst geraume Zeit nach dem Tod der Kinder aufkamen. Man wollte mit ihnen die zunehmenden Gewaltausbrüche gegen Juden rechtfertigen.

Nicht wenige Wissenschaftler führen für diese Gewaltausbrüche finanzielle und wirtschaftliche Gründe an. In seiner *History of the Jews* erklärt Paul Johnson die Ausschreitungen mit der Tatsache, daß die Juden die einzigen Geldverleiher waren. In Perpignan kamen im 13. Jahrhundert 43 Prozent der

Schuldner aus dem Bauernstand, 41 Prozent aus der Stadt, 9 Prozent aus dem Ritter- und Adelsstand und 5 Prozent aus dem Klerus. Die Gläubiger aus dem Weg zu räumen, war für viele die bequemste Möglichkeit, von den Schulden loszukommen. Diese Erklärung findet sich schon bei den Chronisten des Mittelalters. Die Hypothese klingt zwar plausibel, hält aber einer wissenschaftlichen Analyse nicht stand und erweist sich sogar als tendenziös.

1230 verkündete nämlich König Ludwig der Heilige einen Erlaß, der den Juden sämtliche Zinsgeschäfte untersagte. Trotzdem gingen die Ausschreitungen gegen die Juden noch viele Jahre weiter, in Frankreich genauso wie anderswo. Im übrigen wäre eine Judenverfolgung aus wirtschaftlichen Gründen eine äußerst kurzsichtige Angelegenheit gewesen, denn mit den Juden hätten die Städte auf lange Sicht bedeutende Einnahmequellen verloren. Folgerichtig bildete sich damals in Regensburg »eine Gemeinschaft von Christen zum Schutz der jüdischen Gemeinde, die der Stadt hohe Geldsummen einbrachte«.[21] Schließlich lag der Erhalt einer wohlhabenden jüdischen Gemeinde im Interesse aller Monarchen, denn die Juden bezahlten besonders hohe Steuern. Auch sonst brachten sie das Kapital ein, das allen Staatskassen mehr oder weniger fehlte. Außerdem hat man festgestellt, daß beispielsweise in Franken vor allem die Leute aus der Stadt an den antisemitischen Gewalttaten beteiligt waren. Ihre Geldgeschäfte haben die fränkischen Juden dagegen mit den Bauern gemacht.

Da die Juden als einzige Bankgeschäften nachgehen durften,[22] waren sie sicherlich nicht arm. Aus diesem Grund war man oft nicht gut auf sie zu sprechen. Bei Zinssätzen bis zu 173 Prozent[23] kann man mit Recht von Wucher sprechen (in Großbritannien waren noch im 20. Jahrhundert Zinssätze von über 48 Prozent zulässig, bei langfristigen Krediten sogar Zinssätze von 100 Prozent[24]). Zinssätze in diesen Höhen galten auch deshalb als skandalös, weil das Alte Testament alle Zinsgeschäfte untersagt.

Wir leben heute in einem Wirtschaftssystem des freien Wettbewerbs der Banken sowie der staatlich kontrollierten Zinspolitik und können deshalb die tiefe Entrüstung, die der Wucher in all seinen Erscheinungsformen im Mittelalter bei den unteren Bevölkerungsschichten hervorrief, nur schwer ermessen. Wer Wucherei betrieb, »stahl die Zeit«, ganz gleich, ob er Christ oder Jude war. »Wer Wucher treibt, verkauft nichts, was ihm gehört, nur die Zeit, und die gehört Gott. Man soll nicht aus dem Verkauf fremden Eigentums Nutzen ziehen«, schrieb Thomas von Chobham[25] im 13. Jahrhundert. Der Wucherer nahm moderne Wirtschaftsformen vorweg. Der Mensch des Mittelalters aber war dadurch in seinem moralischen Empfinden tief getroffen, zumal der Wucherer nicht der Religion des Schuldners angehörte und deshalb in den Augen des Schuldners gar kein moralisches Empfinden besaß. Der Wucherer unterwarf den Schuldner dem Gesetz des Geldes, d. h. dem Recht des Stärkeren; jede Form von Mitgefühl war ausgeschlossen. Auch den christlichen Wucherern haftete etwas stark Anrüchiges an. Als in späterer Zeit auch die Christen Zinsgeschäften nachgehen durften, mußte Jacques Cœur, Schatzmeister des französischen Königs Karl VII., Günstling von Papst Nikolaus V. und einer der ersten großen Bankiers der Weltgeschichte, 1451 in Bourges in aller Öffentlichkeit beachtliche Sühnegelder zahlen und alle »unredlich« erworbenen Zinserträge erstatten.[26]

Man muß allerdings wissen, daß der Mangel an Bargeld damals groß war. Selbst das Kirchenrecht räumte in bestimmten Situationen dem Leihgeber das Recht ein, sich für das vorgestreckte Geld bezahlen zu lassen. So gründeten die Franziskaner im 15. Jahrhundert die ersten Pfandleihanstalten, eine wahre Hilfe für arme Leute, die über keinerlei finanzielle Ressourcen verfügten.[27] »Der Rheinische Städtebund erlaubte bei Krediten mit einer einwöchigen Laufzeit einen Zinssatz von 43 Prozent, bei Krediten mit einer einjährigen Laufzeit einen Zinssatz von 33 Prozent«, schreibt Francis Rapp. Manche Juden konnten also ein beträchtliches Vermögen erwirtschaften, womit sie sich jedoch in der Bevölkerung keine Freunde schufen, denn in deren Augen machten sie ihr Geld mit der Not der anderen und galten deshalb als Parasiten.

Ebenfalls nicht vergessen sollte man, daß die Fürstentümer die jüdischen Zinserträge hoch besteuerten und so einen Großteil des Geldes in die Staatskasse abführten. Auch für normaler-

weise nicht der Steuer unterliegende Tätigkeiten wie beispielsweise die Reparatur eines Daches wurden den Juden hohe Ge-
bühren auferlegt. Auch Zwangsanleihen waren an der Tages-
anordnung. Das hinderte die Fürsten aber nicht daran, bei
Gelegenheit ihre Macht ohne Skrupel zu mißbrauchen. Wenn
beispielsweise ein Jude ohne die Erlaubnis seines Herrn auf
Reisen ging, benutzte man dies als Vorwand, um seine Geldforderungen kurzerhand für null und nichtig zu erklären.

Und nicht zuletzt sollte man bedenken, daß der Antisemitismus älter ist als die Bankgeschäfte der Juden. Weder die Vertreter der Kirche noch die des Staates sind entschieden gegen die
antisemitische Gewalt vorgegangen, in Deutschland genausowenig wie im übrigen Europa. Wie wir im folgenden Kapitel
sehen werden, ließ der Haß auf die Juden auch dann nicht
nach, als durch die starke Konkurrenz der christlichen Kaufleute aus den ehemals großen jüdischen Bankiers kleine Geld-
krämer wurden. Durchdrungen von der Vorstellung, daß die
Juden in den Augen der Theologen und der Priester minderwer-
tige Menschen seien, geboten die Verantwortlichen dem Antisemitismus keinen Einhalt.

1298 sammelte ein deutscher Ritter namens Rindfleisch eine
Mörderbande gegen die Juden um sich. Es waren regelrechte
Vorläufer der ss, die in 146 Ortschaften des südlichen und
mittleren Deutschlands Juden niedermetzelten.[28] Sie zogen zunächst durch Franken, Schwaben, Hessen und Thüringen.
1336 wählten sich die gleichen Banden – inzwischen nannten
sie sich *Armleder* – Worms als Ausgangspunkt und suchten vor
allem Württemberg und das Elsaß heim. Zwischen dem 13. und
15. Jahrhundert gab es von Köln (1424) bis Salzburg (1470),
von Prag (1400) bis Zürich (1435) kaum eine deutsche Stadt,
die von der antisemitischen Hysterie und dem Morden, ausgelöst vom Christentum, verschont geblieben ist.

Eine der finstersten Perioden des Mittelalters war mit Sicherheit die Zeit zwischen Winter 1348 und Sommer 1354, als der
Schwarze Tod, die Pest, über Europa hinwegrollte. Viele flohen
und suchten Schutz in jenen Städten, die noch nicht von der Epidemie betroffen waren. Sie verbreiteten die wildesten Gerüchte,
unter anderem auch jenes, daß Juden die Brunnen vergiftet hät-

ten. In Europa fielen 350 jüdische Gemeinschaften dieser Wahnvorstellung zum Opfer.

Man wundert sich, daß es in Europa überhaupt noch Juden gab. 1306 wurden sie zum ersten Mal aus Frankreich ausgewiesen. 1394 hat sie der französische König ein zweites Mal »definitiv« des Landes verwiesen, die Provence, die Dauphiné und Avignon waren ausgenommen. 1290 mußten sie England verlassen und 1492 – dem Jahr der Entdeckung Amerikas – vertrieb sie der Großinquisitor Torquemada aus Spanien, 1496 auch aus Portugal.

Das Hochmittelalter war eine lange, schwere Krisenzeit mit zahllosen Verwünschungen und Exkommunikationen, voller Gebrüll mordgieriger Massen, voller Todesschreie und religiöser Verzückungen, erhellt von den lodernden Flammen der Scheiterhaufen, rot vom Blut der Kriegsopfer und buchstäblich stinkend wie die Pest, denn die Epidemien ließen Hunderttausende von Toten zurück. Dies erklärt in gewisser Weise die heftigen Verfolgungen, denen die Juden ausgesetzt waren. Es war eine Welt ohne Vernunft, die nach dem Niedergang des Römischen Reichs nicht mehr zur Ordnung fand. Es herrschten Leidenschaften und Gewißheiten, und wie Nietzsche bereits wußte, ist es nicht der Zweifel, der die Menschen verrückt macht, sondern die Gewißheit. Denn alle Mächte waren sich sicher, daß ihre Hegemonieansprüche gerechtfertigt waren. Und am überzeugtesten waren die Päpste, jene selbsternannten Vertreter der göttlichen Macht. Für sie waren die Juden ein Schandfleck der Schöpfung.

Die Juden waren über die ganze Welt verstreut, und das machte sie verwundbar. Denn es waren Menschen ohne Land, ohne Nation und nur bedingt ein Volk. Sie waren die Schwächsten, und in der christlichen Welt war Schwäche ein Verbrechen, wenn man kein Christ war.

5

Das finstere Mittelalter:
Italien, England, Osteuropa

Die Toleranz Theoderichs – Das muslimische Sizilien, ein Hafen des Friedens – Rom als Ausnahmefall – Der englische Fanatismus – Das Blutbad während der Krönung von Richard Löwenherz – Die Massaker von York – Gerüchte um Ritualmorde – 1290: Ausweisung der Juden aus England – Osteuropas unsicherer Asylschutz – Litauen, ein unverhofftes Refugium – Die verbotene Stadt Moskau – Aberglauben und Obskurantismus beherrschen Europa

Als 493 der ostgotische König Theoderich (474–526) nach vier Jahren Krieg und zahlreichen Abenteuern[1] Rom in Besitz nahm, war der Jubel groß. Mit seinen 39 Jahren schuf dieser glänzende Held voller Melancholie die Grundlagen für ein 33 Jahre währendes Goldenes Zeitalter. Es herrschte Friede, und der Wohlstand schien aus unerschöpflichen Quellen zu fließen. Auch die Landwirtschaft blühte so stark auf, daß das Land, in das man bisher immer Getreide eingeführt hatte, zum ersten Mal in der Geschichte Agrarprodukte exportieren konnte. Theoderich besänftigte die unruhigen ostgotischen Offiziere und bekämpfte mit Erfolg die Bestechlichkeit der römischen Beamtenschaft. Außerdem begann Theoderich bereits 1500 Jahre vor Mussolini mit der Trockenlegung der Pontinischen Sümpfe, einem üblen Malariaherd südöstlich von Rom.

Die ostgotische »Barbarei«, ein Lieblingsthema der Schulbücher des frühen 20. Jahrhunderts, ist eine erbärmliche Lüge.

Im Gegensatz zu den römischen Kaisern herrschte unter dem Arianer Theoderich in religiösen Fragen absolute Toleranz. Die

Juden wurden vorbehaltlos respektiert, auch wenn sie – als Zugeständnis an die schon damals weitverbreiteten Vorurteile – nicht am politischen Leben teilnehmen durften. In Rom, Ravenna und Mailand entwickelten sich drei bedeutende jüdische Gemeinden. Diese Situation hielt auch noch lange nach Theoderich an.

Als Verbindungsachse zwischen den Juden des Nordens, den Aschkenasim, und den Sephardim, den Juden des Südens, der Diaspora und des Orients einschließlich Palästinas, hatte die Apenninenhalbinsel eine besondere Funktion. Die Juden Roms und der oberitalienischen Städte zählten weder zur einen noch zur anderen Gruppe. Mit der muslimischen Besetzung Siziliens – Palermo war 831 die erste Stadt und Taormina 902 die letzte Stadt, die islamisch wurde – änderte sich für die Juden dieser großen Insel nichts. Sie waren zwar als *Dhimmi* nach wie vor Bürger zweiter Klasse, konnten sich aber frei bewegen. Der rege Informationsaustausch zwischen islamischen und jüdischen Gelehrten führte zu beachtenswerten Abhandlungen philosophischer, kosmologischer und astrologischer Fragen und markiert den Beginn der mittelalterlichen italienischen Medizinforschung. Die arabische Herrschaft auf Sizilien dauerte etwa ein Jahrhundert.[2] Die Juden konnten sich in dieser Zeit im größten Teil der damals bekannten Welt frei bewegen. Diese Welt reichte von Portugal und Spanien über Nordafrika bis in den Jemen im Süden der Arabischen Halbinsel weit nach Mittelasien im Osten. Sizilien war die Drehscheibe eines Handelsnetzes, das von Persien bis zur Iberischen Halbinsel reichte.[3]

Auf der Apenninenhalbinsel brauchten sich die Juden nicht auf die Gegend von Rom zu beschränken. Sie lebten unter dem relativen Schutz der normannischen Könige, deren Territorium bis an die Grenzen des Kirchenstaates reichte. Später standen sie unter dem Schutz der deutschen Kaiser[4], besonders Friedrichs II. (1212–1250), der den Juden das Monopol für die Seidenspinnerei und die Textilfärberei sicherte. Auf Sizilien setzte er die arabische Kulturpolitik fort, und öffnete die Medizinschule von Salerno für zahlreiche Juden.

Die im Vergleich zum übrigen Europa recht außergewöhnliche Integration dieser Juden kommt auch darin zum Aus-

druck, daß sie die Umgangssprache, das sogenannte Vulgär-
latein, übernahmen. Nach dem vierten Laterankonzil jedoch
wurde der Druck des Papstes spürbar. Man versuchte es mit
der Zwangstaufe der Juden. Nach dem Sturz der Staufer nahm
dieser Druck Ende des 13. und zu Beginn des 14. Jahrhunderts
unter der Herrschaft des dem Papsttum treuergebenen Hauses
Anjou[5] weiterhin zu. In Süditalien wurden ganze Gruppen von
Juden, die sogenannten *Giudecche,* zur Konversion gezwungen.
Für viele Juden waren sicherlich auch wirtschaftliche, soziale
oder psychologische Gründe entscheidend: Man versprach sich
von dem Übertritt ein Ende der Diskriminierung und des
unaufhörlichen Drängens zum Glaubenswechsel. Andere Juden
wiederum bestanden auf ihrem Glauben und bekamen deshalb
bald die Folgen zu spüren. 1485 wurden sie aus Perugia ausgewiesen, 1486 aus Vicenza, 1488 aus Parma und 1489 aus Mailand und Lucca. 1494, nach dem Sturz der Medici, die die Juden
geschützt hatten, mußten sie auch Mailand und die Toscana
verlassen.

Wann die ersten Juden nach England kamen, ist nicht bekannt.
Frühe Zeugnisse über europäische Juden sind selten, und für
die Britischen Inseln gibt es überhaupt keine. Mit an Sicherheit
grenzender Wahrscheinlichkeit haben Juden zu Beginn des
zwölften Jahrhunderts auf der Flucht vor dem ersten Kreuzzug
zum ersten Mal den Ärmelkanal überquert. Einige hundert,
vielleicht auch einige tausend Menschen mosaischen Glaubens
ließen sich in London, York, Winchester, Lincoln, Canterbury,
Northampton, Norwich und Oxford nieder.[6] Der englische
Königshof scheint sie freundlich aufgenommen zu haben, denn
der von 1100 bis 1134 regierende Heinrich I. Beauclerc sicherte
ihnen mit Ausnahme des Zollrechts vollständige Bewegungsfreiheit zu. Sie hatten außerdem das Recht auf eigene religiöse
Gerichte und durften ihren Eid auf die Thora schwören. Zudem
besaßen sie ein uneingeschränktes Handelsrecht. Bei so viel
Großzügigkeit fragt man unwillkürlich nach der Kehrseite der
Medaille: Die Juden genossen den Schutz des Königs, weil sie
wie sein persönliches Eigentum behandelt wurden.
      Nach dem Tod Heinrichs I. kam es zu kriegerischen Ausein-

andersetzungen zwischen Mathilde und Stephan von Blois, den neuen Thronanwärtern.[7] Beide waren in schwerer Geldnot und bürdeten daher den Juden hohe Steuerlasten auf. Ein Jahrhundert nach ihrer Ankunft wurden auch die Juden Englands von der Antisemitismuswelle erfaßt, und zwar in Norwich, wo – wie wir im vorhergehenden Kapitel gesehen haben – 1144 das Gerücht von Ritualmorden aufkam. 1155 tauchte es auch in Lincoln auf, 1168 in Gloucester, 1181 in Bury St. Edmunds, 1183 in Bristol, 1189 in London und ein Jahr später noch einmal in Norwich. Man tötete alle Juden, derer man habhaft werden konnte (d. h. die nicht im Schloß des Grundherrn Zuflucht gesucht hatten). Jedes Osterfest begann mit einem Blutbad unter den Juden. Auch die Kreuzzüge wurden regelmäßig mit einem Massaker an den Juden eingeläutet. Die Christen der Britischen Inseln waren damals katholisch und deshalb empfänglich für die vom Klerus verbreiteten Kampagnen des Papstes.

Dank ihres Einfallsreichtums konnten die Juden jedoch auch in England überleben. Unter dem starken Schutz der englischen Krone brachten sie es sogar zu einem gewissen Wohlstand. Nach den Wirren unter Stephan und Mathilde kam Heinrich II. Plantagenet (1154–1189) auf den englischen Thron. Er versuchte, die Ordnung im Königreich wiederherzustellen, und soll mit Geldmitteln, die ihm von Joscé de Gloucester, einem der großen jüdischen »Kapitalisten« der damaligen Zeit, zur Verfügung gestellt wurden, Irland erobert haben.[8] Die Entwicklung der englischen Wirtschaft kam sowohl den Monarchen als auch den von ihnen ausgebeuteten Juden zugute. Das war sicherlich der Grund, weshalb die Juden trotz der zahlreichen Restriktionen, die sie dort – wie auf dem Kontinent – erwarteten, in Scharen nach England zogen.

Mit Richard I. Löwenherz endete für die Juden die Friedensperiode in England. Die historische Überlieferung zeichnet das Bild eines legendären Monarchen. In Wirklichkeit war Richard Löwenherz jedoch eher ein skrupelloser Abenteurer.[9] War er für das veränderte politische Klima verantwortlich? Zumindest hat er nichts dagegen unternommen. Noch am Tag seiner Krönung wurden die Juden von London, die gekommen waren, um ihm die Ehre zu erweisen, brutal angegriffen und zum großen

Teil niedergemetzelt. Die Texte der zeitgenössischen Chronisten sind in ihrer Mischung aus kirchlicher Beweihräucherung und fanatischem Haß erschreckend. Richard von Devizes beispielsweise schreibt: »Am Tage der Krönung zur feierlichen Stunde, zu der man Gottvater seinen eingeborenen Sohn geopfert hatte, begann man in der Stadt London die Juden ihrem Vater, dem Teufel, zu opfern. Man nahm sich so viel Zeit für dieses große Opfer, daß der Vorgang erst am darauffolgenden Tag sein Ende fand. Andere Städte und Gemeinden des Landes folgten dem Glaubensakt der Londoner und schickten alle diese Blutegel mitsamt dem Blut, mit dem sie sich vollgepumpt hatten, mit der gleichen Frömmigkeit zur Hölle. Bei dieser Gelegenheit kam es im gesamten Königreich zu ähnlichen Aktionen gegen die Verdammten. Der Eifer war allerdings von Ort zu Ort verschieden. Allein die Stadt Winchester schonte das Ungeziefer, das sich von ihr ernährt.«[10]

Wer in der antisemitischen Literatur des 20. Jahrhunderts einen Text von vergleichbarer Scheußlichkeit sucht, muß schon zu Hitlers *Mein Kampf* oder zum *Völkischen Beobachter* greifen. Der Antisemitismus zeigt sich hier in seiner Reinform. Wilhelm von Neuburg beschreibt die Massaker mit folgenden Worten: »Der erste Tag der glorreichen Herrschaft König Richards war geprägt von dem unter erstaunlichen Bedingungen eingetretenen Tod eines ketzerischen Volkes und dem neuen Mut der Christen gegenüber den Feinden des Kreuzes Christi. Wenn wir die fraglichen Tatsachen positiv auslegen oder – besser noch – die klare Bedeutung dieser Ereignisse würdigen, so ist dieser Tag ein erstes Zeichen für den Fortschritt, den das Christentum unter diesem König machen wird. Konnte es denn jemals ein deutlicheres Zeichen geben? Mit dem Tod eines gottlosen Volkes wird der Tag und der Ort der Königskrönung verherrlicht. Schon zu Beginn seiner Regierung fallen die ersten Feinde des christlichen Glaubens und werden ganz in seiner Nähe umgebracht. Weder das Feuer, das in einem Teil der Stadt ausbrach, noch der Übereifer derer, die sich wehren, dürfen über den guten und frommen Sinn dieses denkwürdigen Ereignisses hinwegtäuschen. Die Aufständischen kämpfen auf der Seite einer höheren Ordnung, denn der Allmächtige vollstreckt seinen in jeder Hinsicht guten Willen oft mit Hilfe ganz und gar schlechter Menschen.«[11]

Die Massaker an den englischen Juden wurden als Ausdruck der christlichen Frömmigkeit und des göttlichen Willens verstanden. Der soziale Stand der Autoren ist nicht unwichtig: Richard von Devizes etwa war Mönch im Kloster Swithun in Winchester. Englands katholischer Klerus begrüßte also das Blutbad, auch wenn er die Brutalität der Massen bedauerte. Das Gesindel, dem dies nicht entgangen sein kann, fühlte sich also stillschweigend ermuntert.

Endlich griff Richard Löwenherz durch: Als Reaktion auf die Londoner Ereignisse erließ er ein Gesetz, das den Juden in seinem Königreich Frieden und Sicherheit garantierte. Tat er dies aus Großmut? Es ist zu bezweifeln. Durch die Massaker waren der Staatskasse nämlich die beträchtlichen Einnahmen durch die jüdischen Steuerzahler verlorengegangen. Man muß sich also fragen, warum Richard nicht die Armee gegen das Blutbad eingesetzt hat, das seine Krönungsfeierlichkeiten überschattete.

Die weiteren Ereignisse waren nicht weniger grauenhaft: Während Richard mit den Kreuzrittern im Heiligen Land weilte, starteten seine Minister neue Aktionen gegen die Juden, um sich der fälligen Schulden zu entledigen. Als es in York zu einem neuen Pogrom kam, flüchteten die Juden in das Stadtschloß, das daraufhin von der Bevölkerung angegriffen und in Brand gesteckt wurde. Die Massaker nahmen ein solches Ausmaß an, daß sich der König im Heiligen Land zu Gegenmaßnahmen gezwungen sah: Er beauftragte seinen Kanzler und Reichsverweser mit einem Ermittlungsverfahren gegen die Bürger von York. Vielleicht war dies auch nur ein geschickter Schachzug des Königs, denn der Kanzler war niemand anderer als der Bischof von Ely. Dieser kam zwar dem königlichen Befehl nach, schwächte ihn jedoch merklich ab, denn die Schuldigen konnten sich in aller Ruhe nach Schottland absetzen. Immerhin wurde der Regierungsbeauftragte der Provinz York seines Amtes enthoben.

Der aus deutscher Gefangenschaft zurückkehrende Richard Löwenherz hatte wahrscheinlich inzwischen begriffen, was es mit den Massakern auf sich hatte. Viele – wenn nicht alle –

beging man in der Absicht, sich von den Schulden bei den jüdischen Leihgebern zu befreien. Es kam zu einer völlig neuen Maßnahme: Ab sofort mußten alle Schuldanerkenntnisse offiziell bei einer staatlichen Stelle, dem jüdischen Schatzamt oder *Scaccarium Judaeorum*, hinterlegt werden. Im Todesfalle des Gläubigers mußte der Schuldner das Geld an die Krone zahlen.

Der gegen die Juden gerichtete Vorwurf der Habgier betraf vor allem die vom Geld besessenen Christen selbst. Papst Innozenz III. forderte wiederholt die ersatzlose Streichung aller christlichen Schulden gegenüber den Juden. Denn schließlich seien die Juden, weil sie Christus gekreuzigt hätten, zur ewigen Knechtschaft verdammt. Die alte Leier, die die Schuldner immer wieder zu neuen Missetaten anstachelte und die politische Führung des Königreichs zu immer höheren Geldforderungen an die »Gottesmörder« ermunterte. Die Situation der Juden in England verschlechterte sich zusehends. Unter Johann Ohneland (1199–1216) und Heinrich III. (1216–1272) trieben die immer höheren Steuerlasten die Juden fast in den Ruin. 1222 wurden mit dem Konzil von Oxford die bereits sieben Jahre zuvor auf dem Laterankonzil beschlossenen Maßnahmen auch in England eingeführt. Das Judenzeichen, das sich die Juden auf den Mantel zu nähen hatten, nahm in Anlehnung an die mosaischen Gesetzestafeln die Form von zwei weißen Vierecken an. Die neue Synagoge von London wurde über Nacht beschlagnahmt und die allgemeine Bewegungsfreiheit aufgehoben. »In den Jahren 1254 und 1255«, so schreibt Anne Grymberg, »baten die jüdischen Gemeinden König Heinrich III. geschlossen um die Erlaubnis, sein Königreich verlassen zu dürfen. Doch dieser lehnte kategorisch ab.«[12]

Während der von Simon de Montfort, dem Grafen von Leicester, angeführten Adelsrevolte sah man in den Juden die Instrumente der königlichen Tyrannei, und so kam es zwischen 1263 und 1264 erneut zu verheerenden Angriffen auf die jüdischen Gemeinden von London, Cambridge, Canterbury, Worcester, Lincoln und Leicester, wo Simon de Montfort alle Juden auswies und deren Geldforderungen für nichtig erklärte.

Unter der Regierung von Eduard I. wurden die durch die Schikanen von Heinrich III. schon schwer dezimierten Juden fast ausgerottet. Das *Statutum de judaismo* von 1275 verbot den Juden alle Zinsgeschäfte. Andere Einkünfte hatten sie jedoch nicht, denn da ihnen der Zutritt zu den Kaufmannszünften verwehrt war, konnten sie keinerlei Handel treiben. Auch von der Landwirtschaft hielt man sie fern. Deshalb versuchten es einige weiterhin mit Geldgeschäften. Doch das hatte üble Folgen: 293 Juden wurden in London wegen Mißachtung des königlichen Verbots aufgehängt... Doch der König brauchte weiterhin Geld, und so wurde das Verbot vorübergehend außer Kraft gesetzt. Die Juden durften wieder Geld verleihen, allerdings für höchstens vier Jahre. Die Toleranz war jedoch nur von kurzer Dauer, denn 1282 ließ der Erzbischof von Canterbury alle Synagogen in seiner Diözese schließen. Doch damit war nicht genug: Am 18. Juli 1290 wies Eduard I. alle Juden aus England aus.[13]

Wie viele waren es wohl, die das englische Königreich verlassen mußten? 16 000 Leute? 40 000? Ein Exodus, der wie viele andere in Vergessenheit geraten ist und mit Sicherheit schlimmer war, als man es sich gemeinhin vorstellt. Einigen wurde auf dem Schiff alles gestohlen, was sie noch hatten. Andere ertranken. Diejenigen, die die andere Seite des Ärmelkanals erreichten, zogen nach Frankreich, Flandern und Deutschland. Es gab wahrscheinlich auch einige wenige, die in England blieben. Im Jahr 1310, weiß Anne Grymberg zu berichten, »kam ein halbes Dutzend Juden zurück, um mögliche Rückkehrbedingungen für ihre Glaubensbrüder auszuhandeln. Leider vergeblich.« Die katholische Kirche ließ ihnen keinen Platz. Um 1300 bestand eine englische Kirchengemeinde im Durchschnitt aus 100 Haushalten. Zur gleichen Zeit lebten in England 5500 Mönche, 3900 Chorherren in klosterähnlichen Verhältnissen, 5300 Klosterbrüder und 3300 Nonnen. Zu diesen 18 000 Klosterinsassen kamen noch 24 500 weltliche Geistliche, alles in allem also 42 500 Vertreter der katholischen Kirche bei einer Gesamtbevölkerung von rund fünf Millionen.[14]

Offiziell kehrten die Juden erst 1656 nach England zurück.

William Shakespeare konnte also nicht auf persönliche Erfahrungen zurückgreifen, als er um 1600 in seinem *Kaufmann von Venedig* den Juden Shylock ein Pfund Fleisch aus dem Körper Antonios fordern ließ. Shakespeares Shylock hat sich nämlich einen Schuldschein unterschreiben lassen, der ihm im Falle der Nichtrückzahlung von 3000 Dukaten das Recht auf ein Pfund Fleisch von Antonio zuspricht, und will vor dem Gericht diesen Anspruch geltend machen. Er lehnt die 3000 Dukaten ab und will dafür sein Pfund Fleisch. »Ich bin nämlich ein Hund, nehmt Euch also vor meinen Zähnen in acht.«

Seit über 300 Jahren schon gab es damals in England keine Juden mehr. Shakespeare stützte sich auf eine Legende, die noch immer in den Köpfen der Engländer herumspukte.

Bis zur Entdeckung Amerikas zogen die Juden vor allem in die Welt des Islam und nach Osteuropa, in die letzten Zufluchtsgebiete innerhalb des christlichen oder sich gerade zum Christentum hinwendenden Europa. Bereits 1098 hatten sich Juden auf der Flucht vor den böhmischen Pogromen in Schlesien niedergelassen. Von dort zogen einige weiter nach Polen. Die meisten der heutigen osteuropäischen Länder gab es damals noch nicht. Die beherrschende Macht der Region war in jener Zeit Litauen. Es entsprach auf heutige Verhältnisse übertragen in etwa den ostpolnischen, weißrussischen und ukrainischen Gebieten und schloß auch die Ostseeküste mit ein.

Rußlands Anfänge gehen auf das zwölfte Jahrhundert zurück. Es setzte sich aus einer Vielzahl von Fürstentümern zusammen, die alle mehr oder weniger stark vom Fürstentum Moskau abhängig waren. Ungarn stand unter der Herrschaft des Hauses Anjou. Es war ein Riesengebilde, das im Norden bis nach Schlesien und im Osten bis nach Moldawien und zur Walachei reichte. Später wurden, ganz grob vereinfacht, die Slowakei, Kroatien, Rumänien und Bulgarien abgetrennt. Das Königreich Böhmen wurde nach dem Tod des letzten Przmysliden ab 1310 von den Luxemburgern regiert und schließlich zwischen Schlesien und Österreich aufgeteilt. Auch Polen war zunächst in mehrere Fürstentümer aufgeteilt, sie bildeten ein Groß- und ein Kleinpolen und vereinten sich schließlich unter Kasimir dem Großen, dem letzten König der Piastendynastie. Das noch weitgehend heidnische Baltikum wurde vom Deutschen Orden beherrscht.

Die Grenzen veränderten sich ständig. Litauen beispielsweise wechselte zwischen 1300 und 1386 dreimal seine Gestalt. In Wolhynien, Podolien, Pommerellen und Masowien löste im Spiel der wechselnden Bündnisse, der Nachfolgestreitigkeiten und Kriege ein Landesherr den anderen ab. Die katholische und die orthodoxe Kirche stritten sich um die Vormachtstellung und lockten mit moralischer, finanzieller und politischer Unterstützung. Auch in den Gebieten einheitlichen Glaubens ging es unruhig zu. In den Ländern des Deutschen Ordens machte der Erzbischof von Riga den Ordensrittern die Macht streitig. Das zunächst katholische Böhmen war ab 1420 stark von den Hussiten – den Anhängern des Häretikers Jan Hus[15] – geprägt. Die Hussitenkriege (1419–1436/37) hatten eine massive Wanderbewegung der Juden in Richtung Polen zur Folge.

In weiten Teilen Osteuropas gab es damals keine organisierte Feindseligkeit gegen die Juden. In der erst um das zehnte Jahrhundert herum christianisierten Bevölkerung herrschte lediglich ein latentes Mißtrauen.[16] Im Rußland des elften und des zwölften Jahrhunderts gab es nur wenige Priester, und die Ukrainer hatten wenig Ahnung von den Juden. Diese ließen sich ab dem zwölften Jahrhundert mehr oder weniger friedlich in Lublin, Kiew, Wilna, Krakau und Lemberg nieder. In Kiew beispielsweise gab es Juden aus Byzanz, Sephardim aus Spanien und Aschkenasim aus Deutschland, Flandern und England. Sie breiteten sich weiter aus und zogen, als das Herzogtum Litauen 1321 Wolhynien und Galizien eroberte, der litauischen Armee hinterher.

»Ab dem 13. Jahrhundert ist für Plock eine jüdische Niederlassung bezeugt. 1283 kauft die Gemeinde von Kalisch einen Friedhof. Das Judenviertel von Krakau wird 1304 zum ersten Mal erwähnt, die jüdische Gemeinde von Lemberg 1356, von Sandomir 1367 und von Posen 1379.«[17]

In manchen Städten wurden die Juden nicht geduldet. In anderen wiederum gab es jüdische Gemeinden mit Tausenden, ja sogar Zehntausenden von Mitgliedern. Sie ließen sich am Rand der großen Städte oder auch in den »privaten« Städten des Adels, den sogenannten *Miazteczki*, nieder, wo sie auch zur Stadtverteidigung herangezogen wurden. Folgerichtig hatten ihre Synagogen flache Dächer und waren mit Schießscharten ausgestattet. In Rzeszów verlangte man von den jüdischen Einwanderern, daß die Anzahl ihrer Gewehre denen ihrer Männer entsprach. Außerdem hatten sie Munition zu stellen und mußten für jede Synagoge Kanonenkugeln für vier leichte Kanonen liefern ...[18]

Trotzdem blieb die Situation unsicher. Auch wenn ihnen die Fürsten wohlgesinnt waren, setzte sich auf lange Sicht der antisemitische Einfluß des Klerus durch. 1453 stellte sich Kasimir IV. von Polen gegen das auf dem Basler Konzil 1448 beschlossene Verbot jüdisch-christlicher Vereinigungen und erließ eine Charta, die ausdrücklich solche Zusammenschlüsse von Juden und Christen billigte. Der Erzbischof von Krakau versicherte sich daraufhin der Zusammenarbeit mit dem berühmten italienischen Franziskanermönch Giovanni da Capistrano, dessen antisemitische Predigten in Deutschland großen Anklang gefunden hatten. Die beiden Geistlichen setzten alle Hebel in Bewegung und konnten so nach der militärischen Niederlage von 1454 die Beseitigung dieser »gottlosen Charta« durchsetzen.[19] Nachdem die beiden Kleriker den Weg freigemacht hatten, kam es bald zu den ersten antisemitischen Verfolgungen. Johann Albrecht, der Sohn und Nachfolger von Kasimir IV., setzte die gegenüber den Juden eingeschlagene Diskriminierungspolitik fort. Unter seiner Regierung wurde in Polen das erste Ghetto errichtet, das allerdings während der Massaker von 1494 bereits wieder zerstört wurde. Die Juden flüchteten auf die Krim.

In Litauen setzte der Großfürst Alexander, Sohn von Kasimir IV. und Bruder von Johann Albrecht von Polen, 1492 die den Juden gewidmete Charta seines Vaters wieder in Kraft und erstattete ihnen auch einen Teil ihres ehemaligen Vermögens. Bereits 1495 aber verwies er unter dem Druck des Klerus die Juden des Landes und beschlagnahmte ihren Besitz. Sechs Jahre später, 1501, rief er als neuer polnischer König Alexander I. die Juden wieder zurück und erstattete ihnen erneut einen Teil des von seinem Vater konfiszierten Vermögens, nämlich die Häuser, Synagogen, Grundstücke und Friedhöfe.

Die Haltung der Fürsten änderte sich von Tag zu Tag, mei-

stens im Zusammenhang mit ihren Finanzen. Die Feindseligkeit des Klerus hingegen blieb eine konstante Größe. Die Juden
kamen und gingen, entsprechend dem Kräftespiel dieser beiden Faktoren.

Rußland – besser gesagt: das Gebiet, das man damals darunter verstand – war den Juden verboten. Man betrachtete sie als
gefährliche Menschen. Der Botschafter des Moskauer Großfür-
sten berichtete in Rom dem italienischen Gelehrten Paolo Gio-
vio, daß die Moskowiter nichts so sehr fürchteten wie die Juden
und sie diese deshalb nur in Ausnahmefällen in ihr Land herein-
ließen. Einige wenige Händler aus Polen und Litauen bekamen
gerade einmal die Erlaubnis für eine Reise in die Vorstädte von
Smolensk, doch weiter durften sie nicht. 1550 verbot Zar Iwan
der Schreckliche den freien Handelsaustausch mit den Juden.
1563 besetzte er die Grenzstadt Polozk und zwang die Juden
zum orthodoxen Glauben. Derjenige, der sich weigerte, setzte
sich der Gefahr aus, in der Düna ertränkt zu werden. Wer sich
bis nach Moskau wagte, dem drohten schwere Strafen.[20]

Das also war das Verheißene Land für die Juden Westeuropas.

Geschichte ist keine nüchterne Angelegenheit. Man kann nicht
unparteiisch bleiben. Der Historiker ist Zuschauer. Und das
birgt gewisse Gefahren in sich.

Die bisherigen Kapitel wurden in einem Gefühl der Traurig-
keit und des Ekels geschrieben. Sie beschreiben ein auf Zeit und
Raum verteiltes Auschwitz. Doch die Verzweiflung und den
Abscheu können sie nicht wiedergeben, ebensowenig die Grausamkeit und Gefühlskälte oder die Ohnmacht, die für jeden
Menschen, der bei diesem Horror Zuschauer ist, wie ein Mes-
serstich wirken muß. Jeder Christ, der sich der *wahren* Lehre
Jesu verbunden fühlt, muß entsetzt sein angesichts des Leids,
das dessen selbsternannte Jünger und die Vertreter einer Kirche,
die jener nie gründen wollte, den Juden zugefügt haben.

Betrachten wir die Zeiten, in denen all das Grauen begann.
Es waren Epochen voller Barbarei, und lange Zeit war es
zweifelhaft, ob daraus überhaupt so etwas wie eine Zivilisation hervorgehen würde. Nicht enden wollende Kriege, große
Epidemien des schwarzen Todes, Fanatismus, Wahnsinn und

die Anfangswirren der noch jungen westlichen Welt, all dies
hatte für die überwältigende Mehrheit der Juden die schlimmsten Folgen. Für viele andere waren diese Folgen allerdings
nicht weniger schrecklich. Vom Niedergang des Römischen
Reiches bis zur frühen Renaissance herrschte in Wahrheit nur
ein Gesetz, nämlich das Gesetz des Stärkeren.

Vergessen wir nicht, daß in der breiten Masse der leseunkun-
digen Bevölkerung eine Unwissenheit herrschte, die uns heute
völlig unglaublich erscheint. Auch die gebildeteren Menschen
waren nicht frei davon. Man glaubte damals beispielsweise
immer noch, daß der hl. Christophorus, ein Märtyrer des dritten Jahrhunderts, der im Mittelalter sehr verehrt wurde, ein
Mensch mit einem Hundekopf war.

»Im zehnten Jahrhundert«, berichtet Lucian Boia, »ging
der Mönch Ratramnus vom Kloster Corbie in einem langen
Brief auf die Fragen eines Missionars ein, der in die nordischen
Länder aufbrechen wollte und sich auf eine Begegnung mit
halb menschlichen, halb tierischen Wesen und mit den berühmten Hundeköpfen gefaßt machte. Der Missionar wollte wissen, wie er mit ihnen umgehen sollte. Sind sie als Menschen
zu betrachten? Gilt die Vergebung der Sünden auch für sie?
Ratramnus berief sich auf Augustinus und antwortete ihm,
daß die Hundeköpfe trotz ihres ungewöhnlichen Äußeren zur
menschlichen Familie gehörten, denn schließlich besäßen sie
einen Verstand. Alles deute darauf hin, daß es vernunftbegabte
Wesen seien.«[21]

Es gab die verrücktesten Reiseberichte über Schweinemen-
schen und Menschen mit einem einzigen Fuß. Viel später noch
schloß Voltaire die Paarungsmöglichkeit zwischen einem Affen
und einer Schwarzen nicht aus, und der große Philosoph John
Locke behauptete steif und fest, eine Kreuzung zwischen einer
Katze und einer Ratte gesehen zu haben... Jedes menschliche
Wesen, das nicht die Sprache seines Beobachters sprach und
nicht dessen Religion und Sitten praktizierte – der Jude also –,
mußte mit den verrücktesten Unterstellungen rechnen.

In jenen wilden Jahrhunderten riß man sich die Krone mit
dem Schwert oder über stets wechselnde Bündnisse an sich
oder man schmiedete sich eine neue, wenn das Herz es begehrte.

An die Stelle des Gesetzes trat der Zynismus, und das Recht war vom guten Willen der Fürsten abhängig. Auf dem Lande tauchten plötzlich betrunkene Soldaten bei den Familien auf und verlangten die Jungfrau, den Wein und das Geld. Bei all den schismatischen und häretischen Gruppen, den halluzinierenden Bischöfen, den rasenden Predigern, den eitlen innerkirchlichen Rivalitäten, den machtgierigen Mönchen, die sich bereits auf dem Papststuhl sahen, den Hetzreden und Marktschreiereien, den unzüchtigen Machenschaften und den offenkundigen Pflichtverletzungen war die Kirche nicht weit vom eigenen Untergang entfernt, ganz besonders während des Avignonischen Exils der Gegenpäpste. Drei Päpste gleichzeitig! Und das mehrmals hintereinander! Und darunter die schändlichsten Kreaturen...

Ein großer Teil dieser unerfreulichen Entwicklung ist darauf zurückzuführen, daß der Vatikan neben dem geistlichen auch das weltliche Schwert in Händen halten wollte. Er wiegte sich in der Illusion, daß der Heilige Stuhl in Rom ihm die einstige Vormachtstellung des Römischen Reiches garantieren müsse. Das Oberhaupt der Kirche sah sich als König und Richter, dem das gesamte Universum unterstehe.

Einige Autoren[22] haben in jüngster Zeit versucht, dieses Chaos mit der gegenseitigen Abhängigkeit von Kirche und Staat zu erklären, ja sogar zu entschuldigen. Um überleben zu können, hätten die religiösen Gemeinschaften Friede und Ordnung gebraucht und deshalb den Staat unterstützt, allerdings unter der Bedingung, daß der Staat seinerseits ihnen Unterstützung gewähre. Man sei also gezwungen gewesen, die Juden zu verfolgen. Das kommt der Politik des Propheten Samuel gleich: Weil König Saul nicht die Anweisungen Samuels befolgt hat, wurde er von Gott verworfen. Darauf ist David als König berufen worden, und Israel geriet in eine absurde Situation, denn bis zum Tod Sauls gab es nun zwei Könige. Das Argument dieser Autoren ist nicht stichhaltig: Denn erstens waren die Juden für das Christentum keine Bedrohung. Die jüdischen Gemeinden schrumpften unaufhörlich und waren im zehnten Jahrhundert nur noch ein Siebtel dessen, war sie zur Zeit der Bekehrung Konstantins gewesen waren. Außerdem gehört die Religion in

den geistigen Bereich, deshalb verliert sie, wenn sie sich allzusehr mit weltlichen Dingen befaßt, unweigerlich an Autorität. Unter dem Staufer Friedrich II. und ein zweites Mal unter
Napoleon verlor der Vatikan seine weltliche Macht. Die verbre-
cherische Rechnung der Kirche ging also nicht auf.

Das Argument dieser Historiker greift auch deshalb nicht,
weil man im heidnischen Rom die Glaubensgemeinschaften
aus politischen und fast nie aus religiösen Gründen verfolgte
(den wenigen Verboten gingen aufrührerische Umtriebe voraus).
Wenn das antike Rom noch immer einen Reiz für uns hat, dann
wegen seiner religiösen Toleranz. Rom war mächtig genug, um
seine Religion durchsetzen zu können, aber auch klug genug,
es nicht zu tun. Wenn sich die Kirche ihrer göttlichen Eingebung
so sicher gewesen wäre, hätte sie zweifelsohne auf die politischen Verfolgungen verzichten können. Ohne Napoleon hätte
sie damit jedoch bis ins 20. Jahrhundert hinein weitergemacht.
Sie war besessen von der Illusion der absoluten Macht.

Diese Illusion war es sicherlich auch, die die Kirche davon
abhielt, sich über ihre Arroganz Gedanken zu machen, und sie
vergessen ließ, daß sie aus Menschen besteht, aus Menschen,
die alle gleich sind. Mit dieser »römischen Illusion« lassen sich
alle fanatischen Auswüchse erklären, die gegenüber den Juden
genauso wie die gegenüber den schismatischen und den häretischen Bewegungen. Und diese Illusion hat auch die Ungerechtigkeit und die Unmenschlichkeit ausgelöst, denn die häretischen und die schismatischen Bewegungen waren für ein
Christentum nach den Vorstellungen des Vatikans tatsächlich
eine Bedrohung. Durch sie hatte Rom weite Gebiete in Osteuropa und im Orient verloren, und mit der Reformation mußte
Rom später noch einmal herbe Gebietsverluste hinnehmen, diesmal sogar im Herzen Europas. Keine Exkommunikation, kein
Blut, kein weltliches Schwert konnte die Ausbreitung des orthodoxen oder des protestantischen Glaubens verhindern.

Die Juden hingegen stellten, wie bereits erwähnt, keine
Bedrohung dar. Es sei denn, man empfände die Schuldgefühle,
zu denen vielleicht die Aufgeklärtesten gegenüber dem Volk
des Juden Jesus fähig waren, als Bedrohung. Der durch die
Kreuzzüge ausgelöste Haß wurde auf dem vierten Laterankon-

zil und anschließend durch fanatische Päpste und Geistliche stark geschürt. Für diesen Haß gab es kein Motiv. Die Juden waren inzwischen Menschen ohne jeglichen Landbesitz, und die einzige Macht, die sie besaßen, war die des Geldes, soweit man ihnen diese überhaupt gelassen hatte. Und auch diese Macht hatten sie nur durch das Papsttum bekommen. Es ging den Juden um das reine Überleben.

In dieser Hinsicht übernahm das christliche Rom durchaus das Erbe der heidnischen Antike. Beide kannten keine Menschlichkeit, keinen Humanismus.

Seit dem vierten Jahrhundert war das Christentum als religiöse Institution der Motor des Antisemitismus. Und als solche hätte sie jede Boshaftigkeit bremsen können. Die Kirche hat diese zwar nicht immer ausdrücklich unterstützt, aber doch zumindest toleriert. Vordergründig predigte sie Mäßigung, doch allzu oft hüllte sie sich beim Anblick der Massaker in Schweigen und machte sich keine sonderlichen Gedanken über die Quellen des Antisemitismus. Der Klerus seinerseits war durchweg ungebildet. Er konnte die wahre Geschichte Jesu nicht rekonstruieren und über dessen Lehre nachdenken. Er nahm die Evangelientexte wortwörtlich und übertrug sie in seine ureigene Gefühlswelt.

Paradoxerweise haben die Christen bei ihren antisemitischen Aktionen übersehen, daß sie damit die jüdische Identität förderten. Wie wir in einem späteren Kapitel sehen werden, hat der christliche Völkermord an den Juden das Judentum nur gestärkt. Das Christentum wollte den Juden einreden, daß sie »Juden« – d. h. ehrlose Leute – seien, und hat sie auf diese Weise in den Widerstand getrieben und somit erst recht dazu gebracht, »Juden« zu sein.

6

Die islamische Ruhepause

*Judentum und Islam – Drei Gründe für die islamische Toleranz
gegenüber den Juden – Die islamischen Gebiete, ein Refugium
für die Juden des Mittelalters – Privilegien der Dhimmi – Blüte
der jüdischen Kultur – Jüdisch-islamische Affinitäten – Das
Ende des Dialogs – Die kulturhistorischen Gründe der islamischen Politik gegenüber den Juden*

Ein weithin unbekanntes und in sich widersprüchliches Kapitel
der Religionsgeschichte ist die Toleranz des Islam gegenüber
den Juden.

Diese Toleranz war nicht gerade selbstverständlich. So ließ
Mohammed nach der Belagerung von Medina Hunderte von
jüdischen Flüchtlingen aus undurchsichtigen Gründen enthaupten.[1] Die anfänglichen Beziehungen zwischen dem noch jungen Islam und den Juden ließen also eigentlich nichts Gutes
erwarten.

Doch der Islam verdankte dem Judentum viel und konnte es
deshalb schlecht von vornherein verurteilen. Nicht nur das
Christentum, auch der Islam führt seine Anfänge auf das Alte
Testament zurück. Auch er beruft sich auf prophetische Einge-
bungen, und die Riten, die innerhalb von wenigen Jahren die
muslimische Identität begründeten, gehen in ihrer ursprünglichen Form auf die anderen Religionen der Gegend zurück. Wir
wissen nicht, mit wem der früh verwaiste Mohammed, der seinen Onkel Abu Talib, einen wohlhabenden Geschäftsmann, auf
seinen Reisen in die arabischen Nachbarländer begleitet hat,
zusammengekommen ist. Wir wissen auch nicht, welche von
diesen Begegnungen zunächst den Jugendlichen und später den
jungen Mann am meisten geprägt haben. Die einzige Begeg-

nung, über die wir gewisse Informationen haben, fand im syrischen Bosra[2] statt. Die Stadt war nicht nur ein bedeutendes Handelszentrum, sondern auch Sitz einer großen christlichen Gemeinde und besaß eine eigene Kathedrale. In Syrien galt die byzantinische Rechtsprechung. Mohammed und Abu Talib kehrten in einer Einsiedelei ein und unterhielten sich mit einem »in der christlichen Religion äußerst bewanderten« Mönch namens Bahira. Dieser Mönch, wahrscheinlich ein Christ, der allerdings – wie man berichtet – einer häretischen Richtung angehörte, sagte dem jungen Mohammed seine prophetische Sendung voraus.[3]

In jener Gegend gab es damals viele Einsiedler, jüdische Händler und Schriftgelehrte. In vielen Gebieten, die später unter islamische Kontrolle kamen, saßen die Juden schon seit uralten Zeiten: in Palästina, in Nordafrika, wo sie schon 2000 Jahre vor unserer Zeitrechnung den phönizischen Siedlern und Gründungsvätern Karthagos auf dem Fuße folgten, und schließlich auf der Arabischen Halbinsel. Jathrib, das spätere Medina, stand wahrscheinlich unter hebräischer Oberhoheit[4] und hat somit die ganze Gegend jüdisch beeinflußt. Diese und weitere jüdische Erfahrungen Mohammeds sind eine hinreichende Erklärung für die Ähnlichkeit bestimmter Koranstellen mit dem Neuen oder dem Alten Testament[5] oder auch für die Parallelen zwischen den christlich-jüdischen und islamischen Riten, beispielsweise die Regel, sich beim Beten mit dem Gesicht nach Jerusalem bzw. Mekka zu wenden, das Morgen- und das Abendgebet, das Verbot von Schweinefleisch oder der wöchentliche Ruhetag, der zur besseren Unterscheidung von den Juden bei den Muslimen auf den Freitag vorverlegt wurde.

Zu Beginn stand die neue Glaubensgemeinschaft also weder den Juden noch den Christen ablehnend gegenüber. Es stellt sich die Frage nach dem Warum. Die Christen hatten diese positive Einstellung dem Judentum gegenüber jedenfalls nicht gehabt, obwohl sie ihm wesentlich mehr verdankten. Für diese freundliche Haltung gibt es drei Gründe. Erstens wollten Mohammed und seine Anhänger die verschiedenen Gruppen und Stämme der arabischen Welt zusammenführen. Sie planten die militärische Unterwerfung und die politische Gleichstellung einer bislang ziemlich unbekannten, von Ostrom und dem Sassanidenreich fast vergessenen Welt: der Wüsten der Arabischen Halbinsel.[6] Für dieses Vorhaben waren die wenigen jüdischen Gemeinden der arabischen Welt kein ernstliches Hindernis. Bei Paulus und seinen Nachfolgern hatte die Sache anders gelegen: Ihr Interesse galt dem Römischen Reich, in dem die Juden sehr zahlreich und seit langem seßhaft waren. Sie konnten der Paulusmission erheblichen Widerstand entgegensetzen. Die ersten Muslime hingegen hatten keine Ahnung von der Welt, die sie bald erobern sollten. Die meisten von ihnen haben die Arabische Halbinsel nie verlassen. Das Gepäck der anderen beschränkte sich meist auf einen Säbel und ein paar Säcke voller Gold und Datteln, die sie auf einem Pferde transportierten. Ihr geistiges Gepäck beschränkte sich auf die Verse des Koran.

Außerdem verfügten die Muslime nicht über den juristischen Apparat der christianisierten römischen Welt, der alles von einem Zentrum aus beherrschte und regelte. Erst sieben Jahrhunderte später, als die Muslime einen vergleichbaren Verwaltungsapparat besaßen, fingen sie an, sich stärker von den Juden abzugrenzen. Sie brauchten fast 100 Jahre, um das Riesengebilde, das sie erobert hatten, zu erfassen und einigermaßen zu organisieren.

Und schließlich besaßen sie auch keinen theologischen und rhetorischen Hintergrund wie die Christen. Kein Tertullian, kein Augustinus, keine Bischöfe und keine Texte, die zu irgendwelchen außergewöhnlichen Interpretationen einluden, wie diejenigen, die einst den Erfolg der christlichen Vorkämpfer ausgemacht hatten. Das sollte bei den Muslimen erst viel später kommen. Die Araber, die den Islam verbreiteten, bildeten eine homogene, aus dem Zentrum der Halbinsel stammende Bevölkerungsgruppe. Sie waren – ähnlich den Arabern aus dem Norden – Halbnomaden und Karawanenführer und unterschieden sich stark von den Bewohnern des wesentlich fruchtbareren agrarischen Südens, des Jemens und des Hadramauts, wo schon seit langer Zeit Staaten und Städte existierten, mit Heiligtümern, die den vorislamischen Gottheiten geweiht waren und von einer komplexen Priesterschaft unterhalten wurden. Die Anhänger Mohammeds waren bescheiden und hatten keine

Ahnung von kirchenpolitischen Fragen. Ihr Weltbild war einfach und ebenso einfach war das System, das ihnen Mohammed auf der Basis von Rechtschaffenheit, Barmherzigkeit und Vertrauen auf Allah vermittelte.

Für die Christen war Jesus von den Juden verurteilt und umgebracht worden. Für die Muslime hingegen war Jesus kein Sohn Gottes, schon allein die Vorstellung war völlig inakzeptabel. Er war außerdem nicht am Kreuz gestorben (hierin folgen die Moslems ganz den Doketisten). Die Juden wollten Jesus, den Gesandten Gottes, zwar umbringen, doch konnten sie ihr Ziel nicht erreichen, denn schließlich war Gott schlauer als sie:

> Sie, die Juden ersannen Listen,
> allein Allah überlistete sie,
> denn Allah übertrifft die Listigen an Klugheit.
> *(Koran III, 55)*

Trotz dieser Koranstelle bestand zwischen den Juden und den Muslimen eine breite Übereinstimmung: Das göttliche Gesetz war ein kategorischer Imperativ. Wie Bernard Lewis festgestellt hat,[7] steht die islamische Scharia der jüdischen Halacha deutlich näher als die christlichen Rechtskonzepte. Hinzu kommt, daß die Juden mit denen die Muslime zu tun hatten, einen ähnlichen Lebensstil hatten. Sie wohnten auch in Wüstenzelten oder in befestigten Siedlungen und ernährten sich von Hammelfleisch, grünem Salat und Datteln. Sie achteten ebenfalls auf die körperliche Hygiene und ließen sich beschneiden. Auch äußerlich glichen sie den Muslimen, und selbst ihre Sprache war dem Arabischen näher als den Sprachen der Byzantiner oder der Barbaren, die bald den Islam annehmen sollten. Es gab mehr zum Judentum übergetretene Araber und sich zur arabischen Kultur bekennende Juden, als man sich heute angesichts der gegenseitigen Intoleranz vorstellen kann. Rund ein Jahrhundert vor Mohammed gab es einen jüdischen Dichter arabischer Sprache namens Samuel Ibn Adija, der im arabischen Norden sehr viel Erfolg hatte.

Die Juden der Wüste, mit denen die vorislamischen Araber Kontakt hatten, gingen keinen Geldgeschäften nach. Sie ernähr-

ten sich – wie ihre arabischen Nachbarn – von der Weide- und
der Landwirtschaft. Die jungen muslimischen Königreiche nahmen die Juden gastfreundlich auf und profitierten sehr von dieser Gastfreundschaft, denn die Juden waren auch in anderen
Berufen hervorragend, nicht nur bei den undankbaren Zinsgeschäften, mit denen man sie in der westlichen Welt ausnahmslos
in Verbindung brachte. In Aleppo taten sie sich vor allem als
Glasbläser hervor, in Kairo als Goldschmiede, in Theben und
Cordoba als Seidenfabrikanten, in Schiras und Kerman als
Händler von Elfenbein, Perlen und Korallen und ansonsten
nach wie vor als Bauern.

In der Geschichte läßt man die einfachsten Überlegungen oft
außer acht. Bei den Muslimen war folgende Denkweise gegenüber den Juden eigentlich naheliegend: Wenn die Juden nicht
den islamischen Glauben annehmen wollten, so konnte man
sie nicht zu ihrem Glück zwingen. »Seht, wen Allah leitet, der
ist recht geleitet; wen er aber in die Irre führt, der findet keinen
Beschützer und keinen Führer«. (Koran XVIII, 18)

Nach der islamischen Expansion scheinen sich die neuen
Herren des Mittelmeerraumes und des Orients vor allem zwei
Vorschriften ihres Propheten zu Herzen genommen zu haben,
nämlich die der religiösen Toleranz[8] (was sie jedoch nicht daran
hinderte, den Ungläubigen mit Unannehmlichkeiten zu drohen)
und jene, die besagt, daß »eine gerechte Justiz abseits der Religion besser ist als eine auf religiösen Grundsätzen beruhende
Tyrannei«.[9]

Die Juden zogen in Massen in die Länder des Islam. Nach
Aleppo, Kairo, Kairuan und Fez, aber auch nach Persien und
Babylonien. Man gewährte ihnen alle Privilegien, die sie im
Römischen Reich gehabt und erst unter den christlichen Kaisern verloren hatten. Sie hatten ihre eigenen Exilarchen und
Rabbiner und besaßen ihre eigene Rechtsprechung. Allerdings
mußten sie wie die Christen und die Heiden als Bürger zweiter
Klasse Sondersteuern zahlen. »Bis ins zwölfte Jahrhundert hinein«, so weiß Nicholas de Lange zu berichten, »wurden die dis-
kriminierenden Gesetze nur locker gehandhabt oder auch völlig
ignoriert.«[10] Massaker gab es bedeutend weniger als im christlichen Europa. Das Blutbad von Granada im Jahr 1066 stellt

insofern einen Sonderfall dar, denn es ereignete sich erst nach
der Eroberung der Stadt durch die muslimischen Berber, die ja
bekanntlich keine Araber waren, und nach dem Sturz der
Omaijadendynastie.

Es war ein erstes blutiges Zwischenspiel innerhalb einer von
islamischer Toleranz geprägten Periode und lohnt eine nähere
Betrachtung. Der islamische Glaube an sich war als Garant für
Toleranz sicherlich nicht viel besser als die anderen Religionen.
Ein Beweis dafür waren die neubekehrten Berber aus Nordafrika, die die arabische Tradition der gegenseitigen Toleranz
und des friedlichen Zusammenlebens nicht kannten. Die geheimnisvollen Ureinwohner Nordafrikas mit blonden Haaren
und blauen Augen wurden von den Arabern *Barabra* (»Barbaren«) genannt. Sie waren scheu, aber kriegerisch, voller Stolz,
freiheitsliebend und kannten so gut wie nichts von der Welt
um sie herum, nicht einmal die Städte.[11] Getrieben von militärischem Ehrgeiz und ohne Rücksicht auf seine Glaubensgenossen
fiel dieses Wüstenvolk 1013 in Cordoba ein. Sie waren über den
Luxus des Hofes empört und fanden im omaijadischen Spanien
einen verfeinerten Lebensstil vor, der den rigorosen Vorstellungen dieser Neubekehrten in keiner Weise entsprach. Sie stürzten die Omaijadendynastie und stellten mit den Almoraviden
ein eigenes Herrschergeschlecht. Sie waren gewalttätig und un-
berechenbar und metzelten in ganz Südspanien die Ungläubigen nieder. Die Almohaden, die darauffolgende Berberdynastie,
stellten im zwölften Jahrhundert erneut Mörderbanden auf,
die Nordafrika und Südspanien mit noch größerem Fanatismus heimsuchten. Diesmal fielen den Mordbrennern nicht nur
jüdische, sondern auch alteingesessene christliche Gemeinden
zum Opfer. Die Synagogen und Akademien wurden geschlossen, und die Juden wurden zur Konversion gezwungen. Die
Almohaden folgten dem Beispiel der Christen und schrieben
den Juden eine bestimmte Kleidung vor, nämlich einen langen
blauen Umhang oder wahlweise gelbe Kleider. Außerdem war
ihnen Handel größeren Ausmaßes verboten.

Die Juden wanderten in tolerantere Königreiche aus. Doch
spätestens mit der um 1200 einsetzenden Reconquista war das
Schicksal der Almohaden besiegelt. Die Herrschaft der Almora-

viden und der Almohaden hatte keine zwei Jahrhunderte gedauert. Wer in Gefangenschaft kam, landete meist in der Sklaverei. Das dunkle Kapitel dient uns als Lektion: Jedesmal, wenn der Islam sich bei Nichtarabern, d. h. bei Menschen, die nicht von der Arabischen Halbinsel stammten, ausbreitete, entglitt er in Richtung Fanatismus. Auf die islamische Toleranz haben diese Entgleisungen jedoch keinen Einfluß. Als der jüdische Weltreisende Benjamin von Tudela[12] im 12. Jahrhundert, also fünf Jahrhunderte nach der islamischen Eroberung, Bagdad besuchte, zählte die Stadt 40000 Juden, 28 Synagogen und zehn Talmudschulen, die sogenannten *Jeschiwots*.

Vielleicht muß man die Zahlen Benjamins relativieren. In der Stadt Ghazni (im heutigen Afghanistan) lebten nach seinen Angaben 80000 Juden, in Samarkand 50000. Der auf die europäischen Ausweisungen folgende Exodus in die islamischen Gebiete war allerdings beträchtlich und hielt bis ins 15. Jahrhundert an, obwohl in der Zwischenzeit die Lebensbedingungen für die Juden auch in den islamischen Ländern erheblich härter geworden waren. Die Vertreibung aus Spanien zwang mehrere zehntausend Juden (zwischen 50000 und 150000) zur Auswanderung.

Vor allem zwei Männer stehen für das unter dem Schutz des Islams aufblühende Judentum. Der erste ist el Saadja Ben Josef. Er wurde 882 im oberägyptischen Pithom geboren, unternahm in seiner Jugend sehr viele Reisen, unter anderem nach Aleppo und Bagdad, und ließ sich schließlich in Palästina nieder. Ab 921 schaltete er sich in den Streit zwischen der Jerusalemer Akademie und den jüdischen Gemeinden von Babylon ein. Es ging um die Einführung eines jüdischen Kalenders, der die Feste des jüdischen Volkes vereinheitlichen sollte. Ein wichtiger Punkt, denn wer den Kalender festlegte, besaß automatisch eine religiöse Vormachtstellung. Und eben diese Vormachtstellung machten die Jerusalemer Gelehrten denen von Babylon streitig. Die Affäre entwickelte sich schnell zu einem Schisma.[13] Für die Juden in Babylon war ihr Talmud entscheidend, nicht der von Jerusalem. In dieser Auseinandersetzung machte sich Saadja einen Namen (er war einer der wenigen Gelehrten, die den Jerusalemer Talmud zitieren und verteidigen konnten). Zur selben Zeit verfaßte er ein Wörterbuch und mehrere philosophische Abhandlungen, mit denen er die jüdische Religionsphilosophie begründete. Sein Einfluß sollte über die Jahrhunderte hinweg lebendig bleiben.[14]

Bei Moses Maimonides, der zweiten Symbolfigur für das unter dem Islam aufblühende Judentum, handelt es sich um eine noch bekanntere Persönlichkeit. Maimonides zählt zu den großen Religionsphilosophen des Mittelalters. Er wurde 1135 oder 1138 in Córdoba geboren und mußte 1148 mit seinen nächsten Angehörigen vor den Verfolgungen der Almohaden nach Fez fliehen, wo der junge Maimonides eine medizinische Ausbildung erfuhr. Dann zog die Familie nach Palästina und von dort weiter nach Ägypten, wo sie sich zunächst in Alexandria aufhielt, sich aber dann in Fustat, das heute zu Kairo gehört, endgültig niederließ. 1185 wurde Maimonides offizieller Hofarzt von Al Fadil, ein Amt, das er bis zu seinem Tod 1204 behielt. Seit 1177 stand er auch der jüdischen Gemeinde von Fustat vor. Er schrieb seine Veröffentlichungen auf arabisch – ein Zeichen dafür, daß sich die beiden Kulturen gegenseitig befruchteten – und wurde ins Hebräische und ins Lateinische übersetzt. Seine Schriften beschäftigen sich mit der Astronomie, der Medizin, der Halacha, d. h. der rabbinischen Rechtswissenschaft, und der Philosophie. Maimonides hinterließ ein beachtliches und äußerst vielseitiges Werk. Bis heute viel beachtet ist er jedoch vor allem wegen seines »Führers der Unschlüssigen« *(Dalalat al haïrin*[15]*)* und seiner »Wiederholung der Lehre« *(Mischne Tora),* den interessantesten von seinen halachitischen Schriften. Der *Dalalat* ist eine Antwort auf die damals große Orientierungslosigkeit der Juden, die zwischen dem aristotelischen und platonischen Rationalismus, der in jener Zeit bei den arabischsprachigen Intellektuellen vorherrschte, und der rabbinischen Tradition schwankten, und versuchte wie Philon erneut, das rationale griechische Denken mit dem orthodoxen Judentum zu verbinden. Die »Wiederholung der Lehre« ist eine umfangreiche Zusammenfassung der jüdischen Gesetze.

Saadja und Maimonides stehen für die freundliche Aufnahme, die der Islam den Juden lange Zeit geboten hat. Viele andere Juden, die unter den Kalifen und den Sultanen ebenfalls zu höchsten Würden aufgestiegen waren, lassen erkennen, daß das *Dhimmi*-Dasein trotz mancher Schikanen (ausdrücklich vorgeschriebene Wohnviertel, beschränkte Zahl von Synagogen und Sondersteuern) im Vergleich zur Hölle in Europa ein paradiesisches Leben war. In Europa wurden ihre Häuser und Synagogen in Brand gesteckt, ihre Schuldforderungen für null und nichtig erklärt, und sie selbst von den Priestern verflucht, in den Straßen beleidigt und angespuckt, mit unglaublichen Steuern belastet, verhaftet und mit Gewalt in die Taufbecken gezwungen, enteignet, vertrieben oder schlicht und einfach umgebracht. Die Juden der islamischen Länder waren zu vielen Zugeständnissen bereit, um nur nicht zu den Christen zurückkehren zu müssen. Der Jude Chasdaï Ibn Schaprut beispielsweise wäre in Lyon, Norwich oder Trier niemals Hofarzt eines westlichen Monarchen geworden. Unter dem omaijadischen Kalifen Abd el Rahman III. (912–961) war er der Leibarzt des Hofes und darüber hinaus Förderer der jüdischen Ärzte, Intellektuellen, Philosophen und Dichter der Region.

»Im omaijadischen Spanien zählte man nicht weniger als 44 Städte mit bedeutenden und wohlhabenden jüdischen Gemeinden«, schreibt Paul Johnson.[16] Die Beamten des Hofes redeten die Exilarchen mit »Unser Herr, der Sohn Davids« an. In der westlichen Welt wäre dies unvorstellbar gewesen. Die Liste der Juden, die an islamischen Höfen beachtliche Positionen innehatten, ist lang. Einige von ihnen arbeiteten im Bankwesen, genau wie in der westlichen Welt. Eine ganze Reihe waren jedoch auch Staatsbeamte, Botschafter, Mediziner oder Berater. Ihr Judentum scheint die muslimischen Machthaber nicht gestört zu haben.[17] Genauso tolerant verhielten sie sich gegenüber den Christen.

Trotzdem sollte man sich vor Verklärungen hüten. Die islamische Toleranz hatte praktische Gründe: Die Herrscher brauchten kompetente Verwaltungsfachleute, und als solche waren die Juden sehr geschätzt, denn sie verfügten sowohl innerhalb als auch außerhalb der islamischen Welt über weitreichende Beziehungen, hatten wertvolle Handelserfahrung und sprachen mehrere Sprachen.

Man ist versucht, diese Juden mit ihren europäischen Kollegen, den sogenannten Hofjuden, zu vergleichen. Ein solcher
Vergleich macht aber auch die Unterschiede deutlich: Zwischen
den islamischen Herrschern und den in ihren Diensten stehenden Juden gab es eine stille Abmachung. Die Vorsteher der
jüdischen Gemeinde konnten von dieser beispielsweise außerordentliche Finanzleistungen fordern. Im Gegenzug wurde die
Sicherheit dieser Gemeinden garantiert. Dies war in Europa
nicht der Fall. Im 14. Jahrhundert etwa finanzierte der jüdische
Bankmann Simon de Reiche von Deneuvre zwar den elsässischen Adel, die jüdische Gemeinde von Straßburg war aber
trotzdem Opfer blutiger Ausschreitungen. Außerdem waren
die an islamischen Höfen lebenden Juden regelrechte Kunst-
mäzene. Sie machten aus ihren Palästen sozusagen jüdische Kul-
turzentren, sorgten für eine wahre Bereicherung der jüdischen
Sprache, der Poesie und der Philosophie und hoben somit das
soziale und kulturelle Niveau ihrer Gemeinden. In der westlichen Welt war so etwas unvorstellbar. Mose Ben Nachman
(Nachmanides) hätte unter Jakob I. von Aragon niemals vor
den Augen der Inquisition seine jüdische Kultur so zur Schau
stellen können.

Mit Hilfe der islamischen Toleranz konnten sich die Juden
also auf lange Zeit von dem schmachvollen Dasein, das ihnen
in der christlichen Welt des Westens aufgezwungen wurde,
befreien. Drei Jahrhunderte lang stand ihnen für die Weiterentwicklung ihrer jüdischen Kultur ein fruchtbarer Boden zur Verfügung. Der wertvolle Beitrag der Araber bei der Vermittlung
antiker Texte wurde oft genug erwähnt, doch ihre entscheidende Rolle als Beschützer der jüdischen Kultur wird nur selten gewürdigt. Während in Europa die Kirche den Talmud
bekämpfte und regelmäßig alle Exemplare, derer sie habhaft
werden konnte, öffentlich verbrannte (die bekannteste Bücher-
verbrennung dieser Art fand 1242 in Paris statt[18]), arbeiteten
jüdische Akademien und jüdische Gelehrte in der arabischen
Welt an Talmudkommentaren und sorgten für zahlreiche Tal-
mudabschriften. Unter dem Schutz der Muslime konnte sich
das rabbinische Judentum gegen seine feindliche oder – im
besten Fall – bedingt tolerante Umwelt wappnen und das Zeit-

alter des Buchdrucks abwarten. Mit Gutenbergs Erfindung war
der Talmud unzerstörbar geworden.

Zumindest in der ersten Zeit profitierte auch die islamische
Kultur von dieser Toleranz. Ein großer Teil der bedeutenden
arabischen Autoren – Al Kindi, Al Farabi, Avicenna, Al Ghasali, Averroes, Rhazes, die Brüder Al Safa, Al Ashari und viele
andere – wußte das offene Klima und den in den Akademien
gepflegten philosophisch-kritischen Geist der jüdischen Respon-
sen sehr zu schätzen, nicht zuletzt auch die Übersetzungen, die
die (zum Teil) konvertierten Juden von den griechischen Autoren angefertigt hatten.[19]

Vielleicht hätte die jüdische Bevölkerung des Mittelmeerge-
biets und des Orients ohne die Muslime nur schwer überlebt.
Zu Beginn unserer Zeitrechnung belief sich die jüdische Bevölkerung der mediterranen Welt auf etwa acht Millionen. Im
zehnten Jahrhundert war sie auf rund anderthalb Millionen
gesunken. Es ist zwar unbestritten, daß damals die Gesamtbevölkerung dieser Weltregion abnahm,[20] es liegt jedoch auf der
Hand, daß die Verfolgungen, denen die Juden jahrhundertelang
ausgesetzt waren, die ewigen Wanderbewegungen, Zwangstaufen und blutigen Ausschreitungen sich nicht positiv auf die Fort-
pflanzung ausgewirkt haben.

Wie kam es also zum Umschwung? Jeder Betrachter des heutigen Weltgeschehens fragt sich, wie es in den letzten Jahrzehnten des 20. Jahrhunderts zu derart gewalttätigen Auseinandersetzungen zwischen Muslimen und Juden kommen konnte.

Vom religiösen Standpunkt aus betrachtet kam es zu keinem
wirklichen Umschwung. Zu einer Verschlechterung der musli-
misch-jüdischen Beziehung kam es erst im 20. Jahrhundert
mit der Deklaration des britischen Außenministers Balfour von
1919 und der Gründung der jüdischen »nationalen« Heimstätte
in Palästina, d. h. mit dem Sieg des Zionismus. Mit anderen
Worten: Die Verschlechterung der Beziehung trat erst mit der
Verlegung des jüdisch-muslimischen Zusammenlebens vom
religiösen in den politischen Bereich ein. Dieser Punkt wird am
Ende dieses Buches im Zusammenhang mit dem Zionismus
noch einmal angesprochen.

Zwei historische Faktoren veränderten die islamische Welt

grundlegend. Der erste Faktor war das zunehmende Machtbe-
wußtsein, das der Islam in der Begegnung mit der übrigen Welt
allmählich entwickelte. Der zweite Faktor war die Tatsache,
daß mit Persern, Osmanen und Mongolen Eroberer aus relativ
spät islamisierten Ländern mit einer völlig anderen Kultur an
die Macht kamen und natürlich nicht die gleichen Beweggründe
für eine Toleranz gegenüber den Juden hatten.

Der Triumphzug des Islam war einzigartig. Nach dem Sturz
der Sassaniden fiel das Perserreich 638 wie ein Kartenhaus
zusammen. In der Zeit von 640 bis 642 eroberte Kalif Omar I.
Ägypten und rückte gegen die Cyrenaika, heute Teil Libyens,
vor. Zwischen 644 und 655 – gerade einmal 33 Jahre nach
dem Tode des Propheten – eroberten die Muslime das irani-
sche Hochland. Sie entdeckten die Welt und wurden sich ihrer
Dynamik bewußt. Wie im Taumel und vielleicht auch mit einem gewissen Unbehagen erkannten sie die Macht, die hinter ihrem Glauben, dem Islam, steckte. Sie fingen an, sich über
ihre Identität Gedanken zu machen, auch dann noch, als sie
751 nach dem Sturz der Omaijadendynastie am Talas gegen
die Chinesen kämpften. Doch langsam mußten sie begreifen,
daß die Welt nicht unbedingt ihren Vorstellungen entsprach.
Also mußten sie sich von den anderen abgrenzen. Das bedeutete nicht unweigerlich eine Veränderung zum Schlechten hin.
Es bedeutete lediglich, daß der Islam sich nun auch vom Judentum, dem er in der Anfangsphase so nahegestanden hatte, stärker abgrenzte.

Das »islamische Haus« wuchs schnell. 90 Jahre nach der
Gründung der omaijadischen Kalifendynastie durch Muawija
in Damaskus kam 750 der Haschimit Abul Abbas als erster Kalif
der Abbasidendynastie[21] an die Macht, die den Kalifensitz nach
Bagdad verlegte. Abul Abbas war nur mit Hilfe der zum Islam
bekehrten persischen Sassaniden auf den Thron gekommen und
mußte deswegen ihnen die Regierungsgeschäfte überlassen. Von
diesem Moment an war der Islam strenggenommen keine rein
arabische Angelegenheit mehr und sollte dies auch in Zukunft
nicht mehr werden, weder unter den Tuluniden von Ägypten,
den Seldschuken des elften Jahrhunderts, die mit der Eroberung
des Byzantinischen Reichs und der späteren Türkei begonnen

haben, noch unter den Fatimiden Nordafrikas. Die durch endlose Eroberungskriege zerrissene islamische Welt war allzu groß
geworden und hatte ihre Einheit verloren. Fürsten von den entgegengesetzten Enden der Welt, von Marokko bis nach Mittelasien, hoben Armeen aus und ließen sich im fliegenden Wechsel
zum Sultan oder Kalifen ausrufen, beides Herrschertitel, die aus
der arabischen Heldendichtung Mekkas stammen.

Auch in theologischer Hinsicht war der Islam nun gespalten.
Die Schiiten und die Sunniten stehen sich bis heute feindselig
gegenüber. Jede dieser beiden großen Strömungen sieht sich
allein als die rechtmäßige Vertreterin des islamischen Glaubens.

Die muslimische Begeisterung für die jüdische Philosophie
währte nur kurz, genauer gesagt vom neunten bis zum zwölften Jahrhundert. Al Ghasali (1058–1111) war bereits im elften
Jahrhundert der Philosophie und der Theologie überdrüssig
und bezweifelte, ob man die Existenz Gottes, die Struktur des
Universums oder die Unsterblichkeit der Seele überhaupt wissenschaftlich beweisen könne. Daher wandte er sich der Mystik
zu. Im 13. Jahrhundert kam es im Islam zu oft gegensätzlichen
Strömungen, die seine Einheit gefährdeten. Natürlich gab es
auch eine ganze Reihe von Autoren, die solche häretischen Bewegungen und Fremdeinflüsse – vor allem den Aristotelismus –
entschieden ablehnten.[22] Ibn Chaldun (1332–1406) war der
erste Historiker, der die Bedeutung der Kultur für die Gesell-
schaftsentwicklung begriff und alle philosophischen Spekula-
tionen als unnütz und müßig abtat. Die philosophisch-akademi-
schen Erörterungen der jüdischen Kultur waren für die Muslime
nicht mehr interessant. Die Offenbarung hatte stattgefunden,
und das war das Entscheidende. Doch die theologischen Mei-
nungsverschiedenheiten führten nicht – wie in Europa – zu religiös motivierten Verfolgungen.

Es zeichnete sich jedoch eine deutliche Veränderung ab. Die
allmähliche Institutionalisierung des Islams und die immer stärker werdende Bedrohung durch den Westen sorgten für eine
zunehmende Inflexibilität. An die Stelle des Pragmatismus trat
ein absoluter Gesetzesgehorsam, der – wie in der katholischen
Kirche – die Juden immer stärker ausschloß. In der ersten Zeit
wurden sich die Juden dessen überhaupt nicht bewußt. Durch

die allgemeine Verwirrung der damaligen Zeit ließen sie sich täuschen und mischten sich unvorsichtig, ja geradezu leichtsinnig in die Politik ein. Allmählich wurde der Bogen überspannt. Die Araber fühlten sich immer mehr zurückgesetzt. Schließlich kam es im 13. Jahrhundert unter dem Mameluckensultan Baibar 1. zu Juden- und Christenverfolgungen.

Möglicherweise waren die Juden von der arabischen Kultur fasziniert. Der Grund wäre nicht schwer zu erraten. Die arabische Sprache ist ausdrucksstark und voller Poesie. Sie ist reine Musik und eignet sich wie alle semitischen Sprachen hervorragend zur Beschreibung von Seelenzuständen. Im Gegensatz dazu bringen die westlichen Sprachen vor allem Begriffliches zum Ausdruck. Hebräisch, Aramäisch und Arabisch sind eng miteinander verwandt und gleichen sich in ihrer natürlichen Musikalität. Der Klang ist einschmeichelnd. Allein das Rezitieren der Koranverse ist unbedingt hörenswert. Es ist kein Zufall, daß zur arabischen Literatur die Werke mehrerer jüdischer Dichter zählen.

Man kann es nicht genug betonen: Die wachsende Ambivalenz der Muslime gegenüber den Juden führte nie zu solchen Abscheulichkeiten wie in der christlichen Welt. Mit Ausnahme einiger weniger bereits erwähnten Fälle kennt die islamische Geschichte keine systematischen Judenverfolgungen. Die Muslime empfanden die Massaker an den Juden durch die Christen schlichtweg als barbarisch.

»In den Siedlungen, die von den fränkischen Städten übriggeblieben sind, gibt es drei wohlbekannte Tage im Jahr, an denen die Bischöfe zum Pöbel sagen: ›Die Juden haben euch eure Religion gestohlen, und trotzdem leben sie in eurem Lande.‹ Daraufhin machen sich der Pöbel und die Stadtbewohner auf die Suche nach den Juden, und wenn sie diese finden, töten sie sie. Anschließend plündern sie ihre Häuser.« Mit diesen Worten beschreibt Ende des 13. Jahrhunderts der ägyptische Schriftsteller Ahmad Ibn Idris al Karafi die mörderischen Sitten der Europäer. Wahrscheinlich wußte er, daß die Christen auch die Muslime verfolgten, denn er hatte die »befreiten« Gebiete Spaniens besucht und dort sehr wohl feststellen können, daß die Mauren nicht besser behandelt wurden als die Juden.

Die Abasiden blieben also tolerant und pflegten einen Kosmopolitismus, der von den Historikern selten gewürdigt wird. In Bagdad wurde griechisch gesprochen, denn die aus Konstantinopel vertriebenen griechischsprachigen Gebildeten waren hierher geflohen. Hier las man auch Werke aus Indien. Noch außergewöhnlicher war jedoch die Tatsache, daß die Verwaltung und die Polizei in den Händen von meist islamisierten ehemaligen Christen lag. Auch die Juden hatten immer noch ihre Akademien in Bagdad. Es war ein Goldenes Zeitalter, auch wenn es allmählich dem Ende zuging: Ab dem 13. Jahrhundert wurde die Trennungspolitik strenger gehandhabt. In Marokko verbannten die Idrisiden die Juden in Ghettos, die dort *Mellahs* genannt wurden und bis in die allerjüngste Vergangenheit existierten. In Ägypten endete 1250 die Dynastie der Aijubiden. Unter ihren Nachfolgern, den Mamelucken, mußten die Juden einen Turban und einen gelben Gürtel tragen. Auch die Christen hatten sich einer Kleiderordnung zu unterwerfen. Die vorgeschriebene Farbe für ihre Gürtel war blau. Außerdem war es Christen wie Juden verboten, auf Pferden oder Mauleseln in die Stadt zu reiten. Und die Kirchen wurden genauso geplündert und geschlossen wie die Synagogen.

Doch im Laufe der Jahrhunderte stabilisierte sich die Situation der Juden in der muslimischen Welt. Erst mit der jüdischen Besiedlung Palästinas wuchsen die Spannungen, die seit etwa 1920 zu blutigen Auseinandersetzungen zwischen der arabischen und der jüdischen Bevölkerung führten. Bis zum Sinaifeldzug (1956) gab es in Ägypten jedoch immer noch große jüdische Gemeinden, die unter relativ sicheren Bedingungen leben konnten, obwohl in Ägypten das Aktionszentrum der arabischen Nationalisten lag.

Die islamische Haltung liefert uns paradoxerweise den Schlüssel für das Verständnis der christlichen Einstellung gegenüber den Juden. Wie wir gesehen haben, waren die Muslime bis ins zehnte Jahrhundert hinein ausgesprochen tolerant. Dann versuchten sie eine mehr oder weniger starke Zwangsassimilation der Juden und eine Politik der Segregation. Wie bereits erwähnt, vollzog sich diese Veränderung bei wachsendem Selbstbewußtsein des Islam und nach dem Auftritt nichtarabischer Machthaber. Warum blieb die Haltung gegenüber den Juden weiterhin tolerant?

Um dies zu begreifen, muß man die Landkarten der islamischen Eroberungen studieren.[23] Die Fremden kamen in Scharen und auf schnellen Pferden, eroberten im Handumdrehen ein Gebiet, ließen sich dort für eine Weile nieder und verschwanden schließlich wieder. Der größte Teil der Bevölkerung konvertierte, um auf der Seite der Sieger zu stehen. Die Eroberer legten auf ihren Pferden Tausende von Kilometern zurück und blieben dort, wo es ihnen gefiel. Viele Gruppen waren in Bewegung. Bei manchen Eroberern und ihren Nachkommen war es schwer zu sagen, woher sie ursprünglich kamen. Sie stammten beispielsweise aus Aleppo, stießen bis nach Gibraltar vor und hinterließen unterwegs nicht wenige Kinder: in Kairo, Tripolis, Tunis, Algier und Fez. Die einen waren blond, die anderen negroid, doch alle blieben treue Anhänger des Propheten. Die arabische Invasion brachte einen riesigen Schmelztiegel der Völker zum Kochen. Das ist die erste Konsequenz dieses rastlosen Wanderns. Der Islam ist das Haus Gottes, und Gott ist mit Sicherheit kein Rassist.

Wenn die Juden nicht konvertieren wollten, mußten sie mehr arbeiten und höhere Steuern zahlen. Sie wußten, wie man Waffen schmiedet, Edelsteine ziseliert, Seide spinnt und färbt, und konnten Festtagskleider besticken. Sie waren sehr geschickt und wußten genau, wie und wo man sich mit Pfeffer, Zimt, Safran und Gewürznelken eindeckt. Im übrigen stellten sie keine politische Gefahr dar. Sie waren viel zu sehr mit ihren Geschäften beschäftigt und fielen auch nicht weiter auf, denn ihr Äußeres war dem der eindringenden Völker sehr ähnlich, auch wenn die aus Europa flüchtenden Aschkenasim über die Jahrhunderte den jüdischen Gemeinden der islamischen Welt eine etwas andere Farbe beimischten. Die religiösen Unterschiede hatten keine große Bedeutung. Seit ihrem Auszug aus Mekka waren die Muslime schon unzählige Male mit Juden zusammengetroffen und hatten sie in der Regel nicht verfolgt. Es gab ja auch keinen Grund dazu.

Im christlichen Europa war die Mehrheit der Bevölkerung seit dem fünften Jahrhundert seßhaft. In den europäischen

Königreichen und Fürstentümern garantierte die Allianz von Kirche und Thron die Sicherheit und die soziale Ordnung, und genau von dieser Allianz distanzierten sich die Juden in gefährlicher Weise: »Was führen die Juden im Schilde? Wollen sie den christlichen Glauben lächerlich machen? Es sind auf jeden Fall Ketzer, also Feinde. Warum können unsere Männer nicht deren Töchter heiraten? Was sind das denn für Leute? Warum haben sie ihre Länder verlassen? Warum sprechen sie nicht unsere Sprache?« Sie sind Fremde, also – wie schon gesagt – Feinde.

Der religiöse Fanatismus der Christen war gar nicht mal so religiös, er war in erster Linie kulturell bedingt. Die Frage ist jedoch, inwieweit man überhaupt zwischen einem religiösen und einem kulturellen Fanatismus unterscheiden kann.

7

Das Beispiel Asien

Es ist kein Mythos: Am »Ende der Welt« gab es schon lange
Juden – Falascha, die Juden aus der Zeit vor dem Talmud –
Die Seidenstraße und die ersten Juden in China – Synagogen
mit Konfuzius-Zitaten – Bene-Israel, die Nachkommen von
Schiffbrüchigen – Keine Verfolgungen in Asien – Lehren aus
dem asiatischen Beispiel

Die Entdeckungsfreude der Juden, wie sie im ersten Kapitel dieses Buches beschrieben wurde, trieb die Kinder Jakobs schon
lange vor den antisemitischen Verfolgungen in unbekannte Länder. Man wäre nicht sonderlich überrascht, wenn man eines
Tages feststellen würde, daß die Juden bereits mit den Phöniziern nach Amerika gesegelt sind. Immer mehr Wissenschaftler
sind nämlich überzeugt davon, daß die Phönizier bereits im
ersten Jahrtausend vor unserer Zeitrechnung den amerikanischen Kontinent entdeckt haben. Im Lauf der Jahrhunderte
kamen die wildesten Legenden über die Juden auf. Ihre Stämme
soll es bis ans Ende der Welt verschlagen haben. Ein gewisser
Montezimos will sogar »in Peru jüdische Indianer gesehen«
haben.[1]
   Die Juden sind mit Sicherheit weiter gewandert als andere
Völkerschaften und haben sich in den entferntesten Gegenden
niedergelassen, beispielsweise die Falascha, jene Juden von
Äthiopien, die keinen Talmud kannten. 1984 wurden sie, von
einem riesigen Medienrummel begleitet, nach Israel ausgeflo-
gen. Sie betrachten sich als die Nachkommen des Stammes
Dan, der seit der Babylonischen Gefangenschaft tatsächlich verlorengegangen oder fast verlorengegangen war, und sind angeblich seit Salomon, ja sogar seit dem Auszug aus Ägypten in

Äthiopien ansässig. Die Geschichte hält viele Überraschungen für uns bereit, denn die eine oder andere These klingt gar nicht so unplausibel. Wenn die Falascha den Talmud nicht kennen, sind sie auf jeden Fall vor dem zweiten Jahrhundert vor unserer Zeitrechnung aus Israel fortgezogen, denn in jener Zeit begann man mit der Sammlung der jüdischen Gesetze und ihrer Interpretationen.[2] Die Juden sind jedenfalls viel gereist, und Christoph Columbus war einer ihrer typischen Vertreter. Außerdem zählen die Juden für den Historiker Daniel Boorstin »zu den ersten, die Europa von den Fesseln der christlichen Geographie befreit haben«.[3] 1375 brachte der Jude Abraham Crescas den bekannten *Katalanischen Atlas* heraus, in dem Asien zum ersten Mal in erkennbaren Umrissen dargestellt wurde.

Eines ist gewiß: In ihrer Entdeckungslust zogen die Juden auch in das fernere Asien, wo sie – wie in den vorangegangenen Kapiteln bereits erwähnt – schon im sechsten Jahrhundert vor unserer Zeitrechnung anzutreffen waren. Die Art, wie sie sich niederließen, war beispielhaft für alle späteren jüdischen Einwanderer Asiens: Sie verloren recht bald ihre Identität und mischten sich mit der einheimischen Bevölkerung. Mehrere Schriftsteller aus Kaschmir führten ihr Volk auf jüdische Vorfahren zurück.

Die Seidenstraße öffnete ihnen bereits im ersten Jahrhundert eine gewinnträchtige Domäne, denn mit dem Seidenimport konnte man bei den konsumfreudigen Römern, die die Seide buchstäblich mit Gold aufwogen, viel Geld machen. Die Juden von Tyros, Palmyra und Hierapolis spezialisierten sich auf das Färben von Seide. Von nun an unterhielten die Juden also Karawanen und arbeiteten als Händler, Dolmetscher und sogar als Versicherungskaufleute.[4] Geld war allerdings nicht der einzige Grund, weshalb die Juden ihre Fühler in Richtung Asien ausstreckten. Die berühmte Legende vom hebräischen Königreich im Osten spielte sicherlich auch eine Rolle. Schon im Krieg gegen Rom hofften die Juden – allerdings vergeblich – auf die militärische Unterstützung dieses legendären Königreichs.

Neben dem Seidenhandel entwickelte sich über die Jahrhunderte der Handel mit Porzellan, den allerdings die islamischen Machthaber als ihr Monopol betrachteten, außerdem der Handel mit Schießpulver, mit Edelsteinen, mit exotischen Tieren, mit Eunuchen... Die Seidenstraße diente auch für den Warenverkehr aus Indien und Südostasien: Tee, Korallen und Gemmen aus Taprobana, dem heutigen Sri Lanka, Aloe, Kampfer und verschiedene Drogen (unter anderem Opium) aus Calicut, Cochin und Malakka. Von dem wahrscheinlich aus Bagdad stammenden arabischen Geographen Ibn Chordadbeh wissen wir, daß die Handelsrouten zwischen Bagdad und China von muslimischen und jüdischen Kaufleuten benutzt wurden,[5] sicherlich auch von den Nestorianern, den Manichäern und den Mandäern.

Natürlich haben die jüdischen Kaufleute – wie die anderen auch – entlang der Route, ja selbst in China, ihre Niederlassungen eingerichtet. Auch in den großen Hafenstädten wie Futschou und Kanton gründeten sie ihre Zweigstellen. Bei Zahlenangaben sind wir auf fremde Quellen angewiesen: Nach Berichten eines arabischen Weltenbummlers[6] wurden während der chinesischen Repression von 758 und während des Aufstandes von Huang Chao gegen die Tangdynastie von 879 rund 120 000 fremdländische Händler – und zwar Christen, Muslime und Juden – niedergemetzelt. Vielleicht ist die Passage so zu verstehen, daß damals die Handelskolonie von Kanton 120 000 Menschen zählte (die Schätzung ist in jedem Falle sehr subjektiv) und bei diesen beiden Unruhen viele Tote zu beklagen hatte. Denn 120 000 Leichen sprengen den Rahmen eines jeden Massakers. In diesem Zusammenhang werden jedoch zum ersten Mal jüdische Niederlassungen in China erwähnt. Die letzten waren es mit Sicherheit nicht.

Trotz dieser beiden Massaker im Abstand von etwas mehr als 100 Jahren und trotz der Sungdynastie, die im zehnten Jahrhundert China abriegelte und den Handel mit den Fremden offiziell verbot, gaben die Juden nicht auf. Wahrscheinlich hatten sie begriffen, daß die Massaker nicht ausdrücklich gegen sie gerichtet waren. Es gab weiterhin jüdische Gemeinden – sowohl an der Küste als auch im Inneren des Landes. Wie Nicholas de Lange[7] schreibt, »geht aus den örtlichen Archiven hervor, daß die Juden im zehnten Jahrhundert in vielen Bereichen tätig waren, nämlich im Handel, in der Landwirtschaft, in der Armee und in der öffentlichen Verwaltung«. Bereits im zwölften Jahrhundert gab es in Kaifeng, der damaligen Hauptstadt der chinesischen Provinz Honan, eine bekannte Synagoge. Sie war 1163 gebaut und 1653 von dem jüdischen Mandarin Chao Ying Chen umgebaut worden und stand noch im 19. Jahrhundert. Es gab noch andere, und wie wir wissen, waren alle mit chinesischen Konfuzius-Zitaten geschmückt.[8] Mehrere Jahrhunderte lang waren die Juden in China im religiösen Bereich sehr aktiv. Als Beweis dafür dient eine chinesische Thora aus Ziegenleder, die 1642 bei der Überschwemmung einer Synagoge am Ufer des Gelben Flusses gerettet werden konnte. Nach François-Bernard und Édith Huyghe »könnten die die Phantasie stark anregenden ›Juden mit den Schlitzaugen‹ auf jene Juden von Narbonne zurückgehen, die teils über das Rote Meer, teils über den Persischen Golf bis zum unteren Indus und weiter nach China fuhren«.[9] Da die Juden keine Frauen bei sich hatten, heirateten sie Asiatinnen, und somit hatten die gemeinsamen Kinder »Schlitzaugen«.

Daß die jüdischen Gemeinden keinen Verfolgungen ausgesetzt waren, ist nicht weiter ungewöhnlich. Der Konfuzianismus war – wie der Buddhismus – tolerant. Er verstand sich nicht als Religion, schon gar nicht als eine auf eine Offenbarung zurückgehende Religion, sondern als eine Philosophie. Die jüdische Religion und der Konfuzianismus lebten also im guten Einvernehmen miteinander, ihre moralischen Vorschriften waren einander ziemlich ähnlich. Was hingegen außergewöhnlich ist, ist die Tatsache, daß die chinesische Toleranz zunächst zur völligen Integration und schließlich zur friedlichen Auflösung des Judentums führte. Nach ein paar Jahrhunderten war der Judaismus in der chinesischen Kultur aufgegangen.

In Indien verhielt es sich ähnlich: Im Gegensatz zum Konfuzianismus ist der Hinduismus zwar eine Religion, ja sogar eine Religion mit Ausschließlichkeitsanspruch. Dennoch blieb er bis ins 20. Jahrhundert hinein tolerant.[10] Die ersten Einwanderer im Norden waren wahrscheinlich die Gefangenen, die nach dem Sturz von Babylon unter der milden Regierung von Kyros und Dareios geblieben und mit der Zeit nach Baktrien, dem heutigen Afghanistan, und Kaschmir weitergezogen waren. Die ersten Juden weiter im Süden waren vermutlich die Flücht-

linge, die sich vor den Verfolgungen unter Antiochos IV. Epiphanes (175 – 163 vor unserer Zeitrechnung) auf ein Schiff gerettet hatten. Sie stachen in Elat, beim biblischen Ezjon-Geber,
in See und erlitten rund 50 Kilometer südlich von Bombay
Schiffbruch. Nur sieben Familien überlebten, genug, um eine
Gemeinde zu gründen, die heute noch existiert und in den vierziger Jahren 13 000 Mitglieder zählte. In den achtziger Jahren
war die Gemeinde auf 15 000 Mitglieder angewachsen. Sie bezeichnen sich als Bene-Israel (»Kinder Israels«), werden aber
auch die schwarzen Juden von Indien genannt.

Durch den Schiffbruch hatten sie alle Bücher verloren und
ersetzten das Hebräische recht schnell durch den lokalen Dia-
lekt. Ihre Tradition hat sich in dieser Sprache bewahrt und
wurde 1937 aufgezeichnet.[11] Sie vergaßen weder die Sabbatruhe
und die Beschneidungspraxis noch die jüdischen Ernährungs-
vorschriften und das Hauptgebet »Schema Israel« und gehörten
höchstwahrscheinlich zu den Sephardim.

Zu einem unbekannten Zeitpunkt bekamen die Bene-Israel
Verstärkung durch eine zweite Einwanderungswelle. Daraus
entstand eine Kolonie, die sich heute aus den weißen Juden
von Goa und den schwarzen Juden von Kala zusammensetzt.
Vermutlich sind die schwarzen Juden von Kala zuerst eingewandert.

An der indischen Westküste gab es seit dem zehnten Jahrhundert jüdische und arabische Händlerkolonien. Einen Teil ihrer
Korrespondenz mit den ägyptischen Händlern fand man in der
berühmten *Genisa* (Raum in Synagogen für die Aufbewahrung
schadhaft gewordener Handschriften) von Kairo, einer wahren
Fundgrube für alle, die sich mit jüdischer Geschichte beschäftigen. Die Juden wurden respektvoll behandelt, wie ein Dokument aus den Jahren 974 bis 1055 beweist. Es handelt sich um
eine Kupferplatte, auf der in der alten Tamilsprache die Privilegien des Isuppu Irappan, Joseph Raban, eingraviert sind: Steuerbefreiung für einen ganzen Bezirk des Hafens Cranganore an
der Malabarküste.[12] Anfang des 16. Jahrhunderts kam es an der
indischen Westküste, besonders in Cochin, zu neuen Einwanderungswellen, vermutlich spanische Sephardim und westeuro-
päische Aschkenasim. Sie ließen die bereits existierenden Han-

delsniederlassungen deutlich anwachsen. Zwischen 1820 und 1830 landeten rund 2000 Sephardim aus Bagdad erneut an der Westküste.[13] In den dreißiger Jahren kam es mit dem Beginn der antisemitischen Verfolgungen in den totalitären Staaten zur letzten Einwanderungswelle.

Außergewöhnlich ist, daß alle Juden die gesellschaftliche Einteilung in Kasten übernahmen und bis in die jüngste Zeit beibehielten. Es bildete sich sogar eine zusätzliche Kaste heraus, der alle Kinder aus Verbindungen zwischen jüdischen Vätern und Konkubinen aus dem Sklavenstand angehörten. Diese neue Kaste hatte ihre eigenen Synagogen.

Das Kapitel der jüdischen Diaspora in Asien wird von den meisten Historikern, die sich mit der jüdischen Geschichte beschäftigen, als idyllisches, aber bedeutungsloses Zwischenspiel betrachtet. Es erteilt uns aber meines Erachtens zwei wichtige Lektionen.

Zum einen wurden weder in China noch in Indien jüdische Gemeinschaften aus religiösen Gründen verfolgt. Dies läßt sich nicht mit politischer Stabilität erklären, denn seit den ersten jüdischen Niederlassungen in China bis zum Sturz des Kaisers im 20. Jahrhundert war die chinesische Geschichte geprägt von gewaltsamen Veränderungen und politischer Instabilität. Im Gegensatz dazu zeichnete sich die indische Geschichte seit der britischen Besetzung und der späteren Unabhängigkeit durch eine gewisse Stabilität aus. Trotzdem steht Indien, was politische Unruhen betrifft, nicht sonderlich hinter China zurück. In beiden Ländern fehlte es nicht an gewalttätigen Aufständen. Die 1857 ausbrechende Revolte verschiedener indischer Regimenter gegen die britische Kolonialherrschaft läßt sich durchaus mit dem Boxeraufstand von 1900 vergleichen.[14]

Den Fortbestand der jüdischen Einrichtungen erklärten einige Autoren damit, daß die Juden sich den unterschiedlichsten Bedingungen anpassen konnten. Diese Anpassungsfähigkeit war unbestritten, aber nicht ausgesprochen jüdisch, denn auch die Christen in Indien und die Nestorianer in China zeichneten sich dadurch aus. Außerdem ließen sich die unzähligen Vertreibungen, denen die Juden in Europa zum Opfer fielen, durch diese Anpassungsfähigkeit nicht verhindern.

Es bleibt eine bezeichnende Tatsache, daß die Juden im Gegensatz zur westlichen Welt in China und Indien nie verfolgt wurden. Im Gegenteil! 1937 beispielsweise wird ein Jude zum Bürgermeister von Bombay ernannt, das damals das Zentrum der in Indien lebenden Juden war. Die Juden bildeten jedoch eine kleine Minderheit in der Stadt. Aber zu größeren Unruhen ist es deswegen trotzdem nicht gekommen. Daß die Juden in China und Indien ungestört leben konnten, hängt meines Erachtens mit der religiösen Toleranz in der Bevölkerung zusammen. Wie bereits erwähnt, ist der Konfuzianismus der Inbegriff von Toleranz. Auch der Hinduismus, der Buddhismus und der Jinismus kennen keine Intoleranz. Alle diese Religionen (leider wurde der ursprüngliche Buddhismus später verfälscht) kennen keine Offenbarung und besitzen deshalb auch keinen ausschließlichen Wahrheitsanspruch. Mit der Errichtung des Mogulreiches wurde der Islam zur vorherrschenden Religion in Indien. Auch er war für die jüdischen Einrichtungen keine Bedrohung, denn – wie bereits erwähnt – war auch der Islam tolerant, ganz besonders unter der Moguldynastie (Bezeichnung für die muslimischen Herrscher mongolischer Abstammung in Indien): »Bei den Mongolen gibt es weder Sklaven noch freie Menschen, weder Gläubige noch Ungläubige, weder Christen noch Juden. Sie zählen alle Menschen zur gleichen Art«, schrieb der zum christlichen Monophysitismus übergetretene Jude Bar Hebraeus (1226–1286).

Die zweite Lektion im Zusammenhang mit den jüdischen Einrichtungen in Asien ist die Erfahrung, daß Minderheiten nicht unbedingt feindselige Reaktionen hervorrufen müssen, auch wenn dies heute nicht selten behauptet wird. Es sind die Ideologien, die zu Rassismus führen. Noch einmal sei betont, daß der Antisemitismus seinen Ursprung in der Ideologie hat und deshalb ein kulturelles Phänomen ist.

Man schwärmt unweigerlich von jenen Zeiten in Asien, wo die Menschen begriffen hatten, daß das Zusammenleben auch ohne den Haß auf Menschen, die an einen anderen Gott glauben, schon schwierig genug ist. In Anbetracht der folgenden Kapitel schmeckt die Lektion der asiatischen Toleranz noch bitterer.

8

Das Europa der Ghettos

Weitere Verfolgungen und Vertreibungen – Die Legende vom satanischen und vom Ewigen Juden – Die Reformation, eine zwiespältige Angelegenheit – Luthers Kehrtwendung zum Antisemitismus – Die Verfolgungen unter Chmelnizki – Die ambivalente Haltung Roms und der Fürsten – Der Status der Juden in Frankreich, England, Rußland und den deutschen Ländern – Unruhen im Elsaß und in Lothringen – Die Angst der Juden und ihre Gründe

Bereits im 15. Jahrhundert war das Bankwesen, die ursprünglich wichtigste Existenzgrundlage der Juden, schon fest in christlicher Hand. Schon rund zwei Jahrhunderte zuvor hatten die Christen angefangen, sich über Paulus' Verteufelung des Geldes und die kirchlichen Verbote hinwegzusetzen. Man begann, pragmatischer zu denken. Im Wohlstand steht es nämlich besser um die Moral, und der Wohlstand wiederum ist abhängig von einer sicheren Finanzgrundlage. Aus diesem Grunde beneidete man die Juden um ihre alten Erfahrungen im Bankwesen. Das Geld bekam einen höheren Stellenwert.[1] Ein anonymer französischer Pamphletist des 14. Jahrhunderts bedauerte allerdings, daß die Christen an die Stelle der Juden getreten seien, denn im Vergleich zu ihren Nachfolgern seien die Juden »gutmütig« gewesen.[2]

Eigentlich dürfte man jetzt erwarten, daß die Juden nunmehr in Ruhe gelassen wurden. Doch das war nicht der Fall. Sie wurden nicht mehr gebraucht, und da sich allerorts katholische Orden niedergelassen hatten, wurden sie – wie Paul Johnson schreibt – überall vertrieben: 1421 aus Wien und Linz, 1424 aus Köln, 1439 aus Augsburg, 1442 und noch einmal 1450 aus

Bayern, 1454 aus den mährischen Städten, 1494 aus Florenz und der ganzen Toskana und 1500 aus dem Königreich Navarra. In England gab es schon seit geraumer Zeit keine Juden mehr, denn dort waren sie bereits 1290 ausgewiesen worden. 1492 wurden sie aus Spanien vertrieben, 1496 aus Portugal, dort allerdings unter recht dubiosen Umständen. Denn König Emanuel I. konnte sich nicht entscheiden. Auf der einen Seite war er ein treuer Anhänger der katholischen Kirche, auf der anderen Seite brauchte es das Geld, das die Juden seinem Königreich einbrachten. Also entschloß er sich, alle Juden von Portugal zwangstaufen zu lassen. 1499 wurden die Grenzen geschlossen; damit war den Juden jede Fluchtmöglichkeit genommen. Notgedrungen ließen sie sich taufen und sorgten so für einen deutlichen Zuwachs der Marranen, jener zwangsbekehrten Juden auf der Iberischen Halbinsel, auf denen nach wie vor das Hauptaugenmerk der Inquisition ruhte. Bereits 1506 wurden in Lissabon 2000 dieser zwangsgetauften Juden umgebracht. Sie waren eben schon rein äußerlich »Ketzer« geblieben, denn bei den dunkelhäutigen Juden aus dem Orient sah man sofort, daß sie keine Einheimischen waren. Die Fremdenfeindlichkeit unterstützte die religiöse Intoleranz und den Rassismus.

Aus Frankreich waren sie bereits 1394 ausgewiesen worden. 1321 waren dem König bei einem Besuch der Provinz Poitou Gerüchte zu Ohren gekommen, die die Juden zusammen mit den Leprakranken für die Verbreitung der Pest verantwortlich machten. Sie sollten die Leprakranken mit Geld veranlaßt haben, aus menschlichem Blut, Urin, giftigen Kräutern, Schlangenköpfen und Krötenfüßen Drogen herzustellen.[3] Der König reagierte mit Sanktionen, sie reichten von der Verhaftung der Beschuldigten bis zur Beschlagnahmung ihres Eigentums. Damit war schon alles gut eingefädelt, denn der König brauchte Geld. Unter Karl VI. wurden die Juden schließlich aus dem Königreich vertrieben. Wer der Ausweisung nicht nachkam, dem drohte die Todesstrafe.[4] Sie hatten einen Monat Zeit, um ihre ausstehenden Schulden einzutreiben. Da diese Frist natürlich nicht ausreichte, wurde 1397 das Verfahren vereinfacht: Die jüdischen Geldforderungen wurden für ungültig erklärt und die entsprechenden Schuldscheine von den königlichen Beamten verbrannt. Die Christen kamen der Vorstellung, die sie sich von den Juden machten, selbst erschreckend nahe, und zwar nicht zum letztenmal: Bis ins 20. Jahrhundert hinein plünderten sie die Juden aus, sobald sich dazu eine Gelegenheit bot.

Einige Juden sind dennoch geblieben, die Reichsten natürlich, denn auf sie waren die Machthaber angewiesen. Für die Marranen, d.h. die zum Christentum übergetretenen Juden, war die Sache leider nicht ausgestanden. Die Inquisition interessierte sich mehr und mehr für sie. Man wußte nämlich sehr genau, daß diese Menschen sich zwar Christen nannten, aber dennoch heimlich ihrem jüdischen Glauben treu geblieben waren, Wölfe im Schafspelz sozusagen. Zunächst wurden sie vom Papst mit den Ketzern auf eine Stufe gestellt. Im nächsten Schritt wurden sie beschuldigt, mit dem Teufel einen Pakt geschlossen zu haben. Auf die Unterstellungen folgte die Anklage vor dem kirchlichen Gericht. Eine der ältesten Karikaturen von einem Juden stammt aus dem Jahr 1277. Sie kommt aus England und trägt die Inschrift »Abraham, der Sohn des Teufels«.[5] Man versteifte sich immer mehr auf die angeblich »satanische« Natur der Juden, und schließlich schalteten sich auch die Theologen ein: Thomas von Aquin und Albertus Magnus waren der Meinung, daß der Messias, auf den die Juden warteten, nur der Antichrist sein könne, und dieser Antichrist sei – Gipfel der Idiotie! – mit Sicherheit ein Jude aus Babylon. Natürlich war der Antichrist ein Instrument des Satans – in der Vorstellung des Volkes, das sich, angeregt von den Predigten, dankbar dieses Themas annahm – sogar der Sohn Satans und einer Hure aus Babylon, die von den jüdischen Hexen in alle Teufelskünste und Zaubereien eingeweiht war. Er würde dreieinhalb Jahre lang regieren. Unter dem französischen König Philipp III. mußten die Juden zusätzlich zum Judenabzeichen ein Bild mit einem gehörnten Kopf tragen; daher also die volkstümliche Vorstellung, daß die Juden unter ihrem Mantel einen Schwanz und unter ihrem Hut zwei Hörner verbergen.[6]

Man sagte ihnen alle Laster und Bosheiten nach: Sodomie, Hexerei, Ketzerei und Giftmischerei. In Frankreich, Deutschland und Spanien setzte die Inquisition alles daran, diesem

Unwesen den Prozeß zu machen, und zwar in größter geistiger und ideologischer Verwirrung. Es folgt ein Bericht von Walter Map, der im zwölften Jahrhundert Erzdiakon in Oxford war. Es geht um die Katharer, die – wer wollte es bezweifeln? – den Teufel anrufen würden: »Bei Anbruch der Nacht [...] begibt sich jede Familie stillschweigend in die Synagoge und wartet, bis eine schwarze Katze von außerordentlicher Größe an einem Seil heruntergelassen wird. Bei ihrem Anblick löschen sie die Lichter aus. Sie singen keine klaren Hymnen, sondern murmeln mit geschlossenen Zähnen und nähern sich so der Stelle, wo sie ihren Herrn gesehen haben. Sie greifen mit ihren Händen nach ihm, und wenn sie ihn zu fassen kriegen, küssen sie ihn.«[7]

Die Katharer also als Juden, die in den Synagogen zusammenkommen. Wo um alles in der Welt hatte der Erzdiakon Katharer gesehen, die sich in einer Synagoge versammeln? Es spielte keine Rolle. Wichtig hingegen war das Gemisch Juden – Katharer – Ketzer – Leprakranke. Auf diese Weise wurden gefährliche Phantasien geweckt, die sich im kollektiven Unterbewußtsein festsetzten. Die Inquisition hatte es sich nicht nehmen lassen, die Verdächtigen so lange zu foltern, bis sie das gewünschte Geständnis ablegten. Mit diesen erpreßten Geständnissen ließen sich ganze Bände füllen. »Im livländischen Jürgensburg hat 1692 ein von seinen Landsleuten als Götzendiener verdächtigter 80jähriger Mann den Untersuchungsrichtern gestanden, daß er ein Werwolf sei.«[8] Was heute ein Fall für die Psychiatrie wäre, galt damals als »Beweismaterial«.

Über die ganze Hierarchie der Kirche hinweg, von oben bis unten – Päpste, Theologen, Kardinäle, Inquisitoren, Dominikaner, Franziskaner und der niedere Klerus (vor allem der niedere Klerus, der in Frankreich noch im 20. Jahrhundert deutlich zeigte, wieviel Unsinn er mit seinen dummen Geschichten von Geistern, Teufelbeschwörungen und Hexereien in sich aufnehmen kann) –, herrschte eine Atmosphäre des Obskurantismus, die bis ins 17. Jahrhundert andauerte.[9] In der Psychoanalyse ist sie, gewissermaßen in pasteurisierter Form, noch im 20. Jahrhundert spürbar.[10] In dem unglückseligen Handbuch der religiösen Verfolgung mit dem Titel *Malleus maleficarum* (*»Hexenhammer«*), einem Denkmal christlicher Dummheit, das jahrhundertelang Inquisitoren und ähnlichen Verrückten als Nachschlagewerk gedient hat, ist das Verbrechen, das man den Hexen vorwirft, die Untreue: »Entweder verneint man den als Gestalt empfangenen christlichen Glauben, das ist die Untreue der Juden. Oder man verneint das, worin sich die Wahrheit gegenwärtig kundtut, das ist die Untreue der Häretiker.« Damit versteht sich von selbst, daß durchaus alle Juden untreu sein können, also satanisch und schlecht. Ja sogar teuflischer als die Heiden: »Die Juden sündigten schwerer als die Heiden. Denn mit dem alten Gesetz empfingen sie die Gestalt des christlichen Glaubens, haben dieses Gesetz aber schlecht ausgelegt und somit verraten, was die Heiden nicht machen.« Man wußte das Bild, wonach der christliche Glaube »als Gestalt« empfangen wird, wohl zu nutzen. Selbst beim Fasten tun die Juden Böses. »Bei ihnen ist all das eine Todsünde.«[11]

Der *Hexenhammer* hatte zwischen 1487, dem Jahr seiner Veröffentlichung, und 1650 einen ungeheuren Erfolg. Rund 100 000 Menschen waren in Europa zwischen 1450 und 1750 in Hexenprozesse verwickelt.[12] Die meisten von ihnen wurden zum Tode verurteilt: ertränkt oder gerädert. Wie viele von denen, die des »Paktes mit dem Teufel« überführt wurden, zu den Christen zählten oder zu den bekehrten oder unbekehrten Juden oder gar zu den Geistesschwachen, läßt sich heute nicht mehr feststellen. Der Anteil der Juden war jedoch hoch, auch wenn wir heute nicht mehr sagen können, ob sie als Juden oder als bekehrte Christen zum Tode verurteilt worden sind.

Vom 15. bis zum 17. Jahrhundert war die Haltung der Kirche eher verwirrend. Auf der einen Seite gab es Päpste, die die Juden unter ihren Schutz stellten, auf der anderen Seite wurden sie von der Inquisition, den Theologen und dem Klerus verfolgt. Die Kirche tat, als ob sie die Lehre und die Politik nichts mehr anginge. Papst Paul III. (1534–1549) unterstützte in Rom die Aufnahme einer jüdischen Gemeinde, die von Kaiser Karl V. aus Neapel vertrieben worden war. Sein Nachfolger Julius III. erneuerte das päpstliche Schutzversprechen. Zur gleichen Zeit ging die Inquisition weiterhin hart gegen ihre Opfer vor. Welchen Sinn konnte der päpstliche Schutz da noch haben? Die Inquisition unterstand direkt der päpstlichen Macht. Ein Wort des Papstes hätte genügt, um ihre Aktivitäten zu bremsen, wenn nicht gar ganz zu beenden. Doch keiner der Päpste hat etwas gegen die Inquisition unternommen.[13]

Doch schließlich klärte sich die Situation, allerdings zum Schlechten hin: Zwei Monate nachdem er auf den Heiligen Stuhl gekommen war ließ Paul IV., der als ehemaliger Großinquisitor den Beinamen »Judengeißel« bekommen hatte, um alle jüdische Wohnviertel des Kirchenstaates Mauern errichten. Sein Vorbild war das venezianische Ghetto mit den Sperrstunden und der eingeschränkten Bewegungsfreiheit. Denn schließlich sollten die Gläubigen nicht durch die gottlosen Juden »verseucht« werden.

In der Zwischenzeit schürten Klerus und Theologen das Feuer. Der Teufel, der als Gottesfeind natürlich ein Jude war, gehörte selbstverständlich zu ihrem Repertoire. Den Anfang hatte bereits Augustinus gemacht: »Sie [die Juden] verleugneten Christus und haben damit auch Moses und die Propheten verleugnet. Mit seiner Zerstörung haben sie auch sich selbst und das Gesetz zerstört.« Kein Wort davon, daß auch Petrus den von den Häschern ergriffenen Jesus verleugnet hat und daß Paulus das Gesetz abgeschafft hat, nicht die Juden. Auch die Satansstelle aus der Offenbarung (2, 9) wurde wieder aufgenommen. Eine neue Legende kam auf, diesmal die vom »Ewigen Juden«, der Jesus auf dem Kreuzweg beschimpft oder sogar geschlagen haben soll. Wo er auftauchte, kündigte er angeblich Unheil an. Der Bischof von Schleswig will ihn 1542 in einer Hamburger Kirche gesehen haben. Woher konnte er wissen, daß es ausgerechnet *dieser Jude* war? Und wie erklärte er sich, daß er nach 1500 Jahren immer noch am Leben war? Geheimnisse über Geheimnisse. Jedenfalls wurde dieser Jude, von dem alle Welt sprach, seitdem so ziemlich überall gesichtet. Das letzte Mal 1818 in London. Man konnte ihn tatsächlich überall sehen, denn schließlich gab es ja in der ganzen Welt Juden, allerdings hat keiner von ihnen Jesus geschlagen.[14]

Um 1500 herrschten in Europa mörderische Verhältnisse. Es gab nur noch wenige Plätze, an denen die Juden Zuflucht finden konnten, und diese ergaben sich mehr oder weniger zufällig, auch wenn die Vertreibungserlasse nicht das völlige Verschwinden der jüdischen Gemeinde zur Folge hatten. Also flüchteten die Juden – wie bereits erwähnt – in die islamischen Länder.

Im 16. Jahrhundert führten jedoch zwei schwere Erschütterungen zu einer starken Veränderung, zumindest für die Christen: die Renaissance und die Reformation. Die Hochrenaissance, ein Produkt der Hofkultur, des Mäzenatentums und der reichen Zünfte, unterstützte sicherlich den Hedonismus der Fürsten und der sich als Mäzenen engagierenden Kardinäle, blieb aber grundsätzlich den christlichen Wertvorstellungen treu. Erst die Spätrenaissance entwickelte ein starkes Interesse für das Diesseits und ein beharrliches Streben nach Vernunft.

Bis heute gilt in der Tradition Jacob Burckhardts und seiner berühmten *Kultur der Renaissance in Italien* die Vorstellung, daß Europa damals die griechisch-römische Zivilisation und vor allem den griechisch-römischen Humanismus wiederentdeckt habe. Dies ist sicherlich nicht falsch, auch wenn dabei allzusehr die geschichtsideologische Sichtweise des 19. Jahrhunderts im Vordergrund steht.

In Wirklichkeit gibt es mehrere Faktoren, die zunächst einmal in der italienischen Aristokratie oder zumindest bei einem Teil von ihr eine intellektuelle Emanzipationsbewegung auslösen. Ursprünglich war die Renaissance auf einige wenige reiche italienische Städte beschränkt und hat erst später das übrige Europa erobert.

Die italienischen Fürsten waren die politische Arroganz des romhörigen Klerus und dessen Einmischung in ihre Angelegenheiten leid und formulierten ihren Wunsch nach Unabhängigkeit lauter als bisher. Hinzu kam der neue Wind von den Universitäten Bologna, Padua und Salerno, wo man den Kulturbegriff vom engen Rahmen der Scholastik befreite und auf den weltlichen Bereich ausdehnte. Der Blick der Gebildeten, aber auch der Künstler richtete sich auf die Meister der Antike. »Ich werde die Toten wieder zum Leben erwecken«, rief Cyriacus von Ancona, ein unermüdlicher Erforscher der antiken Welt. Die Kirche war mehr und mehr dem kritischen Blick einer wißbegierigen und deshalb den Rationalismus, den Skeptizismus und das wissenschaftliche Experimentieren befürwortenden Elite ausgesetzt. Kurz: Die Führungsschicht entdeckte die reale

Welt. Die Emanzipationsbewegung griff schnell auf Frankreich
über, dann auf Deutschland und Spanien, und schließlich auch
auf England. Dank der Erfindung des Buchdrucks Mitte des
15. Jahrhunderts war man bei der Vervielfältigung weltlicher
Schriften nicht mehr auf klösterliche Schreiber angewiesen.
Man konnte über alle möglichen Ideen frei diskutieren, auch
die Bibel wurde weniger dogmatisch kommentiert und auf diese
Weise neu entdeckt.

Schließlich entwickelten auch die kirchlichen Kreise einen
verfeinerten Kunstgeschmack. Die Kardinäle unterstützten als
private Mäzene Maler, Literaten und Philosophen und machten
den Humanismus zu ihrer Angelegenheit. Die Begeisterung für
die antike Welt als der Heimstatt des Schönen, des Guten und
der Vernunft führte zu einer Idealisierung, ja zu einer Fiktion.
Von der neuen Weltsicht erhoffte man sich für das christliche
Modell eine Erneuerung, in Wahrheit ist dieses Modell aber
dadurch nur verblaßt.

Für unser Thema ist die Renaissance interessant, weil sich
durch sie endlich ein Gegengewicht zu dem engstirnigen Obskurantismus des niederen Klerus, jener überall gegenwärtigen,
aber völlig unwissenden Kirchenpolizei, herausbildete. Die
Juden selbst zogen daraus jedoch keinen Nutzen. Nichts war
der Antike, wie sie von den Günstlingen der Mäzene neu ent-
worfen wurde, fremder als das Judentum. Die schlechte Behandlung, die den Juden in all den Ländern, wo die Renaissance
blühte, zuteil wurde, ist ein deutlicher Beweis dafür. Mit ihren
langen Gewändern, ungeschnittenen Bärten und Gebetsriemen
paßten sie ganz und gar nicht in das neue Athen und das neue
Rom, und deshalb sperrte man sie mehr und mehr in Ghettos.
Mit Hilfe der antiken Ideale ließ sich die Ächtung, der die Juden
seit jeher ausgesetzt waren, jetzt rational begründen und so hat
die Renaissance den Antisemitismus gestärkt. Im übrigen hatte
die Toleranz der Kirche gegenüber dem Humanismus und der
Streitkultur ihre Grenzen: 1600 ließ die Inquisition den Gelehrten Giordano Bruno öffentlich verbrennen. Man duldete nicht,
daß er sich öffentlich gegen Aristoteles und jede Form von
Metaphysik aussprach und den Glauben an die Unsterblichkeit
der Seele verwarf. Die intellektuellen und künstlerischen Eska-

paden mancher Kardinäle reichten nicht aus, um die Juden von ihrem Geächtetendasein zu befreien. Sie waren Ketzer wie alle anderen auch, ja schlimmer noch als die anderen.

Die Reformation hingegen hatte ziemlich bald politische Folgen. Mit ihr endete die Vormachtstellung des Vatikans in Europa. Innerhalb weniger Jahrzehnte verlor die römische Kirche ganz Nordeuropa. Konzilbeschlüsse hinsichtlich der Juden wurden jetzt nicht mehr unbedingt von der ganzen westlichen Welt befolgt. Die Verfolgung wurde – wenn man so will – dezentralisiert.

Die Reformation hätte zwar die Situation recht schnell zugunsten der Juden verändern können, doch auf direktem Wege hat sie das nicht getan. Seit dem 15. Jahrhundert lösten das autoritäre, willkürliche und arrogante Verhalten des Papstes und der offenkundige Luxus und die Bestechlichkeit des hohen Klerus bei vielen Gläubigen eine immer stärkere Entrüstung aus. Die Hinrichtungen von Widersachern wie Jan Hus oder Girolamo Savonarola (letzterer wurde 1998 rehabilitiert, und zwar zur gleichen Zeit wie Giordano Bruno) waren nur erste Vorzeichen. Ein Jahrhundert später breitete sich die Revolte wie ein Lauffeuer aus. In Deutschland kam der auslösende Funke von Luther, in der Schweiz von Zwingli, in Frankreich von Calvin und in Schottland von Knox. Sowohl die Katholiken als auch die Protestanten versuchten, die Juden auf ihre Seite zu ziehen. Doch die Juden reagierten klugerweise nicht auf diese Annäherungsversuche. Denn wenn sie für eine Seite Partei ergriffen hätten, wären ihnen auf der anderen nur noch mehr Feinde erstanden.

Die protestantische Kehrtwendung ist wegen ihrer Unehrlichkeit beeindruckend. Denn noch 1523 hatte Luther in seinem Pamphlet *Dass Jesus Christus ein geborener Jude sei* die christlichen Judenverfolgungen angeprangert.

Er hatte gehofft, mit diesen Schmeicheleien die Juden in Massen für seine eigene christliche Lehre gewinnen zu können. Doch diese hielten ihm den Talmud entgegen, der ihrer Meinung nach die Bibel besser interpretierte als seine protestantische Lehre, und forderten ihn auf, zum Judentum überzutreten. Aber Luther, der ja mit dem Tintenfaß nach dem Teufel geworfen haben soll, war vom Charakter her aufbrausend. Bereits 1526 geißelte er den jüdischen Starrsinn und 1537 ließ er die Juden aus Sachsen ausweisen. Auch aus Brandenburg wollte er sie 1543 ausweisen lassen, traf dort aber auf den Widerstand des Kurfürsten. Tief gekränkt schrieb er noch im selben Jahr einen Text, der als Einleitung zu Hitlers *Mein Kampf* hätte dienen können. *Von den Juden und ihren Lügen,* so der Titel, zählt zu den aggressivsten Texten, die der Antisemitismus je hervorgebracht hat.

»Erstlich, daß man ihre Synagoge oder Schule mit Feuer anstecke, und was nicht verbrennen will, mit Erde überhäufe und beschütte, daß kein Mensch einen Stein oder Schlacke davon sehe ewiglich [...] Zum anderen, daß man auch ihre Häuser desgleichen zerbreche und zerstöre [...], daß man ihren Rabbinern bei Leib und Leben verbiete hinfort zu lehren..., daß man den Juden das Geleit und die Straße ganz und gar aufhebe.«

Luthers Worte stießen nicht auf taube Ohren. 1572 brannten seine Anhänger die Berliner Synagoge nieder und konnten die Juden aus dem Lande jagen. Calvin, der sich den Juden gegenüber wesentlich moderater zeigte, wurde des Philosemitismus bezichtigt.

Auch die protestantischen Geistlichen verbreiteten antisemitisches Gedankengut. In punkto Antisemitismus unterschied sich Luther in keiner Weise von den katholischen Mönchen, die ihre Religion der Nächstenliebe mit Haßtiraden verteidigten.

Doch der wichtigste Punkt war der, daß Rom nicht mehr alle Menschen hinter sich hatte, geschweige denn alle Fürsten (auch das Privileg der Judenverfolgung war dem Papst abhanden gekommen). Der Protestantismus breitete sich in ganz Nordeuropa aus: In Deutschland, den Niederlanden, England, Schottland und bald auch in Frankreich. Der riesige Block der Christenheit spaltete sich. Dementsprechend heftig waren die Reaktionen, wie das Blutbad der Bartholomäusnacht zeigt. Auf Betreiben der vom blinden Haß gegen Admiral Coligny getriebenen Katharina von Medici nahm die Schlächterei in der Nacht vom 23. auf den 24. August 1572 in Paris ihren Anfang und griff von dort auf die Provinzen über. Erst am 3. Oktober desselben Jahres fand das Morden, das 50 000 Menschenleben gekostet hatte, ein Ende. Papst Gregor XIII. ließ in seiner blutgierigen Dummheit ein Tedeum feiern und Freudenfeuer auf den Hügeln von Rom anstecken. 50 000 Christen waren umgebracht worden, und der Stellvertreter Christi jubelte. Er ahnte natürlich nicht, daß dieses Blutbad nur eine erste Erschütterung war und daß das ganz Westeuropa und die Kirche verwüstende Hauptbeben erst noch folgen würde.

Gepackt vom fieberhaften Fanatismus, lieferten sich Religion und Politik eine mörderische Schlacht sondergleichen. Zwischen der katholischen Liga und der protestantischen Union kam es zum berüchtigten Dreißigjährigen Krieg (1618–1648), der Deutschland für ein Jahrhundert völlig außer Gefecht setzte und auch vom jungen Europa – von Kastilien über die Lombardei bis Schweden – einen hohen Blutzoll forderte. In dieser grauenvollen Auseinandersetzung behandelten sich die Katholiken und die Protestanten gegenseitig so, wie sie sonst nur die Juden behandelt hatten. Trotz ihrer Neutralität wurden die Juden von keiner der beiden Kriegsparteien geschont: Durch die Abweisung Luthers, der den Juden die Hand hatte reichen wollen, fühlten sich die Protestanten brüskiert. Und die Katholiken warfen ihnen Illoyalität vor, weil sie nicht ihre Partei ergriffen hatten.

Die Parallele zwischen dem Dreißigjährigen Krieg und den politischen und militärischen Wirren, die den Sturz des Römischen Reichs ausgelöst hatten, springt ins Auge. In beiden Fällen geriet eine auf ihre Hegemonie pochende Zentralmacht aufgrund ihrer allzu heterogenen Provinzen ins Wanken. Beide Male wurde ihre Hegemonie gebrochen, und ein neues Kräftesystem etablierte sich unwiderruflich. Nach dem Dreißigjährigen Krieg war die Christenheit in zwei Lager gespalten und durch die Feindschaft zwischen Katholiken und Protestanten gezeichnet. Rom hatte Nordeuropa verloren. Dieser politische Verlust führte unweigerlich auch zu einer Schwächung der geistigen Macht. Und die Juden? Sie mußten noch einmal 150 Jahre warten, bis sie von der Idee der Menschenwürde profitieren konnten.

Meines Erachtens hat man sich bisher über die Zerstörungs-

kraft religiöser Überzeugungen viel zu wenig Gedanken gemacht. Auch die Vorstellung von Gott als Befehlshaber der
Armeen gehört wahrscheinlich zu den schlimmsten Blasphe-
mien aller Zeiten.

Gewiß werden nicht alle Kriege durch religiöse Fragen ausgelöst, doch bei diesem europaweiten Konflikt ging es zunächst
einmal um die Säkularisierung kirchlicher Ländereien und die
Berufung protestantischer Bischöfe. Religiöse und politische
Fragen waren eng miteinander verflochten. Die Juden konnten
froh sein, daß sie für keine der beiden Seiten Partei ergriffen hatten und so gut wie nicht präsent waren. Sie lebten nämlich am
Rande dieser Welt, vor allem in Polen-Litauen und im Osmanischen Reich. Trotzdem war ihre Situation nicht gerade benei-
denswert: Während des von dem Kosaken Bogdan Chmelnizki
in den Jahren 1648/49 angeführten Aufstandes gegen die Polen
kam es zu einer der schlimmsten Judenverfolgungen in der an
Leid und Schmerz ja nicht gerade armen jüdischen Geschichte.
Der Rabbiner Nathan Hata Hannover kann dies bezeugen:
»Den einen zog man die Haut ab und warf das Fleisch den Hunden vor, den anderen haute man die Hände und die Füße ab und
warf sie auf die Straße, wo Fahrzeuge darüberfuhren und Pferde
darübertrampelten [...] Viele wurden bei lebendigem Leibe
begraben; man erstickte die Kinder im Schoße ihrer Mutter;
andere wurden wie Fische in Stücke zerrissen; den schwangeren
Frauen schlitzte man den Bauch auf, riß den Fötus heraus und
schlug ihn der Mutter ins Gesicht; anderen Frauen öffnete man
den Bauch und zwängte eine lebende Katze hinein. Wenn sie
noch lebten und die Katzen ihnen in den Eingeweiden herum-
wühlten, haute man den Frauen die Hände ab, damit sie sich
nicht von den Katzen befreien konnten. Man erhängte die Kinder an den Brüsten ihrer Mütter, andere wurden aufgespießt
und über dem Feuer gebraten, um anschließend die Mütter zu
zwingen, das Fleisch ihrer Kinder zu essen [...] Auf der anderen
Seite des Dnjepr wurden Tausende von Juden getötet, und Hunderte mußten ihre Religion wechseln.«[15]

Es handelte sich nicht um ein ausschließlich antisemitisches
Blutbad: Die Polen und vor allem die Geistlichen wurden genauso behandelt.[16] Doch die Ukrainer zogen keinerlei Lehren

aus diesem Blutbad. Denn zwischen 1740 und 1750 kam es
zu neuen Aufständen, diesmal waren es die Haidamaken, die
zusammen mit den sich auf (den seit knapp 100 Jahren toten)
Chmelnizki berufenden Kosaken gegen unschuldige Opfer los-
zogen. Die Folge war, daß die Juden fast völlig aus der Ukraine
verschwanden. Ein neuer Exodus hatte eingesetzt, diesmal in
Richtung Westen und Südwesten.

In den polnischen und den litauischen Städten – also in gehö-
rigem Abstand zur nördlichen Ukraine – wohnten jedoch weiterhin Juden. Der Adel wußte sehr wohl, wie sehr er von den
wohlhabenden und regen Gemeinden profitierte, und verpflichtete sich deshalb zu deren Schutz. Dabei blieb es bis zu der im
18. Jahrhundert zwischen Preußen, Rußland und Österreich
vereinbarten Teilung Polens. Durch sie verschlechterte sich der
Status der Juden entschieden, zumindest im russischen und im
österreichischen Teil.

In den katholischen Ländern kam es nach dem Dreißigjährigen Krieg in der Haltung gegenüber den Juden zu keiner spürbaren Veränderung. In Frankreich beispielsweise blieb dazu
keine Zeit: Es folgte die elf Jahre dauernde Fronde, die vordergründig den katholischen König von Gottes Gnaden in seiner absolutistischen Haltung stärkte. In Wirklichkeit untergrub
die Fronde jedoch die Stellung des französischen Königs und
ebnete bereits den Weg für die Französische Revolution, ein
Ereignis, das das zivile Judentum zum ersten Mal befreien
sollte.[17] Für die französischen Katholiken war die Sache abge-
macht: Die Juden hatten nie zum französischen Volk gehört
und sollten auch in Zukunft nicht dazu gehören. Sie waren
zwar nach wie vor präsent, aber wenn man keine »Endlösung«
ins Auge fassen wollte, so mußte man sich mit ihnen abfinden. Man beließ sie weiterhin in ihren Ghettos und in ihrer
Abhängigkeit.

In den protestantischen Ländern sah die Sache anders aus:
Vor allem in den deutschen Ländern stützte sich die Wirtschaft
auf die Handwerkszünfte. Auch die Juden betrachtete man als
eine Zunft. Nach dem Dreißigjährigen Krieg und dem Zusammenbruch des Reichs kamen in Deutschland absolutistische
und zentralistische Bestrebungen auf. Deshalb verlangte man

von den Zünften eine einheitliche Verwaltungsstruktur und die Einhaltung der gesetzlich vorgeschriebenen Verfahren.[18]

Das war eine zwiespältige Angelegenheit: Denn einerseits bekamen die Juden dadurch endlich einen legalen Status. Aber andererseits kam es zu neuen Spannungen zwischen ihnen und den einzelnen Ständen. Durch den Protestantismus, ganz gleich ob nun lutherisch oder reformiert, hatte sich die Geisteshaltung des Klerus oder der Bevölkerung nicht geändert. Auch wenn man nun lernen mußte, mit den Juden (die übrigens immer weniger Geldgeschäften nachgingen) zu leben, so schien es doch notwendig, ihre Zahl und ihren Einfluß zu beschränken.[19] Mit Rückendeckung der Fürsten protestierten die Zünfte gegen die jüdische Konkurrenz und verlangten deren Ausweisung. Als diese von der kaiserlichen Gewalt verweigert wurde, kam es zu neuen Ausschreitungen. 1614 beispielsweise wurden die Juden in Frankfurt am Main trotz des vom Landesherrn garantierten Schutzes ausgeplündert. Rädelsführer waren die bei den Juden hochverschuldeten Zünfte.

Doch wie bereits erwähnt, bekamen die Juden durch diese zentralistischen Bestrebungen zum ersten Mal einen Zivilstand und somit eine gewisse Legalität zugesprochen. Die Initiative dazu kam von ihnen selbst, denn ab 1603 hatten die im Reich wohnenden Juden versucht, ihre Gemeinden zusammenzuschließen und einer Autorität zu unterstellen, die zwischen dem Kaiser, den Juden und den protestantischen Gruppen vermitteln sollte. Schon unter Karl v. hatte es einen solchen Mittelsmann gegeben.[20] Der Versuch wurde jedoch vereitelt. Das Reich war zwar bereit, die Juden unter seine Protektion zu stellen, doch die völlige Handelsfreiheit wollte man ihnen nicht geben.[21]

Die von dem Historiker Daniel Goldhagen in jüngster Zeit vertretene These, daß der Antisemitismus in deutschen Landen eine lange Tradition habe, hält jedoch keiner Prüfung stand. In der ersten Hälfte des 18. Jahrhunderts gab es vielmehr eine ganze Reihe deutscher Staaten, die von ganz unterschiedlichen Kulturen und vor allem von zwei verschiedenen Konfessionen geprägt waren. Auch wenn die Grenzen zwischen den einzelnen deutschen Ländern sich oft verschoben, galt folgende Grundsituation: Im Süden Österreich und Bayern, beide überwiegend katholisch, im Norden dagegen die protestantisch bestimmten Königreiche Sachsen, Hannover und Preußen. Die Haltung gegenüber den Juden variierte beträchtlich. Die protestantischen Hohenzollern von Preußen begegneten ihnen mit einer zwar eingeschränkten, aber doch spürbaren Toleranz, die auch die völlige Bewegungsfreiheit und das auf einen Sohn übertragbare Wohnrecht mit einschloß. Für die Juden des ursprünglich polnischen und erst 1793 annektierten Großherzogtums Posen galt diese Bewegungsfreiheit jedoch nicht. In Österreich hat das katholische Haus Habsburg die Juden zweimal aus bestimmten Regionen ausgewiesen (1670 aus Wien und 1744 aus Prag) und ihnen »im Hinblick auf berufliche Tätigkeit, Wohnrecht und Bewegungsfreiheit schwere Beschränkungen« auferlegt. Des weiteren berichten Sylvie Anne Goldberg und Alex Derczansky, daß Maria-Theresia mehrere Male versucht hat, durch Ausweisung der »Landstreicher« die jüdische Bevölkerung von Galizien zu reduzieren.[22]

In Deutschland kam die in ganz Europa zwischen den weltlichen und den geistlichen Herren schwelende Auseinandersetzung hinsichtlich der Juden am deutlichsten zum Ausdruck. Denn die Haltung der deutschen Fürsten gegenüber den Juden war äußerst ambivalent, angefangen bei Kaiser Friedrich III. aus dem Hause Habsburg bis hin zum Preußenkönig Friedrich II. Einerseits scheuten sie die offene Auseinandersetzung mit dem Klerus und der von ihm beeinflußten Bevölkerung, andererseits wollten sie die jüdischen Gemeinden, die ohne Zweifel zum staatlichen Wohlstand beitrugen, nicht verlieren. Nur so ist die Politik Kaiser Maximilians I. zu verstehen, der während seiner Regierungszeit von 1486 bis 1519 (seit 1508 als Kaiser) die Juden zwar aus Nürnberg, Kärnten und der Steiermark vertrieb, aber ihnen dennoch erlaubte, sich im Burgenland niederzulassen. Er gab dem Drängen der Dominikaner, die den Talmud konfiszieren lassen wollten, zum Schein zunächst einmal nach, widerrief aber kurz darauf seinen Erlaß und ließ das Buch wissenschaftlich untersuchen. Nach der bereits erwähnten Plünderung des Frankfurter Judenviertels ließ der von 1612 bis 1619 regierende Kaiser Matthias den Rädelsführer, einen Zunftmeister namens Vincenz Fettmilch, und seine Komplizen verhaften und enthaupten. Nirgendwo hatte man bis dahin so energisch durchgegriffen. Die These vom »traditionell deutschen Antisemitismus« führt also völlig ins Leere. Den Antisemitismus gab es zweifelsohne, aber er kannte keine Landesgrenzen, er war vielmehr einer der Aspekte der international gültigen und bis heute andauernden religiösen Intoleranz.

Den europäischen und christlichen Antisemitismus der damaligen Zeit kann man übrigens nur im historischen Kontext begreifen. Die Katholiken begegneten den Protestanten mit der gleichen Intoleranz wie den Juden. Als Philipp II. von Spanien 1588 die Armada gegen England einsetzte, hatte er mindestens ebenso viele religiöse wie politische Beweggründe. Papst Sixtus V. hatte ihm für dieses Unternehmen die horrende Summe von einer Million Ecu versprochen. England und die Niederlande sollten mit dem Segen des Papstes in den Schoß der katholischen Kirche zurückgeholt werden. Und als die katastrophale Niederlage der katholischen Rückeroberung Englands ein Ende setzte, fand man eine theologische Erklärung dafür: »Gott läßt seine Getreuen oft auf den Sieg warten.«[23] Wenn die Armada ihr Ziel erreicht hätte, hätten die spanischen Katholiken die englischen Protestanten mindestens genauso brutal niedergemetzelt wie die Franzosen in der Bartholomäusnacht die französischen Protestanten. Denn die religiöse Intoleranz kannte keine Grenzen. Erst Ende des 20. Jahrhundert kam es in Irland zu einem friedlichen Einvernehmen zwischen Protestanten und Katholiken, und in Indien wurden die Christen 1998 in einer bis dahin nicht gekannten Schärfe verfolgt.[24]

Außerdem ist der außerordentliche Einfluß der katholischen Theologen im Europa des 16. und des 17. Jahrhunderts nicht zu unterschätzen. Nur der streng katholische, apostolische und römische Glaube wurde geduldet. Man verteufelte die orthodoxen Slawen und die Protestanten genauso wie die Juden. Sie alle galten als Handlanger des Satans und »Feinde Gottes«. Zum ersten Mal in der europäischen Geschichte wurde dem antisemitischen Haß durch das energische Eingreifen von Kaiser Matthias für eine Zeitlang Einhalt geboten, und es erschienen zunächst einmal keine Schmähschriften gegen die Juden mehr.

Seitdem entwickelte sich in der jüdischen Gemeinde von Frankfurt ein gewisser Wohlstand.[25]

Man muß sich diesen Wohlstand allerdings in einem sehr bescheidenen Rahmen vorstellen: Mitte des 18. Jahrhunderts galt für die Juden in Frankfurt jeden Abend eine bestimmte Sperrstunde. Am Sonntag durften sie ihr Ghetto sowieso nicht verlassen. Sie durften keine öffentlichen Parkanlagen betreten und mußten, wenn sie heiraten oder ein Geschäft gründen wollten, eine offizielle Genehmigung einholen. Außerdem waren sie gehalten, vor Christen den Hut zu ziehen und ihnen den Vortritt zu lassen, wenn diese es wollten.[26]

Das Verhalten der Engländer in jener Zeit war gehässig und lächerlich. Oliver Cromwell, der Karl I. hinrichten und der als strenggläubiger Protestant Katholiken und Anglikaner verfolgen ließ,[27] setzte 1656 das seit Eduard I. (1272–1307) geltende Aufenthaltsverbot für Juden außer Kraft und ermöglichte so den Juden nach dreieinhalb Jahrhunderten die Rückkehr nach England. Es waren jedoch nicht viele, die kamen: insgesamt 150! Nach der Wiederherstellung der Monarchie stellte Karl II. – trotz seines katholischen Glaubens – die Juden 1664 offiziell unter seinen Schutz und gewährte ihnen 1673 die volle Religionsfreiheit. Das antijüdische Vorurteil war dennoch nach wie vor lebendig: 1684, bei einer Unternehmung der Ostindischen Kompanie, wurden die Juden als nicht vertrauenswürdige Ausländer bezeichnet, die als ewige Feinde der Krone lediglich geduldet seien.[28] Es sind echte Zwangsvorstellungen, denn Ende des 17. Jahrhunderts gab es in ganz England nicht mehr als 600 Juden, darunter Bankiers wie Samson Gideon oder Joseph Salvador und ein paar Ärzte, wie Jacob de Castro Sarmento. Es gab mit Sicherheit einige Leute, auf die der Titel »Feind der Krone« besser paßte. Natürlich gab es auch arme Juden, doch die hatten andere Sorgen als den Sturz der englischen Krone.

Das Phänomen »Antisemitismus ohne Juden« war in ganz Europa zu beobachten, nicht nur in England. Als die Republik Venedig 1516 ihr Ghetto[29] einrichtete, zählte die Stadt nur wenige hundert Juden. Bei der Zählung von 1586 kamen die Juden auf 1684 Seelen, und das bei einer Gesamteinwohnerzahl von über 150 000. 1633 – also ein halbes Jahrhundert später – zählte Venedig 2419 Juden, eine immer noch vergleichsweise geringe Zahl.[30] Es gab Juden in maurischen, slawischen und nordeuropäischen Städten, doch nirgendwo wurden sie in ein Viertel gesperrt. In Venedig behandelte man sie wie die lebenden Symbole einer geistigen Gefahr, vor der man die christlichen Mitbürger der Serenissima zu schützen hatte.

Im Lauf der Jahrhunderte bekam die Furcht vor Juden neue Nahrung. Man beschimpfte sie als gerissene Geschäftsleute und empfahl jedem, der einem Juden die Hand gegeben hatte, seine Finger nachzuzählen. Wer in einer ewig prekären Situation zu leben hatte und ständig auf die Gnade der Obrigkeit angewiesen war, mußte sich um das kümmern, was ihm als einzige Waffe blieb: das Geld. Auch wenn – oder vielleicht gerade weil – in der Zwischenzeit die Christen die Zinsgeschäfte übernommen hatten und den jüdischen Bankiers starke Konkurrenz machten, entwickelten die Juden ein außergewöhnliches Finanz- und Handelstalent. Sie erkannten und verwerteten die Bedürfnisse der Gesellschaft früher als andere, ganz gleich ob es sich um Edelsteine, Gewürze, Felle oder Pferde handelte. Sie eroberten sich schnell eine führende Position in der jeweiligen Branche und machten so Gewinne, die bei Leuten mit trägerem Geist Neid auslösten. Also verdächtigte man sie dunkler, ja sogar satanischer Machenschaften und fragte sich, ob sie nicht das Geheimnis der Goldmacherkunst kannten.

Bei den Juden war das Gefühl für Solidarität sehr ausgeprägt. Durch die ewigen Verfolgungen hatte sich eine Hilfsbereitschaft entwickelt, die in anderen Gesellschaften ihresgleichen sucht. Durch die Diaspora und das Verbot interkonfessioneller Ehen hatte sich der geographische Rahmen der Gemeinschaft ausgeweitet. Ein Londoner Jude hatte mit Sicherheit einen Bruder, einen Schwager oder Vetter in Amsterdam, ebenso der Pariser Jude in Berlin oder Krakau. Dadurch verfügten die Juden über ein feines Netz weitreichender Verbindungen, das ihnen bei Geldgeschäften im Vergleich zu Nichtjuden beachtliche Vorteile brachte. Dieses Mißtrauen gegenüber den geschäftstüchtigen Juden hielt sich bis ins 20. Jahrhundert hinein.

Für die staatliche Obrigkeit gab es damals nur ein Ziel: Die

Juden mußten in Schach gehalten werden. Nach dem Motto: Sie sind zwar nicht sehr zahlreich, aber wenn man ihnen freien Lauf läßt, beherrschen sie bald alles. Eine alte Angst, hinter der wohl vor allem ein Minderwertigkeitskomplex steckte.

Vom demographischen Standpunkt aus betrachtet war diese Angst im England des 18. Jahrhunderts genausowenig gerechtfertigt wie in jenem des 17. Jahrhunderts. England und Wales zählten damals zusammen etwas mehr als acht Millionen Einwohner.[31] Hinzu kamen 22000 Juden, 20000 Aschkenasim und 2000 Sephardim, das waren 0,25 Prozent der Gesamtbevölkerung. Als jedoch 1753 das Unterhaus über die »Judenbulle« abstimmen sollte, die den seit mehr als drei Jahren ansässigen Juden, deren Kinder in England geboren waren, die Einbürgerung erleichtert hätte, kam es zum Desaster: Die Whigs und das Oberhaus stimmten für die Gesetzesvorlage, die Tories dagegen. Vor allem auf dem Lande machte sich eine starke Fremdenfeindlichkeit breit. Engländer, die noch nie einen Juden gesehen hatten und, wenn sie einem Juden begegnet wären, ihn auch bestimmt nicht als solchen erkannt hätten, gerieten wegen der angeblichen »Invasion« in panische Angst. Im darauffolgenden Jahr wurde das Gesetz abgelehnt. Doch es kam noch schlimmer. König Georg III. gab einen Erlaß heraus, daß alle Beamten, Juristen, Parlamentsmitglieder und Offiziere der Armee den Eid auf ihren »christlichen Glauben« zu schwören hatten. Außerdem wurde 1807 in London eine jüdische Gesellschaft zur Förderung des Christentums unter den Juden gegründet. Viele Juden traten zum christlichen Glauben über. Andere wiederum wurden wohlhabend und spielten eine immer größere Rolle im nationalen Finanzwesen. 1826 wurde endlich die Nationalitätenfrage geregelt. Trotzdem besaßen die Juden – wie übrigens alle anderen englischen Untertanen, die nicht zur anglikanischen Kirche gehörten – nicht die vollen Rechte.

Rußland kam durch den Landgewinn, den es bei den beiden letzten Teilungen Polens von 1793 und 1795 gemacht hatte, in ziemliche Verlegenheit. Denn in den neuen russischen Provinzen (Teile Litauens, Polesien, Wolynien und Podolien) lebte die größte jüdische Gemeinschaft Europas. Diese Juden entsprachen jedoch keineswegs dem gängigen Bild vom Wucherer mit der Hakennase und dem langen wallenden Mantel, dessen Innenseite mit lauter geflochtenen Gebetsriemen verziert war. Sie arbeiteten vielmehr als Gutsverwalter, als Bauern, Müller, Gastwirte, Handwerker oder Hausierer. Klugerweise änderten die Russen daran nichts, insbesondere nicht die jüdische Selbstverwaltung. Wenn jemand den Vorwurf der mangelnden Zurückhaltung verdiente, dann die Juden selbst. Die Parteien der Chassidim und der Mitnaggedim stritten sich offen vor den Augen der Russen.[32]

Im Zusammenhang mit der großen Verwaltungsreform, die Katharina II. nach deutschem Vorbild in Rußland durchführte, nahm man die Juden in die Handwerkszünfte auf. Doch diese saßen in den Städten, und so waren die reichen und weniger reichen Juden gezwungen, in die Städte zu ziehen. Dies kam einer Vertreibung der Juden aus den Dörfern und ländlichen Gebieten gleich. In Wahrheit wollte die zaristische Verwaltung die Juden zu überschaubaren Gruppen zusammenfassen. Das Gespenst der »jüdischen Gefahr« trieb nämlich auch in Rußland sein Unwesen und kam nirgendwo deutlicher zum Ausdruck als in dem Erlaß von Zar Alexander I., der den Juden das Wohnen in den Dörfern untersagte.

Eine eingehende Erörterung der Frage nach den russischen Vorstellungen vom »Land« (im Gegensatz zur Stadt) würde hier zu weit führen. Es durfte auf keinen Fall von den Juden verseucht werden. Auch in Rußland sperrte man sie also in die Ghettos der Städte und umgab sie mit Mauern.

Es ist eine düstere Landschaft. Weite, finstere Steppen, über die Stürme des Hasses hinwegzogen oder – in ruhigeren Zeiten – die giftigen Nebel eines latenten Antisemitismus, einer undefinierbaren Krankheit. Krebs? Oder nur eine Grippe?

Die Juden waren jedoch nicht die einzigen Gewaltopfer von Kreuz und Schwert des christlichen Westens. Auch auf dem amerikanischen Kontinent konnte man seine Gewalt spüren. Die Conquistadores waren bei der Arbeit: Moral und Landraub. Wie bei den Juden hatte auch für die Azteken, Maya und Inka das Unheil längst begonnen und sollte sich noch über Jahrhunderte hinziehen. Man schändete, verstümmelte, zermalmte und verbrannte diese zweibeinigen Wesen, die zwar wie Menschen aussahen, aber doch keine waren und an andere Götter, also an den Teufel glaubten. Noch einmal sei darauf hingewiesen: Fremdenhaß und Rassismus werden durch den Fanatismus geschürt. »Die Welt ist europäisch und christlich oder gar nichts!« Der Westen glaubte, Licht zu bringen, doch alles, was er brachte, war Blut. Er predigte einen Gott der Armut, griff aber gierig nach Gold.

Zwei Oasen des Lichtes in dieser Welt der Finsternis: das Frankreich der Revolution und Amerika. Diesen beiden Themen sind die folgenden Kapitel gewidmet.

9

Die Freiheit und ihre drei Herausforderungen

Das »Judenproblem« bei den Unruhen im Elsaß, in Lothringen und den drei Bistümern Metz, Tours und Verdun – Grégoire und Robespierre, die Fürsprecher der revolutionären Bewegung – Judaismus oder Laizismus, das jüdische Dilemma – Napoleon: Vater des Zionismus? – Die Problematik des modernen Staatsbegriffs – Der »anthropologische« Rassismus – Die Revolution erweist dem Papsttum einen Dienst

In den letzten zehn Jahren des Ancien Régime tauchte in Frankreich ein »Judenproblem« auf. Die in Lothringen (einschließlich der Bistümer Metz, Tours und Verdun) und im Elsaß lebenden Aschkenasim fühlten sich geographisch und moralisch von zwei Seiten bedrängt. Auf der einen Seite das katholische und traditionell antisemitische Frankreich und auf der anderen Seite das protestantische und antisemitisch gewordene Deutschland. Es war die Gegend, in der sich 1096 der erste Kreuzzug formiert hatte und zum ersten Mal der religiös motivierte Antisemitismus zum Ausbruch gekommen war.

Seit der Renaissance war die Situation der Juden in den einzelnen europäischen Ländern durchaus vergleichbar, auch wenn es ab und zu aufgrund launischer Monarchen oder besonderer politischer Umstände zu Wanderungsbewegungen kam. Ihnen waren bestimmte Gebieten zugewiesen, wo sie sozusagen als Staatenlose im Niemandsland lebten. Als Angehörige einer Minderheit waren sie ewig Fremde, die – solange sie sich nützlich machten – geduldet wurden. Ihre Hauptschwäche war historisch bedingt: Sie bildeten keine Einheit, denn durch die

Diaspora waren sie seit undenklichen Zeiten in zahlreiche Gemeinschaften zerrissen, die manchmal nicht einmal hundert Mitglieder zählten. Außerdem teilten sie sich auf in Aschkenasim und Sephardim, die keine gemeinsame Sprache sprachen und auch sonst wenig Sympathie füreinander empfanden. Sie hatten also keinen besonders sicheren Stand, und niemand interessierte sich für ihre Menschenrechte. Dazu mußte man erst einmal das Jahr 1789 und die entsprechende Erklärung abwarten.

1780 zählte man im Elsaß etwa 10 300 Juden, doch aufgrund der jüdischen Einwanderungen aus Deutschland wuchs ihre Zahl stetig. 1784 lebten in ganz Ostfrankreich bereits 25 000 Juden. Die Katholiken waren über diese Entwicklung beunruhigt und griffen deshalb zum ersten Mal zu einer Maßnahme, die der späteren Vichyregierung (Anm. des Übers.: In Vichy saß während des Zweiten Weltkriegs die mit den Nationalsozialisten zusammenarbeitende französische Petainregierung) alle Ehre gemacht hätte: die Geburtenbeschränkung. Kein französischer Jude durfte ohne die Erlaubnis des Königs heiraten, auch nicht außerhalb des Herrschaftsgebiets der französischen Krone. Die Situation der Juden war unerträglich. Für alles und nichts wurden ihnen Steuern auferlegt. In Straßburg mußten pro Tag und Kopf drei Livre für das Passier- und Bleiberecht bezahlt werden. Eine ganze Litanei von Vorschriften mußte beachtet werden. Sie durften so gut wie nichts kaufen oder verkaufen, und ihre Kinder wurden zur Taufe gezwungen – trotzdem: Ob getauft oder nicht, auch die Kinder durften später keine Katholiken heiraten. Außerdem durften Christen und Juden nicht unter einem Dach wohnen.

Den Juden in Lothringen und den drei Bistümern Metz, Tours und Verdun ging es nicht viel besser. Angeblich besaßen sie völlige Handelsfreiheit. Sie durften jedoch beispielsweise kein Haus kaufen, das sie nicht selbst bewohnten, auch keinen Bauernhof, den sie nicht selbst bewirtschafteten. Natürlich durften sie auch kein christliches Personal beschäftigen. Kurz: Alle waren unzufrieden, die Katholiken und die Juden. 1784 berief der über diese Zustände unterrichtete König eine Sonderkommission[1] ein. Daraufhin wurden den Juden im Elsaß die

Steuern für das Passierrecht erlassen, doch die Ehen mußten nach wie vor vom König bewilligt werden. Niemand war zufrieden: Die Juden waren enttäuscht, weil sie außer einer geringen Steuererleichterung nichts erreicht hatten, und die Christen waren verärgert, weil sie den Juden eben diese Steuererleichterung nicht gönnten.

Doch trotz dieser Diskriminierung gehörten die Juden in Frankreich nicht zu denen, die am meisten zu beklagen waren. Denn sie genossen zumindest Religionsfreiheit, was die französischen Protestanten nicht von sich behaupten konnten. Allein in Bayonne standen 1735 13 Synagogen[2], aber in ganz Frankreich gab es in jener Zeit kein einziges protestantisches Gotteshaus. Frankreich verstand sich als ein katholisches Königreich und ächtete deshalb mit reinem Gewissen alle, die nicht katholisch waren.

Die Juden im französischen Osten verfügten damals über eine Finanzkraft, die in keiner Weise ihrem sozialen Status und ihrer Zahlenstärke entsprach. Während der Debatten der verfassunggebenden Versammlung von 1789 versuchte Abt Maury die Abgeordneten vor dem jüdischen Reichtum zu warnen: »Im Elsaß besitzen sie 12 Millionen Pfandverschreibungen. Innerhalb eines Monats würde ihnen die halbe Provinz gehören, und in zehn Jahren hätten sie die gesamte Provinz erobert und zu einer jüdischen Kolonie gemacht.«[3] Das waren harte Worte, denn in jener Zeit lebten in Frankreich gerade einmal 40 000 Juden, die Hälfte davon im Osten. Die französische Gesamtbevölkerung hingegen lag zur gleichen Zeit bei 28 Millionen. Aber auch Seine Eminenz, der Bischof und Abgeordnete de la Fare aus Nancy, sah sich bemüßigt, der verfassunggebenden Versammlung von seinen Schutzbefohlenen zu berichten, die gesagt haben sollen: »Ja, Monsieur, wenn wir Eure Eminenz verlieren, wird ein Jude unser Bischof werden, denn – geschickt wie sie sind – nehmen sie alles in Besitz.« Und mit Nachdruck wehrte sich der Prälat gegen den Vorschlag, Juden in der öffentlichen Verwaltung zuzulassen, da das Volk sie »verabscheue«. Doch der Prälat war mit seinen Übertreibungen sicherlich nicht allein. Tausend Beispiele zeigen, wie sehr das Land damals von der Idee einer jüdischen Bedrohung besessen war. Frankreich ern-

tete in jenen Jahren die Früchte des Judenhasses, der sechs Jahrhunderte zuvor während des ersten Kreuzzugs von den Vorgän-
gern des Prälaten de la Fare gesät worden war.

Allerdings mit dem wesentlichen Unterschied, daß inzwischen das Judenproblem nicht mehr in den Händen von Papst
und Klerus lag, sondern in den Händen der Politiker. Die »atheistische« Revolution von 1789 hatte dem Papst das lästige
Judenproblem abgenommen. Einen größeren Gefallen hätte sie
ihm gar nicht tun können. Was die Päpste sagten, löste im revolutionären Frankreich ein immer geringeres Echo aus. Auch in
den anderen christlichen Königreichen Europas hörte man
inzwischen kaum noch auf die päpstlichen Haßtiraden und die
Botschaften aus Rom. Was die Nationen sagten und fühlten,
war nun entscheidend. Auf lange Sicht gesehen haben die Juden
dabei jedoch nichts gewonnen.

Alles in allem waren die Reden des Monsignore de la Fare
jedoch nicht ganz unberechtigt. Unter dem Ancien Régime war
Frankreich finanziell ziemlich unterentwickelt und sollte dies
aufgrund seiner moralisch schlechten und scheinheiligen Haltung in Geldangelegenheiten auch noch lange bleiben. Um den
entsprechenden Lebensstil halten zu können, machte alle Welt
Schulden, besonders die Offiziere in den Garnisonsstädten.
Und da man nur bei Juden Geld leihen konnte, waren sie es,
die die Eitelkeiten und die Scheinwelt des Ancien Régimes
finanzierten. Die rücksichtslosen Geldgeschäfte, die man den
Juden vorwarf, hätte es nie gegeben, wenn das Geld nicht so
rar gewesen wäre und wenn es mehr Kreditgeber – christliche
Kreditgeber mit niedrigeren Zinsen – gegeben hätte. Doch das
war ja aus den bekannten Gründen nicht der Fall. Die Kirche
verbot den Christen Zinsgeschäfte jeder Art, ohne dabei zu
überlegen, daß man mit diesem Verbot den Juden die Funktion
des Kreditgebers geradezu aufdrängte. Man war überzeugt, daß
die Juden mit diesen Geldgeschäften Riesensummen verdienten,
doch in Wahrheit waren die jüdischen Gemeinden wegen der
Steuerlasten beim Staat hoch verschuldet.[4]

Anfang 1788 kam es in Lothringen wegen der Erhöhung
der Brotpreise zu Unruhen. Man warf den Juden Spekulation
vor, denn die Getreidespeicher waren in jüdischem Besitz. In

Lunéville, Pont-à-Mousson, Nancy, Lixheim und Saargemünd
wurden Scheiben eingeschlagen und Getreidespeicher geplündert. Man trieb die jüdischen Familien aus ihren Häusern, feu-
erte mit Schußwaffen in die Synagogen und verprügelte jeden,
den man auf der Straße fand. Die Armee war schnell zur
Stelle, doch der Haß der Bevölkerung auf die Juden war damit
nicht aus der Welt geschafft. Die Königsmacht, das Volk, der
Klerus und der Pöbel machten den Juden deutlich klar, daß
sie ... Juden waren.

Im Dezember 1788 hatte der König die Generalstände einberufen, die beim Monarchen unter anderem auch Beschwerden
ihrer Wähler gegen die Juden vorbrachten. Diese hielten jedoch
nicht still, sondern beauftragten Cerf-Berr, einen ihrer wohl-
habendsten Vertreter, vor dem König ihre Verteidigung zu übernehmen. Dann überstürzten sich die Ereignisse.

1787 hatte die Königliche Akademie der Wissenschaften und
Künste von Metz einen Wettbewerb ausgeschrieben. Das Thema
lautete: »Gibt es Wege, die Juden in Frankreich nützlicher und
glücklicher zu machen?« Auf den ersten Blick zeugt diese Frage-
stellung von einer ausgesprochenen Aufgeschlossenheit. Doch
in dem Fall hätte die Frage lauten müssen: »Gibt es Wege, die
Franzosen gegenüber den Juden aus Frankreich toleranter zu
machen?« Denn schließlich zeigte das vorangegangene Kapitel
ja deutlich genug, daß die Juden keine Schuld traf, weder was
die Unruhen noch was die allgemeine Enttäuschung angeht. Die
Lebensbedingungen der Juden in Frankreich waren miserabel.
Der Ausweisungserlaß von Ludwig XIII. war zwar schon seit
einiger Zeit nicht mehr als ein Stück Papier, doch außer Kraft
gesetzt war er nicht. Ludwig XIV. wollte lediglich reiche Juden
wie den Bankier Samuel Bernard dulden, und Ludwig XV. hegte
ebenfalls keine besonderen Sympathien für die Juden. Von Ludwig XVI., dem begeisterten Hobbyschlosser, aber schwachen
Monarchen, erzählt zwar eine Anekdote[5], daß er von einer Begegnung mit Juden sehr gerührt war, doch trotz allem blieb er
ein katholischer König, der Protestanten, Juden und andere
Ketzer niemals offen akzeptierte.

Den Unruhen im französischen Königreich war es zu verdanken, daß man sich endlich mit dem Schicksal der Juden aus-

einandersetzte. Es gab auch erste Denker, die deren schlechte Behandlung hinterfragten. So mancher Philosoph der Aufklärung hat die Gedanken des Engländers John Locke nicht vergessen. Locke, der Ende des 17. Jahrhunderts mit seinem Werk das Zeitalter des Rationalismus einleitete, schrieb in seinem *Brief über die Toleranz:* »Weder Heiden noch Muslime noch Juden dürften aufgrund ihrer Religion von den Bürgerrechten der Gemeinschaft ausgeschlossen werden.« Heiden gab es so gut wie keine in England und auch in Europa nur wenige. Auch Muslime gab es nur in den südeuropäischen Ländern, und auch dort nur wenige. Aber es gab Juden. Lockes *Brief* war für die damalige Zeit eine mutige Stellungnahme und hat auch ein starkes Echo ausgelöst.

Zwei Jahre später hat sich die Situation durch die Französische Revolution grundlegend verändert. Oft wird diese Revolution als atheistisch bezeichnet, was sie jedoch ganz und gar nicht war, denn ein Theismus, der den Klerus entmachtet, ist noch lange kein Atheismus. Die Revolution war antiklerikal und gegen den Papst gerichtet. Sie ließ den Besitz des Klerus beschlagnahmen und wurde deshalb im 19. Jahrhundert von der Kirche verteufelt. Doch diese Beschlagnahmungen waren ein fester Bestandteil des revolutionären Stoßes gegen das Feudalsystem. »Die Kirche«, schreibt Alexis de Tocqueville in *L'Ancien Régime et la Révolution,* »besaß wie im Mittelalter einen Teil des Landes und war deshalb eng mit der Regierung verbunden.« Aus diesem Grunde geriet nicht nur die Regierung, sondern auch sie unweigerlich in Mißkredit. Und aus demselben Grunde war sie auch gezwungen, sich mit den Juden auseinanderzusetzen.

In der verfassunggebenden Versammlung von 1789 fanden die Juden in der Person des Theologen Henri Grégoire ganz unerwartet einen Verteidiger. Der im lothringischen Vého geborene Grégoire war Pfarrer von Emberménil und saß als Vertreter der Stadt Lunéville in der verfassunggebenden Versammlung. Grégoire war mit jansenistischen und liberalen Denkern in Berührung gekommen und lebte in der Nachbarschaft von Juden. Sein Herz war voller Mitleid für seine andersgläubigen Nachbarn, auch wenn er aufgrund seines katholischen Glaubens nicht fähig war zu begreifen, daß deren Elend und Leiden in einem direkten Zusammenhang mit der Intoleranz dieses katholischen Glaubens stand. Grégoire war überzeugt, daß man die Situation der Juden verbessern könne. Allerdings müßten sie selbst zu Reformen bereit sein, denn nur so würden sie letzten Endes den Weg zum Licht Christi finden. Ihre Angst vor dem Fremden sei nur »die Folge der Sklaverei«. Sie müßten sich von der Tyrannei der Rabbiner befreien, so wie auch die Christen sich von der Tyrannei Roms befreit hätten. Eine ausgesprochen gallikanische Sichtweise. Im großen und ganzen berief sich Grégoire auf den alten Gedanken, daß die Juden, wenn man sie anständig behandelte, zum Christentum übertreten würden. In dieser Hoffnung setzte er sich für ihre zivile Befreiung ein: Die Juden sollten in den Schulen obligatorisch Französisch lernen, und die Christen sollten ihre Haltung ihnen gegenüber ändern.

Seine Ansprache vor der Abgeordnetenversammlung war geprägt vom humanistischen Gleichheitsgrundsatz der Aufklärung. Reden dieser Art gab es viele im 18. Jahrhundert und weckten bei manchem die Hoffnung auf baldiges Morgenlicht. Grégoires Ansprache verrät jedoch eine erstaunliche Unkenntnis in Sachen Judentum, gepaart mit einer Verachtung, die gerade deshalb so gefährlich war, weil sie sich den Schein der Barmherzigkeit gab. In seinem *Essai sur la régénération physique, morale et politique des juifs* (»Essay über die körperliche, moralische und politische Regenerierung der Juden«) nimmt er seit Jahrhunderten abgegriffene Argumente wieder auf, etwa »die lockere Moral« der Juden, »ihre Abneigung anderen Völkern gegenüber« oder die Gefahr, der man sich aussetze, wenn man sie mit ihrem Handel und den Geldgeschäften toleriere usw. Grégoire wußte auch, warum »die Juden stets einen üblen Geruch ausströmen«: Es war »die Unsauberkeit und die Ernährungsweise«, denn ihre Nahrung war natürlich »schlecht ausgewählt«. Als Leser dieser Texte fragt man sich unweigerlich, ob die Juden, wenn sie Schweinefleisch gegessen hätten, besser gerochen hätten. Offensichtlich kam es Grégoire nicht in den Sinn, daß die Abneigung der Juden gegenüber anderen Völkern vielleicht aus eben diesen Gründen durchaus ihre Berechtigung hatte. Ludwig XIV. hat in seinem ganzen Leben ein einziges Bad genommen, und der Versailler Adel trug mit seinen Perücken jede Menge Läuse spazieren, von den als Toilettenanlagen dienenden Baumgruppen ganz zu schweigen. Wenn die Juden unter erträglicheren Bedingungen gelebt hätten, wären die hygienischen Verhältnisse sicherlich auch andere gewesen. Grégoires Rede ist die eines gewöhnlichen Rassisten. Besonders daran sind lediglich die Umstände, unter denen sie gehalten wurde.

Schlimmer noch als diese peinlichen Dummheiten sind jedoch Grégoires Angriffe auf den Talmud, den er für die »moralische Rückständigkeit des jüdischen Volkes« verantwortlich macht. »Dieses Riesenlager, fast hätte ich gesagt, diese Kloake, wo die Scherben des menschlichen Geistes gesammelt werden.« Für Grégoire ist der Talmud »der Grund für die geistige Unfruchtbarkeit des jüdischen Volkes, das nur fremde Ideen wiedergibt, und was für Ideen«.[6] Offensichtlich hat er keinen Spinoza gelesen, und einen Karl Marx, Max Weber, Alfred Einstein, Ludwig Wittgenstein oder Gustav Mahler hätte er sich sicherlich auch nicht vorstellen können.

Sein *Essai* ruft zu einer recht einseitigen Versöhnung auf. Die Juden brauchten nur ihre Religion aufzugeben, die Rabbiner in die Wüste zu schicken und sich taufen zu lassen, und schon wären sie mustergültige, gutgelaunte, saubere und wohlriechende Franzosen. Man müßte eigentlich lachen, wenn das Thema nicht so ernst wäre. Immerhin hatte das von Grégoire vor der Abgeordnetenversammlung gehaltene Plädoyer für die Juden eine außerordentlich positive Wirkung und trug in der wahrlich nicht judenfreundlichen Umgebung entscheidend zum Meinungsumschwung bei.

Unverbesserliche Illusionisten behaupten, daß die Enzyklopädisten den Antisemitismus und überhaupt jegliche Form von Rassendiskriminierung abgelehnt hätten. Dieses Bild bedarf einer deutlichen Differenzierung. Voltaire beispielsweise war eindeutig ein Rassist. »Die Weißen«, so schreibt er in seinem *Traité de métaphysique* (»Abhandlung über die Metaphysik«), »scheinen über den Negern zu stehen, so wie die Neger über den Affen und die Affen über den Austern stehen«. Eine eigenartige Weltsicht. Durch seinen Sklavenhandel, den er über den Seehafen von Nantes abwickeln ließ, zählte Voltaire tatsächlich »zu den 20 reichsten Männern des französischen Königreichs«.[7]

Doch im Artikel »Anthropophages« (»Menschenfresser«) seines *Dictionnaire philosophique* kommt es noch schlimmer: Die Juden seien »das widerlichste Volk der Erde«. Und in dem Artikel mit dem Titel »Juifs« (»Juden«) schreibt er: »Ihr findet in ihnen ein unwissendes, barbarisches Volk. Es vereint seit ewigen Zeiten den widerwärtigsten Geiz mit dem grauenhaftesten Aberglauben und dem unüberwindbaren Haß auf alle Völker, bei denen sie toleriert werden und ein Vermögen erwirtschaften können.« Daß Voltaire eine antichristliche Haltung hatte, ist bereits bekannt. Der Fürst von Ligne, der in Ferney eine Woche mit Voltaire verbracht hatte, schreibt in seinen Memoiren: »Der einzige Grund, weshalb Voltaire so heftig gegen Jesus Christus zu Felde zog, ist die Tatsache, daß dieser in eine Nation hineingeboren wurde, die Voltaire haßt.« Voltaire war also ein Gegner des Christentums, weil er ein Antisemit war.

Maximilien de Robespierre hingegen war ein Befürworter der Judenemanzipation: »Die Laster der Juden haben ihren Grund in der Erniedrigung, in der ihr sie gehalten habt. Die Juden werden gute Menschen sein, wenn sie dadurch irgendwelche Vorteile haben.«

Man beachte »die Laster der Juden« und die »guten Menschen«, die sie nicht sind. Zum ersten Mal in der Geschichte steht die Verantwortung, die die Gesellschaft gegenüber den Juden hat, im Mittelpunkt der Betrachtung. Robespierres Erklärung löste ein starkes Echo aus. Als die Abgeordnetenversammlung Ende 1789 zum ersten Mal über die Bürgerrechte der Juden abstimmte, fiel das Ergebnis mit 493 Ja- zu 408 Nein-Stimmen negativ aus. Doch bereits im Januar 1790 wurden den Sephardim von Bordeaux, Dax und Bayonne die aktiven Bürgerrechte zugesprochen. Den im Elsaß und in Lothringen (einschließlich der Bistümer Metz, Tours und Verdun) wohnenden Aschkenasim wurden sie jedoch verweigert. Nach der Verhaftung von Ludwig XVI. wagte man einen weiteren Schritt: Am 27. September 1791 stimmte die Nationalversammlung für die Befreiung aller in Frankreich wohnenden Juden. Von einem Tag auf den anderen gab es einen Zuwachs von 40 000 französischen Bürgern.

Auf die politische Emanzipation folgte die gesellschaftliche. 1797, kurz nach der Eroberung Paduas durch französische Truppen und dem Sturz der venezianischen Podestà, beschloß die neue Stadtregierung unter französischem Druck, das Judenviertel nicht mehr mit dem »barbarischen und sinnlosen Namen Ghetto« zu bezeichnen, sondern als *Via Libera* (»Freie Straße«). Ein aussagekräftiges Symbol. Zwei Wochen später führte ein Erlaß mit dem Datum »Fructidor im Jahr V der französischen Republik und im Jahr I der italienischen Freiheit« zur Niederlegung der Ghettomauern.[8]

Im Jahr darauf appellierte Napoleon an die Juden, sich seiner Expedition nach Ägypten anzuschließen und ihn bei der Rückeroberung des verheißenen Landes zu unterstützen. Später ließ man diesen Appell heimlich verschwinden. Man fand, daß er nicht nur Napoleons Genialität, sondern auch dessen opportunistische »dialektische« Doppelmoral allzu deutlich zum Ausdruck brachte.

Alles, was wir über diesen Appell wissen, verdanken wir einer sechszeiligen Nachricht, die am 22. Mai 1799 – oder wie man damals sagte: am 3. Prairial des Jahres VII – in der damals offiziellen Tageszeitung *La Gazette Nationale ou Le Moniteur Universel* erschien. Man kann ein Exemplar dieser Ausgabe oder zumindest das, was davon übriggeblieben ist, in der Pariser Nationalbibliothek in Augenschein nehmen:

Politik
Türkei
Konstantinopel, den 28. Germinal

Bonaparte ließ eine Erklärung veröffentlichen, in der er alle Juden Asiens und Afrikas auffordert, sich zur Wiederherstellung des alten Jerusalem seinen Fahnen anzuschließen. Er hat bereits eine Vielzahl von ihnen bewaffnet, und ihre Bataillone bedrohen Aleppo.

Man glaubt zu träumen. Sollte etwa Bonaparte der erste Zionist gewesen sein? Das zionistische Projekt gab es damals jedenfalls noch nicht. Wenige Tage später berichteten auch andere Presseorgane von diesem Vorfall, und am 29. Mai 1799 fand sich in der Zeitung *La Décade* ein Kommentar mit folgendem Schlußsatz: »Der Tempel Salomons wird wahrscheinlich wieder aufgebaut werden.« Der Tempel Salomons, wiederaufgebaut von einem General der Französischen Republik! Es war keine Zeitungsente, denn zwei Monate später, am 29. Juli, kam *Le Moniteur* auf diesen Vorfall zurück: »Bonaparte hat Syrien nicht nur erobert, um Jerusalem den Juden zurückzugeben.« Daraus ergibt sich, daß Bonaparte gegen Konstantinopel marschieren wollte, um von dieser Schlüsselstellung aus Wien und Sankt Petersburg bedrohen zu können.

Den Inhalt eines im Zweiten Weltkrieg verlorengegangenen Dokuments kennen wir nur über eine sorgfältig rekonstruierte Übersetzung. Sie liest sich folgendermaßen:

Hauptquartier Jerusalem,
1. Floréal des Jahres VII der Französischen Republik

Bonaparte, Chefkommandant der Armeen der Französischen Republik von Afrika und Asien, an die legitimen Erben Palästinas
Israeliten, einzigartige Nation, die durch jahrtausendelange Eroberungsgier und Tyrannei des Landes ihrer Vorfahren, aber nicht ihres Namens und ihrer nationalen Existenz beraubt wurde! [...] Erhebt Euch also mit Freuden, Ihr, die Ihr immer noch im Exil lebt! Mit einem Krieg, der in den historischen Annalen ohne Beispiel ist, zur Selbstverteidigung einer Nation, deren ererbtes Land vom Feind als eine Beute betrachtet wurde, die man willkürlich mit einem Federstrich der Kanzleibeamten aufteilen kann, rächt diese Nation ihre eigene Schande sowie die Schande ferner Völker, die seit langem unter dem Joch der Sklaverei vergessen sind; sie rächt auch die Schande, die seit rund 2000 Jahren auf Euch ruht... [...]
Ihr legitimen Erben Davids!

Die große Nation, die im Gegensatz zu denen, die Eure
Vorfahren an alle Völker verkauft haben (Joel 4, 6), keinen
Menschen- und Länderhandel betreibt, ruft Euch hier
nicht etwa, damit ihr Euer Erbe erobert, sondern einfach
damit Ihr das, was erobert wurde, in Besitz nehmt und
mit dem Schutz und der Hilfe dieser Nation die Herrschaft
darüber behaltet [...]

Das Dokument ist lang. Der Leser sehe es mir deshalb nach,
wenn ich es nicht in seiner ganzen Länge zitiere. Der Ton ist
napoleonisch, das dahinterstehende Kalkül auch, weshalb der
irritierende Text mit einiger Wahrscheinlichkeit auch echt ist.
Napoleons Plan hätte Alexander dem Großen alle Ehre gemacht: Er wollte die Osmanen aus Palästina vertreiben, dort
einen jüdischen Staat errichten und auf diese Weise das Osma-
nische Reich schachmatt setzen. Außerdem sollten die Juden,
die mit ihrem souveränen Staat wichtige Bündnispartner gewesen wären, Österreich und Rußland in gehörigen Respekt versetzen. Bei General Bonaparte ging die außerordentliche Großzügigkeit mit einer in sich logischen politischen Strategie einher.
   Was ist aus diesem Plan geworden? Nichts. Napoleon konnte
die Hafenstadt Akko nicht einnehmen, und damit war der
Traum von der Eroberung Palästinas ausgeträumt. In Überschät-
zung seiner Kräfte hatte er den Appell an die Juden vor den
eigentlichen militärischen Aktionen veröffentlicht und Palästina – obwohl er nicht darüber verfügte – in seiner berechnen-
den Großmut bereits an die Juden weitergereicht. Gipfel der
Schamlosigkeit: Die Juden sollten als Schachfiguren dienen.[9]
   Jedenfalls war den Juden eine Hand gereicht worden, die sie
schlecht hätten ausschlagen können, denn das hätte mit Sicherheit Sanktionen zur Folge gehabt. Bereits die Befreiungsmaß-
nahmen von 1791 hatten nicht nur antisemitische, sondern
auch antirömische Reaktionen hervorgerufen. Der liberale Theismus der Aufklärung wollte nämlich nicht, daß irgendwelche Religionen die heiligen Grenzen der Republik passierten.
Hier kamen die Ideen eines anderen englischen Philosophen
zum Tragen: Thomas Hobbes (1588–1679). Sein Ideal war ein
Staat, der in der einen Hand das weltliche Schwert und in der

anderen Hand das Zepter einer Nationalkirche hält. Dies kam zwar den gallikanischen und antipäpstlichen Tendenzen der französischen Christen entgegen, doch die Ideen der Republik zielten in eine andere Richtung.

Die französischen Revolutionäre von 1789 gingen nämlich entschieden weiter, lehnten einen offiziellen Status der Religion grundsätzlich ab und waren für eine klare Trennung von Staat und bürgerlicher Gesellschaft. Dieser stand die Ausübung einer Religion völlig frei, denn sie tat dies von vornherein in völliger Unabhängigkeit vom Staat. Die Monarchie von Gottes Gnaden wurde abgeschafft, die Verbindung von Thron und Kirche ebenfalls. Allein schon durch die Erinnerung an die Religionskriege war Frankreich in feindliche Lager gespalten. Eine Staatsreligion wäre der Republik nicht dienlich gewesen, also waren Religionsgemeinschaften nur als freiwillige Zusammenschlüsse erlaubt, ohne Schutz und Intervention des Staates. Für die Anhänger der Revolution war der Judaismus die schlimmste aller Religionen, denn auf sie gingen die anderen Offenbarungsreligionen zurück. Wie bereits Bernard Lewis schrieb, warf man den Juden nicht vor, Jesus getötet zu haben, sondern ihn hervorgebracht zu haben.[10] Die Juden sollten also für den weitverbreiteten und stark ausgeprägten Antiklerikalismus als Sündenböcke dienen.

Die nur mit Mühe dem religiösen Antisemitismus entronnenen Juden wurden zwar von der republikanischen Gesetzgebung respektiert, mußten sich aber mit drei ernstzunehmenden Gefahren auseinandersetzen. Nummer eins war der Laizismus. Noch 1998 – also mehr als zwei Jahrhunderte später – empfand ihn der Oberrabbiner von Frankreich als »intolerant«.[11] Auf den Laizismus, damals in Europa und der Welt eine völlig neue Idee, waren die Juden in keiner Weise vorbereitet. Denn die ganze jüdische Kultur war von Religion durchdrungen. Die Forderung der Revolution nach Abschaffung der Religion bedeutete für die Juden die Preisgabe ihrer gesamten Identität, denn die jüdische Geschichte und die jüdische Moral basierten auf der Treue zum Gesetz. Sie hätten für die Zukunft weder die Sabbatruhe beachten noch ihre juristische Autonomie behalten können, denn bisher repräsentierte für sie der Rabbiner die juri-

stische, ja selbst die richterliche Autorität, wie das in vielen
Ländern Europas damals noch gültige Erbfolgesystem deutlich
zeigte. Anders ausgedrückt: Auch die Juden hatten ihr Ancien
Régime. Man bot ihnen Freiheit, Gleichheit und Brüderlichkeit
unter der Bedingung, daß sie ihr Judentum aufgaben und sich
sozusagen laizistisch taufen ließen. »Ihr existiert, aber nur unter
der Bedingung, daß ihr eure Vergangenheit aufgebt.«

Die zweite Gefahr ging vom Begriff »Staatsvolk« aus, der
dem Sinn nach seit dem 16. Jahrhundert häufig verwendet
wurde, vor allem von Machiavelli und Jean Bodin, dessen 1576
erschienene *République* ein Werk von außerordentlicher Bedeutung ist. Bis 1789 war das Staatsvolk ein Konzept unter vielen,
eine Idee oder vielmehr eine Utopie, denn in den Königreichen
der westlichen Welt kümmerte man sich entschieden mehr um
das Wohlergehen der Fürsten als um das der Untertanen. Auch
die Wahlmonarchien (beispielsweise die Republik von Venedig)
waren feudalistisch und nicht republikanisch strukturiert. Die
Ideen, die zur Französischen Revolution geführt haben, sollten
die westliche Welt völlig verändern, sowohl philosophisch als
auch politisch. Denn sie haben auch im Nordamerikanischen
Unabhängigkeitskrieg (1775–1783) eine große Rolle gespielt
und mit den Vereinigten Staaten von Amerika die größte wirtschaftliche und politische Macht des 20. Jahrhunderts hervorgebracht.[12] Der Begriff des Staatsvolks forderte von seinen Bürgern
die Anerkennung des Gemeinwohls als übergeordnetes Prinzip. Diesem Prinzip mußten die Bürger ihre sprachlichen, religiösen und sonstigen Besonderheiten unterordnen. Jules Grévy
war einer der bekanntesten Vertreter dieser Wertordnung. In
seinem Namen forderte man die Juden auf, ihre Sprache und
das veraltete Judentum aufzugeben und sich nicht mehr als
»Juden« von den anderen zu unterscheiden.[13]

Seit dem Ende des 20. Jahrhunderts ist man in Europa dabei,
die inneren Grenzen abzuschaffen und über die Medien eine
Art internationale Kultur zu schaffen. Vor diesem Hintergrund
fällt es wahrscheinlich schwer, sich den intellektuellen und psychologischen Umsturz vorzustellen, den die Durchsetzung des
Staatsvolkskonzeptes mit sich brachte. Bis dahin fühlten sich
die Europäer ihrer Heimat und der örtlichen Kultur verbunden

und nicht einem Staat im modernen Sinn. Die Bewohner der Lombardei und Venetiens etwa waren sowohl Österreicher als auch Italiener, und die Ukrainer waren zum einen Polen, zum anderen Russen und zum dritten Österreicher. Je mehr sich jedoch die Grenzen festigten, desto mehr setzte sich die Idee des Staatsvolkes durch. Die europäische Geschichte beschreibt eine typische Entwicklung zu großen Staatsvölkern hin. Als Reaktion darauf ist es zu verstehen, wenn Immanuel Kant Ende des 18. Jahrhunderts schreibt, daß man einer Nation kein größeres Unrecht zufügen könne, als ihr ihren Nationalcharakter und ihre Eigenheiten des Geistes und der Sprache wegzunehmen. Leider wurde dieser Satz mißverstanden und Kant als Verfechter des Nationalismus abgestempelt.

Die Idee vom Staatsvolk setzte sich also als Grundlage einer individuellen und kollektiven Würde durch, immanent und unausweichlich wie eine natürliche Tatsache. Lange Zeit endete das Identitätsbewußtsein an den Grenzen der Stadt oder der Provinz, jetzt dehnte es sich bis zu den fernen Staatsgrenzen, die die meisten Bewohner nie mit eigenen Augen gesehen hatten. Die damit einhergehende Veränderung hat das Verhalten der Länder gegenüber den Juden entscheidend beeinflußt.

Die allgemeine Schulpflicht war sicherlich die größte Wohltat, die der Laizismus dem in seinen Traditionen vor sich hinschimmelnden Judentum erwiesen hat. Ohne die Schulpflicht wäre der Judaismus vielleicht über kurz oder lang an seiner kulturellen Degeneration eingegangen. Außerdem sorgte die Schulpflicht für eine stärkere Verbreitung des Staatsvolkskonzepts, das sich allerdings bald als äußerst gefährlich erweisen sollte. Doch niemand ahnte damals, welch schlimme politische Krankheit dieses Konzept hervorbringen würde: den Nationalismus. Eine Krankheit, die für das Judentum nahezu fatal war und in drei aufeinanderfolgenden Kriegen (1870/71, 1914–1918 und 1939–1945) von Europa einen hohen Blutzoll forderte. Der Weg von Hobbes über den militanten Nationalisten Déroulède (1846–1914) bis zu Hitler ist erstaunlich kurz und führt unweigerlich zum Abstammungsprinzip als Kriterium der Staatsangehörigkeit, das das wiedervereinigte Deutschland erst 1998 außer Kraft gesetzt hat.

Die dritte Gefahr ging von der modernen Anthropologie aus. Durch sie wurden die beiden anderen Gefahren noch bedrohlicher. Die Anthropologie oder die Wissenschaft vom Menschen und seiner Entwicklung entstand aus einer lexikalischen Wissenschaftsgläubigkeit heraus, die vor allem von Alexander von Humboldt, Carl von Linné, Johann Gottfried Herder und Kant stark gefördert wurde, und war bereits von Anfang an ein abstruses Sammelsurium aller möglichen Theorien, die noch im 20. Jahrhundert schlimmes Unheil angerichtet haben. Eine ihrer bekanntesten Auswüchse ist die durch Césare Lombroso berühmt gewordene Phrenologie, nach der die geistigen Fähigkeiten eines Menschen an dessen Schädelform zu erkennen seien. Schon allein für seine Feststellung einer »krankhaften Physiognomie« bei Sokrates, Darwin und Dostojewski hat sich Lombroso Unsterblichkeit verdient, ebenso für folgende bemerkenswerte Feststellung: »Das Genie ist eine degenerative Psychose epileptischer Art. « Durch diese Feststellung wissen wir wenigstens, daß Lombroso kein Genie war. Auf dieser absurden Basis starteten die Nationalsozialisten in den dreißiger Jahren den Versuch, die arische Abstammung mit Schädelmaßen zu beweisen. Entscheidendes Kriterium für das Ariertum war der Winkel zwischen der Nasenspitze und dem Mittelpunkt des Ohrs.

Die Anthropologie führte auch zur Theorie von den »menschlichen Rassen«. Eine Theorie, die sich aufgrund der modernen Genetik wissenschaftlich zwar nicht halten ließ, aber für die Juden noch fatalere Folgen hatte als der Schwachsinn von Lombroso.

Der allgemeine Überblick über die Vorstellungen, die damals in dieser Hinsicht üblich waren, läßt triste Verzweiflung aufkommen. Für Herder beispielsweise waren die Schwarzen eine »niedere Rasse«, die zu keiner Kultur fähig seien. Ähnliches schrieben übrigens im Mittelalter die muslimischen Autoren über die weißen Menschen des Nordens, die von Allah nur geschaffen seien, um anderen als Sklaven zu dienen. Humboldt behauptete das Gegenteil: Es gebe nur Menschen und keine höheren und niederen Rassen.[14]

Doch dadurch änderte sich nicht viel. Ab 1853 veröffent-

lichte Arthur Graf von Gobineau, ein begabter Schriftsteller
und bekannter Autor von Reisebeschreibungen, der u. a. den
Roman *Die Plejaden* verfaßt hat, seinen Essay *Versuch über
die Ungleichheit der menschlichen Rassen.* Das Werk könnte
aufgrund seiner Unkenntnis und Selbstgefälligkeit sehr unter-
haltend sein, wären da nicht die schlimmen Folgen.

Gobineau war kein Anthropologe und hat deshalb seine Zeit
nicht mit den damals beliebten vergleichenden Studien von
Schädelgrößen verbracht. Er war vielmehr ein schöngeistiger
Diplomat. Er ging von der Existenz dreier Rassen aus – der gelben, der schwarzen und der weißen Rasse – und war überzeugt,
daß die »Wesensart einer jeden Rasse« angeboren ist. Nach
Gobineau ist zwar nur die weiße Rasse zur Kultur fähig, ihre
Kräfte seien jedoch erschöpft, weil ihre »rassistische« Zusammensetzung nicht mehr rein sei.

Es handelt sich hier um eine entsetzliche Sammlung von Irr-
tümern der Wissenschaft. Es gibt weder eine weiße noch eine
schwarze oder gelbe Rasse, sondern lediglich Pigmentbesonder-
heiten. Historiker und Ethnologen haben mittlerweile nachgewiesen, daß die allgemein unter der Bezeichnung »weiße Rasse«
zusammengefaßten europäischen Völker während Jahrtausen-
den so stark »unterwandert« wurden, daß selbst der kleinste
Versuch, einen genealogischen Stammbaum aufstellen zu wollen, absurd wäre. Seit dem Ende der letzten Eiszeit sind die
unterschiedlichsten Völker nach Europa gekommen. Die Unterschiede waren so groß, daß sich selbst Angehörige der gleichen Völkergruppe nach wenigen Jahrhunderten nicht als solche erkannt haben. Die Kelten jüngerer Einwanderungswellen
haben beispielsweise die Bewohner älterer Keltensiedlungen
schlicht und einfach massakriert. Auch die anderen Rassen
sind reine Fiktion. Die jüngsten Forschungen lassen stark vermuten, daß der amerikanische Kontinent vor 25 000 Jahren
von europäischen Wandervölkern besiedelt wurde, bevor die
mongoliden Völkerschaften kamen.[15]

Dennoch: Die Idee der »Rasse« und besonders die der »jüdischen Rasse« kam an. 1893, also bereits 50 Jahre vor Gobineau, wurden die Deutschen von dem Pamphletisten Friedrich
Grattenauer gewarnt, daß die Juden eine ganz besondere Rasse

seien, und dies könnten weder Historiker noch Anthropologen bestreiten.[16]

Gobineau war vermutlich kein »Antisemit«, zumindest war er kein größerer Antisemit als die übrigen Vertreter seiner Zeit. Doch seine Vorstellungen von der Rassenreinheit waren das Ergebnis von Verallgemeinerungen, die den Rassisten des 19. und des 20. Jahrhunderts den Weg ebneten, zumal er seinen schon in sich falschen Rassenbegriff mit psychischen und intellektuellen Eigenschaften verband: Danach soll die »arische Rasse«, eine aus Indien stammende Elite, die edlen, freiheitsliebenden und zur Spiritualität neigenden Teutonen hervorgebracht haben. Mit »Ariern« und »Teutonen« finden sich schon in einem einzigen Satz zwei Fiktionen.[17] Die Juden wurden nicht näher bezeichnet. Das besorgte der Troß von Forschern, die auf Gobineaus Pfaden wandelten, darunter Robert Knox, James Hunt, Hippolyte Taine, Georges Vacher de Lapouge, Otto Amon. Sie sprachen von »psychologischen Rassebesonderheiten«. Gobineaus Verallgemeinerungen wurden auf den Kopf gestellt: Wenn nämlich ein Charakterzug – beispielsweise die den »Ariern« zugeordnete Freiheitsliebe – ganz offensichtlich bei einem Individium fehlte, galt dies als Beweis dafür, daß dieses Individuum nicht wirklich zu den »Ariern« zählte.[18]

Der wesentlichen Subkultur eröffnete sich ein weites Feld, das bis heute hochgefährliche Ideen und Banalitäten der schlimmsten Art hervorgebracht hat: Die Franzosen seien leichtlebig (wie Pascal oder Rimbaud), die Deutschen roh (wie Schubert oder Brahms), die Italiener voller Lebensfreude (wie Leopardi oder Moravia), die Russen geheimnisvoll (wie Jelzin oder Stalin) und die Schwarzen hätten den Rhythmus im Blut (wie Mandela oder Richard Wright) usw. Die Juden seien natürlich hinterlistig, berechnend, bestechlich und heimtückisch (wie Einstein, Mahler oder Wittgenstein). Die Angst aller Rassisten vor »Degeneration« führte ein Jahrhundert später zu einer besonders fatalen Entwicklung.

Die deterministische Weltsicht (der Rationalismus der Armen) verband den Rassismus mit dem Darwinismus und kam zu der Feststellung, daß die Dinge nicht anders sein können und deshalb so sind, wie sie sind. Die Unterlegenheit der niederen Rassen wurde auf erbliche Faktoren zurückgeführt und so als Ausdruck einer immanenten göttlichen Gerechtigkeit verstanden. Erst mit der weltweiten Versklavung zur Kolonialzeit endete der Menschenhandel mit den Schwarzen. Afrikaner, Asiaten, Araber usw. wurden von der weißen, »überlegenen« Rasse unterjocht. Die Juden waren überall und nirgends und wurden deshalb nicht offen, sondern von innen heraus kolonisiert.

Laizismus, Staatsvolk und »Rasse« – so viele Gefahren auf einmal konnten die Juden nicht unbeschadet überstehen. Der Laizismus und das Staatsvolk waren Realitäten, mit denen sich die Juden wohl oder übel arrangierten. Gegenüber der Fiktion der »Rasse« hingegen waren sie machtlos. Die Juden hatten keine Waffen. Sie lebten in dem Glauben, daß sie in der christlichen Welt ihr Glück finden könnten. Ein schwerer Irrtum.

10

Amerika, Amerika!

Lateinamerika: Verheißungsvolle Kolonien und Ausschreitungen der Inquisition – Englische Toleranz – Die geringe Zahl der jüdischen Einwanderer – Die Industrialisierung der Vereinigten Staaten und die Entstehung des amerikanischen Antisemitismus – WASP: Vormachtstellung der weißen Christen und Rassismus – Henry Ford und Charles Lindbergh, zentrale Gestalten des amerikanischen Antisemitismus – Kanadischer Numerus clausus – Die Unruhen von 1917 und die »vermißten« Juden der argentinischen Militärdiktatur

Angesichts der zunehmenden Enge in der Alten Welt besannen sich die Juden auf ihren Glaubensbruder Columbus, der 1492 den amerikanischen Kontinent entdeckt hatte. Im selben Jahr hatten der König und die Königin von Spanien, sichtlich aus Angst vor dem blutrünstigen, verrückten Großinquisitor Torquemada einen Erlaß unterzeichnet, der alle Juden, die die christliche Taufe verweigerten, auswies. Die ersten Juden stachen bereits Mitte des 16. Jahrhunderts in See. Sie waren geographisch dem neuen Kontinent am nächsten und hatten in den europäischen und den westafrikanischen Häfen natürlich schon von den weiten Landschaften, den Riesenwäldern, den hohen Bergen und den endlosen Ebenen, in denen rotbraune Menschen wohnten, gehört. Es waren die sogenannten Marranen, die trotz ihres Übertritts zum Katholizismus weiterhin von der Inquisition verfolgt wurden, weil man argwöhnte, daß sie ihrem Glauben nur aus Angst vor dem Scheiterhaufen oder vor dem Schwert abgeschworen hatten. Jenseits des Meeres wollten sie zu ihrer Menschenwürde zurückfinden.

Es versteht sich von selbst, daß sie zuerst nach Lateinamerika gingen, wo man ja schließlich Spanisch sprach. Spanien hatte zwar versucht, ihnen seine transatlantischen Gebiete zu verbieten, doch vergeblich. Zum einen wurden dort Vorschriften deutlich weniger beachtet als im Mutterland, und zum anderen versprach man sich vom jüdischen Unternehmergeist wesentlich mehr als von den wüsten Beschimpfungen Torquemadas.

Doch die »neuen christlichen« – d.h. konvertierten jüdischen – Einwanderer, die sogenannten *conversos* oder Marranen, wurden in ihren Hoffnungen schnell enttäuscht. Die Inquisition wußte sehr wohl, daß vor allem aus Portugal sehr viele Marranen in den südamerikanischen Kolonien Zuflucht gefunden hatten, und war nicht gewillt, die Länder der Krone in Ruhe – d.h. ohne Aufsicht – zu lassen, auch auf die Gefahr hin, damit den königlichen Interessen zu schaden. Denn wie bereits bekannt, hatte die Inquisition ohne Skrupel den Besitz der »Schuldigen« an sich gerissen. Warum sollte schließlich die Krone allein von den Reichtümern der Kolonien profitieren? 1570 wurde in Lima das erste Inquisitionsgericht eingerichtet, ein Jahr darauf ein weiteres im mexikanischen Nueva-España und 1610 ein drittes in der heute kolumbianischen Stadt Cartagena. Diese drei Gerichte deckten das ganze lateinamerikanische Kolonialgebiet ab. Der Zuständigkeitsbereich des Gerichts von Lima beispielsweise ging weit über Peru hinaus und bezog auch das heutige Argentinien und Chile mit ein.

Allein Brasilien, mit dessen Erschließung paradoxerweise der Marrane Fernando de Noronha beauftragt war, blieb für einige Jahrzehnte (bis 1591) von den Kontrollbesuchen der im Auftrag der Inquisition reisenden Bischöfe verschont. Thomas de Suza, der 1549 zum Generalgouverneur Brasiliens ernannt wurde, war wahrscheinlich ebenfalls ein Marrane. 1577 wurde das inzwischen als überholt geltende Auswanderungsverbot für Juden außer Kraft gesetzt. Die Krone hatte dadurch nur Vorteile, denn als geborene Siedler entwickelten die Juden in den jungen Kolonien Landwirtschaft und Handel. Abermals brachten ihnen jedoch das persönliche Wohlergehen und der Unternehmergeist mehr Schaden als Nutzen. Sie besaßen die meisten Zuckerrohrplantagen und beherrschten den Edel- und Schmucksteinhandel. Das schuf ihnen schon genug Neider, und so wurden sie 1654 aus Brasilien ausgewiesen.

In der Zwischenzeit war die Inquisition gegen die Marranen vorgegangen. Mit ihren häufigen Versammlungen, ihrem Reichtum und Einfluß erregten sie Mißfallen. Die Denunziationen nahmen zu. Im Januar 1639 wurden 81 Personen verhaftet und 63 von ihnen auf die Scheiterhaufen geführt. Als weitere Verhaftungen folgten, verließen bereits die ersten Marranen das brasilianische Gebiet. Denn wo ihnen der Erfolg nur Haß einbrachte, konnten und wollten sie nicht leben.[1] Viele von ihnen gingen in die Karibik oder in die übrigen südamerikanischen Kolonien der spanischen Krone.[2]

Von wenigen Ausnahmen abgesehen, hat sich die Geschichte wiederholt. So wie die Muslime den Juden, die aus den christlichen Ländern vertrieben worden waren, in ihrem eigenen Interesse Asyl gewährten, nahmen auch die Gouverneure der anderen europäischen Kolonien die Juden bereitwillig auf. Die riesigen Gebiete mußten erschlossen und landwirtschaftlich, bergbaulich und kommerziell entwickelt werden. Vor allem die englischen Kolonien bemühten sich sehr um die jüdischen Siedler (Frankreich hatte die Juden 1683 aus seinen Kolonien ausgewiesen). Die Juden – bekehrt oder nicht bekehrt – haben als erste in St. Thomas auf den Jungferninseln und auf Barbados große Zuckerrohrplantagen angelegt. Alexander Hamilton, einer der Gründungsväter und erster Schatzminister der Vereinigten Staaten, wurde 1757 auf Nevis als Sohn des englischen Aristokraten und Plantagenbesitzers James Hamilton und der Jüdin Rachel Faucett Levine geboren und hat die jüdische Schule der Inselhauptstadt Charlestown besucht. Zuvor wollte die Krone von England allerdings ein weiteres Mal mit einer Generalausweisung Abhilfe schaffen, denn die starke jüdische Präsenz in der Karibik bereitete ihr Sorgen, und zwar weniger aus religiösen als vielmehr aus politischen Gründen. Denn die Juden aus Brasilien waren Spanier, und da England sich im Krieg mit Spanien befand, waren die Marranen also feindliche Ausländer. Doch 1671 konnte der Gouverneur den König überzeugen, daß es keine nutzbringendere Untertanen gab als Juden und Holländer, und zwar mit folgendem Argument: »Sie haben

Waren und Korrespondenten.«[3] Der Geschäftssinn der Nichtjuden triumphierte über die Religion, zumindest solange sich
keine Inquisition einschaltete. Doch bei den Protestanten gab
es so etwas nicht, also konnten die Juden bleiben.

Wie viele? Einige hundert mindestens, sicherlich jedoch nicht
mehr als 5000. Die damaligen Zahlenangaben sind nur bedingt
glaubhaft. Die Zahl der von der spanischen Ausweisung betroffenen Juden wird bei rund 150 000 gelegen haben. 50 000 von
ihnen zogen den Übertritt zum Christentum dem Abenteuer
vor. Von den übrigen 100 000 flüchteten rund 55 000 zu den
Osmanen und zu den Muslimen nach Nordafrika. Der Rest ver-
teilte sich auf die übrigen Länder Europas, Asiens und Afrikas.
Lediglich 5000 sollen nach Amerika ausgewandert sein.[4] Eine
verhältnismäßig kleine Zahl, die aber durch andere Daten
bestätigt wird: Um 1800 zählte man in ganz Nordamerika nur
3000 Juden (bei einer Gesamtbevölkerung von rund vier Millionen).[5] Zum Vergleich: Bei einer 1645 in Niederländisch-Bra-
silien durchgeführten Volkszählung wurden bei einer Gesamtbevölkerung von 12 703 Menschen (davon 2899 Weiße) 1450
Juden registriert.[6] Man muß bedenken, wie gefährlich damals
eine Atlantiküberquerung mit dem Segelschiff war. Auch die
unsicheren Lebensbedingungen, die die Einwanderer in den
unbekannten Ländern vorfanden, hielten sicher manchen von
der Auswanderung nach Amerika ab.

Die Anfänge waren auch alles andere als ermutigend: Als
die französische »Sainte-Catherine« 1654 im damaligen Neu-
Amsterdam auf der Insel Manahatta (sie war 1626 von Peter
Minnewit für 26 Dollar den Canarsee-Indianern abgekauft worden) 23 Juden aus Brasilien ausschiffte, protestierte der calvini-
stische Gouverneur Peter Stuyvesant bei der Niederländisch-
Westindischen Kompanie gegen die Ankunft »dieser verlogenen
Rasse« mit ihrer »schändlichen«, weil den Mammon verehren-
den Religion. Die damaligen – und auch die späteren – Siedler
waren alle durch und durch Rassisten, wie ihr Verhalten gegenüber den »Wilden« (so nannten sie die Indianer) deutlich zeigte.
Der antisemitische Rassismus machte da keinen großen Unterschied, und so war es schon sehr viel, daß die Juden überhaupt
bleiben durften, auch wenn sie keinerlei Rechte hatten und ihnen

auch der Bau einer Synagoge ausdrücklich verboten wurde. Mit der Ankunft der Engländer, die die Stadt in New York umbenannten, änderte sich 1664 die Situation. Die Juden der überseeischen Gebiete bekamen die gleichen Rechte wie ihre Glaubensbrüder im Mutterland,[7] was allerdings noch lange nicht bedeutete, daß sie die gleichen Rechte wie die Christen besaßen.

Die Zahl der jüdischen Einwanderer blieb trotzdem gering. Sie ließen sich hauptsächlich an der Ostküste nieder, 1677 in Newport, 1745 in Philadelphia und 1750 in Charleston. Kurz vor dem Ausbruch des nordamerikanischen Unabhängigkeitskriegs stieg ihre Zahl gerade mal auf 2000 an und konnte sich zwischen 1775 und 1825 sogar verdoppeln. Doch trotz der Gesetze, die das englische Parlament zur Förderung der jüdischen Emigration 1740 verabschiedet hatte,[8] wäre diese Zahl mit Sicherheit auch weiterhin unbedeutend geblieben. Doch neue Erschütterungen in der europäischen Politik trieben die Juden verstärkt in tolerantere Gebiete. Wie im folgenden Kapitel näher beschrieben, folgte auf die Niederlage Napoleons eine antisemitische Gegenreaktion, weshalb vor allem die junge jüdische Generation ab 1830 verstärkt den alten Kontinent verließ. 1840 zählte die jüdische Gemeinde in den Vereinigten Staaten bereits 15 000 Mitglieder, und 40 Jahre später waren es 250 000. Ende des 19. Jahrhunderts wanderten allein aus Deutschland 120 000 Juden in die Vereinigten Staaten aus.

Die ersten Einwanderer aus Spanien zählten zu den Sephardim. Sie gingen schnell in der Flut der aus Nordeuropa ausgewanderten Aschkenasim unter, die hauptsächlich Händler, Bankiers und Bauern waren. Ab 1848 zählten ihre Kinder als Universitätsprofessoren, Mediziner, Chemiker, Physiker, Theologen und Rabbiner bereits zum wohlhabenden Bürgertum. Das Alter der frisch angekommenen Einwanderer sank ständig. Zunächst akzeptierten sie alle niedrigen und anstrengenden Arbeiten und verdienten sich ihr Brot beispielsweise als Hausierer, Eisenwaren- oder Gewürzkrämer, Holzfäller, Bauern oder Pioniere im Westen, dem Wilden Westen. Hatten sie sich eine solide Grundlage erarbeitet, setzten sie ihre Talente ein. Lazarus Straus verdiente als Händler im Mittleren Westen genug, um seine Familie nachkommen zu lassen; seine Söhne konnten schnell zu nationalen Würden aufsteigen: Isidor, der Älteste, war Kongreßabgeordneter, Nathan, der Zweitälteste, hatte das Gesundheitsressort des Staates New York unter sich, und Oskar Salomon, der Jüngste, war Botschafter und hatte bei der Gründung des Völkerbundes entscheidend mitgewirkt. Alle drei waren Philanthropen. Es gibt eine ganze Reihe ähnlicher Beispiele: Die Familien Oppenheim, Kahn, Warburg, Loeb, Kuhn, Sulzberger (Begründer der *New York Times*), Guggenheim, Seligman, Gimbel und viele andere gehörten zum Großbürgertum. Sie entwickelten eine soziale Infrastruktur und ein Finanzsystem, um die gewaltigen, vor allem aus Deutschland eintreffenden Einwanderungswellen aufnehmen zu können. Der 1901 gegründete »Hilfsverein der deutschen Juden« organisierte für 200 000 Juden aus den osteuropäischen Ländern die Auswanderung nach Amerika.[9]

Für die Toleranz gegenüber den Juden, wie sie sich seit dem 18. Jahrhundert in Amerika abzeichnete, gibt es vier Gründe. Der erste ist, daß das große Land einen enormen Bedarf an Arbeitskräften hatte. Als man im Westen die Eisenbahnlinien baute, mußten Tausende von Chinesen angelockt werden. Jeder Einwanderer, der irgendwelche besondere Fertigkeiten hatte, konnte sicher sein, daß er recht schnell einen Arbeitsplatz bekam. Außerdem waren die meisten jüdischen Einwanderer jung (70 Prozent der aus Württemberg stammenden Juden waren unter 31 Jahre alt[10]) und besonders geschickt.

Der zweite Grund ist das vor dem Unabhängigkeitskrieg mehr oder weniger offen zugegebene Bemühen der englischen Behörden, die »allzu vielen« Juden des Mutterlandes abzuschieben. Daher auch die englischen Gesetze von 1740, die die Einbürgerung der Juden in den Kolonien erleichtern sollten.

Der dritte Grund ist die Tatsache, daß die Einwanderer unter sich blieben und in den Städten, den Landgemeinden und Staaten jeweils eine Welt ihres Herkunftslandes im Kleinen bildeten. Deutsche, Iren, Schotten, Holländer und Russen heirateten unter sich, bauten Kirchen in ihrem eigenen Stil und pflegten weiterhin ihre angestammte Kultur und ihre Feste. Die verschiedenen Gemeinschaften hatten also relativ wenig Berührung untereinander, daher kam es nur selten zu Auseinandersetzungen. Auch die Juden konnten ungehindert ihre Synagogen bauen, ihre Friedhöfe anlegen und ihre Geschäfte gründen.

Vierter und letzter Grund: Im amerikanischen Neuland schossen die religiösen Sekten wie Pilze aus dem Boden. Keine dieser Religionsgemeinschaften war jedoch stark genug, um die Juden zur Konversion zwingen, verfolgen oder sonstwie unter Druck setzen zu können.

Natürlich waren die Juden nicht die einzigen, die nach Amerika auswanderten. 1910 hatten bereits fünf Millionen Deutsche – eine ungeheuerliche, ja unglaubliche Zahl – ihr Vaterland verlassen. 90 Prozent von ihnen gingen nach Amerika. Die oben erwähnten 120 000 deutschen Juden waren lediglich ein kleiner Teil.[11] Es war die Anfangszeit der Handelsmarine. Man schiffte sich in Hamburg, Bremen oder Liverpool auf Schiffen ein, die in der Regel 1000 Passagiere fassen konnten. Im Gegensatz zur englischen oder amerikanischen Konkurrenz gab es auf den deutschen Linienschiffen warme Mahlzeiten, so daß die Passagiere ihren Proviant nicht mitbringen mußten. Außerdem schützten die deutschen Unternehmen ihre Passagiere gegen »Schmutz und Sittenlosigkeit« und gegen die besonders gefährlichen »Iren«, die sich auf englischen Dampfern einschifften. Im Unterschied zu den Juden flohen alle diese Auswanderer jedoch nicht vor der Diskriminierung und dem mehr oder weniger latenten, damals überall in Europa gegenwärtigen Antisemitismus, sondern schlicht und einfach vor der Armut.

In der modernen Welt kam es mit dem Auszug der Juden nach Amerika zu einer entscheidenden, aber bis heute unterschätzten Wende, von der Amerika auf Kosten des Alten Kontinents profitierte. Die Juden fanden in Amerika zwei Eigentümlichkeiten von unschätzbarem Wert, die ihnen Europa nicht geboten hatte: zum einen die Toleranz, d. h. die Möglichkeit, die Begabungen, die sie in ihrem Elend entwickelt hatten, in völliger Freiheit voll auszuschöpfen; zum andern das enorme Potential des Landes. Die Frühzeit der Juden in Amerika gleicht einem phantastischen Märchen: Der Beitrag, den Generationen jüdischer Auswanderer in der Aufbauphase der Vereinigten Staaten im kommerziellen, finanzpolitischen, wirtschaftlichen, naturwissenschaftlichen und künstlerischen Bereich geleistet haben, läßt sich nicht ermessen und ist auch nicht Thema dieses Buches. Er wird lediglich erwähnt, weil er in einem kaum faßbaren Maß die Folge des zunächst christlichen und später nationalistischen Antisemitismus war.

Zumindest kurz angesprochen werden sollte die maßgebliche Rolle der Juden in einem der ganz typischen amerikanischen Industriezweige: dem Spielfilm. Hollywoods Aufstieg zu einem der großen Zentren der Filmbranche wäre ohne Samuel Goldwyn, William N. Selig, Jesse Lasky, Louis B. Mayer, Adolph Zukor und viele andere nicht denkbar gewesen.

Man wird sich fragen, wie dabei der amerikanische Antisemitismus entstehen konnte. Amerika blieb nach wie vor empfänglich für alle möglichen ideologischen Strömungen der westlichen Welt, und ganz besonders für jene pseudowissenschaftlichen Theorien über die angeblichen Rassen. Mit ihren Zahlenbeispielen und vermeintlich wissenschaftlichen Beobachtungen schienen diese Theorien ganz seriös und kamen deshalb gut an, zumal man mit den Indianern und den Schwarzen über scheinbar unwiderlegbare »visuelle« Erfahrungen verfügte. Die fatale Rolle, die die Wissenschaft im damaligen Rassismus spielte, wird of unterschätzt. Allzugern werden Rassismus und Intoleranz als Exzesse gewisser Religionsfanatiker hingestellt. Es waren jedoch die völlig abwegigen Rassentheorien und nicht seine religiösen Überzeugungen, die Alexis Carrel dazu brachten, die Eugenik zu verteidigen. Auch in Schweden, dem demokratischen Musterland, führten pseudowissenschaftliche und nicht religiöse Überlegungen zwischen 1935 und 1975 zu Zwangssterilisationen von 63000 Menschen. Da es schon einen »legitimen« Rassismus gegenüber Indianern und Schwarzen gab, konnte man sich ja mit gutem Gewissen auch gegenüber den Juden rassistisch verhalten.

Der Antisemitismus konnte sich auch deshalb leicht durchsetzen, weil Amerika in bestimmten Fällen von einer besonders reaktionären Geisteshaltung geprägt war, was im skandalösen Scopes-Prozeß von 1925 deutlich zum Ausdruck kam. Thomas Scopes war Lehrer für Naturwissenschaften an einer weiterführenden Schule in Dayton (Tennessee). Man verurteilte ihn zu einer Geldstrafe von 100 Dollar – damals ein hoher Betrag –, weil er in seinem Unterricht die Evolutionstheorie behandelt hatte. Da diese Theorie jedoch der biblischen Lehre widersprach, war sie im Bundesstaat Tennessee gesetzlich verboten. Der Prozeß brachte das Gericht in eine peinliche Lage, denn einerseits fürchtete man sich vor den Fundamentalisten, die in der Bibel die oberste wissenschaftliche Instanz sahen, und andererseits wollte man sich nicht lächerlich machen, indem man die Evolutionstheorie verwarf und – schlimmer noch – das Recht auf freie Meinungsäußerung mißachtete. 1999 wurde dieser Fall in Kansas neu aufgerollt.

Im und nach dem Ersten Weltkrieg hatten theoretische Überlegungen dieser Art besonders schlimme Folgen. Denn Ende des 19. Jahrhunderts hatte sich in den Vereinigten Staaten der Übergang von der landwirtschaftlich bestimmten Epoche zum Industriezeitalter vollzogen. Aus dem ursprünglichen Agrarland entwickelte sich ein Staat urbaner Kultur. Diese Revolution führte zu einer chaotischen Ausweitung der Städte und ganz besonders der Arbeiterviertel, in denen die Arbeitskräfte der Industrie lebten. Diese bestanden mehrheitlich aus Einwanderern, und der Prozentsatz an Juden war außerordentlich hoch. Wen wundert es, daß man Schluß machen wollte mit diesen »dreckigen Ghettos«, die für das weiße Bürgertum, ganz gleich ob katholisch oder protestantisch, ein einziges Ärgernis waren?

1921 entschied also der Kongreß die Festlegung von Quoten, um damit die Einwanderung besser steuern zu können. An sich eine lobenswerte Idee. Doch leider verlegte man sich auf »rassische« Kriterien, denn man wollte »das rassische Übergewicht der amerikanischen Hauptbevölkerungsgruppe« erhalten. Es war eine rassistische Maßnahme, gespeist vom identitätsbildenden Nationalismus. Das eigentliche Ziel war also, die Hegemonie der WASPS, der »White Anglo-Saxon Protestants«, zu stärken und die jüdische Einwanderung zu drosseln. Was dann ja auch tatsächlich geschah.[12]

Die Vereinigten Staaten fühlten sich also in keiner Weise gegenüber den Juden verpflichtet und verhielten sich – wie der Leser im dritten Teil dieses Buches noch sehen wird – auch während des Zweiten Weltkriegs gleichgültig, ja erstaunlich grausam gegenüber den aus Europa fliehenden Juden.[13]

In der Zwischenzeit hatte sich ein amerikanischer Antisemitismus entwickelt. Die europäischen Einwanderer waren mit ihrer angestammten Kultur in die Neue Welt gekommen – unter anderem eben auch mit ihrer Erinnerung an den halb religiös, halb politisch begründeten Antisemitismus. Dieser war auch auf amerikanische Verhältnisse übertragbar: religiös, weil die Einwanderer ihrer ursprünglichen Religion treu geblieben sind, und politisch, weil sich seit dem Unabhängigkeitskrieg auch ein amerikanischer Nationalismus herausgebildet hatte, der allerdings mit dem aggressiven europäischen Nationalismus nur bedingt vergleichbar war. Es war kein offener, sondern ein schweigender, die Trennung befürwortender Antisemitismus, der sich auf zwei Hauptströmungen stützen konnte: Die eine hatte ihr Zentrum im Südwesten und bestand hauptsächlich aus volksnahen Farmern, die die Niederlage im Bürgerkrieg und die anschließende Befreiung der Schwarzen und den Ruin der großen Latifundien nicht verschmerzen konnten. Die andere konzentrierte sich auf den Norden und wurde von den WASPS getragen.

Beide Strömungen waren politisch konservativ und standen schon aus diesem Grund der jüdischen Gemeinschaft mit ihren stark gewerkschaftlich, sozialistisch, kommunistisch, ja sogar anarchistisch geprägten Bewegungen feindselig gegenüber. Auch wenn die amerikanischen Protestanten kein Jiddisch verstanden, mußten sie die jüdische Presse, die seit der Jahrhundertwende rund 150 Titel herausgab, doch zur Kenntnis nehmen. Beispielsweise die offen marxistische Zeitung *Abend Blatt* oder die zwar gemäßigtere, aber doch eindeutig sozialistisch inspirierte *Arbeiter Tseitung,* das fortschrittliche *Forverts,* die 1924 ins Leben gerufene kommunistische Monatszeitung *Hamer* und nicht zuletzt die anarchistische *Fraye Arbeter Shtime.*

Zwar gab es im Handel und in der Industrie der Vereinigten Staaten bedeutende jüdische Arbeitgeber, aber durch die zahlreichen Streikbewegungen zwischen 1909 und 1914 zeigten sich vor allem die protestantischen Arbeitgeber alarmiert. Jene waren von den überwiegend jüdisch bestimmten Gewerkschaften – beispielsweise von den 1900 gegründeten »International Ladies Garments Workers« von New York – organisiert worden.

Die erste Hälfte des 20. Jahrhunderts war in den Vereinigten
Staaten von starken sozialen Spannungen geprägt. Es war die
Zeit der Streikbrecher und der bewaffneten Auseinandersetzungen im Arbeitskonflikt. Es war auch die Zeit, in der die
Justiz eher die etablierten Kräfte unterstützte als deren Kritiker, ein Beweis dafür ist die Affäre von Sacco und Vanzetti,
denen man eigentlich nur vorwerfen konnte, daß sie Immigranten und Anarchisten waren.[14] Die Tatsache, daß sich an den linken Bewegungen wichtige jüdische Gruppen beteiligten, hatte
bei den amerikanischen Rechten ein noch härteres Auftreten
zur Folge.

Die Segregationsbestimmungen, die den Juden beispielsweise
den Zutritt zu den Clubs der WASPS verwehrten, nahmen deutlich zu und nahmen einen eindeutig antisemitischen Charakter
an. Auch Henry Ford, der Magnat der Automobilindustrie, gab
eine Wochenzeitung heraus. Sie trug den Titel *The Dearborn
Independent*, erschien in einer Auflage von mehreren hunderttausend Exemplaren und sollte die absurden Thesen der eindeutig gefälschten, aber trotzdem für antisemitische Propagandazwecke benutzten *Protokolle der Weisen von Zion* verbreiten.
Der Börsenkrach von 1929 und der New Deal Roosevelts von
1932 unterstützten den latenten Antisemitismus der Rechten.
Der Börsensturz wurde den jüdischen Kapitalisten angelastet
und der sozialistisch gefärbte New Deal, der in gewisser Weise
die Privatinteressen den Interessen des Staates unterordnete,
wurde den zahlreichen Juden in der Umgebung des Präsidenten in die Schuhe geschoben. Ähnlich wie im deutschen Kaiserreich oder in der Weimarer Republik entstand in den Vereinigten Staaten eine Stereotype, die den Juden nur noch als
Sozialisten zeichnete.

Sicher ist, daß die Juden zu den Antipoden des identitätsbildenden Nationalismus gehörten – und im Prinzip immer noch
gehören. Sicher ist auch, daß sie sich als traditionelle Opfer
zunächst der Feudalgesellschaften und später der nationalistischen Bewegungen bei jeder Gelegenheit für eine gerechtere
Gesellschaft engagierten. Daher ihr natürlicher Hang zum
Sozialismus. Ebenso sicher ist jedoch, daß Juden auch als Kapitalisten große Erfolge hatten und haben. Kurz: Die Juden gehör-

ten von ihrer Anlage her weder in das rechte noch in das linke
Lager. Der Zusammenhalt und die Tatkraft der jüdischen Gemeinschaften jedoch, die sich oft aus dem Nichts heraus auf-
bauten, bestärkten die anderen in ihrer Überzeugung, daß den
Juden bestimmte »Charakterzüge« eigen seien, die sie nicht entwickelt hätten, sondern die angeboren seien.[15]

Mit der Machtergreifung der italienischen Faschisten und vor
allem der deutschen Nationalsozialisten bekam der Antisemitismus in Amerika neuen Auftrieb. Bis zum Kriegseintritt der Vereinigten Staaten fand dieser Antisemitismus bei einem Teil der
zahlreichen deutschstämmigen Amerikaner starke Unterstützung, außerdem beim »Bund«, einer aktiven amerikanischen
Gruppierung nationalsozialistischer Ausrichtung, ebenso bei
Leuten wie Henry Ford, dem mit den Nationalsozialisten sympathisierenden Charles Lindbergh[16], dem bekannten katholischen
Priester und leidenschaftlichen Nazipropagandisten Coughlin,
bei William Ward Ayer, dem Pastor der baptistischen Kalva-
rienbergkirche in New York, und anderen Persönlichkeiten der
diversen rechten Gruppierungen Amerikas. Als bekannt wurde,
daß die Nationalsozialisten in Europa nicht nur die Juden, sondern auch Christen verfolgten, mußten sich die amerikanischen
Nazi-Anhänger in ihren Schimpfreden etwas zurücknehmen.
Mit dem Kriegseintritt der Vereinigten Staaten bekamen sie endgültig einen Maulkorb verpaßt, denn der nationalsozialistische
»Bund« wurde verboten und alle pro-nationalsozialistischen
Reden wurden als feindliche Propaganda geahndet.

Trotzdem gab es den Antisemitismus weiterhin. Er ging
lediglich in den Untergrund und nahm weniger auffällige Formen an. In den Zugangsbeschränkungen zu den Universitäten,
den Krankenhäusern und zur öffentlichen oder privaten Verwaltung kam er noch am deutlichsten zum Ausdruck. Die
latente Angst der amerikanischen Christen vor einer zunehmenden »Judaisierung« der Vereinigten Staaten läßt sich nicht in
Zahlen fassen. Dazu wäre eine gesonderte Untersuchung erfor-
derlich, die jedoch den Rahmen dieses Buches entschieden
sprengen würde. Man kann jedoch festhalten, daß es den jüdischen Gemeinden der Vereinigten Staaten nicht möglich war,
ihre osteuropäischen Glaubensbrüder aufzunehmen, obwohl in

den nationalsozialistischen Lagern der sichere Tod auf sie wartete und die Einwanderungsquoten sehr niedrig waren.[17] Es
handelte sich also um einen »passiven«, aber deshalb nicht
weniger mörderischen Antisemitismus. Die Frage, wie sich die
Situation der Juden in den Vereinigten Staaten seitdem entwik-
kelt hat, wird im letzten Kapitel erörtert.

Die Geschichte der Juden von Kanada sieht nicht viel anders
aus. Das französische Königtum hatte ihnen verboten, sich in
Neufrankreich niederzulassen, und so stand ihnen dieses Gebiet
erst offen, nachdem es die Engländer 1759 erobert hatten. Ihre
Zahl war von Anfang an nicht groß: 1831 waren es gerade einmal 107 Juden, und heute beträgt ihre Zahl rund 350 000.

Eigentlich waren es zu wenige, um antisemitische Reaktionen
hervorzurufen. Doch im ersten Jahrzehnt des 20. Jahrhunderts
kam es zu einem außerordentlichen Anstieg der jüdischen Bevölkerung (400 Prozent von 1901 bis 1910). Der beachtliche
Erfolg ihrer Gemeindepolitik in Montréal und Toronto tat ein
übriges, um die nichtjüdische Bevölkerung in Alarmzustand zu
versetzen. Ihr Einfluß auf die örtliche Bevölkerung in erzieheri-
schen, kulturellen, gewerkschaftlichen und politischen Fragen
rief eine Gegenreaktion hervor, die am deutlichsten darin zum
Ausdruck kam, daß ab 1927 Einwanderungswillige aus Osteuropa abgewiesen wurden. »Ausnahmen gab es nur im Rahmen
der Familienzusammenführung«, schreibt Mikhael Elbaz.[18] In
Kanada führte dieser Antisemitismus zu noch schrecklicheren
Folgen als in den Vereinigten Staaten, denn »im Gegensatz zu
zahlreichen lateinamerikanischen Ländern und den Vereinigten
Staaten, die zwischen 1933 und 1945 jeweils über 100 000
Flüchtlinge aufnahmen, ließen die kanadischen Behörden trotz
der Kampagnen des kanadisch-jüdischen Kongresses weniger
als 5000 Juden einreisen.«

Als gegen Ende des Krieges mit der Entdeckung der Konzentrationslager die ersten Zahlen der ermordeten Juden veröffentlicht wurden und außerdem bekannt wurde, daß die Nationalsozialisten auch Christen verfolgt hatten, tat das überall – auch
in Kanada – die gleiche Wirkung: Von nun an erregte der Antisemitismus – ganz gleich, ob latent oder offen – allgemein
Anstoß. 1962 gab die kanadische Regierung endgültig die »ras-

sischen« Kriterien bei der Auswahl der Einwanderer auf. Diese Politik wird im Augenblick weiterhin verfolgt.

Mit Ausnahme der spanischen Besatzungszeit in Südamerika, während der die christlichen Ausschreitungen gegen die Juden im europäischen Stil weitergeführt worden waren, kam es auf dem amerikanischen Kontinent zu keinen Wellen antisemitischer Gewalt mit Plünderungen und Toten. Eine Ausnahme bildet die blutige Periode, die Argentinien nach der bolschewistischen Revolution von 1917 erlebte. Nach einem Generalstreik knöpften sich die antibolschewistischen argentinischen Führungskräfte die aus Rußland eingewanderten Juden vor, weil sie unter ihnen die kommunistischen Rädelsführer vermuteten. »Vor den Augen der Polizei« wurden die Juden übel zugerichtet und ausgeplündert.[19] Wie Brasilien hat auch Argentinien nach 1945 eine Vielzahl von Juden aufgenommen, und deren große Gemeinden bilden einen starken Gegensatz zu den aus Europa herübergeflüchteten Nationalsozialisten. Der argentinische Antisemitismus hat viele Jahre überdauert, trotz Perón, der ab 1949 versuchte, ihn unter Kontrolle zu halten. Mit der Errichtung der Militärdiktatur im Jahre 1976 flammte der Antisemitismus wieder auf. Auf der Liste derer, die unter den Generälen Viola und Gualtieri »verschwunden« sind, stehen auch die Namen von 20 000 Juden.[20]

Der Antisemitismus in Amerika war der schwache Widerschein des europäischen Antisemitismus. Lag es an der Entfernung? Möglich. Wahrscheinlicher ist jedoch, daß die christlichen Siedler sich mit den jüdischen Einwanderern solidarisch fühlten. Man lebte unter den gleichen Bedingungen und arbeitete gemeinsam an der Schaffung einer neuen Welt. Im schlimmsten Fall führte der Antisemitismus, den die Siedler aus Europa mitgebracht hatten, zu einer sträflichen Gleichgültigkeit gegenüber den vor dem Nationalsozialismus fliehenden Juden. Manchmal kam er auch in einer mehr oder weniger offenen Segregation zum Ausdruck, deren Folgen am Ende des Buches untersucht werden.

11

Die Höllenmaschine und die uneingelösten Versprechen des 19. Jahrhunderts

Befreiende Revolution – Napoleons Doppelspiel – Die jüdische Frage nicht mehr unter religiösem, sondern zum ersten Mal unter politischem Gesichtspunkt – Die Hep-Hep-Unruhen und Waterloos unheilvolle Folgen – Der soziale Einfluß der Juden nach der Restauration und die scheinbare Toleranz gegenüber den Juden in Frankreich, Deutschland und England – Der Fall Montefiore und das Beispiel der Rothschilds, der Gebrüder Péreire und Worms – Die jüdischen Abgeordneten in Deutschland – Drei Affären – Der Sozialismus und die jüdische Frage – Das Nationenprinzip und seine Auswirkungen – Der Antisemitismus von Marx und Engels – Antisemitismus von rechts und von links gleichzeitig: ein Rätsel?

Nicht nur für die Juden Frankreichs, sondern für alle Juden war das wichtigste Ergebnis der Französischen Revolution die Emanzipation. Mit dem Erwerb der bürgerlichen Rechte, der Zulassung zu den Schulen und den Universitäten und der allgemeinen Bewegungsfreiheit wurden aus den Juden offensichtlich Bürger wie alle anderen auch. Frankreich diente den übrigen Nationen als Modell, und selbst jene, die sich nicht unbedingt am französischen Modell orientieren wollten, wurden von der Aristokratie, soweit sie liberal eingestellt war, und von den Intellektuellen in diese Richtung gedrängt. Andernfalls hätten sie als hoffnungslos rückständig gegolten.

Die Regierungen, die in Frankreich auf Napoleon folgten – die Restauration, das Juli-Königtum und schließlich die Republik –, wagten es nicht, die Entwicklung zurückzudrehen und die Errungenschaften der Juden in Frage zu stellen. Trotzdem zog ihre offizielle Einbindung in die Nation nicht die gesellschaftliche Integration nach sich, denn schließlich setzten die Juden mit dem Wunsch, Juden zu bleiben, dem selbst eine Grenze. Schlossen die gleichen Rechte für alle nicht auch die Religionsfreiheit mit ein? Die folgende Verwaltungsmaßnahme des napoleonischen Kaiserreichs wirft ein Licht auf die damalige Situation der Juden. Der kaiserliche Erlaß vom 20. Juli 1808 schrieb auch für die Juden eine standesamtliche Registrierung vor. Die Formulierungen sprechen allerdings Bände: »Wir haben beschlossen und beschließen folgendes: Diejenigen Untertanen unseres Reiches, die den hebräischen Kult ausüben und bis jetzt keinen festen Vor- und Familiennamen haben, sind gehalten, in den drei Monaten, die auf die Veröffentlichung unseres vorliegenden Dekretes folgen, sich Namen zuzulegen und diese beim Standesbeamten der Gemeinde, in welcher sie wohnhaft sind, anzugeben.« Artikel 3: »Sämtliche Namen aus dem Alten Testament und sämtliche Städtenamen sind als Familiennamen nicht statthaft [...]«[1]

Die Absicht ist klar: Man wollte nicht, daß die Juden in Frankreich allzusehr auffielen. Die standesamtliche Registrierung war eine Gelegenheit, sie zur – wenn auch nur oberflächlichen – Integration zu zwingen. Die Juden, die schon seit langem ein und denselben Namen trugen, durften diesen behalten. Sie hatten aber auch das Recht, ihn zu ändern, was einer stillschweigenden Aufforderung gleichkam. Viele wollten jedoch die hebräischen Namen behalten und »machten deshalb oft ihren Vornamen zum Familiennamen«.[2] Auf jeden Fall weigerten sie sich, ihre Identität aufzugeben, und taten dies auch in der Folgezeit noch des öfteren. Robert Weltsch beispielsweise schrieb am 4. April 1933 in der *Jüdischen Rundschau* einen berühmten Artikel zum Thema Judenstern: »Tragt ihn mit Stolz, den gelben Fleck!«

Napoleons Wunsch, die Juden zu integrieren, basierte auf einem autoritären Prinzip, das für sein politisches und kulturelles Überlegenheitsgefühl recht typisch war. Dies beweist auch sein Plan, ihnen Mischehen aufzuzwingen: In Zukunft sollte auf zwei reine jüdische Ehen eine jüdisch-christliche Mischehe kommen. Dieser Plan stieß jedoch auf den entschiedenen Widerstand des Sanhedrin, des sogenannten »Napoleon-Sanhedrin«.[3] Der nicht offen ausgesprochene Antisemitismus des französischen Kaisers, der inzwischen zum Meister des Doppelspiels avanciert war und seinen stolzen Plan von der Rückeroberung Palästinas schon längst begraben hatte, war jedoch nicht religiös begründet, sondern politisch. Waren sich die Juden dessen bewußt? Und die Christen?

Mit der Französischen Revolution wechselte die jüdische Frage vom religiösen in den politischen Bereich. Zum ersten Mal war die Situation der europäischen Juden nicht mehr einzig und allein von den christlichen Obrigkeiten abhängig. Für die Juden war dies ein großer Fortschritt, denn im politischen Bereich konnte man wenigstens verhandeln, im religiösen hingegen war das bis dahin nicht möglich gewesen. Allerdings vollzog sich diese Veränderung nicht von heute auf morgen. In der Übergangszeit setzte sich wieder der traditionelle, seit Jahrhunderten fest verankerte Antisemitismus durch.

Auch die Niederlande befreiten ihre Juden. Und selbstverständlich folgten die unter napoleonischer Herrschaft stehenden deutschen Länder, das Königreich Westfalen und die Hansestadt Hamburg, dem französischen Beispiel. Auch in Preußen wurde den Juden am 11. März 1812 mit einem königlichen Erlaß die rechtliche Gleichstellung bescheinigt, lediglich bei der Besetzung öffentlicher Ämter behielt sich der König ein Entscheidungsrecht vor. Selbst Juden, die mit dem Eisernen Kreuz ausgezeichnet worden waren, verwehrte Friedrich Wilhelm III. aufgrund der »angestammten niederen Moral der Juden« den Zugang zur Verwaltung.

Doch mit Waterloo war es mit der fortschreitenden Judenemanzipation vorbei. Die Stimmung in Europa änderte sich, denn der Kaiser, der ja nur über die Revolution gottloser Gesellen an die Macht gekommen war, war gestürzt. Nach dem Wiener Kongreß verbot derselbe Friedrich Wilhelm III. den Juden den Besuch der Schulen und der Universitäten und entließ alle jüdischen Lehrer; »diese Leute« sollten nicht ermuntert werden, ihre aufrührerischen Ideen unter der Jugend zu verbreiten.

Napoleon hatte den deutschen Ländern eine französische Verfassung gegeben, und 1809 hatte der Großherzog von Baden den Juden ebenfalls die rechtliche Gleichstellung bescheinigt. Doch auch hier entschied der Deutsche Bund im Anschluß an den Wiener Kongreß, daß die Länder mit einer französischen Verfassung die den Juden gewährten Rechte außer Kraft setzen durften. Jedoch nicht alle Länder machten davon Gebrauch. Und die Juden kämpften für die Rechte, die man ihnen jetzt wieder verwehrte. Ein harter Kampf zeichnete sich ab.

Die Bevölkerung der deutschen Länder war die erniedrigende Abhängigkeit der Juden gewohnt und hatte für die Judenemanzipation wenig Verständnis. 1819 kam es zu den ersten Unruhen. In Würzburg plünderte man das Judenviertel und brachte Juden um. Diesmal waren aber weder der Pöbel noch der Klerus die treibende Kraft der Ausschreitungen, sondern die Studenten. Als Rädelsführer der politischen Intoleranz schrien sie Hep! Hep! Hep!, ein Schlachtruf, der als Akronym von *Hierosolyma est perdita* (»Jerusalem ist verloren«) interpretiert wird. Die Hep-Hep-Unruhen – wie sie später genannt wurden – sollten für die deutschen Juden schwerwiegende psychische Folgen haben. Sie vermittelten ihnen das fürchterliche Gefühl, daß der Antisemitismus eine unabänderliche Tatsache war, und lösten die endlosen Auswanderungswellen nach Amerika aus. So ging nicht nur Deutschland, sondern auch den anderen europäischen Ländern ein Teil der Elite verloren.

Auch in der Lombardei, in Venetien und auf Sardinien wurden den Juden die neu errungenen Rechte wieder entzogen. Im Kirchenstaat verloren sie sogar ihre Bewegungsfreiheit. Nur in Rußland verbesserte sich ihre Situation mit dem Regierungsantritt von Zar Alexander I. beträchtlich. 1802 wurde ein Untersuchungskomitee einberufen. Einziger Tagesordnungspunkt: die jüdische Frage. 1804 folgte ein Erlaß, der den Juden die russischen, die deutschen und die polnischen Schulen öffnete und den Fortbestand der jüdischen Schulen garantierte. Zum Ausgleich durften keine Dokumente mehr auf hebräisch oder jiddisch verfaßt werden; nur wer die Sprachen des Landes sprach, durfte ein öffentliches Amt bekleiden... dies galt auch für das Amt des Rabbiners. Ansonsten blieben die alten Vorschriften bestehen: Nach wie vor durften Juden nicht in den Dörfern wohnen. Es gab allerdings einige Gebiete, die von der zaristischen Verwaltung freigegeben waren. Dort konnten die Juden Land kaufen und sich niederlassen. Einzige Bedingung: Sie mußten das Land selbst bewirtschaften.

Die Situation in Rußland war einigermaßen erträglich. Aber auch dort kam es natürlich nach dem Sturz Napoleons zu antiliberalen und antisemitischen Reaktionen. In der Heiligen Allianz zwischen Preußen, Österreich und Rußland kam die neue Geisteshaltung deutlich zum Ausdruck. Das wiedererstarkte christliche Selbstbewußtsein, das trotz aller Unterschiede zwischen der orthodoxen, der protestantischen und der katholischen Kirche im »französischen Geist« – gleichbedeutend mit Atheismus – einen gemeinsamen Feind sah, bedeutete für die Juden selbstverständlich nichts Gutes. Diese Kehrtwendung hatte allerdings in Rußland keine so verheerenden Folgen wie im Elsaß oder in den deutschen Ländern, auch wenn zahlreiche Erlasse des Zarenhofs geradezu despotisch waren, beispielsweise die unter Nikolaus I. für die Juden eingeführte Wehrpflicht. Sie kam einer Zwangstaufe gleich, denn die Armee duldete nur Christen. Auf diese Weise hoffte man, die jüdischen Gemeinden innerhalb von ein bis zwei Generationen deutlich reduzieren, ja vielleicht sogar im Weihwasser völlig ertränken zu können. Natürlich gerieten die Juden in Panik, als sie merkten, daß man ihnen die männliche Jugend entreißen[4] wollte, und wanderten nach Bessarabien oder in die polnischen Provinzen aus, in Gebiete also, die von der Wehrpflicht ausgenommen waren.[5]

Doch die reaktionäre Bewegung zog in Rußland immer weitere Kreise: 1843 wurden die immer mehr als Fremdkörper betrachteten Juden aus Kiew ausgewiesen und durften sich nicht mehr in der Nähe von Städten niederlassen. Die vorgeschriebene Mindestentfernung zur nächsten Stadt[6] lag bei 50 Werst (53 Kilometern).

Es sieht auf den ersten Blick so aus, als habe sich durch den Übergang der jüdischen Frage vom religiösen in den politischen Bereich nicht viel geändert. Doch das ist ein Irrtum. Das Wiedererwachen des religiös gefärbten Antisemitismus war näm-

lich nur ein kurzer Rückfall. Er wurde allmählich von einem
ideologisch gespeisten Antisemitismus überlagert. Jetzt haßte
man die Juden nicht mehr aus christlicher Überzeugung, sondern einfach, weil sie anders waren als die anderen. Als Reaktion darauf bekam jedoch auch die jüdische Emanzipationsbewegung wieder neuen Schwung, und zwar zunächst einmal
in Frankreich.

Am Anfang war diese Entwicklung allerdings nicht deutlich
abzusehen, zumal die französische Regierung in jenen Jahren
zum reaktionären Lager gehörte. Es begann 1818 mit einer
Finanzaffäre, die sich zu einem Wirtschaftsskandal auszuweiten
drohte. Und wieder einmal saßen die elsässischen Juden auf der
Anklagebank, denn durch einen der vier kaiserlichen Erlasse
aus dem Jahre 1808 – die Juden nannten ihn allgemein nur den
»Schändlichen Erlaß« – war die Höhe der Kreditzinsen stark
begrenzt worden. Außerdem konnten jüdische Geldforderungen gegenüber den Christen mit Hilfe dieses Erlasses für ungültig erklärt werden.[7] Die Bevölkerung begann zwar langsam,
sich von den beiden feindlichen Invasionen zu erholen, doch
mit den jüdischen Geldforderungen drohte dem christlichen
Teil der Ruin. Natürlich kam es zu jüdischen Protesten gegen
diesen Erlaß, und so ordnete Ludwig XVIII. ein halbes Jahrhundert nach Ludwig XVI. erneut eine Untersuchung an. Ergebnis?
Die beiden Kammern lehnten eine Wiedereinführung dieses
Erlasses ab.

Die Juden gewannen ihr Vertrauen wieder zurück. Einige
ihrer Glaubensbrüder hatten es sogar zu hohen Würden gebracht und saßen in den europäischen Staaten ganz oben.
Meyer Amschel Rothschild stand als Berater im Dienst des Kurfürsten Wilhelm I. von Hessen, Baron Carl von Rothschild war
Mitglied des preußischen Parlaments, Sir Moses Montefiore
genoß hohes Ansehen in der englischen Geschäftswelt und Disraeli stand an der Spitze der Konservativen Partei Englands.
1853 zog mit Lionel de Rothschild zum ersten Mal ein jüdischer
Abgeordneter ins englische Unterhaus ein. In Frankreich stellten die Juden mit Achille Fould von 1840 bis 1852 den Finanzminister, die Familie Worms kontrollierte das Transportwesen
zur See, und die Brüder Péreire reüssierten mit ihrer Bank Crédit

Mobilier. Auch in der Kunst und der Literatur waren Juden wie Heine, Meyerbeer und Offenbach international geachtet. Vom islamischen Zwischenspiel einmal abgesehen, konnten die Juden zum ersten Mal seit dem Fall Jerusalems Verdienste im sozialen, wirtschaftlichen, intellektuellen und künstlerischen Bereich vor aller Welt erwerben.

Paris erlebte eine jüdische Einwanderungswelle: Während der Revolution lebten 500 Juden in Paris, 1870 waren es 25 000. Und sie traten mutiger auf, was man am Beispiel der Isidor-, der Tomaso- und der Mortara-Affäre deutlich spüren konnte.

Im Mittelpunkt der Isidoraffäre steht der Rabbiner Lazarus Isidor aus dem lothringischen Pfalzburg, der sich 1839 gegenüber dem Gericht weigerte, in der nächstgelegenen Synagoge auf die Thora einen Eid zu leisten, *more judaico* – so wie das bisher bei Juden immer gehandhabt worden war. Als französischer Staatsbürger wollte er wie die Christen und Protestanten bei Gott schwören. Das Gericht wollte jedoch den Schwur eines Juden, der sich auf Gott berief, nicht als rechtsgültig anerkennen. Offensichtlich war Jahwe für den französischen Richter nicht Gott. Isidor wählte sich einen jungen Anwalt namens Adolphe Crémieux, und so kam es zu einem Gerichtsverfahren, das durch alle Instanzen ging und insgesamt sieben Jahre dauerte. Am 3. März 1846 entschied das oberste Berufungsgericht zugunsten von Isidor und Crémieux: Die jüdische Eidesformel wurde abgeschafft.

Bei der Tomaso- oder Damaskusaffäre floß Blut. Im Februar 1840 war der Kapuzinermönch Pater Tomaso in Damaskus von einem Tag auf den anderen spurlos verschwunden, und mit ihm einer seiner jüdischen Hausangestellten. Sofort kamen wieder Gerüchte über Ritualmorde auf. Angeblich hatte der Jude seinen Glaubensbrüdern christliches Opferblut verschaffen wollen. Unter dem Statthalter von Ägypten, Mehmet Ali, der Syrien kurzfristig vom Osmanischen Reich erobert hatte, wurde eine Reihe von Juden willkürlich verhaftet und so lange gefoltert, bis sie alles Mögliche gestanden und die Namen bestimmter Würdenträger angaben, die selbstverständlich auch sofort verhaftet wurden. In Damaskus, Beirut, und Smyrna (heute Izmir) brachen antijüdische Unruhen aus, und so weitete sich die Angelegenheit zu einer internationalen Affäre aus. Crémieux, der bereits erwähnte Anwalt des lothringischen Rabbiners Isidor, und Sir Moses Montefiore, der mit der Gründung von jüdischen Siedlungen und karitativen Einrichtungen in Palästina ein Vorkämpfer der jüdischen Kolonisation Palästinas war, schalteten sich ein und unterrichteten ihre Regierungen. Staatssekretär Lord Palmerston vom Foreign Office wollte sich sofort für die Sache einsetzen, doch der französische Ministerpräsident Adolphe Thiers war für einen schonenden Umgang mit Ägypten. Crémieux und Montefiore wurden an der Spitze einer Delegation in Alexandria vorstellig. Der Statthalter brachte Ruhe in die Angelegenheit und veranlaßte die Freilassung der jüdischen Gefangenen, die ihre mit Gewalt erzwungenen Anschuldigungen sofort zurücknahmen.

1858 gestand in Bologna eine christliche Magd, einen sechsjährigen Jungen aus der jüdischen Familie Mortara heimlich getauft zu haben. Darauf wurde der Junge auf Anordnung des Heiligen Offiziums – manche behaupten sogar auf persönlichen Befehl von Papst Pius IX. (Bologna gehörte zum Kirchenstaat) – von Gendarmen der Familie weggenommen.[8] Beides war damals bei drohender Lebensgefahr, bzw. bei Gefährdung der katholischen Erziehung zulässig. Der internationale Protest stärkte sehr das jüdische Selbstbewußtsein.

Die jüdische Gemeinschaft hat in jenen Jahren zahlreiche Mitglieder verloren. Viele Juden hatten genug von der ewigen Diskriminierung und traten zum Christentum über. Eine Bewegung, die übrigens ganz Europa erfaßte. Und es entstand in dieser Zeit eine Reformbewegung. So lehnten etwa die sogenannten »Reformfreunde« 1842 in Frankfurt sogar die Beschneidung und die Verbindlichkeit des Talmuds ab und warteten nicht mehr auf den Messias und die Rückkehr in das Gelobte Land. Zur gleichen Zeit erklärte Rabbi Samuel Holdheim, daß die Juden weder eine Nation noch ein Volk seien, und schlug deshalb vor, den Sabbat am Sonntag zu feiern. In jüdischen Kreisen waren Vorschläge dieser Art keine Seltenheit. Sie alle zielten darauf ab, das Judentum der Gesellschaft anzupassen. Die Gefahren lagen auf der Hand. Was Verfolgung und Christentum nicht geschafft hatten, war nun durch diesen Prozeß innerhalb weniger Jahrzehnte zu erwarten: die Auflösung des Judentums. Die jüdischen Gemeinden waren in erhöhter Alarmbereitschaft.

Vor diesem Hintergrund wird verständlich, daß der jüdische Protest in der Affäre Mortara besonders heftig ausfiel. Sir Moses Montefiore reiste nach Rom und verlangte die Herausgabe des jungen Mortara. Vergeblich. Die kaiserlichen Hoheiten Franz-Joseph I. von Österreich und Napoleon III. von Frankreich wurden beim Papst vorstellig: auch sie allerdings vergeblich. Eine von Louis Veuillot getragene katholische Bewegung bat die Juden um Verständnis. Mortara trat in einen Orden ein und hat ihn bis zu seinem Tod nicht mehr verlassen. Er starb 1940 in Lüttich als Prälat seiner Heiligkeit.[9]

Doch diese drei Affären waren nur das Vorspiel zur späteren Dreyfusaffäre. Dieser Skandal, der die Juden vor aller Welt in Mißkredit zog, wäre ohne seine antisemitische Komponente so nicht möglich gewesen. Im folgenden Kapitel wird der Leser sehen, daß der Übergang vom religiösen in den politischen Bereich den Antisemitismus nur noch gefährlicher machte.

Trotz einer Reihe von Mißerfolgen, beispielsweise in der Mortara-Affäre, faßten die Juden Vertrauen in die staatlichen Einrichtungen und Regierungen und kämpften weiter für die volle Anerkennung ihrer Rechte. Ihre Situation hatte sich zwar schon wesentlich gebessert, aber noch nicht überall in Europa war sie zufriedenstellend.

Als ein Jahr nach der Märzrevolution von 1848, im April 1849, eine Delegation der Frankfurter Paulskirche unter der Führung des konvertierten Juden Eduard Simson und des nichtkonvertierten Juden Johann Jacoby, der zugleich Abgeordneter von Königsberg war, dem preußischen König Friedrich Wilhelm IV. die Krone der vereinten deutschen Länder anbot, lehnte dieser hochnäsig ab, da sie »mit dem Ludergeruch der Revolution behaftet« sei. Ein Monarch von Gottes Gnaden läßt sich nicht wie Louis-Philippe zum König wählen. Im darauffolgenden Jahr wurde mit der Verfassung des preußischen Staates erneut die zivile Gleichstellung für die preußischen Juden bekräftigt, aber auch die Erklärung, die bereits der Vater von Friedrich Wilhelm IV. herausgegeben hatte: Preußen sei ein christlicher

Staat, Juden könnten keine öffentlichen Ämter bekleiden und weder Universitätsprofessoren noch Offiziere werden.

Auch wenn die deutschen Länder »ihre« Revolution von 1848 hatten, die von 1789 hatten sie nicht gehabt, und so weckten die Erfolge und die Zunahme der jüdischen Bevölkerung alte antisemitische Vorurteile, die wahrscheinlich durch den russischen Nachbarn noch gefördert wurden. Allein in Preußen war die Zahl der Juden auf 200 000 angewachsen, und sie bildeten damit die größte jüdische Gemeinschaft in Deutschland. Die jüdische Bevölkerung von Berlin hatte sich innerhalb von 35 Jahren versechsfacht und zählte 1871 36 000 Menschen; diejenige von Frankfurt hatte sich in der gleichen Zeit verdreifacht und jene von München auf 3000 Menschen verfünffacht. In ganz Bayern lebten 50 000 Juden. Die Juden von Hamburg hatten sich auf 13 000 Menschen verdoppelt und die von Breslau auf 14 000 Menschen verdreifacht.

Ein Bevölkerungswachstum in dieser Geschwindigkeit mußte bei einer Bevölkerung, die seit ewigen Zeiten in den Juden Menschen zweiter Klasse gesehen hatte, Panikstimmung auslösen. In den meisten europäischen Ländern machten die Juden zwar nur 1,25 bis 1,50 Prozent der Gesamtbevölkerung aus, doch plötzlich traten sie in der Gesellschaft in Erscheinung, zumal die meisten von ihnen im Handel arbeiteten. Und da mit Crémieux und Montefiore plötzlich jüdische Persönlichkeiten auf der internationalen Bühne agierten, bekamen auch die ewigen Gerüchte von der »jüdischen Verschwörung« und dem »Weltjudentum« wieder Nahrung. Wahnvorstellungen dieser Art haben ein langes Leben, wie wir heute wissen.

Aber zunächst einmal schien sich alles gut zu fügen. Was für eine Illusion! Denn eine schauerliche Mechanik, die für die europäischen Juden bald eine größere Gefahr darstellen sollte als die Inquisition in ihren schlimmsten Zeiten, war bereits in Bewegung. Sie entstand in der Auseinandersetzung mit sozialwirtschaftlichen Fragen, in der sich ein rechtes und ein linkes Lager bildete, und war ein wahrer Deus ex machina: die Nation und, daraus hervorgehend, der Nationalismus.

Zum Glück für die Juden konnten jedoch die von der Franzö-

sischen Revolution entworfenen Ideen der sozialen Gerechtigkeit über Kaisertum und den Wiener Kongreß hinaus in das Zeitalter der Restauration hinübergerettet werden. Die reaktionären
Kräfte Europas blieben zunächst einmal ruhig, denn vorerst galt
es, die Folgen der Industriellen Revolution in den Griff zu
bekommen. Auch der Sozialismus wurde immer bedrohlicher.

Zu Beginn des 19. Jahrhunderts sammelte sich durch die
Industrielle Revolution in den Städten Europas ein im tiefen
Elend lebendes, riesiges Proletariat. Die sozialkritischen Stimmen, die das von der Französischen Revolution begonnene
Werk endlich vollenden wollten, wurden wieder lauter. Die
Juden wurden in diesem Zusammenhang in eine Debatte hineingezogen, in der sie eigentlich – nach Meinung der anderen –
gar nichts zu suchen hatten, und gingen, ohne es selbst zu mer-
ken, völlig in ihr auf. In der Luft lag eine Frage, die allerdings
nie ausgesprochen wurde: Die meisten Juden sind arme Leute,
soll man denen wirklich helfen? Natürlich ging es zunächst einmal nicht um die Juden, sondern um die Armen. Eine abstrakte
Größe, die man eigentlich nur bei Unruhen auf der Straße zu
Gesicht bekam und die von der Polizei und der Armee schnell
wieder zerstreut wurde.

Natürlich gab es genug Leute, die sich in Frankreich,
Deutschland, England und Rußland theoretisch mit diesen
Fragen auseinandersetzten: Fourier, Saint-Simon, Louis Blanc,
Proudhon, Blanqui, Cabet, Fichte und die Hegelianer der Linken wie Feuerbach, Bauer, Hess, Owen und Bakunin ... Sie alle
waren von der Notwendigkeit einer größeren sozialen Gerechtigkeit überzeugt, doch jeder schlug ein anderes Modell vor.
Allerdings blieb zunächst alles graue Theorie. Der englische
Schriftsteller Charles Dickens war der erste, der mit seinem
1837/38 erschienenen Roman *Oliver Twist* (wo man in der
Figur des Fagin auch eine beeindruckende Judenkarikatur findet) der Öffentlichkeit wirklich Informationen über das Elend
des Proletariats vermittelte. Das Werk mit seinem nachhaltigen
Erfolg löste in der Aristokratie und in der Bourgeoisie Betroffenheit aus. Man begriff, daß die kaum als Menschen zu erken-
nenden Kreaturen der Vorstädte für eine sich als christlich
gebende und christlich verstehende Gesellschaft eine unerträgli-

che Schande waren. Man spürte immer deutlicher, daß »man etwas tun muß«, vielleicht auch aus einem sozialen Mitleid heraus, vor allem aber, weil man sich durch diese mittellosen Massen bedroht fühlte. Drei bis vier Jahrzehnte später sollte sich diese Situation in den Großstädten der Vereinigten Staaten wiederholen. Auch dort reagierte die gesellschaftliche Elite mit Betroffenheit, als sie die Elendsviertel entdeckte, in denen die Arbeitskräfte ihrer florierenden Industrie- und Handelsbetriebe dahinvegetierten.

Interessant für unser Thema ist die Tatsache, daß die Debatte über die soziale Ungerechtigkeit sich ausweitete und eine gesellschaftskritische Sensibilität weckte. Da die Juden schon immer stark unter Ungerechtigkeiten zu leiden hatten, waren bei ihnen Gerechtigkeitsideale besonders lebendig. Folglich konnten sie sich dieser Debatte nicht entziehen. Bis dahin waren die Armen eine Frage der Moral gewesen, um die sich mildtätige Frauen gekümmert hatten. Jetzt wurden sie zum Thema der Politiker und Sozialtheoretiker, auch der Juden.

Natürlich war England nicht das einzige Land, wo man ein neues Sozialbewußtsein entdeckte. Doch dort versuchte man schon früh, nämlich bereits 1834, mit besonderen Gesetzen, den sogenannte *Poor Laws,* eine Lösung für die Armen zu finden. Mit Hilfe dieser Gesetze schuf man unter anderem *workhouses* (»Arbeitshäuser«), was man allerdings besser mit »Arbeitslager« übersetzt. Denn die Insassen mußten eine besondere Uniform tragen und wurden von ihren Familien und ihrem Milieu getrennt. Wenn sie starben, konnten ihre Leichen anatomischen Studienzwecken zur Verfügung gestellt werden. Wie man sieht, gibt es traurige Erfindungen, die älter sind, als man vermutet hätte.

Die *workhouses* waren ein erstes Mittel gegen die Armut, vor allem aber ein Beispiel für die autoritäre Art, mit der der Kapitalismus auf sie reagierte. Die Wirkung dieser Sozialghettos war verheerend, ja beschämend und konnte das Gewissen der Gesellschaft keineswegs beruhigen. In einer Wahlrede verurteilte 1837 Disraeli die *workhouses:* »Dieses Gesetz [die *Poor Laws*] hat unser Land mehr entehrt als jede andere Vorschrift. Es ist ein moralisches Verbrechen und eine politische

Dummheit zugleich, denn es verkündet der Welt, daß die Armut in England ein Verbrechen ist.«[10]

Mit den *Poor Laws* kam auch die Idee der staatlichen Fürsorge auf. Eine Idee, die bis heute Gegenstand endloser Debatten geblieben ist. Für die einen wurden die Armen durch die Staatsfürsorge in kindlicher Untätigkeit gehalten, für die anderen bildete sie die notwendigen Krücken, ohne die ein Gelähmter nie wieder gehen gelernt hätte. Wer sich übrigens ein Bild vom moralischen Verfall der damaligen Christenheit machen will, dem sei die Lektüre von Thomas Malthus (1766–1834) empfohlen: »Ein Mensch, der in eine Welt hineingeboren ist, in der der Besitz bereits verteilt ist, und von seinen Eltern nicht den Lebensunterhalt bekommen kann, den er mit Recht von ihnen fordert, hat – wenn die Gesellschaft seine Arbeitskraft nicht braucht – nicht den geringsten Anspruch auf Nahrung, denn er ist einer zu viel am Tisch der Natur.«[11]

Eigentlich waren die Juden in diesem Streit zwischen den Kapitalisten und den kritischen Linken überhaupt nicht voreingenommen. Sie hatten die Debatte nicht ausgelöst und waren auch auf keine Position festgelegt, denn wie in der übrigen Gesellschaft gab es auch unter ihnen Reiche und Arme. Doch warum sollten sie sich die Teilnahme an dieser Debatte versagen, wo doch die Intellektuellen von Frankreich, England und vor allem von Deutschland mit ihren Reden für die soziale Gerechtigkeit stritten? War nicht der Triumph der Gerechtigkeit der Beginn ihrer Emanzipation? Gutgläubig nahmen sie an den sozialen Bewegungen teil und kamen in großer Zahl in die revolutionären Zentren von Paris, Berlin und Wien, um in Versammlungen, Demonstrationen und Barrikadenschlachten für die Freiheit zu kämpfen.

Zu schnell glaubten sie sich integriert. Ein Fehler, der sich im Ersten Weltkrieg noch einmal wiederholen sollte.

Mit glühenden Worten gedachte Leopold Zunz in Berlin der jüdischen Opfer der Märzrevolution und machte damit deutlich, daß er sich zum deutschen und zum jüdischen Volk zählte. Die Illusion konnte sich auf unglaubliche Fortschritte stützen, denn in der Frankfurter Paulskirche saßen mehrere Juden, darunter Gabriel Riesser, der Vizepräsident der ersten deutschen

Nationalversammlung. Das Scheitern der Revolution von 1848 bedeutete das Scheitern der jüdischen Hoffnungen. Auf beiden Seiten sollten sich die Positionen verhärten. In Preußen beispielsweise erließ die Monarchie eine Verfassung, in der das Christentum wieder einmal zur Staatsreligion deklariert wurde. Die latente Feindseligkeit gegenüber den Juden fand darin nach wie vor ihren lebendigen Ausdruck. Dies spürte auch Moses Hess, einer der geistigen Wegbereiter des Zionismus und Oberhaupt der jüdischen Gemeinde von Köln, wenn er schreibt, daß sich der deutsche Jude ständig bemühe, sich von all dem, was ihn als solchen kenntlich mache, zu befreien. Schuld daran sei der Haß auf die Juden.[12]

Die Anhänger des Sozialismus mußten sich auch folgende Frage stellen: Sollen die reichen Klassen für die Juden aufkommen? Und warum? Das sind doch Fremde! Damit rückten Judentum und Sozialismus einander näher. Beide waren für die herrschenden Klassen Feinde der etablierten Ordnung. In der Zwischenzeit hatte man die soziale Gerechtigkeit vergessen. Für die Juden konnte sie sowieso nicht gelten, denn die gehörten ja gar nicht zur Gesellschaft.

Über den steigenden Einfluß der Presse und die mit ihm wachsenden Austauschmöglichkeiten der politischen Bewegungen und Interessensgruppen nahm die antijüdische Feindseligkeit internationale Dimension an. Die Europäer des reaktionären Lagers waren überzeugt, daß die Juden sich nur deshalb an den Umsturzversuchen der sozialen Ordnung beteiligten, weil sie sich dadurch selbst an die Macht bringen wollten, und im sozialistischen Lager verdächtigte man die Juden eines Doppelspiels, denn in ihren Reihen saßen nicht wenige Plutokraten, die in Wahrheit selbst die Zügel der Macht übernehmen wollten. Hatte James de Rothschild in Paris nicht mit der einen Hand 50 000 Goldfrancs für die Opfer der Barrikadenkämpfe von 1848 gespendet und mit der anderen 250 000 Goldfrancs für »patriotische Zwecke« dem Innenminister Ledru-Rollin übergeben? Hatte er nicht dem in Wien von der aufgebrachten Volksmenge bedrängten Metternich zur Flucht verholfen? Hatte nicht der fortschrittsfeindliche, die reichen Industriellen auslaugende Sozialismus die Juden in Deutschland auf die politische Bühne gebracht? Durch wen wurden sie denn vertreten, wenn nicht durch Ferdinand Lassalle, Eduard Lasker, Leopold Sonnemann und Ludwig Bamberger? 1871 warf man in Frankreich den Juden vor, aus der Niederlage im Deutsch-Französischen Krieg Profit zu schlagen. Denn die von Deutschland geforderte Kriegsentschädigung in Höhe von fünf Milliarden Francs wurde weitgehend von Alphonse de Rothschild und seiner Bank aufgebracht, was den Rothschilds in Paris und London einen Kommissionsertrag von 5 300 000 Francs einbrachte.[13]

Die Spannungen zwischen Sozialismus und Kapitalismus nahmen zu, bis ihre Grenzlinie im *Kommunistischen Manifest* von Marx und Engels im Dezember 1847 festgeschrieben wurde. Karl Marx war ein konvertierter Jude und unverbesserlicher Antisemit,[14] der jahrelang in der *Rheinischen Zeitung* Artikel mit stark antisemitischem Inhalt veröffentlichte. In seiner frühen Schrift »Zur Judenfrage« (1843) heißt es: »Welches ist der weltliche Kultus des Juden? Der Schacher. Welches ist sein weltlicher Gott? Das Geld. [...] Das Geld ist der eifrige Gott Israels, vor welchem kein anderer Gott bestehen darf.«[15]

Was ihn jedoch nicht daran hinderte, in der Art eines Propheten (allerdings eines Propheten ohne Gott) von der Apokalypse und der künftigen sozialen Gerechtigkeit zu predigen. Neunmal kündigte er die große Revolution an, doch nie war es die richtige.[16] Seine Schmähreden ließen den alten Antisemitismus der Slawen wieder aufleben und wurden nach der Revolution von 1917 zur Doktrin erhoben, nach dem Motto: Marx und Engels haben es gesagt, also muß es wahr sein. So schlug der Antisemitismus in der kommunistischen Partei Rußlands tiefe Wurzeln und ist dort bis auf den heutigen Tag fest verankert, wie man im November 1993 gesehen hat.[17]

Sowohl das rechte als auch das linke Lager war also gegen die Juden eingestellt, allerdings aus unterschiedlichen Gründen. Der latente Konflikt weitete sich in den folgenden Jahrzehnten aus und wurde – nicht nur für die Juden – immer mörderischer.

Teil III

Der nationalistische Antisemitismus

1

Die Explosion im Frankreich
der Belle Époque

*Die Dreyfusaffäre und der drohende Bürgerkrieg von 1898 –
Die Belle Époque, eine Illusion – Französische Psychose und
deutsche Gefahr – Die Kirche in Bedrängnis: die Kongrega-
tionsaffäre – Das Bündnis der Kirche mit dem rechten Lager –
Das gefährliche Konzept der Nation – Der Antisemitismus des
rechten Lagers am Beispiel Maurras – Der ambivalente Antisemitismus der Linken am Beispiel Jaurès*

Das Gedächtnis reicht oft nicht weit zurück. Am 16. Januar
1898, 42 Jahre bevor die Juden in Frankreich von den Nationalsozialisten im Pariser Vélodrome d'Hiver zusammengetrieben
wurden, zogen 20 000 Menschen durch die Straßen von Paris
und schrieen: »Mort aux Juifs!« (»Tod den Juden«). Sie marschierten von der Place Vendôme in Richtung Montmartre,
doch die Polizei riegelte alle Zugänge zum Haus Nr. 184 am
Boulevard Haussmann, wo die Familie Dreyfus wohnte, herme-
tisch ab, ebenso die Rue de Bruxelles, wo Émile Zola lebte. Drei
Tage zuvor hatte Zola in der Zeitung *L'Aurore* einen Artikel
veröffentlicht, dem er selbst den Titel »J'accuse!« (»Ich klage
an!«) gegeben hatte und der allgemein als eine Verteidigung
des Judentums verstanden wurde. Es ging um den Juden Dreyfus, der von einem undurchsichtigen Militärkomplott des Hoch-
verrats bezichtigt wurde.

In ganz Paris wurde demonstriert.[1] Dabei begnügte man
sich keineswegs nur mit Sprechchören. Man zerschlug Fenster-
scheiben und Vitrinen jüdischer Geschäfte oder von Geschäften, deren Besitzer man für Juden hielt. Alle sozialen Schichten

waren daran beteiligt, vom Adel bis zu den Lehrlingen, selbst die Schüler der großen Pariser Gymnasien, die allerdings von den Juden nicht mehr wußten als das, was ihnen die Eltern erzählt hatten. Am nächsten Tag kam es erneut zu Demonstrationen. Auf der Versammlung in der Tivoli-Hall war wiederum alles vertreten, von der Oberschicht bis zum einfachen Gemüsehändler. 3000 Personen im Saal und 3000 Personen draußen auf der Straße. Die Menge zog sich von der Place de la République bis zum Quai de Valmy hin. Sie folgten dem Ruf von Edouard Drumont, Henri de Rochefort, Maurice Barrès, Gustave Cuneo d'Ornano, Albert de Mun, dem Ruf der Anhänger des revanchistischen Generals Boulanger, der Bonapartisten und Republikaner. Der Antisemitismus hatte sie vereint.[2] Plakate mit einem entsprechenden Aufruf klebten an den Mauern der Stadt.

Für die überschwappende Antisemitismuswelle war allerdings nicht Zolas Artikel[3] verantwortlich zu machen. Der Antisemitismus gärte schon längere Zeit in der französischen Gesellschaft, eigentlich schon seit der Niederlage von 1870 und der Pariser Kommune.

Zolas Veröffentlichung stellte jedoch alles in Frage und beschuldigte insbesondere Esterházy und Oberst Henry, auf welche sich die Anklage gegen Dreyfus hauptsächlich gestützt hatte, als die eigentlichen Verräter.[4] Aufgrund gewisser Informationen, die in der Presse durchgesickert waren, spürte die antisemitische Masse bei aller dumpfen Irrationalität, daß Esterházy und Henry üble Gesellen waren, die mit ihren Machenschaften den dummen und niederträchtigen Plänen der Armee Vorschub geleistet hatten. Mit dem Fall dieser beiden und einer erwiesenen Unschuld Dreyfus' drohte den Antisemiten eine der größten Niederlagen im Krieg gegen die Juden, und die Armee wäre schwer in Mißkredit gezogen worden. Als Henry sechs Monate später verurteilt wurde, kam von der Armee auch der entsprechende Kommentar: »Das ist schlimmer als Sedan.«

Ganz Frankreich, ja selbst die drei damaligen französischen Départements in Algerien waren in Aufruhr. In den algerischen Städten Oran, Boufarik und Algier kam es zu regelrechten Volksaufständen, bei denen Juden getötet und Polizisten verletzt wurden. Algerien war nämlich ein Zentrum des kolonialistischen Antisemitismus und übrigens die einzige Region, bei der im Zusammenhang mit der Dreyfusaffäre Blut floss.

Die Dreyfusaffäre brachte die an sich schon schwache Republik in ernste Gefahr. Regiert von Parteien, die selbst wiederum die Interessen verschiedener politischer Gruppierungen und Verbände vertraten (Kolonialisten, Bauern, Schnapsbrennern, laizistischen Lehrern usw.), war die Republik tatsächlich von der Stimmung auf der Straße abhängig. Sofort wurden Erinnerungen an die Pariser Kommune wach. Selbst für die Gemäßigten waren die Juden für diese Krise verantwortlich, und die Regierung befürchtete einen Bürgerkrieg und eine jüdische Bartholomäusnacht.

Es war nicht die Spionageaffäre, die die Gemüter erhitzte, es war die Tatsache, daß der »Verräter« ein Jude war. Weite Teile der französischen Öffentlichkeit waren national bestimmt. Diese nationale Identität schien nun bedroht. Natürlich waren die Juden von dieser nationalen Identität von vornherein ausgeschlossen. Durch wen war diese Identität bedroht? In erster Linie durch Deutschland, dessen Expansionsdrang und Militarismus durch den Sieg von 1870 starken Auftrieb bekommen hatte. Der deutsche Kaiser war überzeugt, daß die Westmächte, d.h. vor allem Frankreich und England, das Deutsche Reich in einen Schraubstock zwingen wollten. Das Deutsche Reich rüstete daher auf und baute – dem Rat Moltkes folgend – keine Festungsanlagen mehr, sondern Eisenbahnlinien für einen schnelleren Truppentransport.

Heute ist ein Krieg zwischen den europäischen Mächten ganz unwahrscheinlich. Auch der nationalistische Gefühlsüberschwang mag uns heute lächerlich erscheinen. Doch wenn man sich in den historischen Kontext und in die damalige Psychologie versetzt, sieht das anders aus. Ganz Europa lebte in jenen Jahren in einer Psychose. Deutschland, Frankreich, England, Italien, Spanien, Österreich, Rußland – jedes dieser Länder fühlte sich von den anderen belagert und konnte wegen eines kleinen Zwischenfalls einen größeren Konflikt beginnen. Und diese Psychose hatte übrigens durchaus ihre Berechtigung. Als Émile Zola den Artikel »J'accuse!« veröffentlichte, trennten

Europa nur noch 16 Jahre vom ersten Weltkrieg. Bei einer solchen Geisteshaltung zählte jedes Land die Seinen und kam zu dem Schluss, daß die Juden nicht dazugehören.

Die Belle Époque war eine der größten Illusionen der jüngeren Geschichte, ein makabrer Can-Can im Vorzimmer des Grauens. Haß bestimmte die Haltung gegenüber anderen Ländern und Minderheiten, und Haß prägte das Verhältnis der sozialen und der religiösen Gruppen untereinander.[5] »Frankreich ist dekadent«, dies sollte der ewige Refrain aller Fanatiker werden, und Edouard Drumont, der Vorbeter des Antisemitismus im Frankreich dieser Zeit, erklärte in seinem Pamphlet *La France juive* (Das jüdische Frankreich), daß jeder Protestant ein halber Jude sei. Alle westlichen Länder, auch die Vereinigten Staaten von Amerika, schimpften auf Jahre hinaus über die moralische Dekadenz, den Egoismus und den negativen Einfluß der fremden Gruppen, wozu natürlich unter anderen auch die Juden gehörten. Eine Geisteshaltung, die fest in den Köpfen saß. Eine Gallup-Umfrage zu Beginn des Zweiten Weltkrieges ergab, daß die meisten Amerikaner Frankreich und England für korrupte Länder hielten, denen eine deutsche Besetzung nur gut tue.[6] Wir werden uns in einem späteren Kapitel noch näher mit dieser Zwangsvorstellung von Kraft und rassischer »Reinheit« beschäftigen.

Frankreich verkraftete die Abschaffung der Monarchie, die Pariser Kommune und die Niederlage bei Sedan nur schwer. Das Idealbild war schwer angeschlagen. Es war das Bild eines glänzenden Königreichs und einer von der Kirche beherrschten Moral. Dazu gehörte der König – der »gute König« natürlich –, die Aristokratie, die Tugend, das Gebet, die Arbeit, der Respekt und die Familie, in der die kleinen Blondköpfe zu den greisen, nach getaner Arbeit den Lebensabend genießenden Häuptern aufschauten und ihnen einen Krug Wasser reichten. Dieses imaginäre Frankreich, in dem Johanna von Orléans, Ludwig der Heilige und Papst Pius IX. sozusagen gleichzeitig lebten, hat es nur in den Bildern des Malers Jean-Baptiste Greuze (1725–1805) gegeben. Es ist eines von jenen historischen Phantasiegebilden, die im 19. Jahrhundert von »traditionssüchtigen« Ideologen massenweise produziert wurden.[7] Die Juden hatten daran keinen Anteil, weder historisch, noch kulturell, noch religiös. In einer Zeit, in der man vom »christlichen Mittelalter« schwärmte, vom »Jahrhundert der Kathedralen« und von der »Begeisterung der Kreuzzüge«, lebten alle Klischeevorstellungen vom Mittelalter wieder auf. Die Juden, das waren die »Ungläubigen«. Der Vatikan brauchte noch einmal ein ganzes Jahrhundert, um sich von dem Ausdruck »Gottesmord« öffentlich zu distanzieren.

Die Kirche hätte sicherlich besser daran getan, zu diesem unbeschreiblichen Haßausbruch gehörig auf Abstand zu gehen. Doch da sie die Republik und den Laizismus bereits fest im Griff hatte, wollte sie sich diese Gelegenheit nicht entgehen lassen. Sie konnte und wollte sehen, daß das Schicksal von Dreyfus erstaunliche Ähnlichkeit hatte mit dem eines Juden, der 2000 Jahre früher gelebt hatte. Der Heilige Geist schwebte 1898 offensichtlich nicht über ihr. Der Gerechtigkeit wegen muß man allerdings hinzufügen, daß die Kirche in Frankreich damals einen der schwierigsten Momente ihrer Geschichte durchlebte. Zehn Jahre schon tobte der Krieg, den ihr die Republik und der Laizismus offen erklärt hatten. Und wieder einmal standen die Jesuiten in der vordersten Front: Am 15. März 1879 konnte der damalige Erziehungsminister Jules Ferry in der Abgeordnetenkammer mit überwältigender Mehrheit (363 Ja- zu 144 Nein-Stimmen) ein Gesetz durchbringen, das »nicht zugelassene Kongregationen« von den staatlichen und freien Schulen verwies. Die Zustimmung des Senats hat das Gesetz jedoch knapp verfehlt. Zwei neue Erlasse hatten jedoch im darauffolgenden Jahr die Auflösung des Jesuitenordens zur Folge. Am 15. Juni mußten die Jesuiten Paris verlassen. Der Vorgang wurde von der Präfektur streng überwacht. Auch die anderen Orden, die keine Genehmigung vorweisen konnten, wurden aufgelöst. Im katholischen und im rechten Lager war die Entrüstung groß.

Die rechten Parteien, die knapp in der Minderheit waren, standen stets für eine Allianz von Thron und Kirche. Sie erhoben lauten Protest und klagten natürlich in erster Linie die Juden, Freimaurer und Atheisten an. Erwartungsgemäß schloß sich die Kirche ihnen an und verstärkte somit den Chor der

Antisemiten. Damit ist der Hintergrund der Dreyfusaffäre weitgehend beschrieben.

Der republikanische Geist, der Laizismus und die Trennung von Staat und Kirche waren die Grundübel, an denen Frankreich nach Meinung der französischen Rechten litt. Ganze Berge von Texten bestätigen dies. Wir greifen nur ein Dokument mehr oder weniger zufällig heraus, nämlich die Rede, die Kardinal Langénieux als Erzbischof von Reims 1896 zur 1400-Jahr-Feier der Taufe Chlodwigs gehalten hat. Zunächst wünschte der Gottesmann, daß Frankreich »als Zeichen seines Glaubens und der Vaterlandsliebe niederkniet«. Dann verlegte er sich auf die mystische Ebene: »Gab es nicht […] zu Beginn unserer nationalen Existenz ein göttliches Bündnis, das unsere soziale Zusammensetzung verankerte und unser Schicksal an das der Kirche Jesu Christi band? Dieses Bündnis war das Gesetz unserer Geschichte: Frankreich hat immer gelitten, wenn es einen Auftrag verraten hat. Wenn es hingegen den Verpflichtungen seiner Taufe treu geblieben ist, hat es der Gott von Chlodwig, Karl dem Großen und Ludwig dem Heiligen immer gesegnet. […] Wir wollen, daß Frankreich die Doktrin der Lüge zurückweist und erkennt, wie sehr es durch das Werk des Atheismus gespalten und erschöpft ist!«[8]

Natürlich wollte der Prälat »das leidende Frankreich dazu bringen, wieder reumütig […] auf seine Tradition zu bauen«, damit »unserem Vaterland eine bessere Zukunft beschieden ist«. Sicherlich haben die kirchlichen Würdenträger den Staatspräsidenten Félix Faure daran gehindert, anläßlich der Enthüllung einer Johanna-von-Orléans-Statue in Reims darauf hinzuweisen, daß die Kreuzzüge oder die Aufhebung des Edikts von Nantes nicht zu den glücklichsten Momenten der französischen Geschichte zählen.

Andernorts zeigte sich der französische Katholizismus wesentlich aggressiver. Die in Toulouse erscheinende *Semaine catholique* schrieb unverblümt: »Wir sollten es uns immer wieder sagen: Alfred Dreyfus ist kein Franzose. Er ist Jude und Freimaurer. Diese beiden Schandmale auf seiner Stirn sind eine hinreichende Erklärung für seinen Verrat.«[9] Es ist eindeutig: Die französische Nationalität schloß das Judentum aus. Nicht weniger scharf formulierte *La Croix*[10], die sich mit Stolz als »die antijüdischste Zeitung Frankreichs« bezeichnete: sie lobte das Beispiel des russischen Zaren, der die Juden aus der Armee und dem Land vertrieben habe.

Der Verlauf der Dreyfusaffäre führte bei den Rechten zu Wutausbrüchen. Und zwar nicht nur in Paris, sondern in ganz Frankreich: in Brest, in Lothringen, Marseille, Toulouse, Bordeaux, in der Vendée… Währenddessen wurde Zola in einem Gerichtsverfahren, das die Armee angestrengt hatte, zu einer Freiheitsstrafe von einem Jahr und zu einer Geldstrafe von 3000 Francs verurteilt. (Im anschließenden Berufungsverfahren wurde Zola allerdings freigesprochen.) »Als bekannt wurde, daß das Gericht den Angeklagten Zola zur Höchststrafe verurteilt hatte, wurde dies auf zahlreichen Demonstrationen mit einer unbeschreiblichen Begeisterung aufgenommen«, berichtete die Zeitung *Le Matin*. In Städten wie Pau, Dinan oder Caen, wo man sonst früh zu Bett ging, war man noch spät in der Nacht auf den Beinen und schrie »Mort aux juifs!« (»Tod den Juden!«). »In Caen und Cherbourg vertrieben die reisenden Geschäftsleute die jüdischen Händler aus den Hotels, in denen sie mit ihnen abgestiegen waren«, berichtet Pierre Birnbaum. Von Nantes bis Verdun, von Clermont-Ferrand bis Lille, von Reims bis Cherbourg, überall waren die Presseartikel, die Wandplakate und die Kneipengespräche voll von gehässigen Anspielungen auf die Juden. Die darin zum Ausdruck kommende Wut und Vulgarität stimmen ein Jahrhundert später noch betroffen. Ausdrücke wie »Judenkomplott« oder »Weltjudentum« waren damals bereits geläufig. Die Rechte war auch deshalb im Vorteil, weil sie die meisten Tageszeitungen fest in ihrer Hand hatte.

Folgender Text wurde an den Mauern von Nancy angeschlagen:

Patrioten wie Drumont und Mors wiesen uns schon seit mehr als zehn Jahren auf DIE JÜDISCHE GEFAHR hin.
Sie entlarvten die Handels- und Finanzmachenschaften einer niederträchtigen Schar von Hebräern, die die deutschen Ghettos über Frankreich ausgespuckt hatten […]
Franzosen, das Vaterland ist in Gefahr!

Anonyme Schreiberlinge veröffentlichten eine fingierte Todes-
anzeige Zolas:

Sie werden gebeten, sich zum Leichenzug, Totengottes-
dienst und zur Beerdigung des Pornographen und Verteidi-
gers des Verräters Dreyfus einzufinden. Die Feierlichkeiten
finden in Schweinsfurz statt.

Émile Szola

Er starb im Alter von 58 Jahren vor dem Pariser Schwurge-
richt an den Folgen einer langen und schmerzhaften Skan-
dalitis, deren Ursachen eine Gehirnaufweichung und
unverdauliche israelitische Kekse waren.
Dem bekannten Schriftsteller blieb jedoch vor seinem
Hinscheiden noch genügend Zeit, um sich beschneiden zu
lassen.

Im Namen der Hinterbliebenen:
Salomon Vorhaut
Baronin (Lévi) von Engel
Die Barone Jesaja Kahn-Hulf, Kohn-Naas,
Nathan Gemein-Hirsch, Sorkulac, Judenbollen,
Kratzmichbein, Kifelding...

Eine Welle verbaler und tätlicher Gemeinheiten ergoß sich über
Frankreich. Man begann sich zu überlegen, ob dieser oder jener
etwa auch Jude sei, und nahm somit die abscheulichen Denunziationen und Plünderungen, die Frankreich während der nationalsozialistischen Besatzungszeit erleben sollte, in erschrecken-
der Weise vorweg. Nicht in bezug auf die Gewalt, aber in bezug
auf die Niedertracht waren die intellektuellen Dreyfusgegner –
die Journalisten, Pamphletisten, Chansonsänger und Publizi-
sten – den Nazipropagandisten durchaus vergleichbar.
    Die Polizei wußte sich nicht mehr zu helfen. Selbst als die
Machenschaften der Armee erwiesen waren, gestanden die
Antisemiten ihren Irrtum nicht nicht ein, nicht einmal die Kulti-
viertesten unter ihnen. Nach dem Selbstmord von Oberst Henry

äußerte Charles Maurras in der *Gazette de France* zunächst einmal die Vermutung, daß Henry sich vielleicht deshalb die Kehle durchgeschnitten habe, weil er möglicherweise »einen Krieg vermeiden« wollte. Bereits damals erwies sich Maurras als das Bindeglied zwischen den rechten Parteien. Eine Rolle, die er bis zur Befreiung von Paris 1944 beibehalten sollte, und nur wenige Parteichefs konnten sie ihm für kurze Zeit streitig machen. Aus seinen unverschämten Worten sprach mit der Zeit ein immer stärkerer Totalitarismus: »Ich will hier nicht mehr auf die alte Streitfrage – ob schuldig oder nicht – zurückkommen. Ich bin nach wie vor der Meinung, daß man Dreyfus, falls er unschuldig war, zum Marschall von Frankreich ernennen sollte. Ein Dutzend seiner wichtigsten Verteidiger sollte man allerdings erschießen, denn sie hätten in dreifacher Hinsicht Unrecht begangen: an Frankreich, am Frieden und an der Vernunft.«

Anders ausgedrückt: Die Verteidiger des Unschuldigen sollten erschossen werden, weil sie die öffentliche Ordnung gestört hatten ...

Jahre später äußerte sich Maurras noch einmal zu dem Thema: »Man kann den Verräter Dreyfus nicht einfach abtun. Entscheidend ist die Idee, die seinen Triumph möglich, ja sogar leicht gemacht hat: Jene französische Geisteshaltung des 19. Jahrhunderts, die wir ab 1897 den Dreyfusianismus nennen [...] eine Doktrin [...] bei der alle Irrtümer, die das Allgemeine dem Besonderen, die Gesellschaft dem einzelnen opfern, zusammenkommen.«[II]

Das Zitat stammt von 1908, die Affäre lag bereits zehn Jahre zurück. Dreyfus als Person ist für Maurras völlig unwichtig. Der Vorwurf des Politikers zielt auf die Höherbewertung der Rechte des Individuums gegenüber den Rechten der Gesellschaft. Die Verurteilung des Individualismus ist ein Punkt von entscheidender Bedeutung. Auf Dreyfus' anderen Fehler – nämlich sein Judentum – geht Maurras nicht weiter ein, aber auch zwischen den Zeilen ist dieser Vorwurf deutlich zu hören, denn Maurras hat eine durchaus mittelalterliche Vorstellung von den Juden. Sieben Jahre zuvor schrieb er: »Die antisemitische Idee ist die erste organische, positive, konterrevolutionäre und naturalistische Idee, die sich bei uns seit hundert Jahren einer außerordentlichen Beliebtheit erfreut. [...] Wenn die einheimische Bevölkerung mit Hilfe des Staates und des Gesetzes um ihr Geld und ihren Besitz gebracht wird und die Neuankömmlinge mit ihrer Disziplin, ihrem Gesetz und ihren besonderen Riten die angestammten Bürger enteignen, so ist der Skandal und die allgemeine Unzufriedenheit so groß, daß die seit hundert Jahren bei den Franzosen geltende politische Religion – jene alte Religion von 89 – mit einem wütenden Aufschrei des Protestes vom Tisch gefegt wird.«[12]

Hier wird alles angesprochen: der »konterrevolutionäre« Charakter des Antisemitismus, seine »positive« Natur und der vorsintflutliche Aspekt der revolutionären Ethik, jener »alten Religion von 89«, die wutschnaubend vom Tisch gefegt wird. Was versteht Maurras unter »um Geld und Besitz bringen«? Will er damit sagen, daß die Juden Diebe sind? Sicherlich nicht, denn mit einem so plumpen Argument kann man nicht überzeugen. Nein, Maurras will vielmehr sagen, daß die Juden das Geld, das sie sich – möglicherweise sogar im Schweiße ihres Angesichts – erwirtschaftet haben, und die gesellschaftlichen und politischen Stellungen, die sie sich durchaus mit ihrem Wissen und Können erobert haben, dennoch nicht auf legitime Weise erworben haben, denn sie sind keine Franzosen.

Der Bezugspunkt ist die Nation. Und genau dies macht Maurras wie alle rechten Denker von gestern, heute und morgen unweigerlich zu einem Antihumanisten, denn er lehnt die Idee einer universalen Kultur ab. Für Maurras ist die Kultur eine nationale und keine universale oder – wie man damals verächtlich sagte – »kosmopolitische« Angelegenheit. Paul Bourget, ein fanatischer Gefolgsmann von Maurras und die Idolfigur der rechten Jugend, schrieb einen berühmten Roman mit dem Titel *Cosmopolis*. Es ist das Porträt einer Gesellschaft, die »ihre Wurzeln« verloren hat. Aus diesem Grund schloß sich Maurras – wie Henri Béraud, Léon Daudet und die anderen Herren des rechten Lagers – 40 Jahre später der Ideologie des Nationalsozialismus an. Für die Nazis war die Kultur nämlich nur der spezifisch nationale Ausdruck der traditionellen Werte. Und es verstand sich von selbst, daß die Nation über dem Individuum und natürlich auch über jeglicher Individualität stand.

Für uns klingt das heute unvorstellbar, doch damals brauchte man nur das Wort »Vaterland« auszusprechen, und schon waren alle wie elektrisiert, und selbst die schlimmsten Zyniker hatten Tränen in den Augen. Das war der eigentliche Gott der modernen Welt.[13]

Die Idee der Nation war seit der Französischen Revolution zum obersten Seinsprinzip geworden, selbst für die neuen Royalisten, die doch sonst alle Errungenschaften dieser Revolution verdammten. Man konnte und wird auch in Zukunft die verheerenden Folgen nie richtig ermessen können, wenn man sich nicht bewußt macht, was für ein unethisches Prinzip sich hinter diesem geschlossenen Konzept eines identitätsbildenden Nationenbegriffs verbirgt. Es lieferte die Grundlage für die Ablehnung des anderen und zur Ermordung breiter Bevölkerungsmassen, wie das 20. Jahrhundert – das tristeste von allen – zur Genüge bewiesen hat: 50 Millionen Menschen fanden den Tod in den beiden europäischen Kriegen, anderthalb Millionen Armenier wurden massakriert, 30 Millionen starben bei sowjetischen Säuberungsaktionen, in den GULag-Lagern oder durch Hungersnöte, sechs Millionen kamen in den nationalsozialistischen Konzentrationslagern um, ganz zu schweigen von den Millionen Menschen, die nach wie vor auf allen fünf Kontinenten in kriegerischen Auseinandersetzungen ihr Leben lassen müssen, von den Ibo in Nigeria bis zu den Indonesiern unter Suharto (500 000 Tote), von Ex-Jugoslawien bis nach Timor, von Indochina bis nach Irland, von Nicaragua bis nach Kambodscha, von Afghanistan bis nach Angola. Kurz: überall.

Die Idee der Nation ist die Maske eines fremdenfeindlichen Volkes, bei dem der Glaube jederzeit in Fanatismus und die Begeisterung in Wut umschlagen kann. Die Emotion kann sich hier spontan zu einem Aufstand entwickeln, und die Masse der Individuen, die ihn trägt, läßt wenig Menschlichkeit erkennen. Das konnte man nicht nur im Jahr 1898 in Paris beobachten. Bereits in der Französischen Revolution konnte man das erleben, aber auch bei vielen anderen Gelegenheiten, beispielsweise bei der Erstürmung des Winterpalais in Sankt Petersburg, in der Reichskristallnacht von 1938 oder 1997 bei den Massakern von Ruanda. Zuletzt kann sich diese Idee der Nation in blutige

Greuel verwandeln, die alle ethischen Prinzipien außer acht
läßt. Ein trauriges Beispiel dafür ist Abraham Lincoln, der
durch seinen Einsatz im Kampf gegen die Sklaverei zwar zu
den Helden des 19. Jahrhunderts zählt, aber dennoch bereits
vom Nationalismus infiziert war, denn mitten im Bürgerkrieg
gab er zu, daß er zur Rettung der Union die Sklaverei in Kauf
nehmen würde.[14]

Die Idee der Nation vereint die Massen und ruft nach einem
Diktator. Dieser muß den wilden Pferden, die ihn ziehen, Zuk-
ker geben, denn schon in der ersten gefährlichen Kurve sind sie
imstande, ihn aus der Bahn zu schleudern und über ihn hinweg-
zutrampeln. Stalin, Mussolini, Hitler, Franco, Salazar, Tito,
Mao Tse-tung, Kim Il Sung, Pol Pot, Ne Win und alle die anderen Tyrannen, die das 20. Jahrhundert – das Jahrhundert des
Nationalismus – in einer Galerie der finstersten Ungeheuer aller
Zeiten vereinigt. Sie haben alle Arten von Minderheiten ausra-
diert: Kulaken, Republikaner und Demokraten, Tibeter, die
Bourgeoisie und vor allem die Juden. Die Franzosen wollten
»echte Franzosen« sein, die Engländer »echte Engländer«, die
Ungarn »echte Ungarn« usw. Sie alle waren vom Wahn des hei-
ligen Kulturerbes gepackt.

Doch damals konnte man das nicht durchschauen. Oder
zumindest die »großen Denker« jener Jahre waren nicht in der
Lage, das zu sehen. Sie waren völlig gefangen in diesem Wahn
und schufen ein nahezu künstliches Kulturerbe voller Mythen
und Mythologien und gaben sich als die braven Söhne der
Nation.

Das späte 19. und das frühe 20. Jahrhundert waren stark
geprägt von der Idee des »Authentischen«. Damit betrachtete
man das Vaterland und die Welt. Jahrzehntelang hatte die
Syphilis grassiert, also fürchtete man vor allem die »Degeneration der Rasse«, die »fatale Verweichlichung«, und den Verlust
der männlichen Tugenden, für die man natürlich »fremde Einflüsse« (ganz besonders die der Juden mit ihren unmoralischen
Frauen und die der Ausländer) verantwortlich machte. Die Zen-
soren-Mentoren-Patrioten erinnerten die unbesonnene Jugend
unentwegt an die »angestammten Traditionen«, denn die jungen Leute waren durch ein allzu freies Sexualleben angeblich

stark gefährdet. Selbst große Geister konnten sich nicht davon freimachen: Der französische Physiker François Arago war bereits 1836 der Meinung, daß der Truppentransport mit der Eisenbahn bei den Soldaten eine »Entmännlichung« zur Folge habe. 1886 protestierten zahlreiche Pariser Hausbesitzer gegen die »sozialistische Tyrannei«, weil man sie zwang, ihre Häuser an das öffentliche Kanalsystem anzuschließen. Sie sahen darin eine Bedrohung ihrer »bürgerlichen Freiheiten«. Mit Vehemenz verteidigten auch zahlreiche Wissenschaftler die Stehklosetts (mit der Erfindung der Toilettenschüssel 1883 in der École Monge wurden immer mehr Sitztoiletten installiert), und zwar gerade deshalb, weil sie unbequem und »biblisch« seien. Die Sitztoiletten begünstigten ihrer Meinung nach die Ausbreitung der Syphilis und die Masturbation.[15]

Ohne diese allgemeine Angst vor der »Verweichlichung« kann man den tragischen Ausbruch des Antisemitismus im späten 19. und frühen 20. Jahrhundert nicht begreifen. Ganz Europa war gelähmt vor Angst. Man fürchtete sich vor dem Neuen, was gleichbedeutend war mit Unordnung und Störung der christlichen Pseudotraditionen, die von senilen Päpsten und dem Antisemiten Drumont mehr beeinflußt waren als vom Juden Jesus. In seinem Fremdenhaß und extremen Vergangenheitsbezug verkrampfte sich Europa vor allem, was es nicht kannte, und lehnte alles, was seine Gewohnheiten in irgendeiner Weise störte, prinzipiell ab, den (konvertierten) Juden Bergson, den Juden Einstein, überhaupt alle Juden, die neue Ideen entwickelten.[16] Europa begriff nicht, daß seine – durchaus reale – Degeneration gerade deshalb zustande gekommen war, weil es sich auf sich selbst zurückgezogen hatte und die Gifte seiner eigenen Angst einatmete. Europa begriff auch nicht, daß gerade diese Angst jene grauenhaften Massaker der beiden Kriege auslösen sollte.

Maurras ist ein typisches Beispiel für diese Psychose. Sein politisches Ideal war der antike athenische Stadtstaat – oder zumindest das, was er sich darunter vorstellte – und orientierte sich vor allem an Platons Obrigkeitsstaat, der sich aus gegebenem Anlass in ein Königreich verwandelt hatte, und an Aristoteles' *Politik*. Der Rassismus stand bei Maurras nicht im Vor-

dergrund, im Gegenteil: Es ist seinem Einfluß zu verdanken,
daß die französischen Rechte im frühen 20. Jahrhundert »das
Ariertum, die Rassentrennung und den Aristokratismus à la
Gobineau als gefährlich« ablehnte,[17] eine Richtung, die sein
Schüler Jacques Bainville später weiterverfolgt hat. Doch dies
nur nebenbei. Sein Antisemitismus erklärt sich zum großen
Teil – aber nicht nur – durch die Tatsache, daß er die Juden für
eine »Nation« hielt, und zwar für eine Nation, die sich von der
französischen Nation stark unterscheide und deshalb außer
Landes verwiesen werden müsse. Da die Juden nämlich ihre
eigenen Ziele verfolgten, seien sie unregierbar. Außerdem würden sie weder »humanistische« noch »nationale« Traditionen
besitzen und daher die Kultur mit ihren Neuerungen zerstören.
Im übrigen sei ihr »Modernismus« unerträglich. Besonders
paradox ist sicherlich die Tatsache, daß die Linke, oder besser:
die linken Gruppierungen, der antisemitischen Ideologie genauso verfallen waren wie die Rechte. Das nach 1945 entwor-
fene und oft verklärte Idealbild der modernen Linken konnte
die Umstände ihrer Entstehung nicht kaschieren. Als antifeu-
dale Protestbewegung des Jahres 1789, die im frühen 19. Jahrhundert mit der Industriellen Revolution und dem damit ein-
hergehenden Kampf gegen die Ausbeutung der Arbeiter neuen
Aufschwung bekam, entstand sie im gleichen kulturellen Umfeld wie die Rechte. Die vor allem im sozialen Bereich starken
Gegensätze zwischen Rechts und Links wurden jedoch in der
Politik durch die Idee der Nation sublimiert. Und so konnte
der sozialistische Schriftsteller Proudhon schreiben: »Der Jude
ist der Feind der Menschheit. Man sollte diese Rasse entweder
nach Asien zurückschicken oder ausrotten.«[18] Ähnliche Scheuß-
lichkeiten findet man in den Wahnvorstellungen Baudelaires
wieder: »Zur Ausrottung der jüdischen Rasse ist eine ordentliche Verschwörung zu organisieren.«
   Entgegen weitverbreiteten Vorstellungen war die Ausrottung kein spezifisch rechtes Hirngespinst: Es war national und
international. Im nationalsozialistischen Deutschland (der Ausdruck »sozialistisch« hat hier seinen eigentlichen Sinn bewahrt)
wurde tatsächlich ein gesamteuropäisches Projekt umgesetzt.
   Auch die Linke prangerte den »Modernismus« an, beispiels-

weise Arthur Huc, der Direktor der radikalen und einflußreichen Tageszeitung *La Dépêche du Midi,* der den Eiffelturm als
ein Symbol dieses jüdischen Modernismus beschimpfte,[19] oder
die linke Monatszeitung *L'Œuvre,* die auf der Titelseite unter
dem Zeitungsnamen folgenden Untertitel führte: »Keiner unserer Abonnenten ist Jude.«[20] Dagegen war die Zeitung *La Croix*
geradezu harmlos. Heute – ein Jahrhundert später – unvorstellbar, aber wahr: Ein Teil der Linken war gegen Dreyfus. Der
Sozialist Jean Jaurès kämpfte jedoch mit beachtlicher taktischer
Klarsicht gegen diese Strömung und konnte seine betretenen
Anhänger zugunsten von Dreyfus umstimmen. Er präsentierte
ihn als »lebendiges Beispiel für militärische Lügen, politische
Feigheit und die Verbrechen der Staatsgewalt« und gab erst
Ruhe, nachdem Dreyfus rehabilitiert worden war. Für Jaurès
stand die Dreyfusaffäre für die Unterdrückung einer Klasse
durch die andere und war deutlich vom »Judenproblem« zu
unterscheiden. Für Jaurès war die Affäre die Eiterbeule einer
Gesellschaft, die vor allen Angst hatte, vor den Deutschen, den
Engländern, den Italienern, den Chinesen, den Polen, den Ame-
rikanern und natürlich vor den allgegenwärtigen Juden. Schon
bald bezeichneten die Dreyfusgegner die Dreyfusverteidiger als
Feinde des Vaterlandes, mußten sich aber umgekehrt den Vorwurf der Komplizenschaft in einer bürgerlich-militaristisch-
plutokratischen Tyrannei gefallen lassen.

Trotzdem war Jaurès ein Antisemit, allerdings auf seine
Weise: Wie Maurras lehnte er die anthropologischen Theorien
des Rassisten Gobineau ab (Drumont beispielsweise hat sie in
der gleichen Zeit stark ausgeschlachtet), sah jedoch »in der jüdischen Handlungsweise einen besonders ausgeprägten Fall von
Kapitalismus«.[21] Doch letzten Endes verloren manche Worte
ihren eigentlichen Sinn, denn der Wahlkampfgegner Marquis
de Solages, der ausgesprochen antisemitische Kampagnen startete, wurde von Jaurès als »eines der schönsten Beispiele für
das christliche Judentum« bezeichnet.[22] Auch wenn man eigentlich kein Jude war und diese sogar massiv angriff, war man
also ein »Jude«.

Dieser Punkt hat bis in die jüngste Gegenwart hinein so manchen Historiker verwirrt. Wie war es möglich, daß Jaurès die

gleichen Reden schwang wie Maurras? Antwort: Beide waren
Nationalisten, auch wenn sie die Antipoden des politischen
Spektrums bildeten. Die nationalistische Philosophie stand jenseits der Politik. Sie nahm den politischen Ideen jede Klarheit
und machte Diskussionen unmöglich.[23] So gesehen war es also
nicht weiter verwunderlich, wenn Mussolini zunächst Sozialist
war. Karl Marx war für ihn »der größte Theoretiker des Sozialismus« und der Marxismus »die wissenschaftliche Lehre der
Klassenrevolution«.[24]

Einige wenige behielten jedoch einen klaren Kopf, wie etwa
Clemenceau, der sich 1898 in der Zeitung *L'Aurore* folgendermaßen äußerte: »Die an der Regierung beteiligten Republikaner jubeln unter der Knute des Generalstabs, und die Kirche
bläst zum Religionskrieg gegen die Juden, die Protestanten und
die Atheisten [...] Es handelt sich sehr wohl um Antisemitismus,
dies kann jeder sehen. Wenn es kein Gesetz gibt, das Dreyfus
helfen kann, dann deshalb, weil er Jude ist.« Trotzdem ließ
sich Clemenceau noch im selben Jahr zu unwürdigen Äußerungen hinreißen und schimpfte über den »dreckigen Juden« mit
der »Hakennase«.[25] Er sah auf jeden Fall nicht weit genug,
denn nicht die Kirche war für diesen antisemitischen Sturm verantwortlich, sondern der Nationalismus. Aber auch wenn ihm
dies klar gewesen wäre, hätte er es nicht zugeben können.
Denn wie wir bereits gesehen haben, waren Nationalgefühl und
Patriotismus im späten 19. Jahrhundert unantastbare Werte.
Sie galten als die Maximen schlechthin und bildeten die Grundlage jeder Ethik. Wer kein Patriot war, war ein armer Teufel,
ein Nestbeschmutzer und zählte zum vaterlandslosen Gesindel.
Und natürlich konnte ein Jude kein Patriot sein.

Ein Wort noch zum ambivalenten Antisemitismus der französischen Linken, die ja durchaus große Humanisten wie Jaurès in
ihren Reihen hatten. Er ist auf zwei recht einleuchtende Faktoren zurückzuführen: Zum einen vertraten die Linken den Laizismus, und die Juden konnten und wollten ihr Judentum nicht
aufgeben. Man sah keinen Grund, gegenüber den Juden irgendwelche Ausnahmen zu machen und beispielsweise ihnen den
Religionsunterricht zu erlauben, den Christen jedoch nicht.
Zum andern zählten zur kapitalistischen Welt eine ganze Reihe

jüdischer Bankiers und Großindustrieller, weshalb man allgemein den Juden nicht mit dem gewöhnlichen französischen Arbeiter verband. In der französischen Republik waren die Juden wahrscheinlich noch weniger integriert als unter dem französischen Königtum.

Gegen Ende des Jahres 1898 legte sich jedoch das Fieber wieder. Trotzdem war die Linke nicht für alle Zeiten gegen den Antisemitismus geimpft. Aus dem Sozialismus ging bald der italienische Faschismus und der Marxismus-Leninismus hervor, beide antisemitisch, allerdings aus unterschiedlichen Gründen.

Es war ein schweres Erbe, das die Französische Revolution ihren republikanischen Nachkommen hinterlassen hat. Gott war durch das Staatsvolk ersetzt worden. Die Hysterie der Rechten von 1898 ist durchaus mit der Kreuzzugshysterie von 1096 vergleichbar, jedoch mit dem Unterschied eben, daß man sich inzwischen nicht mehr mit dem Glauben an einen Gott identifizierte, sondern mit der Nation. Es war der Anfang eines großen Irrtums, dem die Juden letzten Endes zum Opfer gefallen sind.

2

Die deutsche Illusion und die Krise der westlichen Welt

Die Judenemanzipation von 1871 – Die Rolle der Juden beim industriellen, kommerziellen und wissenschaftlichen Aufstieg des Deutschen Reichs – Symbolische Geste: Die jüdischen Soldaten des deutschen Heeres bekommen für die Jom-Kippur-Feiern frei – Die jüdische Finanzmacht im deutschen Kaiserreich – Die Rolle der Juden bei der Entstehung der sozialistischen Opposition im Kaiserreich – Materieller und psychologischer Schaden der Niederlage von 1918

Wenn es ein Land gibt, in dem die Juden sich im späten 19. Jahrhundert voll akzeptiert fühlten, so war es Deutschland. Der Grund dafür ist eigentlich in sich widersprüchlich, doch die königliche und später kaiserliche Macht konnte die antisemitischen Ausschreitungen besser kontrollieren als die Republik. Die Rechte mußte sich nicht mit einer Gegenpartei auseinandersetzen, denn die Linke war praktisch inexistent. Die deutschen Fürsten standen den Juden sicherlich reserviert, wenn nicht latent feindselig gegenüber, doch als christliche Herrscher verstanden sie sich als Schutzherren aller ihrer Untertanen, also auch der Juden.

Eine Zeitlang waren antisemitische Diskriminierungen durchaus an der Tagesordnung gewesen, beispielsweise in Preußen unter Friedrich II., doch immer wieder gab es Männer, die rasch für Entspannung sorgten, etwa der für seine Toleranz bekannte preußische Minister Hoym, der 80 jüdischen Familien das volle Bürgerrecht und weiteren 160 besondere Rechte zusprach (viel mehr jüdische Familien hat es in Schlesien nicht gegeben). Die Juden führten in Preußen ein friedliches Dasein und waren je nach Klassenzugehörigkeit Pächter, Händler oder Bankiers. Selbst als sie Breslau in ein internationales Talmudzentrum verwandelten, regte sich in der Bevölkerung offensichtlich wenig Widerstand. In Dyhernfurt bei Breslau erschien 1771 die erste in Hebräisch gedruckte Zeitung Deutschlands, die *Dyhernfürter privilegierte Zeitung*. Andere Druckereien veröffentlichten Bücher auf hebräisch oder jiddisch.

Preußen wird zwar oft als die Wiege des Antisemitismus beschrieben, war aber im Gegenteil ausgesprochen tolerant. Dafür spricht auch die Tatsache, daß um 1840 zwei Drittel der jüdischen Bevölkerung Deutschlands in Preußen wohnten, nämlich 200000 der insgesamt 350000 Juden.[1]

Die Juden von Preußen bekamen aus der Ukraine stetigen Zuwachs. Sie konnten ihre Synagogen bauen (die dort »Tempel« genannt wurden), ihre Feste feiern und ihre Traditionen pflegen. Im katholischen Süden wurden die Juden weniger toleriert. Allgemein läßt sich sagen, daß sich die Situation der Juden, nachdem die auf den Sturz Napoleons folgende Restaurationsphase vorüber war, stabilisiert hat. Sicherlich haben die Regierungen in den deutschen Staaten die Reformbewegung Abraham Geigers (1810–1874) unterstützt. Eine Bewegung, die das Judentum von den strengen Gesetzen und der Kasuistik des babylonischen Talmud befreien wollte und sich dabei auf die Vernunft und die historische Forschung berief.[2] Die Talmudstudien vollzogen sich in den gleichen akademischen Bahnen wie die Universitätsforschung.[3] Auch im Talmudstudium konnte man die Doktorwürde erwerben, und die deutschen Juden gaben das Jiddische immer mehr zugunsten der deutschen Sprache auf.

Der Deutsch-Französische Krieg von 1870/71 und die Reichsgründung[4], von Otto von Bismarck in die Wege geleitet, waren für die deutschen Juden ein weiterer Meilenstein auf dem Weg der Emanzipation. 7000 dienten damals im deutschen Heer. Die Juden von Frankreich hingegen waren als Fremde nicht zum französischen Militärdienst zugelassen. Am 5. und 6. Oktober 1870 bekamen die vor Metz stationierten deutschen Soldaten mit der Erlaubnis von General Manteuffel für die Jom-Kippur-Feiern frei. Die religiöse jüdische Zeitung *Der Israelit*

betonte 1870[5] das Deutschtum der Juden. Deutschland duldete
die Juden nicht nur im Land, sondern auch in der Armee und
respektierte ihre Religion. Was die Berufsausübung der Juden
und deren Zugang zu den öffentlichen Ämtern betraf, galten
jedoch nach wie vor gewisse Beschränkungen: Landbesitz war
ihnen immer noch verwehrt. Auch die Handwerkszünfte blieben
ihnen weiterhin verschlossen. Die öffentlichen Ämter waren
ihnen zwar nicht mehr generell verboten, doch eine Zulassung
z. B. als Staatsanwalt bekamen sie nicht.

Die Industrie hingegen stand den Juden uneingeschränkt
offen. Und sie vollbrachten dort auch wahre Wundertaten.
Obwohl die jüdische Bevölkerung nur drei Prozent der Berliner
Gesamtbevölkerung ausmachte, zählte die Hälfte der Industriellen der neuen Reichshauptstadt zu den Juden. Heinrich
Caro, ein kleiner Chemiker der noch jungen Anilinindustrie,
gründete 1866 eine der Vorläufergesellschaften des Chemie-
riesen I. G. Farben. Zusammenschluss erst 1925! Im späten
19. Jahrhundert stand die Wirtschaftspyramide der Juden buchstäblich auf dem Kopf: Die meisten gehörten zu den Reichen
und nur wenige zu den Armen. Die von Daniel Goldhagen[6] vertretene Theorie eines besonders in der deutschen Gesellschaft
latent vorhandenen Antisemitismus läßt sich nicht bestätigen.
Der Antisemitismus war in Deutschland nicht stärker ausgeprägt als in den anderen europäischen Ländern. Im Gegenteil:
Die Zahlen sprechen eher für einen gemäßigten deutschen Antisemitismus. 1807 besitzen die Juden 30 der 52 Berliner Banken,
und 1862 sind 550 der 662 preußischen Banken in jüdischen
Händen.[7] Als der Industrielle Georg von Siemens und der Bankier Adalbert Delbrück, beide Nichtjuden, im Jahr 1870 – also
in einer Zeit, in der das deutsche Nationalgefühl sicherlich
einen seiner Höhepunkte erreicht hatte – die Deutsche Bank ins
Leben rufen wollten, baten sie den Juden Ludwig Bamberger,
sich ihnen als Gründungsmitglied und Direktor anzuschließen.
Dabei war Bamberger aufgrund seiner revolutionären Vergangenheit nicht gerade einer der vertrauenswürdigsten: Wegen seiner Beteiligung an den Erhebungen von 1848 hatte er Deutschland sogar vorübergehend verlassen müssen. Trotzdem wurde
Bamberger 1871 in den ersten Reichstag gewählt.

Die Dresdner Bank war eine Gründung des Juden Eugen Guttman. Und als Reichskanzler Otto von Bismarck 1859 einen Bankfachmann benötigte, suchte er sich »einen jüdischen Bankier«. Man empfahl ihm Gerson Bleichröder. Dieser wurde nach dem Deutsch-Französischen Krieg 1871 auch vom preußischen König gebeten, als Mitglied der deutschen Delegation in Versailles über die Kriegsentschädigungen zu verhandeln. 1872 wurde Bleichröder vom König in den erblichen Adelsstand erhoben. Er war der erste geadelte Jude. Andere folgten.

Dies alles deutet nicht auf Judenhaß hin, zumindest nicht was die Regierungskreise, die Verwaltung und die bürgerliche Schicht betraf. Wenn der Antisemitismus im Deutschland des späten 19. und des frühen 20. Jahrhunderts wirklich so stark gewesen wäre, wie Goldhagen vorgibt, hätte man sicherlich bei der Gründung der großen deutschen Zeitungen nicht tatenlos zugeschaut. Auch daran nämlich waren die Juden maßgeblich beteiligt: Leopold Sonnemann gründete 1866 die *Frankfurter Zeitung*, Rudolf Mosse 1872 das *Berliner Tageblatt*, Leopold Ullstein 1887 die *Berliner Abendpost*, 1894 die *Berliner Illustrierte Zeitung* und 1898 die *Berliner Morgenpost*. Auch Abraham Oppenheim aus Köln wäre – wenn Goldhagen recht hätte – 1835 niemals Vizepräsident der Rheinischen Eisenbahngesellschaft geworden (sie baute die erste Bahnlinie zwischen Köln und Antwerpen). Und Moritz von Hirsch hätte unter solchen Umständen niemals 1869 den Orient-Express zwischen Konstantinopel und Wien ins Leben rufen können. Auch Albert Ballin wäre nicht Vorsitzender der Hamburg-Amerika-Actiengesellschaft (bekannt unter dem Namen HAPAG) geworden. Sie war eine der ersten Schiffahrtsgesellschaften der Welt. Außerdem war Ballin ein persönlicher Freund von Kaiser Wilhelm II.[8]

Die jüdische Finanzmacht war in Deutschland stärker als in den anderen europäischen Ländern und fand in der inländischen Industrie ein ausgezeichnetes Betätigungsfeld. Die Juden waren maßgeblich an der Industrialisierung des Reiches beteiligt. Bismarck hatte sich nicht getäuscht: Das Gesetz von 1864, das den »Bürgern des israelitischen Glaubens« die gleichen Bürgerrechte einräumte und 1869 auf alle Konfessionen ausgedehnt wurde, kam nach der Reichsgründung von 1871 in ganz Deutschland zur Anwendung. 1910 gab es 600 000 Juden im Deutschen Reich, bei einer Gesamtbevölkerung von 60 Millionen genau ein Prozent.

Ihr bürgerliches Pflichtgefühl war offensichtlich ohne Tadel, auch wenn es nicht überall ankam. Manche mögen es damit nämlich etwas übertrieben haben, weshalb man die Juden auch ironisch »jüdische Bürger deutscher Konfession« nannte. Damit aber gehörten sie nicht mehr zur »jüdischen Nation«. Der »Centralverein deutscher Staatsbürger jüdischen Glaubens«, der 70 000 Mitglieder und über seine Unterverbände noch einmal weitere 200 000 Anhänger zählte[9], hatte die strenge Definition des Judentums aufgegeben und sich für eine Auslegung ausgesprochen, mit der die weltoffenen Juden sich immer noch zu ihrem Kulturerbe bekennen konnten. Zwei Ereignisse erschütterten die ansonsten friedliche Landschaft. Zum einen war die heranwachsende Generation der Juden, die die Emanzipation nicht mehr persönlich miterlebt hatte, mit dem Erreichten nicht mehr zufrieden. Sie waren unter besten Lebensbedingungen aufgewachsen, hatten eine ausgezeichnete Ausbildung genossen und spürten nun doch die Barrieren eines mehr oder weniger unausgesprochenen Vorurteils. Trotz der deutlichen Verbesserung der Situation der Juden im Kaiserreich war für sie die jüdische Frage nicht gelöst. Ein Teil dieser jungen Leute schloß sich später der zionistischen Bewegung an, die von Theodor Herzl 1897 auf dem ersten Zionistenkongreß von Basel offiziell ins Leben gerufen wurde. Ein anderer Teil stürzte sich in politische Aktivitäten und engagierte sich vor allem in ... deutschnationalistischen Gruppierungen.[10]

Solch offene Stellungnahmen waren, wenige Jahre nachdem die Juden durch Bismarck die volle Rechtsgleichheit bekommen hatten, immer noch ein kühnes Unterfangen. Der Nähmaschinen- und Waffenfabrikant Ludwig Loewe ließ sich 1878 in den Reichstag wählen und unterstützte den Kampf der sozialistischen Fortschrittspartei gegen Bismarck (weshalb Bismarck bald darauf die sozialdemokratische Partei verbot). Der ebenfalls jüdische Reichstagsabgeordnete Bamberger engagierte sich auch gegen die seiner Meinung nach imperialistische Politik Bismarcks. Als er jedoch 1894 völlig unerwartet mit einem Antisemitismus konfrontiert wurde, der bisher durch den kaiserlichen Schutz kleingehalten worden war, gab er sein Reichstagsmandat ab. Paul Singer, ein weiterer jüdischer Reichstagsabgeordneter, vertrat die Berliner Arbeiterbewegung und übernahm zusammen mit August Bebel und Karl Liebknecht auch deren Führung.

Nebenbei bemerkt: Die sozialistische Orientierung eines Teils der deutsch-jüdischen Intelligenzija deckte sich mit der zionistischen Idealvorstellung.

Der zweite Grund für die antisemitischen Erschütterungen im Kaiserreich war das zunehmende öffentliche Auftreten der Juden. Ihre Präsenz nahm zu, und zwar nicht über ihren religiösen Kult, sondern über ihren staatlichen Einfluss – vom Rebellentum ihrer Politiker gegen die kaiserliche Regierung ganz zu schweigen. Als äußeres Zeichen ihrer sozialen Aufwertung ließen sich die jüdischen Gemeinden der großen Städte monumentale Synagogen bauen. Die letzte repräsentative Synagoge aus der Zeit vor 1914 wurde in Berlin errichtet. Das neoklassizistische Gebäude wurde im April 1914 eingeweiht und konnte 2000 Personen fassen. Im Vertrauen auf die Institutionen des Kaiserreichs begann die jüdische Jugend auf Feindseligkeiten aggressiver zu reagieren. »1886 gründeten jüdische Studenten in Breslau einen Fechtclub, um im Duell gegen Leute, von denen sie beleidigt worden sind, bestehen zu können«, schreibt Ruth Gay. Auf ihrem Banner stand: *Nemo me impune lacessit* (»Niemand beleidigt mich ungestraft«).

Mit ihrem athletischen Körperbau, ihrer Eleganz und Selbstsicherheit erinnerten die jungen Juden in keiner Weise mehr an die noch zwei Jahrzehnte zuvor gängigen Karikaturen. Sie standen für ein neues Judentum, das man seit dem Imperium Romanum so nicht mehr gesehen hatte, und dies gegenüber einem deutschen Nationalbewußtsein, das – wie das der anderen europäischen Nationen in jener Zeit auch – rückwärtsgewandt war und auf Exklusivität zielte. Denn – und dieser Punkt ist bis heute nicht genügend erforscht worden – jedes Nationalbewußtsein entwickelt sich über eine zum Mythos erhobene Vergangenheit.[11]

Die Anfänge des deutschen Antisemitismus, soweit sich ein solcher vor der Machtergreifung durch die Nationalsozialisten entwickelt hatte, liegen auf jeden Fall in den erzkonservativen Intellektuellenkreisen, die oft zahlreiche Mythen hervorbrachten. Pamphlete wie das »Gegen die Juden« von Grattenauer oder jene von Wolfgang Menzel waren schon jahrelang im Umlauf. Was sie aufs Korn nahmen, waren die Schwächen des neuen jüdischen Bürgertums. Denn die emanzipierten Juden waren zwischen den Sitten der Nichtjuden und ihren eigenen Traditionen hin- und hergerissen.

Durch die Reichsgründung bekamen die konfusen Sehnsüchte, die bisher in den verschiedenen deutschen Ländern zu beobachten waren, neue Nahrung. Die ehemaligen deutschen Fürstentümer fühlten sich vor allem durch die gemeinsame Sprache miteinander verbunden. Ansonsten waren die Unterschiede zwischen den Katholiken des Südens und den Protestanten des Nordens, zwischen Pommern und Bayern, zwischen Westfalen und Schlesiern genauso groß wie heute zwischen Iren und Engländern oder zwischen Sizilianern und Lombarden. Plötzlich aber nahm die Idee einer mächtigen Nation Gestalt an, die nach einer einzigen Kultur verlangte. Denn das Reich erwies sich als größer als die Summe seiner Einzelteile, für die Bürger ein Grund mehr, stolz auf sich zu sein.

In den Flugschriften des späten 19. Jahrhunderts war dieser Stolz deutlich zu spüren, ebenso in den Versammlungen, die von Antisemiten wie Eugen Dühring, Paul de Lagarde oder Wilhelm Marr, der den Begriff »Antisemitismus« erfunden hat, veranstaltet wurden. Man lehnte die Juden nicht deshalb ab, weil sie keine Christen waren, sondern weil sie Träger einer rassischen Krankheit waren, die die Lebenskraft der deutschen Rasse gefährdete. Was sich hinter dieser rassischen Krankheit verbarg, wußte allerdings niemand so recht, auch nicht die vehementesten Vertreter dieser These.

Wie Gordon A. Craig[12] hervorhebt, berief man sich auf verschiedene wissenschaftliche Disziplinen. Auf die Anthropologie (wie damals auch in Frankreich, und zwar mit dem gleichen Mangel an Grundwissen und wissenschaftlicher Sorgfalt), auf die Biologie (die in Sachen Religion nun wirklich nichts zu sagen hatte; außerdem war die DNS, die die These von den menschlichen Rassen ein für allemal ad absurdum führte, noch nicht entdeckt), auf die Psychologie und auf die Theologie (Theologen sind die letzten, die in diesem Bereich über irgendwelche Kompetenzen verfügen). Zum ersten Mal in der deutschen Geschichte arbeiteten Intellektuelle an einer pseudowissenschaftlichen Verbindung von Kultur und Rassismus und kamen dabei zu einem alarmierenden Ergebnis: Die Kultur käme einem anthropologischen Produkt gleich. Die Juden dürften nicht geduldet werden, weil ihre »Natur« das Produkt einer für die deutsche Rasse gefährlichen »rassischen Kultur« sei. Diese von den Nationalsozialisten übernommenen und mit den allseits bekannten Folgen weiterentwickelten Theorien werden auch heute noch häufig genug von diversen Gruppierungen vertreten, und zwar nicht nur in Frankreich, England oder Deutschland, sondern auch in Ex-Jugoslawien, Rußland und sogar in den Vereinigten Staaten von Amerika.

An solchen Phantastereien kann der Historiker die Entwicklung der antisemitischen Ideen verfolgen. Anders als die Thesen von Goldhagen[13] wurden diese von der breiten Masse nicht übernommen. Sie waren viel zu überspitzt, als daß man sie hätte ernst nehmen können. Es gab genug Juden in der Bevölkerung, so daß jeder sehen konnte, daß sie ihre Zeit nicht damit zubrachten, Brunnen zu vergiften, daß sie außerdem ein ausgezeichnetes Deutsch sprachen – wie etwa Heinrich Heine – und ihre Kinder so erzogen wie die übrige Welt auch. Sie besaßen eine Religion und pflegten diese in durchaus angemessenen, ja sogar prunkvollen Gotteshäusern. Wer konnte schon ahnen, daß 50 Jahre später davon nur noch Trümmer übrigbleiben sollten?

Die Hypothese, daß alle Schichten der deutschen Bevölkerung in den letzten Jahrzehnten des 19. Jahrhunderts von einem psychopathischen Antisemitismus geprägt waren, ist stark übertrieben, ja falsch. Die Wahrheit liegt viel näher: Da die Juden in Deutschland erst seit 1871 im Besitz der vollen Bürgerrechte waren, wurden sie von der Bevölkerung natürlich aufmerksam beobachtet, denn schließlich wollte man ja wissen, ob sie des neuen Sozialstatus würdig seien oder nicht. Ein Aspekt der Mas-

senpsychologie, den spätere Historiker gern übersehen haben,
die Juden der damaligen Zeit übrigens auch. Ende der 1870er
Jahre war der Historiker Theodor Mommsen über die antisemitischen Schriften seines Kollegen Treitschke so entsetzt, daß
er es nicht für möglich hielt, den Antisemitismus mit Argumen-
ten der Vernunft zu bekämpfen. Es sei nutzlos, vollkommen
nutzlos, schrieb er. Das sei eine grauenhafte Epidemie, wie die
Cholera, man könne sie weder erklären noch heilen. Es war
jedoch noch zu früh. Acht oder neun Jahre nach der offiziellen
Aufnahme der Juden in die deutsche Gesellschaft war ein Urteil
darüber, inwieweit der Antisemitismus Wurzeln geschlagen
hatte, noch nicht möglich.

Zumal in jenen Jahren ein Vorfall, für den weder die Juden
noch die Deutschen etwas konnten, die antisemitischen Vorurteile wieder aufleben ließ. In den 1870er Jahren kam es zu mehreren Konkursen, die alle auf den Bankrott des jüdischen Groß-
industriellen Bethel Henry Strousberg zurückgingen. Damit
schwand zum einen das Vertrauen in die Kompetenz der jüdischen Finanzfachleute, zum anderen fühlte sich die allgemeine
Bevölkerung in ihren Klischeevorstellungen über die jüdische
Unzuverlässigkeit bestätigt. Als sie erfolgreich waren, schalt
man sie als Ausbeuter, und nun machten sie Bankrott und galten
deshalb als Schwindler. Strousberg hatte eine Eisenbahngesellschaft gegründet, die Bahnlinien in Rumänien bauen sollte.
Doch das Land konnte seine Zahlungsverpflichtungen nicht
erfüllen. Somit mußte Strousberg 1873 Konkurs anmelden und
zog andere Unternehmen mit in den Bankrott. In der Folge kam
es zu einem Börsenkrach.

Aus der Affäre wurde ein mittleres Desaster: Der Erfolg der
Industrie- und Finanzunternehmen hatte zahlreiche Kleinanleger angezogen, aber auch so manchen Börsenhai, der vom Spe-
kulationsfieber profitieren wollte. Die Kleinanleger waren ruiniert. Da Strousberg und die meisten seiner Teilhaber Juden
waren, machte die Öffentlichkeit die Juden für das Debakel
verantwortlich. Natürlich wollte sich keiner mehr daran erinnern, daß vor allem der jüdische Abgeordnete Eduard Lasker
vor den Unsicherheiten des Finanzmarktes gewarnt hatte. Ebenfalls ignoriert wurde, daß der Schaden mit Hilfe des jüdischen

Bankhauses Bleichröder in Grenzen gehalten werden konnte.[14] 1893 war jedenfalls eine antisemitische Partei mit 13 Sitzen im Reichstag vertreten. Trotzdem ist es übertrieben, wenn nicht falsch, wie Goldhagen zu behaupten, daß die Gesamtbevölkerung von einem lebendigen Antisemitismus durchdrungen war. Um solchen fundamentalen Fehleinschätzungen zu entgehen, sollte man sich vor einer selektiven Sichtweise hüten. Es empfiehlt sich ein Vergleich mit der Gegenwart: Die 13 Reichstagssitze der antisemitischen Partei sind nicht höher zu bewerten als die 15 Prozent, die die rechtsradikale *Front National* bei den französischen Wahlen zu Beginn des Jahres 1998 auf sich vereinigen konnte. Wenn der »eliminationistische Antisemitismus« wirklich das wilhelminische Deutschland beherrscht hätte, hätten die jüdischen Gemeinden sich nicht bis zum Ende der Weimarer Republik so stark entwickeln können.

Vor dem Ausbruch des Ersten Weltkrieges war der Antisemitismus in Deutschland genauso präsent wie im übrigen Europa. Er glich wie in den übrigen Ländern einer latenten Infektion, deren verheerende Folgen nicht vorhersehbar waren. Die schwachsinnigen antisemitischen Reden eines Hermann Ahlwardt[15] waren nicht mehr und nicht weniger laut als die Hetzpropaganda von Eduard Drumont. Nach wie vor waren die jüdischen Minderheiten stark am wirtschaftlichen und industriellen Aufstieg Deutschlands beteiligt, und der Öffentlichkeit war sehr wohl bewußt, wie sehr das ganze Land davon profitierte. Die Öffnung der Universitäten für die Juden brachte dem deutschen Kaiserreich eine Fülle wissenschaftlicher und technischer Entdeckungen: Die »*Taube*«, das wichtigste Flugzeug des Ersten Weltkrieges, war von dem Juden Edmund Rumpler (1872–1940) konstruiert worden. Auch der Phonograph, die Schallplatte und das Mikrophon sind jüdische Erfindungen, nämlich von Emil Berliner (1851–1929), dem Begründer der bekannten und heute noch aktiven *Deutschen Grammophon-Gesellschaft*. Benno Strauss (1873–1944) war in den Kruppwerken, in deren Direktorium er bis 1934 saß, an der Entwicklung des rostfreien Stahls beteiligt. Paul Ehrlich[16] (1854–1915), einer der großen Pioniere der modernen Medizin, hat mit seiner Idee, die Bakterien zu färben, die moderne Bakteriologie ein

großes Stück nach vorne gebracht. Er erfand außerdem die Che-
motherapie und das erste bekannte Heilmittel gegen die Syphilis: Salvarsan. Die Liste ist lang. Natürlich darf auch der aus
Ulm gebürtige Albert Einstein nicht fehlen, auch wenn er nach
seinen frustrierenden Erfahrungen am Münchner Luitpold-
Gymnasium nach Zürich wechselte.[17] Die Juden waren für das
wilhelminische Deutschland von unschätzbarem Wert.

Dann kam die erste Apokalypse. Der Erste Weltkrieg hatte
für Deutschland in sozialer, politischer, psychologischer, kurz:
in jeder Hinsicht verheerende Folgen, jedoch nicht nur für
Deutschland, sondern für die ganze Welt.

Die Juden traf allerdings keine Schuld. Das spätere Unglück
des 20. Jahrhunderts, das die Flammen des Antisemitismus
hochzüngeln ließ, war die darwinistische Illusion von den
Schwachen, eine Illusion, die die Welt für einen Dschungel hielt,
in der nur das Recht des Stärkeren gilt. Es war die Zeit der antidemokratischen politischen Systeme. Und da in Deutschland
der Nationalsozialismus sein Unwesen trieb, war dieses Land
der Hauptschauplatz. Doch überall in Europa war man für
den Bazillus der Intoleranz durchaus empfänglich.

Der Westen litt an einem Fieber, für das vor allem drei Sym-
ptome auszumachen waren. Symptom Nummer eins war die
auf die koloniale Expansion zurückzuführende, nationalistische
Arroganz. Das christliche Europa hatte die halbe Welt unterjocht: fast ganz Afrika, den indischen Subkontinent, Süd-Ost-
Asien und den größten Teil von Ozeanien. Hinzu kamen zahlreiche Regionen mit indirekter europäischer Oberhoheit, etwa
Zentralamerika oder der Mittlere Osten. Der weiße Mann empfand sich als mächtigster Vertreter der Menschheit.

Symptom Nummer zwei war die soziale und politische Instabilität, die nach der Oktoberrevolution von 1917 und der deutschen Revolution von 1918 noch weiter zunahm. Es herrschte
eine apokalyptische Stimmung, die in Oswald Spenglers *Untergang des Abendlandes* (geschrieben 1914, veröffentlicht 1918)
hervorragend zum Ausdruck kommt. Hinzu kam die rasante
Entwicklung der Technik. Durch Auto, Telefon und Radio wurden die traditionellen Lebensweisen völlig verändert. Auch die
Vorahnung der drohenden kriegerischen Auseinandersetzungen

trug zu dieser Stimmung bei. In dieser Situation entwickelte sich in den einzelnen Ländern ein identitätsbildender, antisemitischer Nationalismus.

Außerdem schwappte eine Welle des Irrationalismus über die Welt. In Bergsons Theorien über die schöpferische Kraft des Lebens, in der Psychoanalyse und der Entdeckung des Unbewußten, im Futurismus, Dadaismus und Surrealismus findet dieser Irrationalismus seinen deutlichsten Niederschlag. Die Kultur der Aufklärung und damit das Wertesystem des 18. Jahrhunderts befanden sich in einer tiefen Krise.

Auf die Toleranz hat dies alles keinen guten Einfluß.

3

1933–1945: Irrtum und Horror

Der unberechtigte Vorwurf der Zusammenarbeit zwischen dem Vatikan und den Diktaturen – Das ungeschickte Verhalten von Pius XII. – Daniel Goldhagens absurde Anklage gegen die Kirche – Unterschiede zwischen dem italienischen Faschismus und dem Nationalsozialismus – Warum Deutschland? – Die Unvorsichtigkeit der Juden während des Kriegs – Deutschlands Erniedrigung und der Aufstieg des Nationalsozialismus – Die Rolle der Juden in der Revolution von 1918 – Spartakusbund und »Freistaat« Bayern – Der Scharfblick Nietzsches – Die Weimarer Republik – Die Übersteigerung der Nationalismen und das totalitäre Europa – Hitler als Gegner des Christentums – Das Leben im Dritten Reich – Die nationalsozialistischen Erpresser – Antisemitismus in England – Der amerikanische Antisemitismus und die Gleichgültigkeit gegenüber Europa – Die Schandtaten der französischen Rechten – Zwei Formen von Nationalismus und was sie unterscheidet

Die Geschichte des Antisemitismus kennt viele Mythen. Einer davon hält sich besonders hartnäckig, auch wenn er überhaupt nicht der Wahrheit entspricht: die christlichen Kirchen als Komplizen der Judenverfolger. Dieser Mythos entstand, weil man sich nicht vorstellen konnte, daß es in den beiden christlichen Ländern Deutschland und Italien auch ohne die Zustimmung der Christen – Katholiken und Protestanten – zu solchen Greueltaten kommen konnte. Also werden die Christen in die totalitäre, rechte »kapitalistische Ecke« gesteckt. Dieser Irrtum findet sich in verschiedenen Arbeiten, auch in der bereits zitierten Veröffentlichung *Hitlers willige Vollstrecker*[1] von Daniel Goldhagen, für den »die katholische Kirche als Institution voll und ganz – auch offiziell – antisemitisch« war. Demnach wäre das Christentum immer noch die Ursache für den Antisemitismus.

Hier werden durch falsche Behauptungen Voraussetzungen für einen neuen Religionskrieg geschaffen. Das Christentum kann nicht wegen der sonderbaren Haltung von Papst Pius XII. für die Judenverfolgungen des 20. Jahrhunderts verantwortlich gemacht werden. Der große Motor für den Antisemitismus des 20. Jahrhunderts ist der Nationalsozialismus, meist in Verbindung mit dem Kapitalismus.

Ich selbst habe es bereits an anderer Stelle bedauert, daß Pius XII. um seiner Redefreiheit willen Rom während des Krieges nicht verlassen hat. Andere haben seine auffallende Deutschfreundlichkeit kritisiert: als er 1940 dem deutschen Botschafter auf deutsch seine Freude über die deutschen Militärerfolge mitteilte, war dies sicherlich nicht das, was man von einem Hirten der Christenheit erwarten durfte.[3] Eugenio Pacelli, dem späteren Papst Pius XII., konnte nicht entgangen sein, daß Hitlers Deutschland nicht jenes von Bach und Goethe war. Er muß gesehen haben, daß der Führer die Kirche haßte.[4] Trotzdem kann man beim besten Willen nicht behaupten, daß die Christen in ihrer Gesamtheit den Faschismus und den Nationalsozialismus begrüßt hätten, auch wenn einige allzu diplomatische Prälaten sich in ihrem Opportunismus in jenen schwarzen Jahren zu den schlimmsten Äußerungen haben hinreißen lassen. Johannes Paul II. kann sicherlich nicht vergessen, wie sehr er während seines Theologiestudiums in Krakau täglich sein Leben riskiert hat, denn die Stadt lebte damals unter dem Terror der Nationalsozialisten.[5] Die Wahrheit ist, daß Mussolini und Hitler zwei entschiedene Kirchen- und Religionsgegner waren. Mussolini war dies bereits in die Wiege gelegt worden: Sein Vater Alessandro, geboren 1854, war ein überzeugter Atheist und Kirchenfeind. Der junge Benito haßte die Klosterschule der Salesianer, auf die man ihn im Alter von neun Jahren als Internatsschüler schickte, und warf dem Superior sogar ein Tintenfaß an den Kopf. 1908 veröffentlichte er *Il Trentino visto da uno Socialista* (»Das Trentino mit den Augen eines Sozialisten betrachtet«). Der Text ist voller Seitenhiebe auf die Kirche, »diesen großen Kadaver«, und den Vatikan, »diesen Inbegriff der Intoleranz«. In einer weiteren Veröffentlichung von 1914 äußerte sich Mussolini ähnlich. Auch der Faschismus war nicht kirchenfreundlich. Am 9. Oktober 1919 forderte der futuristische Schriftsteller Marinetti »die Ausweisung des Papsttums aus Italien und die Devatikanisierung Italiens«. Im selben Jahr verlangte Mussolini die Konfiskation des Kirchenbesitzes. Die Monarchie und die entscheidenden staatlichen Einrichtungen gaben dem künftigen Duce nach. Der berühmte Marsch auf Rom war nur eine Farce, denn als der König und die Armee am 28. Oktober 1922 Mussolini die Zügel der Macht übergaben, geschah dies in voller Kenntnis der Sachlage. Doch der Vatikan blieb hart. In der Enzyklika *Urbi arcani Dei* desselben Jahres mahnte Pius XI. die Christen zur Wachsamkeit. Vier Jahre später verdammte er das Prinzip des totalitären Staates. Doch schließlich hat Mussolini im Kampf mit der Kirche einen Sieg davongetragen, der mit der Judenfrage nichts zu tun hatte: Der Papst erkannte Rom als die Hauptstadt Italiens an.[6]

Trotzdem wurde der Kampf mit dem Vatikan verdeckt weitergeführt. Am 14. Mai 1929 erklärte Mussolini vor der Abgeordnetenkammer, daß »die Kirche innerhalb des Staates nicht souverän, ja nicht einmal frei« sei. Ein Jahr später bezeichnete er das Christentum als »jüdische Sekte«. Von seiner Feindschaft gegenüber der Kirche hat Mussolini nie abgelassen. Trotzdem war er auf Jahre hinaus nicht für den Antisemitismus empfänglich: »Es ist lächerlich, die Synagogen schließen zu wollen«, erklärte er am 13. Mai 1929. »Schon zur Zeit der Könige waren die Juden in Rom und lieferten vielleicht den geraubten Sabinerinnen die Kleider. Unter Augustus waren es 50000, und sie bestanden darauf, dem toten Julius Cäsar die letzte Ehre erweisen zu dürfen. Sie blieben und hatten keine Angst.«[7]

Noch 1934 heißt es im *Lavoro fascista:* »Der Faschismus lehnt die für den Hitlerismus typischen symbolischen Übertreibungen und den falschen Mystizismus ab, ebenso das lediglich für die Hühner- oder Pferdezucht taugliche rassistische Konzept. Der Faschismus weiß, daß man sich beim Aufbau Roms nicht von einem Rassenkonzept leiten ließ, sondern von der Zivilisation.[8] Daher gibt es ja auch die zivilisierten Anhänger Hitlers.«

Unter dem Druck Adolf Hitlers änderte Mussolini jedoch seine Meinung und gab 1938 zwei Rassenverordnungen heraus. Trotzdem zählt Italien innerhalb des Einflußbereiches der Achsenmächte zu den Gebieten, die während des Zweiten Weltkriegs die wenigsten Antisemitismusopfer zu verzeichnen hatten: zwischen 7000 und 7500[9] – das sind wesentlich weniger als beispielsweise in Frankreich. Bei einem Großteil der Bevölkerung und besonders in den Klöstern fanden die italienischen Juden Schutz. Auch die französischen Juden waren in jener dunklen Zeit jenseits der Alpen sicherer als in Frankreich. Im Gegensatz zu Vichy, das die antisemitischen Forderungen der Besatzungsmacht mit einem Übermaß an Beflissenheit erfüllte, zeigte sich Italien in antisemitischen Fragen außergewöhnlich zurückhaltend. 1943 wurden die Italiener von den französischen und den deutschen Behörden regelrecht mit Gesuchen bombardiert: Italien sollte die jüdischen Flüchtlinge aus Italien, die auf französischem Boden, aber im italienischen Einflußbereich lebten (20000 bis 30000), freigeben. Doch die italienischen Behörden reagierten nicht. Mit der alliierten Invasion Siziliens und dem Sturz Mussolinis schwanden die Hoffnungen der französischen Polizei und der Gestapo auf die Auslieferung der Flüchtlinge. Nach dem Waffenstillstand vom 3. September 1943 zwischen Italien und den Alliierten setzten sich die Franzosen und die Deutschen erneut mit der Frage der nach 1927 eingebürgerten und auf französischem Boden lebenden Juden auseinander, und Pierre Laval unterzeichnete ein Gesetz, das 16600 von ihnen an die Nationalsozialisten auslieferte.[10]

Natürlich kann man den Faschismus nicht generell entlasten, aber man kann zumindest darauf hinweisen, daß die behauptete Komplizenschaft von christlichen Kirchen und den Antisemiten eine unverschämte Lüge ist. Die Haltung der Christen gegenüber den Juden war recht unterschiedlich und hing stark von den jeweiligen Umständen und dem entsprechenden Kulturkreis ab. Das italienische Volk ließ sich wesentlich weniger zum Haß verleiten als das französische. Es lohnt sich, darüber einmal nachzudenken.

Der Gegensatz zwischen Nationalsozialismus und Christentum ist unübersehbar. Die Nazis lehnten die Geistlichkeit ab.

Viele deutsche Christen lehnten den Nationalsozialismus ab. In der Enzyklika *Non abbiamo bisogno* vom 4. Juli 1931 nannte Pius XI. den Faschismus einen »heidnischen Staatskult«. Die Nationalsozialisten wußten sehr wohl, daß sie von den Kirchen nichts zu erwarten hatten, weder von der katholischen noch von der evangelischen. Die Katholiken spürten die nationalsozialistische Gefahr zwar deutlich, auch wenn sie natürlich das Ausmaß der Bedrohung nicht wirklich erahnen konnten.

André Lama[11] beschreibt, wie Hitler, nachdem seine politische Machtstellung durch die Wahlen vom März 1933 gestärkt worden war, seinen Reichsminister Göring beauftragte, »sich die Katholiken vorzunehmen. Viele von ihnen wurden verhaftet, ihre Besitzungen konfisziert und ihre Zeitungen beschlagnahmt [...]. Das Gesetz vom 7. April 1933 brachte Neuregelungen für den öffentlichen Dienst, die für die katholischen Beamten diskriminierend waren.« Nur wenigen ist bekannt, daß den Katholiken Regelungen wie für die Juden drohten. Im Juli 1933 war zwischen Hitler und Pius XI. ein Konkordat unterzeichnet worden, päpstlicher Delegierter bei den Verhandlungen war Kardinal Pacelli, der spätere Pius XII., gewesen. Der Papst wollte den Schaden so schnell wie möglich begrenzen. Den Katholiken wurde »die Freiheit des Bekenntnisses und der öffentlichen Ausübung der katholischen Religion«, nicht aber die Redefreiheit garantiert. Die katholischen Institutionen bekamen einen Maulkorb verpaßt und sahen sich auf karitative Aufgaben beschränkt.

Trotzdem galten die Katholiken nach wie vor als verdächtig. Der großen Säuberung vom 30. Juni 1934, bei der Ernst Röhm ermordet und die SA entmachtet wurde, fielen auch Katholiken zum Opfer. Erich Klausener, der Leiter der Katholischen Aktion, Adalbert Probst, der Chef der *Deutschen Jugendkraft*, der katholischen Jugendorganisation, Fritz Gerlich, der Herausgeber der Zeitung *Der gerade Weg* und der Priester Stempfle wurden liquidiert, weil sie – wie Lama weiterhin zu berichten weiß – das Regime kritisiert hatten. In den Jahren 1935 und 1936 kam es wiederholt zu Auseinandersetzungen zwischen deutschen Katholiken und Nationalsozialisten. Dem Klerus warf man vor, über Gelder im Ausland zu verfügen. In der Enzy-

klika *Mit brennender Sorge* vom März 1937 wurde die nationalsozialistische Kirchenpolitik verurteilt. Als Reaktion darauf
wurde unter der Leitung von Reinhard Heydrich eine staatliche
Abteilung eingerichtet, die »die politischen Kirchen, die Sekten
und die Juden« bekämpfen sollte. Bereits von 1933 an hatte der
Nationalsozialismus die Liquidation der katholischen Kirche
zum Ziel. Abermals sahen sich die Katholiken mit den Juden
auf eine Stufe gesetzt; »die katholische Frage« gab es in Deutschland genauso wie »die jüdische Frage«. Allerdings konnte man
nicht alle Katholiken verhaften und deportieren, denn es waren
zu viele. In der Weihnachtsansprache von 1937 sprach Papst
Pius XI. von der Verfolgung der katholischen Kirche in Deutschland[12], und in der Sudetenkrise griff er die nationalsozialistischen Rassentheorien sogar offen an.

Vor diesem Hintergrund ist Daniel Goldhagens Anklage
völlig unbegründet. Der amerikanische Historiker ist der Meinung, daß »das Fehlen jeglichen Protestes oder einer in Privat-
kreisen geäußerten Form der Mißbilligung nicht auf die nationalsozialistische »Gehirnwäsche« der Deutschen oder deren
Unvermögen, den Unmut über die Regierung zu äußern, zurückzuführen ist«, denn die Quellen würden angeblich weder
die eine noch die andere These bestätigen. Goldhagens Thesen
entbehren jeder Grundlage. Im folgenden nur eines von vielen Beispielen deutschen Protestes gegen den Nationalsozialismus: Am 21. März 1937 »verlasen alle katholischen Geistlichen
Deutschlands in ihren Gemeinden die Enzyklika *Mit brennender Sorge*«.[13] War es Goldhagen nicht bekannt, daß 1939
alle Katholiken des Sudetenlandes als »Staatsfeinde« verhaftet
wurden?[14] Die Kirche war in das Lager der Verfolgten über-
gewechselt.

Der entscheidende Punkt dieser Vorwürfe, und zwar nicht
nur der von Goldhagen, sondern aller Beschuldigungen, die seit
über 50 Jahren gegen die deutsche Nation erhoben werden, ist
die Frage nach einer möglichen deutschen Kollektivschuld.
Danach hätte ein ganzes Land die Ermordung von sechs Millionen Juden gebilligt und sich mehr oder weniger aktiv am
schlimmsten Massaker der Menschheitsgeschichte beteiligt.

Wenn dem so wäre und der Haß auf die Juden wirklich so tief

in den Deutschen verankert wäre, müßte man sich fragen – und
viele, vor allem jüdische Autoren haben sich das auch gefragt –,
warum sich die Deutschen nicht gegen den wilhelminischen
Staat, der ja bekanntlich die Juden geschützt hat, erhoben haben.
In diesem Fall, so Norman G. Finkelstein und Ruth Bettina
Birn, hätte schon seit langem »jüdisches Blut in den Straßen fließen müssen«.[15] Anklagen dieser Art gehen stillschweigend darüber hinweg, daß Hitler, der sich schon lange vor seiner Ernennung zum Reichskanzler deutlich als Antisemit zu erkennen
gegeben hatte, nur mit 33 Prozent der Stimmen gewählt worden war. Für die Folgezeit gibt es keine Meinungsumfragen, mit
deren Hilfe man Hitlers wirkliche Popularität ermessen könnte.

Allein schon das Ausmaß der Beteiligung spricht gegen die
Behauptung Goldhagens. Denn sonst müßte man auch alle
Russen für die rund 30 Millionen Toten der leninistisch-stalini-
stischen Ära zur Verantwortung ziehen oder alle Kambodschaner für die schätzungsweise zwei Millionen Opfer der Roten
Khmer. Konsequenterweise müßte man auch in einem neuen
Nürnberger Prozeß die gesamte deutsche Nation zur Rechenschaft ziehen und den Gebrauch der deutschen Sprache, ja
selbst des Wortes »Deutschland« verbieten. Anklagen dieser
Art stehen ebenfalls für eine totalitäre Denkweise und schaffen
eine neue Form von Völkermord, den »intellektuellen Völkermord«. Außerdem bieten sie keine Erklärung, sondern verhindern für alle Zeiten eine sinnvolle Debatte. Warum gerade die
Deutschen? Warum nur sie? Warum die Juden?

Es ist leicht, in Friedenszeiten Anklage zu erheben. Denn in
Friedenszeiten kann man sich das Alltagsleben im Dritten Reich
nicht vorstellen, und so bleibt der mächtige Polizei- und Militärapparat, der damals in Deutschland allgegenwärtig war, völlig
außer Betracht. Die Nationalsozialistische Partei beherrschte
den deutschen Staat, den es ja trotz allem gab (ein Detail, das
von den Historikern gerne vernachlässigt wird), und hatte so
mit der Zeit nicht nur das öffentliche, sondern auch das private Leben vollkommen unter ihrer Kontrolle. Die von Jeremy
Noakes[16] gesammelten Dokumente beispielsweise widersprechen mancher vorschnellen und tendenziösen Behauptung und
bestätigen, daß die Deutschen in ihrer Gesamtheit weit von

einer vorbehaltlosen Befürwortung des Nationalsozialismus entfernt waren. Selbst wenn die christlichen Deutschen es gewollt hätten, hätten sie keine Möglichkeit gehabt, sich gegen die Shoah aufzulehnen. Also versuchten sie zunächst einmal, ihre eigene Haut zu retten, und beteten für einen Sieg Deutschlands, der ihnen die Apokalypse ersparen sollte, auch wenn ihnen ab Ende 1943 klar gewesen sein mußte, daß ein Sieg unmöglich war. Deutschland war für sie zu einem riesigen Konzentrationslager geworden. Selbst die Kinder, die die Behörden beim Vorstoß der Alliierten nach den Plänen der Kinderlandverschickung zu evakuieren begannen, wurden in Lager gebracht, wo eine strenge Disziplin herrschte. Tausende von deutschen Frauen arbeiteten in den Waffenfabriken oder wurden wegen geringer Verstöße in die Arbeitslager geschickt, manchmal deshalb, weil sie zu den Arbeitern aus den besetzten Ländern sexuelle Beziehungen unterhalten hatten. Arbeiter der Waffenfabriken, die Fehler machten, wurden erschossen. Allein 1943 hat das Regime 5336 von ihnen wegen »Sabotage« erschießen lassen. Bis zum Juni 1944 wollte die Partei selbst den Ablauf der Gespräche zwischen Leuten, die sich gegenseitig besuchen, bestimmen. Ein Rundschreiben an die örtlichen Parteizentralen schrieb Formulierungen vor, die »gute Deutsche« gebrauchen sollten.[17]

Von einer Bevölkerung, die unter solchen Bedingungen lebt, zu verlangen, daß sie sich gegen die Ausrottung der Juden erhebt, ist der reine Wahnsinn. Zumindest handelt es sich um krasse historische Unkenntnis, wenn nicht gar um Böswilligkeit. Jedenfalls wurde diese Verzerrung der historischen Tatsachen in die ganze Welt hinausgetragen.

Es läßt sich sehr leicht feststellen, daß der nationalsozialistische Antisemitismus in erster Linie nationalistischer Natur war und daß das Christentum trotz des Fehlverhaltens, das ihm von mancher Seite vorgeworfen wird – allzu starke Kompromißbereitschaft oder allzu beharrliches Schweigen –, keine Schuld daran hatte. Es ist mit aller Deutlichkeit zu betonen, daß der Antisemitismus der ersten Hälfte des 20. Jahrhunderts ausschließlich nationalsozialistisch begründet war.[18] Auch die Tatsache, daß einige Christen und Vertreter des katholischen und

des protestantischen Klerus daran beteiligt waren, ändert daran
nichts. Auch unter den Christen kann es Nationalisten geben,
die je nach Temperament und Situation abwegige, absurde,
unmoralische oder einfach kriminelle Standpunkte vertreten[19],
vielleicht auch aus taktischen Gründen, denn der atheistisch-
marxistische Materialismus flößte ihnen Angst ein.

Wie konnte es so weit kommen? Wie konnte ein Volk in den
Händen von ein paar Dutzend Mördern sich so aufgeben?

Die Geschichte des Nationalsozialismus war schon Gegenstand mancher Veröffentlichung, doch seine mindestens ebenso wichtigen Vorbedingungen sind nur wenigen bekannt. Als
im Juni 1919 die Siegermächte Frankreich, England, Italien
und die Vereinigten Staaten von Amerika über das Schicksal
Deutschlands in dessen Abwesenheit berieten (das Deutsche
Reich war formell nicht zugelassen), war der Verhandlungs-
gegenstand der Diplomaten, die sich auf Festbanketts amüsier-
ten, nämlich Deutschland, bereits in Auflösung begriffen.

Am 3. November 1918, also bereits neun Tage vor der Unter-
zeichnung des Waffenstillstands, waren in Deutschland Unruhen ausgebrochen. In Kiel revoltierten die Marinesoldaten. Ihr
Aufstand breitete sich schnell über Lübeck, Hamburg, Bremen
und Hannover bis München aus und entwickelte sich zu einer
Revolution. Zwei Tage vor dem Waffenstillstand dankte Wilhelm II. ab, und der Sozialist Scheidemann rief in Berlin die
Republik aus. Die Ordnung mußte dringend wiederhergestellt
werden, denn die Spartakisten, der äußerste linke Flügel der
SPD, versuchten, auf den Trümmern des Reichs eine Diktatur
des Proletariats zu errichten. Die Lage der Deutschen war ernst,
die der Juden ebenfalls. Wer gehörte zum Spartakusbund? Die
Juden Karl Liebknecht, Rosa Luxemburg, Clara Zetkin und
bis zu seinem Tod (1911) auch der jüdische sozialdemokratische
Reichstagsabgeordnete Paul Singer. Während des Krieges hatte
der Spartakusbund eine betont antimilitaristische Haltung vertreten und lehnte die positive Einstellung der übrigen SPD zum
Krieg strikt ab. Liebknecht sprach sich am 2. Dezember 1914
als einziger Abgeordneter gegen die Kriegskredite aus. Seine
antimilitaristische Einstellung paßte nicht zum damaligen über-
steigerten Nationalgefühl.

Bereits hier nahm das Ansehen der Juden Schaden. Doch dabei sollte es nicht bleiben. 1918 nahm das Zwischenspiel der bayerischen Räterepublik mit ihren sezessionistischen Bestrebungen, bei dem wiederum jüdische Politiker eine entscheidende Rolle gespielt hatten, einen großen Teil der Nationalisten gegen die Juden ein. Hier hatte Kurt Eisner, ebenfalls ein Jude, am 7./8. November 1918 den republikanischen »Freistaat Bayern« ausgerufen, dessen erster Ministerpräsident Eisner wurde. Offensichtlich war ihm nicht klar gewesen, daß ihm allein die Tatsache, daß er Jude war, die Feindschaft der Rechten und der Linken einbrachte. Wie Nachum T. Gidal[20] richtig bemerkt, steckte Eisner für die Kommunisten mit der Bourgeoisie unter einer Decke. Und für die Rechten war Eisner ein jüdischer Bolschewik, ein »Saupreuß«. In Wahrheit stand Eisner dem jüdischen Glauben gleichgültig gegenüber.

Vier Monate später wurde Eisner von einem jungen Offizier auf offener Straße ermordet. Auch in der neuen Räteregierung saßen Juden: Gustav Landauer, Eugen Leviné und Ernst Toller, ein Freund Kurt Eisners. Auch Landauer und Leviné wurden ermordet, Toller brachte sich 1939 selbst um.

Vielleicht war Deutschland in der Neuzeit das Land, mit dem sich die Juden am stärksten identifizierten. Aus diesem Grund beteiligten sie sich offen an der politischen – d. h. vor allem sozialistischen – Neugestaltung dieses Landes und nahmen dabei große Risiken in Kauf. Hugo Haase, Gustav Landauer, Oskar Cohn, Otto Landsberg, Bernhard Falk und all die anderen (es waren so viele, daß sie hier nicht alle aufgezählt werden können) engagierten sich nach dem Ersten Weltkrieg am Neuaufbau Deutschlands, als ob es ihr eigenes Land wäre. Viele von ihnen hatten ihr Judentum praktisch aufgegeben. Es ist kein Zufall, daß der Begründer der Weimarer Verfassung der deutsche Jude Hugo Preuß war. Eines Tages wird man die tragische Liebesgeschichte zwischen den Juden und Deutschland aufarbeiten müssen.

Sie arbeiteten also auf einem verminten Gelände, das in der Tat 25 Jahre später in die Luft fliegen sollte. Die bereits durch die Folgen der Niederlage von 1918 stark gedemütigte Nation fühlte sich nun von innen her bedroht und sah, daß bei den

wichtigsten Aufstandsversuchen regelmäßig Juden beteiligt
waren. In einem politisch, wirtschaftlich, finanziell, sozial und
vor allem psychologisch völlig ruinierten Land, wie es Europa
seit dem Dreißigjährigen Krieg nicht mehr gesehen hatte,
nahm der deutsche Antisemitismus eine unheilvolle Wendung.
Der Ausgang ist bekannt.

Martin Buber war sich der herausragenden Rolle der Juden
in der Revolution in Deutschland bewußt. Im November 1918
schreibt er in der Monatszeitung *Der Jude,* daß sie schon immer
an eine »Weiterentwicklung«, an ein »neues Land und an eine
Veränderung ihrer gesamten Umgebung« geglaubt hätten. Wer
jedoch sofort die Situation der Juden in der modernen Welt
haargenau erfaßt hatte, war Friedrich Nietzsche. »Das ganze
Problem der Juden« schreibt er, »ist nur innerhalb der nationalen Staaten vorhanden, insofern hier überall ihre Tätigkeit und
höhere Intelligenz, ihr in langer Leidensschule von Geschlecht
zu Geschlecht angehäuftes Geist- und Willens-Kapital in einem
neid- und haßerweckenden Maße zum Übergewicht kommen
muß, so daß die literarische Unart fast in allen Nationen über-
hand nimmt – und zwar je mehr diese sich wieder national
gebärden –, die Juden als Sündenböcke aller möglichen öffentlichen und inneren Übelstände zur Schlachtbank zu führen. [...]
Unangenehme, ja gefährliche Eigenschaften hat jede Nation,
jeder Mensch: Es ist grausam zu verlangen, daß der Jude eine
Ausnahme machen solle.«[21]

Nicht alle Deutschen hatten jedoch die Weitsicht Nietzsches.
1919 waren die entscheidenden Weichen für die spätere Tragödie gestellt.

Im Dezember 1918 gründeten die Spartakisten die Deutsche
Kommunistische Partei, die DKP. Das Chaos nahm bedrohliche
Formen an. Auf Betreiben der DKP brach in Berlin ein Generalstreik aus. Das bolschewistische Regime schien unvermeidbar
zu werden. Nur durch ein in aller Eile in der Nacht vom 9. auf
den 10. November 1918 abgeschlossenes Geheimabkommen
zwischen dem Sozialdemokraten Ebert und dem General Groe-
ner konnte dies verhindert werden. Am 15. Januar 1919 bezogen die Regierungstruppen gegen Mitternacht ihre Stellungen
in Berlin. Es war der Beginn einer blutigen Woche. Für die Spar-

takisten begann der Alptraum. Man jagte sie von einem Häu-
serviertel in das andere, drängte sie in die Hinterhöfe, wo sie
in Gruppen von 15 bis 20 Menschen erschossen wurden. Es
begann eine regelrechte Menschenjagd. Am dringlichsten gesucht wurden natürlich Rosa Luxemburg und Karl Liebknecht,
die beiden Anführer. Wie vorauszusehen war, wurden beide
noch am selben Abend im Hotel Eden gefaßt und kurz darauf
umgebracht. Sie konnten ihren Haß auf das, was dem gedemü-
tigten Deutschland das Teuerste war – nämlich die Nation –,
nicht mehr in Worte fassen. Und die Konferenz in Versailles
hatte noch nicht einmal begonnen.

Als die Delegation der Alliierten sich unter der Leitung von
Georges Clemenceau, Lloyd George, Vittorio Emanuele Orlan-
do und Wilson Woodrow an die Arbeit machte, hatten sie ganz
offensichtlich aus der Geschichte nichts gelernt und schaufel-
ten Millionen von Gräbern.[22] Am 28. April 1921 schätzte der
sich mit den Reparationen befassende Ausschuß die deutschen
Kriegsschulden auf 33 Milliarden Dollar, das waren 132 Milliarden Goldmark, die theoretisch zwei Tage darauf, am 1. Mai
1921, zu bezahlen waren (Artikel 233).[23] Das war das 33-fache
jener Summe, die Deutschland 1871 als Reparationszahlung
von Frankreich gefordert hatte. Elsaß-Lothringen kam an
Frankreich zurück, und im Rheinland marschierten Besatzungstruppen ein.[24]

Ein Jahr darauf hätten ein paar Dollar genügt, um die gesamten deutschen Kriegsschulden zu begleichen, wenn man diese in
Papiermark hätte bezahlen können. Als sich im November 1923
die deutsche Währung etwas stabilisierte, war ein Dollar etwa
4,2 Milliarden Papiermark wert …

Ein weiteres Mal kam es zu chaotischen Verhältnissen. Es
herrschte hohe Arbeitslosigkeit, und die Inflation stieg weiter
in astronomische Höhen. Wer von seinen Renditen oder von
einer Rente lebte, war innerhalb weniger Monate ruiniert. Die
aufkommende Armut machte sich vor allem im Gesundheits-
wesen und in der Kinderversorgung bemerkbar. Die Weimarer
Republik war von vornherein unbeliebt, weil sie sich dem Diktat von Versailles gebeugt hatte. Es ist das Deutschland, wie wir
es aus den ergreifenden, grotesk-düsteren Bildern des Satirikers

George Grosz kennen: Das Straßenbild bestimmen Kriegsinva-
liden, die Arme und Beine verloren haben, und Prostituierte.

Auch im Ausland brachte man der Weimarer Republik wenig
Respekt entgegen, mit Recht, denn hinter einer von unent-
schlossenen Politikern notdürftig zurechtgezimmerten Fassade
lauerten bedrohliche Gestalten, die nach Revanche trachteten.
Das Schlimmste war jedoch, daß die verantwortlichen Staats-
männer gar nicht spürten, wie sehr es unter ihren Füßen bro-
delte. Überall entstanden Freikorpstruppen, um die Nation
gegen die roten Milizen und die von Liebknecht und Luxemburg angestrebte Diktatur des Proletariats zu verteidigen.

Mit dem auf den Dawesplan zurückgehenden Wirtschafts-
wunder der Jahre 1924 bis 1928 schien sich die Sache vor allem
für die Hitleranhänger erledigt zu haben. Und wenn der Wohlstand angehalten hätte, wäre aus der Weimarer Republik sicherlich die friedliche Fortsetzung des Kaiserreichs geworden. Doch
es kam anders. Die Weltwirtschaftskrise von 1929 stürzte das
Land wieder in die Situation von 1923: Inflation, Arbeitslosigkeit usw. Die törichten Bankiers in der Wall Street ebneten
den Nationalsozialisten den Weg zur Macht. Weil der Kapitalismus aus Deutschland ein Bollwerk gegen den Kommunismus
machen wollte, förderte er indirekt den Aufstieg der Braunhem-
den, die die uralte Swastika als Hakenkreuz zu ihrem Symbol
gemacht hatten.[25]

Für den Grenzschutz und die Aufrechterhaltung der inneren
Ordnung sorgte die zahlenmäßig begrenzte, antirepublikani-
sche Reichswehr. Sie ging auch gegen Juden vor, die sich wie in
Berlin im linken Lager betätigten. Während das Volk mit Verbitterung die Rückkehr seiner besiegten Armee zur Kenntnis
nahm, sann man in der Reichswehr über eine Revanche nach.

Die Angst, die die UdSSR der Welt einflößte, war für einen
großen Teil der westlichen Welt Grund genug, sich heimlich
über den Wiederaufbau einer deutschen Armee zu freuen.
Doch schon im Krieg hatten viele Frontsoldaten nicht mehr an
den Sinn ihres Kampfes geglaubt. Als sie nun durch die Niederlage gedemütigt heimkehrten, fanden sie ein von dumpfen
Erschütterungen aufgewühltes Land vor.

Der heimkehrende Soldat war sofort der revolutionären Propaganda ausgesetzt. Er sah endlose Züge von Menschen mit roten Fahnen durch die Straßen marschieren. Sie sangen: »Brüder, zur Sonne, zur Freiheit!«

Er würde seine Pflicht tun. Doch worin bestand sie? In der Verteidigung einer Gesellschaft, die ohne die Monarchie, die das Land ins Desaster geführt hat, nur noch ein Rumpf ohne Kopf ist? Oder im abenteuerlichen Einsatz für den Bolschewismus, der jedoch – so heißt es – vom Ausland gelenkt wird?

In dieser Situation schaffte die Nationalsozialistische Deutsche Arbeiterpartei (NSDAP) den Durchbruch. Mit 230 Abgeordneten war sie eine aufstrebende politische Kraft, und zwar nicht nur im Reichstag, sondern in ganz Deutschland. Als Hitler am 30. Januar 1933 vom Reichspräsidenten Hindenburg zum Reichskanzler ernannt wurde, faßte man im In- und Ausland wieder Vertrauen in die deutsche Politik. Der Mann, der für die zweite Hälfte des 20. Jahrhunderts zum Inbegriff der Schande werden sollte, regte Winston Churchill, der später sein meistgefürchteter Gegner war, im Jahr 1935 zu folgenden Zeilen an: »Von einer Persönlichkeit des öffentlichen Lebens, die wie Adolf Hitler eine beachtliche Größenordnung erreicht hat, kann man sich erst dann ein rechtes Bild machen, wenn ihr ganzes Lebenswerk uns vor Augen liegt. Auch wenn unmoralisches Handeln nicht durch spätere politische Taten ausgeglichen werden kann, so ist die Geschichte doch voller Menschen, die zwar über rauhe, harte, ja schreckliche Methoden an die Macht gekommen sind, und doch als große, die Menschheitsgeschichte bereichernde Figuren betrachtet werden, nachdem ihr ganzes Leben bekannt wurde [...] Man liest die Geschichte dieses tapferen Kampfes [Churchill bezieht sich hier auf *Mein Kampf*] nicht ohne Bewunderung für den Mut, die Ausdauer und Lebenskraft, mit denen er sämtliche Autoritäten und Widersacher, die sich ihm in den Weg gestellt haben, herausfordern, für sich einnehmen und besiegen konnte.«[26]

Die Zeilen wurden nach dem sogenannten Röhm-Putsch (1934) veröffentlicht, in einer Zeit, als der Antisemitismus in Deutschland schlimme Formen annahm.[27] Hitler flößte einem großen Teil der westlichen Welt Vertrauen ein; nach dem Motto »Der Zweck heiligt die Mittel« machte sich der Zynismus der

Realpolitik breit. Der westliche Kapitalismus fürchtete nichts mehr als den Marxismus. Und die Juden bezahlten dafür. Erst als Hitler ganz Europa bedrohte, regte sich Widerstand: Die Vereinigten Staaten traten auf den Plan. Der zweite Bestandteil des Wortes »Nationalsozialismus« war vor allem in den Vereinigten Staaten ganz und gar verpönt. Der Bankier John Pierpont Morgan beispielsweise vermied jeglichen Kontakt mit Franklin Roosevelt, weil dieser – um sein Land aus der Krise von 1929 herauszuführen – den »sozialistischen« New Deal veranlaßt hatte und deshalb von Morgan nur »der Rote im Weißen Haus« genannt wurde.

In der Zwischenzeit wurde der Nationalsozialismus in Deutschland stärker. Dabei stützte er sich nicht nur auf das Vertrauen der Deutschen, sondern auch auf das von einflußreichen Persönlichkeiten des Auslandes. Winston Churchill haben wir bereits genannt. Da war aber auch der legendäre Charles Lindbergh, der in den Vereinigten Staaten für den Nationalsozialismus die Werbetrommel schlug. Wenn schon solche Leute des Auslands von Hitler angetan waren, was wollte man vom deutschen Volk erwarten, dessen Führer ihm wieder zu Wohlstand und nationalem Selbstbewußtsein verholfen hatte. Und so setzte sich der Nationalsozialismus in Deutschland fest. Alles Weitere ist bekannt: Propaganda und ein gewaltiger Militärapparat führten direkt in eine schreckliche Diktatur.

Im Osten hatte Stalin die UdSSR zu einer Festung umgebaut, und im Westen konnte sich Franco als Diktator von Spanien durchsetzen. Salazar hatte bereits 1932 eine Diktatur in Portugal errichtet und führte das Land zu einer wirtschaftlichen Blüte, wie man es seit 1854 nicht mehr erlebt hatte. Im Süden schien mit Mussolini das kaiserliche Rom wieder zu erstehen, und in Ungarn führte Horthy bereits seit 1920 ein diktatorisches Regiment. In Rumänien bekannte sich die Eiserne Garde von Codreanu ganz offen zu Deutschland und nahm sich die nationalsozialistische SA zum Vorbild. In Griechenland ging die Diktatur von Pangalos fast nahtlos in die von Metaxas über, und auch in der Türkei lebte man seit 1924 unter einer Diktatur, nämlich unter der von Mustafa Kemal, genannt Atatürk. Hinzu kamen die zahlreichen faschistischen oder präfa-

schistischen Bewegungen in den wenigen noch demokratischen
Ländern: Von der Rexbewegung Léon Degrelles in Belgien bis
zur Nationaal-Socialistische Beweging (NSB) Anton Musserts
in den Niederlanden, von der faschistischen Partei Vidkun in
Norwegen bis zu den Schwarzhemden Oswald Mosleys in
Großbritannien. Der eine Teil von Europa lebte bereits unter
der Knute der Diktatur, und der andere Teil wartete mit Begeisterung auf sie. Man empfand es als durchaus normal, daß
ein so großes Land wie Deutschland von einem – wie man es
damals so schön nannte – »starken Regime« regiert wurde.

Nach dem Ersten Weltkrieg und besonders nach der Weltwirtschaftskrise von 1929 lebte Europa in ständiger Angst.
Das Bürgertum fühlte sich von den Kommunisten bedroht. Die
nationalistischen Bewegungen verkrampften sich, schotteten
sich ab und entwickelten sich zu totalitären Systemen. Trotz
des furchtbaren Blutbads hatte man aus dem Krieg nichts gelernt. Niemand hatte die Stimme der meuternden französischen
Soldaten, die sich 1917 geweigert hatten, den Krieg fortzuset-
zen, gehört. Und selbst 80 Jahre später sorgt das Gedenken an
sie für Aufregung in der französischen Politik, denn unver-
söhnlich stehen sich die Vertreter eines rückwärts gerichteten
Nationalismus und die Befürworter der Freiheit des Individuums gegenüber.[28] Ein pathologisches Mißtrauen gegenüber
allem Fremden prägte damals die verschiedenen Kulturen. Jeder
Mensch definierte sich nur noch über seine Zugehörigkeit zu
der einen oder der anderen Nation. Durch die UdSSR, die über
die verschiedenen kommunistischen Parteien Brückenköpfe in
den westlichen Ländern hatte, wurde der Kommunismus eine
reale Gefahr und löste bei den kapitalistischen Nationalisten
eine schwere Panik aus, die am Aufstieg des Dritten Reichs entscheidenden Anteil hatte. Denn nun entwickelten sich die ant-
agonistischen Kräfte zu einem breiten ideologischen Konflikt.

In diesem Sturm standen die Juden isoliert da. Sie waren von
jeher abgelehnt, oft sogar des Landes verwiesen worden und
gehörten als ewig Fremde zu keinem der Lager. Im Gegenteil:
Von den nationalistischen Bewegungen wurden sie noch mehr
verdammt als einst von den christlichen Religionen.

Selbst in den Vereinigten Staaten, wo die Juden bisher akzeptiert worden waren, entstanden starke antisemitische Strömungen, die alle Juden für Kommunisten hielten. B. L. Bridges etwa, der Generalsekretär der Arkansas Baptist Convention, erklärte 1933 in aller Öffentlichkeit, daß »Herr Hitler« Recht habe, wenn er die Juden verfolge, denn schließlich seien sie die Störenfriede der Nationen. Außerdem könne kein Realist daran zweifeln, daß »der Kommunismus jüdisch« sei. Im darauffolgenden Jahr hielt die Baptist World Alliance, die stärkste religiöse Kraft der Vereinigten Staaten, ihren Jahreskongreß in Berlin ab. Die Geste hatte natürlich einen stark symbolischen Charakter.[29]

Neben anderen Gemeinsamkeiten gibt es einen Punkt, den alle totalitären Systeme miteinander teilen: Der Kult von Mythen, die die nationale Identität und die Rassenreinheit beschwören. Seinen mörderischen Höhepunkt erreichte der Mythos von der nationalen Identität in Deutschland. Das von Hitler errichtete System sollte die tiefe Wunde, die Deutschland mit der Niederlage von 1918 zugefügt worden war, heilen. Eine Wunde, die von Hitler und den zahlreichen Revanchisten um ihn herum wie eine persönliche Demütigung empfunden wurde. »Das nie wieder!«, schworen sie sich. Damit meinten sie allerdings nicht das Blutbad von 1914 bis 1918, sondern die von der Weimarer Republik unterzeichnete Niederlage des Kaiserreichs. In ihrem Hang zu starker Vereinfachung verbanden die Nationalsozialisten mit der Weimarer Republik Kosmopoliten, Demokraten und vor allem Juden, alles Agenten »des Feindes«. Typisch für die Paranoia ist die extreme Angst vor einer Verschwörung, der Verfolgungswahn. Es waren militaristische Haudegen wie Ernst Röhm, Hermann Göring, Martin Bormann, Heinrich Himmler oder Junker voller gekränktem Stolz wie Karl Dönitz, Joachim von Ribbentrop oder Franz von Papen, die sich in ihrer wagnerianischen Traumwelt als Helden fühlten, in Wirklichkeit aber in einer kriminellen Wahnwelt versanken. Der Krieg bot ihnen die Gelegenheit zur Rache, wovon alle Paranoiker träumen.

Eine der Wahnvorstellungen der herrschenden Clique war die Säuberung. Wenn das Land besiegt worden sei, dann deshalb, weil es von fremden Elementen geschwächt war. Darunter verstanden die Nationalsozialisten all das, was sie unter Berufung

auf die von ihnen favorisierten Pseudowissenschaften – etwa
die Welteislehre des verrückten Astrophysikers Hörbiger, der
glaubte, daß der Himmel voller Eis sei, oder fragwürdige
Anthropologen wie Eugen Fischer, der als Direktor des Berliner
Kaiser-Wilhelm-Instituts seine Rassentheorien über das Ariertum verbreitete – für Fremdkörper und Feinde der »deutschen
Rasse« hielten: Kommunisten und Mongolide, Oppositionelle
jeder Couleur und Alkoholiker, Zigeuner und Syphiliskranke,
Homosexuelle und Geisteskranke … und vor allem die Juden,
die in den Augen der Nationalsozialisten alles gleichzeitig
waren: degeneriert, kommunistisch, homosexuell, alkoholab-
hängig usw.

Für die Psychoanalyse ist dieser Säuberungswahn eine unangenehme Erscheinungsform des Narzißmus.[30] Für die neuen
Machthaber war das Bild, das sie sich von ihrem Land zurecht-
gelegt hatten und mit dem sie sich stark identifizierten, beschä-
digt und beschmutzt. Für sie galt es nun, den Schmutz zu beseitigen und so das Bild zu restaurieren. Eine Wahnvorstellung, die
damals übrigens in ganz Europa ihr Unwesen trieb, doch die in
ihrem Traumtheater gefangenen Nationalsozialisten trieben sie
auf die Spitze. In der Anfangsphase zwischen 1933 und 1938
nahm ihre Aggressivität unaufhörlich zu und wurde immer
mörderischer, ohne jedoch einem festen Plan zu folgen. So
etwas gab es erst ab 1938. Offensichtlich wollte man die Juden
vor allem aus Deutschland vertreiben (die 1935 verabschiedeten
Nürnberger Gesetze machten die deutschen Juden zu Fremden
in ihrem eigenen Land). Am Vorabend des Krieges waren
bereits zwei Drittel der deutschen Juden fort, und 1941 zählte
man in ganz Deutschland nur noch 170 000 Juden.[31] Deutschland war also schon fast »judenfrei«. Das Regime erörterte mit
seinen Diplomaten die Möglichkeit, die restlichen Juden in ein
fernes Land zu bringen, nach Afrika (Madagaskar) oder Asien.
Nach dem Ausbruch des Krieges jedoch wuchs die Zahl der
Juden in den von den Deutschen kontrollierten Gebieten auf
acht Millionen. Von ihrer Ausweisung war nun nicht mehr die
Rede. Hitler setzte die Ausrottung, mit der er in seiner Rede
vom 30. Januar 1939 gedroht hatte, in die Tat um.

Der Säuberungswahn ist jedoch ohne seine nihilistische

Komponente, die der Shoah ihre spezifisch deutsche Besonderheit verleiht, nicht zu verstehen. Der Nihilismus – eher ein ideologisches und wahrscheinlich auch psychologisches Phänomen
als ein ideologisches – hat eine bedeutende Literatur hervorgebracht. Von allen Analysen scheint mir die von Leo Strauss[32]
sowohl die umfassendste als auch die ergiebigste zu sein. Allein
Strauss hat den Charakter des deutschen Nihilismus genau
erkannt: Es war nicht der Wunsch, alles – einschließlich sich
selbst – zu zerstören, sondern der Wunsch, etwas ganz Bestimm-
tes zu zerstören: die *moderne* Zivilisation.[33] Bereits die Gedankenwelt des späten 19. Jahrhunderts hatte den Nihilismus hervorgebracht, doch erst nach dem Ersten Weltkrieg zeigte er sich
in seinen düstersten Farben: Die Verfolgungsängste von Belagerten, wie sie schon das wilhelminische Deutschland kannte,
mündeten in die Wahnvorstellung, daß Deutschland das Opfer
seiner Umgebung sei, deren treibende Kraft die Juden seien.

In der damaligen deutschen Literatur fand diese Geisteshaltung, deren Emotionalität Strauss unterstreicht, in zahlreichen
Werken ihren Niederschlag, etwa in Oswald Spenglers *Untergang des Abendlandes,* in Ernst von Salomons *Die Geächteten* oder in Ernst Jüngers *Auf den Marmorklippen.* Auch Martin Heidegger wird von Strauss in diesem Zusammenhang
erwähnt. Dessen Kritik an dem, was er »Technik« nennt, erinnert sehr an die Ablehnung alles Modernen durch die nationalsozialistischen Denker. Was die Leidenschaftlichkeit betrifft,
sind *Die Geächteten* wahrscheinlich am aufschlußreichsten.
Der Autor erzählt von seiner geistigen und politischen Entwicklung von 1918 bis zur Entlassung aus dem Zuchthaus (1927).
Dort hatte er eine fünfjährige Haftstrafe wegen seiner Beteiligung an der Ermordung des Außenministers Walther Rathenau verbüßt. Als Jude und kosmopolitischer Industrieller war
Rathenau ein willkommenes Objekt für die deutschen Nihili-
sten und ihren Haß auf das Judentum und die Moderne.[34]

Der nationalsozialistische Wahn entstand aus der tödlichen
Verbindung dreier Faktoren: dem Bedürfnis nach einer autoritären Regierung, das in Europa weit verbreitet war; dem spezifisch deutschen Nihilismus und einem ebenfalls spezifisch
deutschen Wunsch nach Säuberung. So kam es zum unbegreif-

lichsten Massenmord aller Zeiten. Da sie wie alle Hysteriker einen entschiedenen Hang zum Theatralischen hatten, setzten sie ihr blutiges Drama regelrecht in Szene, und zwar vor einem Volk, das ohnmächtig und wie in Trance war.

Ab wann planten die Nationalsozialisten die »Endlösung«? Allem Anschein nach reifte der Plan erst während des Krieges.[35] Mit dem Baubeginn der Vergasungsanlagen kann man jedoch ein festes Datum angeben. Nach den Angaben von Philippe Burin[36] begann man Ende 1941 in Culm und Belzec (und 1942 in Auschwitz) mit dem Bau der Gaskammern. Aber auch zu diesem Zeitpunkt stand der Plan noch nicht endgültig fest: Möglicherweise mußten die Nationalsozialisten, die ja ursprünglich die Juden hatten ausweisen wollen, feststellen, daß dies, nachdem sie den größten Teil Europas besetzt hatten, nicht durchführbar war. Eine Ansicht, die die meisten Forscher und Historiker schon seit über 20 Jahren vertreten. Am 20. Januar 1942 organisierte Hermann Göring in einer Villa am Großen Wannsee in Berlin eine Konferenz zur Vorbereitung der »Endlösung der Judenfrage«. Der Vorsitzende war Reinhardt Heydrich, Protokoll führte ss-Obersturmbannführer Adolf Eichmann.[37] Die Aufgabe war den Nationalsozialisten über den Kopf gewachsen, zumal man nun recht schnell eine Lösung für das Judenproblem finden mußte.

Eines ist sicher: Die Nationalsozialisten legten strengen Wert auf Geheimhaltung ihrer Operationen. Ursprünglich hatten sie gehofft, ihre Juden verkaufen zu können. 1939 hatten sie vom britischen Staat 25 Millionen Pfund – damals eine horrende Summe – für die Auslieferung von Juden gefordert. Auch an die Vereinigten Staaten waren sie mit dieser Forderung herangetreten. Der Plan war vom Reichsbankpräsidenten Hjalmar Schacht ausgearbeitet worden. Die erste »Lieferung« sollte 150 000 Juden umfassen. Letzten Endes scheiterte der Plan jedoch an Hitler, der seine Vorstellung von der Ausrottung der Juden durchsetzte.[38]

Nach mehr als einem halben Jahrhundert stehen wir noch immer fassungslos vor der grausamen systematischen Ausrottung der europäischen Juden durch die Nationalsozialisten. Es ist einfach nicht zu begreifen, daß diese drei Jahre lang in diesem Umfang durchgeführt wurde. Noch immer gibt es keine wirklich erschöpfende Darstellung der Vorgänge. Zu viele Fragen sind nach wie vor offen. Wahrscheinlich gibt es weitere Dokumente zur »Endlösung«, die noch nicht freigegeben sind. Es ist schon erstaunlich, in wie wenigen Dokumenten die »Endlösung« ausdrücklich angeordnet wird, und nicht ein einziges ist von Hitler unterzeichnet.

Es ist auch völlig unbegreiflich, daß die ausländische Presse zwar – solange sie es noch konnte – Berichte über die Judenverfolgungen veröffentlicht hat, aber mit keinem Wort auf die »Endlösung« eingegangen ist.[39] Mit der Balfour-Erklärung vom November 1917, die sich für eine »nationale Heimstätte« des jüdischen Volkes in Palästina ausgesprochen hatte, war die englische Presse auf die »jüdische Frage« aufmerksam geworden. Sie reagierte sicherlich mit Betroffenheit auf die nationalsozialistischen Verfolgungen, doch das Foreign Office hielt die Nachrichten vom Holocaust für Greuelmärchen. 1941 bekam die BBC die Anweisung, das Leid der Juden nicht stärker zu betonen als das der anderen Völker unter der nationalsozialistischen Gewaltherrschaft. Man wollte die Aufmerksamkeit nicht auf die Juden lenken, weil man eine Antisemitismuswelle im eigenen Land befürchtete, das unter schweren Entbehrungen litt.[40]

Auch in England keimte nämlich der Antisemitismus. Sir Oswald Mosley beispielsweise führte in den Jahren 1932 bis 1940 die British Union of Fascists und marschierte häufig an der Spitze einer Milizgruppe aus Schwarzhemden mit Fahnen und Zeichen im Nazistil durch die vorwiegend von Juden bewohnten Viertel Ost-Londons. Mosley war besonders gefährlich, denn er wurde vom Pressekönig Lord Rothemere unterstützt, dem die *Evening News,* die *Daily Mail,* der *Daily Mirror* und der *Sunday Pictorial* gehörten. Alle vier Zeitungen wurden in einer hohen Auflage herausgegeben. Rothemere unterhielt freundschaftliche Beziehungen zu Benito Mussolini und Adolf Hitler.[41]

Es gab also in der englischen Bevölkerung eine breite Schicht, die dem Antisemitismus keineswegs ablehnend gegenüberstand und deren Interessen von verschiedenen mehr oder weniger rechtsextremen Gruppierungen unterstützt wurden, etwa von der Anglo-German Fellowship, von The Link, der Nordic League, der National Socialist League, den Britons, von der Peoples' Party des Lord Tavistock ganz zu schweigen.

Der englische Antisemitismus wurde von einigen Persönlichkeiten unterstützt, beispielsweise von dem Kapitän und Parlamentsmitglied A. H. M. Ramsay, dem einzigen britischen Abgeordneten, der während des Krieges interniert war. Gegen den Chef des faschistischen Right Club wurde offiziell Anklage erhoben, weil er von Hitler zum Gauleiter des Vereinigten Königreichs bestimmt gewesen sein sollte. In Wirklichkeit war er wohl eher ein extravaganter Abenteurer, Mittelpunkt einer Kaffeerunde von Gleichgesinnten, zu denen auch einige verschrobene ehemalige Armeeangehörige zählten, die sich auf ihrem gutsherrlichen Anwesen zur Ruhe gesetzt hatten, und viele Scharlatane. Ramsay war verhaftet worden, weil er in eine schillernde Spionageaffäre verwickelt war, und wurde erst 1944 wieder aus der Haft entlassen.[42]

Es gab auch eine Reihe von Aristokraten, die gegen einen Konflikt mit Deutschland waren. Ihr bekanntester Vertreter war Edward VIII., der spätere Herzog von Windsor. Er war 1936 auf den Thron gekommen und dankte noch am Ende desselben Jahres ab, um eine geschiedene Amerikanerin zu heiraten. Schon während, aber auch nach seiner Amtszeit als König hatte er mehrmals seine Bewunderung für Hitler und das Dritte Reich zum Ausdruck gebracht.[43] Die Stimmung in England stand zumindest teilweise im Zeichen des Münchner Abkommens von 1938. Man wollte den Krieg vermeiden und war deshalb zu vielen Zugeständnissen bereit. In dieser Situation durften die Juden nicht zu sehr ins Gewicht fallen, deshalb auch die in gewisser Weise verständliche Zurückhaltung der englischen Regierung bei der Weiterleitung von Nachrichten über die Judenverfolgung.

Auch für die französische Presse waren die Judenverfolgungen keiner besonderen Beachtung wert. Die rechten Zeitungen – *Gringoire, Candide, Je suis partout* und die *L'Action française* – gingen von vornherein nicht darauf ein, und die linken Zeitungen – *L'Humanité, L'Œuvre* und *Ce soir* – bekamen die Auswirkungen des Hitler-Stalin-Pakts zu spüren. Es kam also zu keinen internationalen Reaktionen. Die zivilisierte Welt fand sich anscheinend damit ab, daß die Juden als Menschen zweiter Klasse galten.

Obwohl mit der immer offensichtlicheren Aggressivität der Nationalsozialisten bei Maurras, Rebatet, Georges Blond, Robert Brasillach, P. A. Cousteau, Pierre Gaxotte und den anderen die Deutschfeindlichkeit[44] wuchs, nutzte die französische Presse jede Gelegenheit für einen gehässigen Seitenhieb gegen die Juden.

»Der Antisemitismus versetzt die Ghettos mit Recht in Panik. Wir hatten viel Mitleid mit dem kleinen jüdischen Volk, das in seinem Elend und seiner offenkundigen Selbstverachtung gefährliche Keime für Revolutionen und Plünderungsaktionen in sich birgt«, schreibt beispielsweise Lucien Rebatet in *Je suis partout,* einer Zeitung, die von ihrem Leiter Brasillach zum »offiziellen Organ des internationalen Faschismus« erklärt wurde.[45] Dies war jedoch bei weitem nicht das einzige »Verdienst« von Brasillach. Aus Wien schickte er Cousteau einen Brief, in dem er voller Begeisterung von dem »wahren Indianertanz auf den Leichen der Wiener Juden« schreibt. »Unsere treuen Leser könnten trotz ihrer Intelligenz überrascht sein, wenn wir solche barbarischen Erscheinungen schlichtweg als wunderbar bezeichnen«.[46]

Ablehnung der Demokratie ist noch das mindeste, was man von der französischen Rechten sagen kann. Pierre Gaxotte beispielsweise war der Meinung, daß es »im faschistischen Ausland für unseren Geschmack viel zu viel Demokratie« gebe. »Es sind Deutschland und Italien, die den Faschismus in Mißkredit bringen.«[47]

Noch Ende des 20. Jahrhunderts kann man auf eine Geisteshaltung stoßen, die diese Zeilen wahrscheinlich mit dem Hinweis abtun würde, daß die Juden für die Angst des Kapitalismus vor dem Gespenst des Kommunismus herhalten mußten. Auch wenn in dieser starken Vereinfachung viel Wahres steckt, ist sie in ihrer Übertreibung dennoch falsch. Denn der unter dem Hakenkreuz wiedererstarkende deutsche Militarismus entsprach nicht den Bedürfnissen der noch vom Ersten Weltkrieg erschöpften westlichen Welt. Hitler verdankte seinen Aufstieg vielmehr der allzugroßen Nachsicht des siegreichen Westens, wenn nicht gar dessen aktiver Mithilfe. Bereits 1938 gab es nämlich genügend Hinweise auf die politische Kurzlebigkeit des Dritten Reiches, und deshalb wäre Widerstand von ausländischer Seite durchaus angebracht gewesen. Es war schon deutlich genug vorauszusehen, daß der nationalsozialistische Schrecken das Bewußtsein der Christen zutiefst verletzen würde. Das Münchner Abkommen von 1938, die letzte Station vor der Hölle, hätte man also unbedingt vermeiden und Hitler Respekt beibringen müssen. Doch bereits während des Spanischen Bürgerkriegs zeigte sich die politische Ohnmacht des Westens, dessen Vertreter in München eine erbärmliche Rolle spielten: Neville Chamberlain und Édouard Daladier waren politische Wracks, die sich aus Englands guter alter Zeit oder aus dem verkommenen französischen Radikalsozialismus hinübergerettet hatten, zwei harmlose Schoßhündchen im Kampf mit dem Löwen.[48] Schlimmer noch war jedoch der blinde Beifall, mit dem der aus München heimkehrende Daladier empfangen wurde. Mit dem letzten Rest an Klarheit, der den beiden Politikern geblieben war, hatten sie sich eigentlich auf eine Lynchjustiz gefaßt gemacht.

Die Nationalismen des 19. Jahrhunderts hatten alle eine antisemitische Grundfärbung. Auch in Amerika war der Antisemitismus eine feste Größe. Selbst in den höchsten Kreisen empfand man Sympathie für den Nationalsozialismus, wenn sie auch nicht offen ausgesprochen wurde. Die Amerikaner litten schon genug unter dem schamlosen Treiben der Spekulanten und verspürten wenig Neigung, sich für die gefährdeten Demokratien oder die Juden einzusetzen.[49] Im Gegenteil: Mit seinen Einwanderungsgesetzen verhinderte Amerika eine größere Zuwanderung von Juden. Die Odyssee des Passagierschiffes »Saint-Louis« zeigt dies überdeutlich. Im Sommer 1939 verließ das Schiff mit 900 jüdischen Passagieren an Bord den Hamburger Hafen und steuerte die kubanische Hauptstadt Havanna an. Alle Fahrgäste besaßen ordnungsgemäß ausgestellte Visa mit einer Gültigkeitsdauer von 90 Tagen. Trotzdem bekamen sie von den kubanischen Behörden, die damals stark von den Vereinigten Staaten abhängig waren, keine Erlaubnis, an Land zu gehen. Darauf fuhr die »Saint-Louis« nach Miami. Aber auch dort wurde den Passagieren der Landgang verweigert. Schließlich kehrte das Schiff wieder nach Hamburg zurück. Die meisten Passagiere kamen später in Konzentrationslagern um.

Offensichtlich gehörten die Juden noch immer nicht zur menschlichen Rasse. Sie waren seit jeher verfolgt worden. Warum sollte sich dies plötzlich ändern? Man nahm nicht einmal irgendwelche Risiken für sie in Kauf. Die Rettung des Vaterlandes ging allemal vor.

Man kann von Glück sagen, daß Adolf Hitler von Blindheit geschlagen war, als er die Relativitätstheorie des Juden Einstein verbot. Die himmelschreiende Dummheit war für die deutschen Physiker ein schwerer Schlag. Als Otto Hahn Ende 1938 zum ersten Mal ein Uranatom in Barium und Argon trennte und auf diese Weise 200 000 Volt freisetzte, begriff er nicht sofort, was da unter seinen Händen passiert war. Er hat es mir im Jahre 1958 selbst berichtet: »Es war wie Alchimie«, sagte er, »ich konnte es nicht glauben.« Als er die Ergebnisse seiner Arbeit veröffentlichte, fügte er folgende Schlußbemerkung hinzu: »Aber möglicherweise habe ich mich geirrt.« Die nach Dänemark ausgewanderte jüdische Physikerin Lise Meitner hingegen begriff die Tragweite von Hahns Experiment: Es war die erste Atomspaltung. Sie verständigte Niels Bohr, den Chef des Kopenhagener Instituts für Theoretische Physik und Vater eines der bekanntesten Atommodelle. Dieser ging zunächst nach England und später in die Vereinigten Staaten, wo man ab 1943 die erste Atombombe baute. Noch heute läuft einem ein kalter Schauer über den Rücken, wenn man bedenkt, was passiert wäre, wenn Hitler die »jüdische Wissenschaft« nicht geächtet hätte.[50]

Man ist versucht, den Nationalsozialismus ganz allgemein zu verdammen. Allerdings waren die Widerstandsgruppen in den nationalsozialistisch besetzten Ländern ebenfalls nationalistische Bewegungen, mit deren Hilfe die Ehre des jeweiligen Staates und der jeweiligen Nation wiederhergestellt werden sollte. Aber auch die Ideologien waren daran beteiligt. Mindestens zwei große Bewegungen prägten im Zweiten Weltkrieg den Widerstand gegen die deutsche Besatzung und führten im Falle von Frankreich fast zu einer Spaltung der Widerstandsbewegung. Doch schließlich nahmen alle sozialen Schichten und Konfessionen, auch die Juden und Konfessionslosen, an diesem Kampf teil. Da war einmal der zur Selbstidentifikation herangezüchtete Nationalismus, der der Nation Respekt vor der nationalen Vergangenheit und der Autorität einflößen wollte. Und dann gab es noch den demokratischen Nationalismus, den direkten Erben der Französischen Revolution. Was unterscheidet diese beiden Formen von Nationalismus? In erster Linie die Ethik, die den identitätsstiftenden Nationalismus ablehnt. Die Ethik hält in der Tat die Knechtschaft für menschenunwürdig; in ihrem Zeichen entschieden Tausende von Menschen, notfalls unter Einsatz ihres Lebens, dieser Knechtschaft ein Ende zu bereiten.

4

Mahnruf

Die Weltgeschichte des Antisemitismus ist noch nicht zu Ende. Sie führt zu philosophischen und politischen Überlegungen.

Ich hoffe, es ist mir gelungen, die drei großen, aber verschieden langen Epochen des Antisemitismus anschaulich darzustellen. Unter den Juden des östlichen Mittelmeers entwickelte sich ein starkes Zusammengehörigkeitsgefühl. Das löste die erste, vorchristliche antisemitische Welle aus. Mit Recht wehrte man sich gegen eine religiöse, kulturelle oder politische Fremdbestimmung. Dieser Nationalismus fand seinen Höhepunkt in den selbstmörderischen Aktionen der Zeloten, von denen sich gebildete und wohlhabende Juden wie Flavius Josephus deutlich distanzierten. Stark geschürt wurde dieser Nationalismus durch die hellenistische und die römische Machtpolitik; und mit der zweimaligen Zerstörung Jerusalems wäre diese symbolträchtige Stadt beinahe für immer vom Erdboden verschwunden. Diese Epoche läßt sich in etwa zwischen den Eroberungen Alexanders des Großen und der Proklamierung des Christentums zur Staatsreligion des Imperium Romanum einordnen. Es sind die ersten drei Jahrhunderte vor und nach der Zeitenwende, insgesamt also sechs Jahrhunderte.

Die zweite Phase ist die längste. Sie begann mit dem Konflikt zwischen dem jungen Christentum und dem Judentum, der Religion, aus der sich das Christentum entwickelt hatte, und setzte sich in den endlosen Kämpfen zwischen der Kirche und ihren schismatischen und häretischen Bewegungen, zu denen nun auch das Judentum zählte, fort. Eingewirkt auf diese Zeit haben auch die politischen Machenschaften der Kirche. Diese Phase überschnitt sich für ein Jahrhundert mit der vorausgehenden Epoche, begann also mit dem frühen zweiten Jahrhundert und endete in der Mitte des 19. Jahrhunderts mit der definitiven Schwächung der politischen Rolle Roms. Nun wurden die

Nationalismen zur Identitätsstiftung benutzt: Auch wenn man sich zeitweise noch auf die Religion berief, wurden die Juden nicht mehr aus religiösen, sondern ganz offensichtlich aus kulturellen Gründen verfolgt, wobei man die Kultur nicht als ein Universalgut begriff, sondern als ein vaterländisches Erbe, das es zu schützen galt. Dieses Kulturverständnis widersprach der eigentlichen Kultur, die ja die ganze Menschheit betrifft.

Diese dritte Phase erfuhr ihren Höhepunkt mit dem Aufblühen der Nationalismen und endete mit der Shoah und dem Untergang des Dritten Reiches. Den Hintergrund dieser Epoche bildete der Konflikt zwischen dem kapitalistischen Westen und der UdSSR. In diesem Konflikt wollte ein Großteil der westlichen Welt das Dritte Reich mehr oder weniger offen als Bollwerk gegen den Kommunismus benutzen. Eigentlich handelte es sich um einen doppelten Hintergrund, denn zum Konflikt kam es auch zwischen dem reaktionären Nationalismus, von dem die UdSSR genauso betroffen war wie der Faschismus, und der demokratischen Ethik, dem einstigen Ideal der Französischen Revolution. Unter reaktionärem Nationalismus verstehe ich eine despotische Staatsgewalt, die – wie Hirchman[1] dargelegt hat – ein unversöhnlicher Feind der Demokratie ist. Dieser wichtige Punkt wurde bereits im vorangegangenen Kapitel angesprochen. Er spielt in den philosophischen Bereich hinein und läßt sich folgendermaßen zusammenfassen: Der Nationalsozialismus stützt sich auf eine eng gefaßte nationale Identität und ist deshalb von vornherein fremdenfeindlich und rassistisch. Die Demokratie hingegen stützt sich auf eine wahre christliche Ethik und predigt Offenheit gegenüber anderen und Andersartigem, um mit Emmanuel Lévinas zu sprechen.

Dies hindert jedoch niemanden, gleichzeitig nationalistisch und demokratisch zu sein. Ein gutes Beispiel dafür ist der französische Widerstand während des Zweiten Weltkriegs. Eine Episode der französischen Geschichte, die – zumindest was die Philosophie angeht – bis jetzt nur unzureichend untersucht wurde. Die französischen Widerstandskämpfer fühlten sich zwar einer nationalen Identität verbunden, verzichteten jedoch nicht auf die immense Bereicherung, die in der Offenheit gegenüber anderen liegt. Diese Haltung kommt einem immerwährenden »Kri-

senzustand« gleich und fordert eine ständige Wachsamkeit, die
mit dem Populismus zahlreicher politischer Parteien in der Welt
nichts gemeinsam hat. Doch das ist ein Thema, das weit über
den Rahmen dieses Buches hinausgeht. Nach wie vor nicht
gelöst ist auch der Konflikt zwischen dem identitätsstiftenden
Nationalismus, jenem Grundmuster der Despotie, und dem
demokratischen Nationalismus. Die Schwierigkeiten bei der
Verwirklichung eines einheitlichen Europas und die immer wieder neu ausbrechenden Kämpfe im ehemaligen Jugoslawien –
um nur zwei Beispiele des ausgehenden 20. Jahrhunderts zu
nennen – beweisen das zur Genüge. Die Zahl der identitätsstiftenden Nationalismen nimmt zu. Sie sind allesamt reaktionär
und lehnen alles Moderne ab. Außerdem sind sie rassistisch
und deshalb – potentiell oder tatsächlich – antisemitisch.

Diese Überlegungen sind zwar relativ neu, erlauben jedoch
eine gemeinsame Diagnose für die drei großen Epochen des
Antisemitismus: Alle drei wurden durch den identitätsstiftenden Nationalismus ausgelöst. Die Römer duldeten es nicht,
daß man sich mit Rom nicht identifizieren wollte, und auch
die Christen, die in vielerlei Hinsicht die Erben Roms waren,
verlangten von allen, daß sie sich mit dem Christentum identifizierten. Ebenso verlangten die Nationalisten des 19. und des
20. Jahrhunderts, daß man sich über die Nation – sei es nun
die französische, die deutsche oder die russische – definierte,
über Nationen also, die sich alle, wenn auch nur beiläufig und
oberflächlich, auf das Christentum beriefen (der nationalsozialistische Nationalismus tolerierte sogar nicht einmal mehr das
Christentum, weil es zu seinen Vorstellungen von »arischer«
Identität nicht passen wollte). Es muß hier in aller Deutlichkeit
gesagt werden: Trotz seiner ständigen Beschwörung des christlichen Glaubens war das Vichyregime nicht christlich.

Die Intoleranz, die Ablehnung des anderen, macht übrigens
die beiden letzten großen Antisemitismusphasen – auch die
christliche – zu unverkennbar antichristlichen Zeitabschnitten.
Daß die Christen sich über die Kirche definierten, war der größte
Fehler des Christentums. Niemals hätte man propagieren dürfen, daß das Heil nur innerhalb der Kirche zu finden sei.

Die 23 Jahrhunderte des Antisemitismus sind jedoch noch

keine Erklärung für die beharrliche Weigerung der Juden, sich fremden Kulturen zu unterwerfen und ihr Judentum zugunsten einer für sie vorteilhaften Integration aufzugeben. Der Fall ist einzigartig und macht den Juden alle Ehre. Ein kurzer Blick in ein religionsgeschichtliches Lexikon genügt, um zu sehen, wie viele Religionen in den Kulturen der Eroberer aufgegangen und letztendlich verschwunden sind, angefangen beim Mithraskult bis hin zur Religion der Kelten. Der jüdische Glaube war jedoch weder mit dem Schwert noch mit der Predigt auszulöschen, weder mit Drohungen noch mit Versprechungen. Im ersten Jahrhundert zählte man an die acht Millionen Juden, im zehnten Jahrhundert waren es nur noch anderthalb Millionen. Sie wurden verfolgt, ausgewiesen, geschlagen, entehrenden Gesetzen unterworfen, in gefährliche Wohnviertel gepfercht oder durften sich überhaupt nicht in den Städten aufhalten. Auch unzählige Berufe waren ihnen verwehrt, und manchmal wurden sie zum kollektiven Selbstmord gezwungen oder gewaltsam ins Taufbecken getaucht. Die von aller Welt geächteten Juden erfuhren die schlimmsten Schuldzuweisungen; ich erinnere hier lediglich an den Vorwurf der Brunnenvergiftung oder des Brotbackens mit dem Blut christlicher Kinder. Die Juden hatten es immer nur mit Siegern zu tun und wurden von Leuten, die geldgieriger waren als sie, der Geldgier angeklagt. Geblendet vom Glanz der Waffen oder des Goldes ihrer Herren und Gebieter krümmten sie zwar ihren Rücken, doch den Nacken beugten sie nie.

Wenn die Juden den Verlockungen des Hellenismus oder der christlichen Machthaber nachgegeben und ihrem Glauben abgeschworen hätten, wäre es nie zur Shoah gekommen. Doch sie weigerten sich, ihre Gewissensfreiheit aufzugeben.

Wie konnten sie sich so lange behaupten? Der gestalt- und namenlose Gott des brennenden Dornbuschs war auf eine Stimme reduziert und deshalb für alle Zeiten verinnerlicht. Mit ihm konnten sie alle Kulturformen überleben, denn sie trugen ihn stets bei sich, auch nach dem Verlust der Bundeslade. Was auch immer mit der Bundeslade und den goldenen Cherubinen geschah, sein Wort lebte in ihnen weiter. Die Christen können sich heute mit Recht fragen, ob ihr Gott wirklich dieser nach-

denkliche bärtige Alte ist, der von seiner Wolke aus alles überwacht. So jedenfalls wurde er bis in die jüngste Zeit hinein dargestellt. Zweifel dieser Art kennen die Juden nicht.

Manch einer argumentiert möglicherweise damit, daß die
Juden in den beiden ersten Phasen des Antisemitismus ebenfalls
den Nationalismus zur Identitätsstiftung benutzten. Doch bei
einer solchen Argumentation verlieren die Begriffe ihren eigentlichen Sinn, denn der Nationalismus setzt territoriale Vorstellungen voraus; doch die jüdische Diaspora beweist hinlänglich,
daß solche Vorstellungen den Juden fremd waren. Als im zweiten Jahrhundert auf Hadrians Befehl die heidnische Siedlung
Aelia Capitolina auf den Ruinen der ehemaligen Stadt Davids
errichtet wurde, gaben die Juden den territorialen Nationalismus auf. Erst im 19. Jahrhundert wurde er mit dem Aufkommen des Zionismus wieder diskutiert und führte schließlich im
20. Jahrhundert zur (erneuten) Niederlassung der Juden in Palästina. Doch bis dahin waren die über die ganze Welt verstreuten
jüdischen Einrichtungen ausgesprochen pazifistisch. In all den
Ländern, in denen sie sich niederließen, ganz gleich, ob in Persien oder Louisiana, gibt es nicht einmal ansatzweise Beispiele
für einen politischen Aufstandsversuch der Juden. Sie waren
schon froh, wenn sie bleiben durften, und fanden sich damit
ab, wenn man ihnen – wie in Alexandria – das Bürgerrecht des
jeweiligen Landes verweigerte. Ihr einziger Fehler war wahrscheinlich, daß sie sich vom deutschen Nationalismus angenommen glaubten. Mit einem naiven, später grausam bestraften Vertrauen nahmen sie Anteil am Leben einer ihnen letztendlich
feindselig gesinnten Mehrheit.

Die jüdische Identität stützte sich auf die Religion, und genau
dieses Recht machte ihnen das Christentum als Territorial-
macht streitig.[2]

Es liegt auf der Hand, daß dieser Zusammenhang nicht allen
klar ist. Was hier in Frage gestellt wird, ist das angeblich »natürliche« Konzept eines Nationalismus, der – wie wir gesehen
haben – zur Identitätsfindung benutzt wird und auch die Kultur
mit einbezieht. Noch lange nach dem Krieg galt eine Halbwahr-
heit, mit der selbst viele der anerkanntesten Persönlichkeiten
sich ihrer Verantwortung für den Aufstieg des Nationalsozia-

lismus zu entziehen glaubten: Sie schoben die Schuld an der Shoah dem »wahnsinnigen« Hitler zu, den sie jedoch trotz seines Wahnsinns – dem Golem der Prager Judenlegende vergleichbar – ziemlich groß werden ließen. Trotzdem beteuerten sie hinterher ihre Unschuld. Es kam zu schrecklichen Verallgemeinerungen, in die auch manch fehlgeleiteter Historiker einstimmte, denn Universitätsdiplome schützen keineswegs vor Torheiten. Man setzte die Nationalsozialisten mit ganz Deutschland gleich und machte so den Antisemitismus zu einer rein deutschen Angelegenheit. Auch hier machten sich identitätsbildender Nationalismus und Fremdenhaß breit: »Radiert Deutschland von der Landkarte, und der Antisemitismus wird verschwinden.« Was für ein Irrtum!

Schlimmer jedoch sind jene Pseudohistoriker, Pseudophilosophen und Pseudopolitiker, die unbedingt beweisen wollen, daß Auschwitz, Buchenwald, Dachau und Theresienstadt nichts anderes als Internierungslager waren. Der Einsatz von Zyklon B wäre ihrer Meinung nach viel zu gefährlich gewesen, und die sechs Millionen Toten halten sie für ein Hirngespinst. Angeblich wären es nur einige hundert oder tausend, nämlich Zigeuner, Schwule, sonstige »Entartete« gewesen, Randexistenzen der Gesellschaft, die an der Ruhr oder an einer schweren Lungenentzündung gelitten oder sich im Endstadium der Syphilis befunden hätten. »Ein Detail der Geschichte!« So jedenfalls tönte in aller Öffentlichkeit ein Mann, der für den Augenblick rund 20 Prozent der französischen Wählerschaft hinter sich weiß, von den unzähligen Dokumenten zu diesem Thema (und von vielen anderen Dingen) allerdings keine Ahnung hat (Anm. des Übers.: der Autor spielt hier auf Jean-Marie Le Pen an). Er ist wahrscheinlich mit der Vorbereitung eines antidemokratischen Regimes beschäftigt, eines Regimes, das die angeblich »christlichen Werte«, die uns noch verblieben sind, retten will. In Wirklichkeit handelt es sich dabei jedoch nur um Haß und um ein Frankreich, das nur in der Phantasie existiert, jenes »wahre Frankreich Ludwigs des Heiligen und der Johanna von Orléans«, aber auch das Frankreich der Friedhöfe.

Ich möchte allerdings mit Nachdruck darauf hinweisen, daß das nicht nur für Frankreich gilt. In zahlreichen anderen Län-

dern, ja selbst in den Vereinigten Staaten, ist die gleiche nationalistische Geisteshaltung mit ihrem ansteckenden Antisemitismus im Aufwind.

Bereits 20 Jahre nach dem Krieg, als das Grauen der Shoah
infolge der ausführlichen Berichterstattung in den Medien, der
zahlreichen Gedenkstätten und öffentlichen Reuebekenntnisse
der Politiker nicht mehr zu ignorieren war, löste es bei allen,
in denen immer noch Antisemitismus und latenter Rassismus
wirksam waren, eine Trotzreaktion aus. Zu diesem Phänomen
paßte das Verhalten einiger Jugendlicher: Man handelte mit
Nazi-Emblemen, zog sich mit Lederstiefeln und SS-Schildmüt-
zen provozierend oder einfach nur geschmacklos an, ließ sich
derbe Zeichnungen auf die Haut tätowieren und rasierte sich
den Schädel. Es waren Überspanntheiten der Pseudomännlich-
keit bis hin zum Narzißmus. Dem Männlichkeitswahn[3] verfallene Motorradrocker und Skinheads versammelten sich in
den Vororten von Los Angeles genauso wie im friedlichen
Skandinavien und gaben sich als wiederauferstandene Wikin-
ger oder SS-Leute. Sie veranstalteten einen Höllenlärm, zogen
mit Hakenkreuzarmbinden durch die Straßen und regelten ihre
Angelegenheiten »unter Männern«, d. h. mit Schußwaffen. Natürlich machten sie aus ihrem Haß auf Juden und Ausländer
keinen Hehl. In Frankreich warfen politische Ordnungskräfte
während des Algerienkriegs voller Stolz bewußtlos geprügelte
Algerier in die Seine, oder man holte die Leichen der Juden aus
den Gräbern. In Deutschland – es gibt keinen Grund warum
dieses Land verschont bleiben sollte – vergriffen sich die Horden, weil es keine Juden mehr gab, an den Einwanderern und
steckten Ausländerwohnheime in Brand.

Bedeutungslose Randerscheinungen? Nein. Die Zeichen sind
überdeutlich: In den Vereinigten Staaten entstanden in Erinnerung an einen Krieg, den man dort nicht wirklich zu spüren
bekommen hatte, zahlreiche Privatmilizen. Man baute Bun-
keranlagen, um der Bundespolizei trotzen zu können, und bewaffnete sich bis an die Zähne, denn man war und ist immer
noch überzeugt davon, daß die Juden mit Hilfe der UNO und
ihren Truppen die militärische Besetzung der Vereinigten Staaten vorbereiten, und ist nach wie vor bereit, mit dem Maschi-

nengewehr in der Hand, die weiße, christliche »Rasse« zu verteidigen.[4]

In der Zwischenzeit verbreiten sie ihren rassistischen Unsinn auch über das Internet und durch diverse Broschüren, denn der erste Zusatz der amerikanischen Verfassung gewährt ihnen das Recht auf freie Meinungsäußerung. Auch in Rußland findet man sie: Unter Fahnen, die denen der Nationalsozialisten nicht unähnlich sind, schwören sie in schwarzen Uniformen auf die Wiederherstellung der Monarchie und der Ehre des »slawischen und christlichen« Rußlands, dessen Untergang – wie Alexander Solschenizyn regelmäßig im Moskauer Fernsehen betont – auch der Untergang des »ewigen Rußlands« war. Aber auch das Christentum blieb mit den antimodernen und reaktionären Phantastereien der Anhänger von Monsignore Lefèvre nicht von diesem Phänomen verschont. Wer glaubt, daß die Reaktion und der Antisemitismus mit Auschwitz verschwunden sind, erliegt einer gefährlichen Illusion.

Die Neonazis bekamen in den letzten Jahrzehnten im Westen starken Zulauf. Sie als Opfer eines identitätsbildenden Nationalismus zu beschreiben, wäre eine wohlwollende Untertreibung. Es sind Nazis, auch wenn sie heute Hamburger und kein Sauerkraut mehr essen. Ganz gleich, ob es sich um Amerikaner, Franzosen oder Deutsche handelt, sie alle träumen von einem Vierten Reich. In der Zwischenzeit legen sie Bomben, schreiben sich in irgendwelche »Bruderclubs« ein, wo das größte Vergnügen darin besteht, so lange zu schießen, bis das Trommelfell platzt. Halten wir ihr Verdienst jedoch fest: Sie haben in aller Öffentlichkeit bewiesen, daß der Nazismus tatsächlich so ist, wie er sich immer gezeigt hat. Man wollte es allerdings nicht wahrhaben und war deshalb ständig bemüht, irgendwelche Nuancen auszumachen. In Wahrheit handelt es sich um fehlgeleitete, dem Kult der brutalen Gewalt verfallene Menschen, die den Sozialdarwinismus nur schlecht verarbeitet haben und deshalb eigentlich in die Psychiatrie gehören.

Es gibt wahrscheinlich kein Phänomen, das so viele Wahnvorstellungen und Unwahrheiten hervorgebracht hat wie der Antisemitismus. Das gilt ganz besonders für die Todeslager. Dafür steht auch die Betroffenheit und das Schuldbewußtsein, das dieses grauenhafte Kapitel nach wie vor auslöst, ein Kapitel, das wegen seiner Ausmaße und der Kaltblütigkeit, mit der man dabei vorgegangen ist, in der Geschichte einmalig ist. Dies erklärt auch, warum es so schwierig ist, sich von Vorstellungen zu trennen, die man sozusagen mit der Muttermilch eingesogen hat, etwa vom Patriotismus mit seinem Ausschließlichkeitsanspruch oder vom Zwang, die »Rasse« trotz aller biologischen Kenntnisse rein zu halten.

Die Idee der nationalen »Reinheit« zeigt ihre kriminelle Natur nicht nur im Nationalsozialismus, sondern auch im Kosovo.

1998 kam es zu einem latenten, aber doch aufschlußreichen Konflikt zwischen Frankreichs Staatspräsidenten und dem Premierminister. Es ging um die Kriegsdienstverweigerer von 1917. Manche Patrioten hätten es vielleicht lieber gesehen, wenn man diese Aufrührer weiterhin der Schande und dem Vergessen überlassen hätte; andere wiederum wollten sie als Opfer einer allzu rigiden Vaterlandsliebe rehabilitiert wissen.

Diejenigen, die einst als Wucherer gegolten hatten, waren auch in Frankreich von ihren angesehenen Mitbürgern ausgeraubt worden. Als das im einzelnen aufgedeckt wurde, kam viel Niedertracht zum Vorschein. Man erfuhr beispielsweise, daß sich Banken an ihrem Schicksal bereichert hatten oder daß die leitenden Angestellten eines namhaften Betriebes, der Milchprodukte für Kinder produziert, einen »Arierpaß« vorlegen mußten. Außerdem wurde bekannt, daß die Schweizer Regierung von Berlin die Einführung des Judenstempels gefordert hatte. Die Ausweispapiere der deutschen Juden sollten ein rotes J (für Jude) tragen. Daran konnten die Schweizer Grenzbeamten Juden erkennen und zurückweisen.[5]

Die Shoah war Raub und Mord in ungeheurem Maßstab. Sie ist für die ganze Menschheit eine Lektion der Finsternis. Man kann sie nicht aufarbeiten. In Auschwitz waren katholische Nonnen dabei, »christliche« Kreuze aufzustellen; ein absurder Vorgang, denn hier sind vor allem Juden umgebracht worden.[6]

Es ist die erste Lektion dieser Art in der Weltgeschichte und erinnert an die Mahnung des Juden Jesus: »Was du nicht willst, das man dir tu, das füge auch keinem anderen zu«. (Anm. des

Übers.: Diese Christus-Worte stehen in den Apokryphen, nämlich bei Tobias 4, 16.)

Auch die Christen wurden im Zweiten Weltkrieg verfolgt,
wenn auch bei weitem nicht in dem Maße wie die Juden. Dennoch waren es etliche Tausend, und zwar Priester und Gläubige, die, weil sie auf ihrem Glauben beharrten und das Heidentum, das ihnen die Nationalsozialisten aufdrängen wollten,
nicht akzeptierten, sich in den Lagern wiederfanden. Sie, die
sich seit Jahrhunderten dazu berechtigt glaubten, andere nach
deren Glaubensbekenntnis zu be- und verurteilen, unterlagen
nun selbst dem Recht des Stärkeren, und dieser Stärkere war
kein Christ. Sie hatten sich – ebenfalls seit Jahrhunderten – ein
reines, unfehlbares Gewissen zugelegt, und zwar im Namen
einer Kirche, die sich selbst für unfehlbar erklärte, aber dennoch wichtige Entscheidungen unaufhörlich vertagte, etwa als
es um die Abschaffung des Begriffes »Gottesmörder« ging.
Und schließlich entdeckte man unter ihren ehrwürdigsten Vertretern – ganz gleich ob Katholiken oder Protestanten – Aas-
geier und Heuchler.

Noch schlimmer: Schließlich mußten sie mit ansehen, wie
diese Kirche, von der sie sich erhofft hatten, daß sie ihnen helfen würde, das Gesicht zu wahren, wegen ihrer Unmenschlichkeit und besonders wegen der Scheiterhaufen der Inquisition
sich in endlosen Reuebekenntnissen erging.[7] Wie wir bereits
gesehen haben, war es das Hauptziel der Inquisition, unter den
Marranen jene ausfindig zu machen, die heimlich der Thora
treu geblieben waren.

Die alte westliche Welt ist so von Wunden gezeichnet, daß
sich daraus eine neue Landkarte der Grausamkeit und des
Schmerzes ergibt, die selbst im ausgehenden 20. Jahrhundert
noch vervollständigt wurde: Beispielsweise durch die Konflikte
zwischen den Protestanten und Katholiken Irlands; durch die
Greueltaten im Kosovo, wo Christen nach wie vor Muslimen
mit blindem Haß begegnen; durch die jüngsten Ereignisse im
ehemaligen Jugoslawien, wo eine »Ethnie« gegen die andere
kämpft,[8] obwohl sie sich gegenseitig näher stehen als jeder anderen Volksgruppe in der Welt; oder durch die antisemitischen
Reden von russischen Politikern – und das nur 50 Jahre nach

der Shoah; nicht zuletzt durch reaktionäre Reden und Gewalttaten, von denen die Tageszeitungen nach wie vor berichten.[9]

Der religiöse Haß scheint sich in der westlichen Welt jedoch
allmählich zu legen. Neu ist, daß die Christen, die für rund
2000 Jahre die Welt beherrschten, inzwischen nur noch ein
Drittel der Weltbevölkerung ausmachen.[10] Ihre Kolonialreiche
sind schon seit Jahrzehnten verschwunden, und deshalb jagen
die Christen niemandem mehr Angst ein. Das Christentum
hat sich verändert, es ist friedlicher geworden. Auch das Judentum hat sich beträchtlich verändert.[11] Heute werden Christen
verfolgt und massakriert, auf den Molukken, auf Timor, in
Pakistan und Indien. Reden zur Beschwörung der nationalistischen Identitätsfindung werden heute in der dritten Welt
geschwungen. Mit der Gründung des Staates Israel ist auch
in der muslimischen Welt die Atmosphäre aggressiver geworden.[12] Und schließlich hielt die Intoleranz auch in Europa wieder Einzug.

Die Macht der Juden, sagt man, stehe in keinem Verhältnis zur Größe dieses Volkes. Der Vorwurf ist verwunderlich,
schließlich sind es ja gerade ihre Verfolger, denen sie diese
Macht zu verdanken haben, denn um im Lauf der Jahrhunderte überleben zu können, mußten sie alle intellektuellen Ressourcen nutzen. Es gibt in der Tat eine jüdische Kultur, es ist die
Wachsamkeit oder besser noch die Wachheit. Diese Tugenden haben die Juden sowohl im wissenschaftlichen als auch
im künstlerischen Bereich zur Genüge bewiesen und ihnen oft
universelle Geltung verschafft. Mit Einstein, Mahler, Menu-
hin, Pasternak, Celan, Gershwin und Kubrick will ich hier nur
einige wenige nennen. Weshalb sollte ein Volk, das 23 Jahrhunderte lang verfolgt und diffamiert wurde, nicht zu seiner
Verteidigung ein Solidaritätsbewußtsein und ein Verbindungs-
netz entwickeln?

»Und Israel?«, wird man fragen. Wenn man nämlich den
identitätsbildenden Nationalismus verurteilt, stellt sich doch
unweigerlich die Frage, wie ein moderner Staat zu beurteilen
ist, der die Staatsbürgerschaft nur den Angehörigen einer
bestimmten Religion automatisch gewährt.

Die Idee eines jüdischen Staates nahm in der zweiten Hälfte

des 19. Jahrhunderts Gestalt an, in einer Zeit also, in der der Nationalismus in Europa seinen Höhepunkt erreichte. 1848 erreichten die Ungarn eine weitgehende Autonomie von Wien, 1861 kam es zur Einigung Italiens, und 1871 schließlich schlossen sich auch die deutschen Länder zu einem Nationalstaat zusammen. Es war bereits abzusehen, daß die Juden – ob emanzipiert oder nicht – von diesen nationalistischen Bewegungen ausgeschlossen sein würden. 1862 konnte der deutsche Sozialist Moses Hess mit seinem Buch *Rom und Jerusalem* zum ersten Mal einen Teil der Juden für die Idee eines jüdischen Nationalstaates gewinnen. Moses Hess war jedoch nicht der Erfinder des Zionismus. Bereits 1825 hatte Mordechai Noah die im Niagara River liegende Insel Grand Island gekauft und die Juden aller Welt eingeladen, dort einen jüdischen Staat namens Ararat zu gründen. Später haben verschiedene Engländer wie Lord Shaftesbury oder Sir Laurence Oliphant versucht, die Juden zur Gründung eines jüdischen Staates in Palästina zu überreden. Doch erstaunlicherweise stießen diese Ideen bei den Juden auf wenig Gegenliebe. Sie fühlten sich dort, wo sie waren, wohl. Weshalb also auf einer Insel inmitten eines reißenden Flusses oder im fernen Orient einen Staat gründen? Außerdem war ein gewisses Mißtrauen durchaus berechtigt, denn mit dem Projekt, in Palästina Juden anzusiedeln, wollte man in erster Linie auf dem Handelsweg nach Indien einen Riegel schaffen, der fest in britischen Händen lag.

Erst der österreichische Journalist Theodor Herzl trieb den Zionismus wirklich voran. Er hatte während der Dreyfusaffäre als Pressekorrespondent in Paris gearbeitet und veröffentlichte 1896 – bestürzt über den Antisemitismus, der durch diese Affäre ausgelöst wurde – sein Buch *Der Judenstaat*, worin die Hoffnung auf eine » Heimstätte für das jüdische Volk in Palästina« nach den endlosen Verfolgungen in Europa zum Ausdruck kommt. Der Zionistenkongreß in Basel im darauffolgenden Jahr war der nächste Meilenstein. Die weitere Entwicklung ist im allgemeinen bekannt: 1917 gab Arthur Balfour, britischer Außenminister, die bereits erwähnte Erklärung ab, und 1922 billigte der Völkerbund die jüdischen Einwanderungen in Palästina. Die arabische Welt empfand den in ihrer Mitte entstehen-

den jüdischen Staat von Anfang an als ein Bollwerk des islam-
feindlichen Kolonialismus.

Weshalb sollte man andererseits den Juden das Recht auf ein
Land absprechen, in dem sie sich endlich als vollwertige Menschen und freie Bürger bewegen konnten? Wer von den Juden
hätte damals ahnen können, daß das Judentum mit der Schaffung des jüdischen Staates Gefahr lief, die gleichen Fehler zu
machen wie seine Verfolger? Mehr als 50 Jahre nach seiner
Gründung bekommt auch der Staat Israel auf schmerzhafte
Weise die staatsphilosophischen Widersprüche zu spüren: Wie
passen Überlegenheitsgefühl, Ausgrenzung[13] und territorialer
Anspruch zu einer sich als allgemeingültig verstehenden Transzendenz? Und wie verträgt sich der Laizismus mit einem Staat,
der als »nationale Heimstätte in Palästina für das jüdische
Volk« gegründet wurde? Und: Wie ist es möglich, zugleich Jude,
also Weltbürger, und durch bestimmte Staatsgrenzen definier-
ter Israeli zu sein?

Gibt es überhaupt einen Weg aus diesem Dilemma? Und
wenn nicht, muß das dann nicht den Antisemitismus in dieser
Weltgegend verstärken? Man muß hier die laizistischen wie
orthodoxen Juden daran erinnern, daß der identitätsstiftende
Nationalismus, jenes wahrscheinlich stärkste Gift der Weltgeschichte, endloses Leid über die Juden gebracht hat. Dies ist
vielleicht das eigentliche Ziel dieses Buches: darauf hinzuweisen, daß der Antisemitismus nicht nur eine Angelegenheit zwischen Juden und ihren Verfolgern ist.

Angesichts der Verheerungen in der Geschichte der Religionen erhebt sich die Frage: Kann man den Menschen ändern?
Kann man ihn dazu bringen, seine Angst vor dem anderen und
seine urtümliche Bodenständigkeit zu überwinden? Bereits im
19. Jahrhundert träumte Charles Fourier von einer Veränderung der menschlichen Gesellschaft. Ein utopischer und gefährlicher Traum, denn damit beginnen alle totalitären Systeme,
ganz gleich ob es sich um Kommunisten, Nationalsozialisten
oder Rote Khmer handelt. Schon die Inquisition war von
dieser Idee besessen und wollte selbst im tiefsten Inneren der
Menschen die Ketzerei bekämpfen. Jedes Mal, wenn die Welt
durch Veränderung gereinigt werden sollte, wurde sie ver-

giftet. Alle utopistischen Ideologien können zu Gaskammern führen.

Auch wer sich nicht für historische Zusammenhänge interessiert und die Shoah für einen Unfall der Geschichte hält, sollte sich bewußt machen: Antisemitische Verfolgungen fanden immer in totalitären Gewaltherrschaften statt, wo man das Individuum den angeblichen Interessen der Gemeinschaft unterordnen wollte.[14] Der Antisemitismus geht stets mit der Verneinung von Freiheit und Demokratie einher. Seit der Inquisition wurden alle Massaker der Weltgeschichte – ganz gleich, ob die Opfer Katharer, Armenier, Ibo, Kambodschaner, Kosovaren oder Juden waren – von totalitären Systemen verübt.

Die Staatsmacht ist also bei antisemitischen Verfolgungen nie ohne Schuld. Aus diesem Grund ist der Antisemitismus ein hervorragendes Thermometer für den Stellenwert der Freiheit in einer Gesellschaft.

Es gibt aber noch andere Indikatoren. So hätte das vorliegende Buch in nationalsozialistischer Zeit nur unter großen Risiken geschrieben werden können, auch in Frankreich. Ein zweiter, wesentlich wichtigerer Anhaltspunkt ist die Haltung, die der größte Teil der öffentlichen Meinung dem Fanatismus gegenüber einnimmt. Auch wenn Salman Rushdie vielleicht nicht der beste Schriftsteller seiner Zeit ist, wird doch die *Fetwa* der Ajatollahs von der Weltöffentlichkeit verurteilt. Auch die tibetischen Mönche sind mit Sicherheit keine Vorreiter der Demokratie, doch ihre Unterdrückung durch die chinesische Regierung wurde ebenfalls weltweit entschieden abgelehnt.

Es sind hoffnungsvolle Zeichen. Das ist jedenfalls mein Eindruck.

Anmerkungen
mit bibliographischen Angaben

Abkürzungen der zitierten biblischen Bücher:

Apg	Apostelgeschichte
Dan	Das Buch Daniel
Dt	Deuteronomium (das fünfte Buch Mose)
Ex	Exodus (das zweite Buch Mose)
Gal	Brief des Paulus an die Galater
Gen	Genesis (das erste Buch Mose)
Jer	Das Buch Jeremia
Joh	Das Evangelium nach Johannes
Jos	Das Buch Josua
1/2 Kor	Erster oder zweiter Brief des Paulus an die Korinther
Lk	Das Evangelium nach Lukas
Lv	Leviticus (das dritte Buch Mose)
1/2 Makk	Erstes oder zweites Buch der Makkabäer
Mk	Das Evangelium des Markus
Mt	Das Evangelium nach Matthäus
Nm	Numeri (das vierte Buch Mose)
Offb	Offenbarung des Johannes
Phil	Brief des Paulus an die Philipper
Richt	Das Buch der Richter
Röm	Brief des Paulus an die Römer

Vorwort

1 Leon Poliakov, *Histoire de l'antisémitisme*, 3 Bände, Paris 1991 – 1994. Die Autoren der Essays sind Philo Bregstein, Christian Delacampagne, Robert Greenberg, Evelyne Koenig, Klaus von Münchhausen, Laurent Murawiec, Rudolf Pfisterer, Lucienne Saada, Meir Wainträter, Rivka Yadlin, Paul Zawadski und Leon Poliakov (Hg.).

2 Berlin 1996; original: *Hitler's Willing Executioners. Ordinary Germans and the Holocaust*, New York 1996.

3 Norman G. Finkelstein und Ruth Bettina Birn, *Eine Nation auf dem Prüfstand. Die Goldhagen-These und die historische Wahrheit*, München 1998.

4 Auf diesen Punkt wird in Teil III Kapitel 3 dieses Buches näher eingegangen.

Teil I: Der vorchristliche Antisemitismus

1 Von den Anfängen bis zum Exodus: Die Idee vom einzigen und immanenten Gott kommt auf

1 Gen 11, 32, Quelle P. Nach dem samaritanischen Pentateuch hingegen ist Tarach im Alter von 145 Jahren gestorben. Dies ist nicht ganz so übertrieben, aber für moderne Begriffe auch nicht wahrscheinlicher. Man muß wissen, daß die biblische Symbolik den Zahlen nicht den gleichen Stellenwert beimißt wie die Arithmetik.

2 Bibelkundige und Archäologen sind sich nicht einig darüber, ob es zu jener Zeit bereits den Stamm Benjamin gab, denn nach dem Alten Testament sind sie die Nachkommen Benjamins, des Sohns von Jakob und Urenkels von Abraham. Die archäologischen Beweise sind jedoch überzeugend: Auf den im Archiv der Palastanlage von Mari gefundenen Tontafeln aus der Zeit von König Jachdun-Lim, d. h. im 19. Jahrhundert vor unserer Zeitrechnung, werden sie als Verbündete der Könige von Mari aufgeführt. Vgl. André Parrot, *Abraham et son temps,* Neuchatel 1962.

3 »Nomads«, in: *Encyclopaedia Britannica;* Georges Roux, *La Mésopotamie. Essai d'histoire politique, économique et culturelle,* Paris 1985; Parrot, *Abraham,* op. cit.

4 Gen 12, 1–4. Die jüdische Tradition datiert die göttliche Ordnung auf die Zeit vor der Ankunft in Haran zurück. Ganz klar ist die Sache nicht: Tarach soll sich lange Zeit in Haran aufgehalten haben, Abraham aber überhaupt nicht.

5 Gen 35, 4; Dt 11, 30; Jos 24, 26; Richt 9, 6.

6 Echnaton – sein ursprünglicher Name ist Amenophis (IV.) – regierte von 1353 bis 1335 vor unserer Zeitrechnung. Wenn wir mit dem Buch Exodus (Zweites Buch Mose) davon ausgehen, daß die Juden zur Zeit Sethos' I. – er kam 1293 an die Macht – und Ramses' II. bereits seit vier Jahrhunderten in Ägypten waren, müßten sie im 17. Jahrhundert vor unserer Zeitrechnung an den Nil gekommen sein, d. h. zur selben Zeit wie die Hyksos, die 1650 vor unserer Zeitrechnung in Ägypten eingedrungen sind. Unter der Hyksosbesatzung ließ sich auch die Jakobsippe in

Ägypten nieder. Jakob war ein Enkel Abrahams. Wer wissen will, wann Abraham gelebt hat, rechnet drei Generationen, d. h. ein Jahrhundert, zurück und kommt auf das 18. Jahrhundert vor unserer Zeitrechnung. Der jüdische Monotheismus ist also rund vier Jahrhunderte älter als der von Echnaton.

7 Diese Verheißung wird in den Nm 23, 7–10 anders formuliert. Unser Zitat orientiert sich an der Übertragung von Flavius Josephus in seinen *Antiquitates Judaicae* 4, 115–116 und findet sich auch in den *Sibyllinischen Orakeln* 3, 271 wieder. (Anm. des Übers.: Die deutsche Übersetzung der Bileam-Verheißung aus *Des Flavius Josephus jüdische Altertümer,* übersetzt von Dr. Heinrich Clement, Darmstadt 1899.

8 In seinem Buch *Die religiöse Situation der Zeit. Das Judentum* (München 1991) beschreibt der Theologe Hans Küng: »Schon hier [...] bestätigt sich, was wir vorläufig als *konstantes Zentrum* und *bleibendes Element* der jüdischen Religion bestimmt haben: Ohne die beiden Größen *Jahwe* und *Israel* (Volk und Land) lassen sich auch schon die Anfänge der israelitischen Gesellschaft nicht verstehen [...]« (Die Hervorhebungen stammen vom Autor). Offensichtlich sind Judaismus und Zionismus für Küng identisch. Diese Interpretation wurde von der Geschichte gründlich widerlegt: Es gibt Juden, die sich ihrer Religion sehr stark verbunden fühlen, aber trotzdem keine Zionisten, sondern sogar Antizionisten sind.

Dann formuliert Küng eine sonderbare Aussage: Hier zeige sich nicht nur wie in anderen westsemitischen Religionen die allgemeine Formel »Ein Gott, ein König, ein Land«, sondern »Ein Gott, ein Volk, ein Land«. Die Forderung »Ein Gott, ein König, ein Land« scheint mir in der Tat einige Hinweise zu geben, doch darüber schweigt sich der Autor aus. Der Begriff der westsemitischen Religionen bedarf außerdem einer näheren Erklärung. Das, was wir von den phönizischen Religionen wissen, deckt sich jedenfalls nicht mit der von Küng aufgestellten Formel. Ich möchte noch darauf hinweisen, daß »Ein Gott, ein Volk, ein Land« in peinlicher Weise – ohne jede historische Grundlage – an den Hitler-Spruch »ein Volk, ein Reich, ein Führer« erinnert.

9 Nach dem *Buch der Jubiläen,* einem der Pseudepigraphen, hat Japhet, der Sohn Noahs, sich in Medien niedergelassen (*Écrits intertestamentaires,* Paris 1987, 10, 35–36). Ein anderer Bericht (ebd., 3, 2) weiß von »neuneinhalb Stämmen«, die dorthin verschleppt worden sein sollen. Paul Johnson (*A History of the Jews,* New York 1982) beruft sich auf die 650 Schreibtafeln, die man in der altorientalischen Stadt Nippur gefunden hat. In den

Jahren 450 bis 403 vor unserer Zeitrechnung waren auf ihnen lange Namenslisten in Keilschrift eingraviert worden. Acht Prozent dieser Namen sind jüdisch. Ezechiel (Hesekiel) hat in der heiligen Stadt Euphrat gewohnt. Aller Wahrscheinlichkeit nach wurde also in dieser altsumerischen Stadt nach der Rückkehr aus dem Exil eine jüdische Kolonie gegründet. Es gibt auch zahlreiche Indizien (darunter das rätselhafte »Salomongrab«) für eine jüdische Präsenz weiter östlich, in Kaschmir, und zwar für eine nicht näher bestimmbare Zeit vor unserer Zeitrechnung.

10 Von den göttlichen Verlautbarungen der Genesis sind drei offensichtlich widersprüchlich: Nach der Sintflut nämlich, so lautet der Auftrag des Herrn, sollen Noah und seine Nachkommen fruchtbar sein und sich auf der Erde vermehren (9, 7). Gegenüber Abraham erklärt Gott jedoch, daß er ihm das Land »vom Nil bis zum Euphrat« geben werde (15, 18–21), und den Patriarchen wiederum verspricht er Kanaan (17, 8).

11 Mehr zu den Siedlungsorten der Juden bei Nicholas de Lange, *Atlas of the Jewish World*, Oxford 1984.

12 Gen 12, 9–13, 2.

13 »Hyksos«, in: *Encyclopaedia Britannica*. Diese Angaben decken sich in etwa mit denen des Pentateuch: Zur Zeit Moses' sollen die Hebräer bereits vier Jahrhunderte lang als Gefangene in Ägypten gesessen haben. Wenn Moses unter Ramses II., d. h. im 13. Jahrhundert vor unserer Zeitrechnung, den Exodus organisiert hat (vgl. Gerald Messadié, *Moses*. Paris 1998), so sind die Hebräer im 17. Jahrhundert in das »Land Goschen« gekommen.

14 Die Hyksos scheinen die Religion und die politischen Gepflogenheiten der Ägypter im großen und ganzen respektiert zu haben. Ein Beweis für die Aversion, die ihnen jedoch die Ägypter entgegenbrachten, ist die Tatsache, daß sie im Mittleren Reich der mit dem Weltchaos drohenden Höllenschlange den Namen Apophis gaben. Dies war der Name eines Hyksos-Pharaos.

15 Gen 46, 6–7; 47, 5–6, 10–12 und 27. Der im 3. Jahrhundert vor unserer Zeitrechnung lebende ägyptische Historiker Manetho setzte übrigens die Hebräer mit den Hyksos gleich.

16 Jer 44, 16–18.

17 »Elohin (Plural von Eloah) ist der in der Bibel am häufigsten gebrauchte Name für Gott« (*Dictionnaire encyclopédique du judaïsme*, Paris 1996). Er kann jedoch auch für eine heidnische Gottheit stehen.

18 André Dupont-Sommer, *Les dieux et les hommes en l'île d'Éléphantine, près d'Assouan, au temps des Perses*, Paris 1978; Pierre Grelot, *Documents araméens d'Égypte*, Paris 1972.

19 Also höchstwahrscheinlich bevor König Josia Ende des 7. Jahrhunderts vor unserer Zeitrechnung wieder die Kontrolle über Judäa übernahm.

20 Jer 43, 5−7.

21 Joseph Mélèze Modrjewski, *Les Juifs d'Égypte de Ramsès II à Hadrien*, Paris 1991.

22 Papyrus Petrie III 21g und Papyrus Gurob 2, zitiert ebd.

23 Jer 44. Die Rede ist von einer Göttin namens Anat, die zur gleichen Gruppe wie Yahu und El gehört. Näheres zum Götternamen Jahu oder Yaho – der namenskundliche Aspekt ist zweifelsohne von großer Bedeutung – bei Grelot, *Documents araméens*, op. cit.

24 Dupont-Sommer, *Les dieux...*, op. cit.

25 Der Tempel von Elephantine hat offensichtlich die Zeiten überdauert, denn die jüdische Kolonie blieb bestehen, als Pharao Amyrtaios 404 vor unserer Zeitrechnung einen Teil des Landes der persischen Kontrolle entreißen konnte. Als sein Nachfolger Nepherites I. (29. Dynastie) 398 wieder die volle Herrschaft über das Land gewann, setzte er die jüdische Garnison zum Wachdienst entlang der nubischen Grenze ein. Was später aus der jüdischen Kolonie wurde, wissen wir nicht.

2 Von Alexander dem Großen bis zu den ersten antisemitischen Haßwellen

1 Lange, *Atlas...*, op. cit. Der Punkt ist äußerst wichtig, denn er widerlegt die späteren Behauptungen des Apostels Paulus, zugleich Jude und römischer Bürger gewesen zu sein.

2 Makk 1,3.

3 Dan 8, 21.

4 In Paul Faure, *Alexandre* (Paris 1985) werden die Arbeiten von Arnaldo Momigliano zitiert.

5 *Antiquitates Judaicae* 11, 326−339.

6 Joachim Jeremias, *Jérusalem au temps du Jésus*, Paris 1976, vgl. S. 447.

7 Margaret H. Williams, *The Jews among the Greeks & Romans. A Diasporan Sourcebook*, London 1998.

8 Beispielsweise ist die Liste mit den Namen der jungen Juden, die zu den Epheben von Sardes zählten, nicht verlorengegangen. Erwähnenswert: Die griechischen Sitten konnten sich in den großen Städten bis in das zweite oder das dritte Jahrhundert unserer Zeitrechnung halten, also noch lange nach dem Fall Jerusalems. Dies beweist, daß die Hellenisierung keine oberflächliche, vor-

übergehende Zeiterscheinung war. Vgl. Martin Hengel, *Judaism and Hellenism*, London 1996, und Williams, *The Jews*, op. cit.

9 Auf wen die Entscheidung, die Mosesgesetze abzuschaffen, zurückgeht, läßt sich nicht mit Sicherheit sagen. Johnson neigt in *A History of the Jews* (NY 1982) mit guten Gründen zu Menelaos, denn die Seleukidenkönige mischten sich in der Regel nicht in die lokalen Religionsangelegenheiten.

10 Flavius Josephus, *Antiquitates Judaicae*, 13, 376.

11 Ebd., 1, 91–98.

12 Diodorus Siculus, *Bibliotheca Historica*, XXXIV–XXXV.

13 Flavius Josephus, *Contra Apionem*.

14 *Écrits intertestamentaires* (op. cit.), S. 512.

15 Man sollte immer beachten, daß die Apokryphen und die pseudepigraphischen Schriften des Alten Testaments in Palästina verfaßt wurden. Weshalb sollten sie also die Gefühle der im romanisierten Mittelmeerraum – in Beroia, Pergamon, Antiochia oder Ekbatana – lebenden Juden zum Ausdruck bringen? Es handelte sich nämlich um nationalistische Schriften, die bei den seit mehreren Generationen in der Fremde lebenden Juden keine große Resonanz mehr fanden.

16 Zumindest nach einem Bericht zu urteilen, den er nach einer Begegnung mit einem Juden in Kleinasien an Klearchos von Soli richtete: »Der Mann [...] sprach nicht nur griechisch, er hatte auch die Seele eines Griechen. Er hat während meines Aufenthalts in Asien die gleichen Stätten besucht wie ich und sich gerne mit mir und anderen Gebildeten unterhalten, um unser Wissen zu erkunden. Ich kenne zwar sehr viele kultivierte Menschen, aber wirklich Originelles habe ich eigentlich durch ihn gelernt« (Josephus, *Contra Apionem*, 1, 180f.).

17 Vgl. »*Les monothéistes méconnus de la Grèce archaïque*«, in: Gerald Messadié, *Histoire générale de Dieu*, Paris 1997. Interessant ist, daß die griechische Philosophie den Begriff des Monotheismus – zumindest öffentlich – nie verwendet hat, aus Angst vor dem Vorwurf der Mißachtung der anderen Götter. In der hellenistischen Zeit und unter der römischen Vorherrschaft tauchte der Begriff auch nur selten im öffentlichen Leben auf. Gleiches gilt für die griechische Klassik: Auf Gotteslästerung stand zu allen Zeiten die Todesstrafe.

18 In der *Histoire générale de Dieu* habe ich bereits auf den fiktiven Charakter des »Standardmodells« einer angeblich sich selbst als »Essener« bezeichnenden Gruppe hingewiesen. Als etymologische Wurzel des Namens wird meistens das hebräische »Chassidim« angeführt, so jedenfalls nannten sich die Anhänger der

Qumransekte. Aus »Chassidim« sei im Griechischen »Essenioi« geworden, eine nicht gerade überzeugende Erklärung, denn der Wandel von »d« in »n« ist unwahrscheinlich. Bei Flavius Josephus *(Antiquates Judaicae)* bezeichnet der Name Essener eine jüdische Sekte, die in einer mönchsartigen Gemeinschaft lebte. Griechische Wurzeln des Namens sind nicht bekannt. Es handelt sich wahrscheinlich um die Transkription eines hebräischen, eines aramäischen oder gar eines arabischen Wortes. Das arabische »Hassinin« (»die Tugendhaften«) – Pluralform von arabisch »Hassin« – ist meines Erachtens die exakte Entsprechung zu den »Essenern«, auch wenn manche Linguisten einwenden, daß ein griechischer Autor den Anfangskonsonanten »ha« nicht in ein Epsilon transkribieren würde.

19 Flavius Josephus, *Antiquitates Judaicae,* 13, 171.

20 »The War Scroll«, in: Florentino Garcia Martinez, *The Dead Sea Scrolls Translated,* Leiden, New York, Köln 1994.

21 In einem monotheistischen Text ist das »Geschrei der Götter« überraschend; wahrscheinlich ist hier der Kampf des *einen* Gottes gegen eine polytheistische Nation gemeint.

22 Flavius Josephus, *Contra Apionem. Die Aigyptiaka* von Apion und Lysimachos sind verlorengegangen.

23 Diodorus Siculus, *Bibliotheca Historica,* XXXIV – XXXV.

24 Vgl. David Dawson, *Allegorical Readers and Cultural Revision in Ancient Alexandria,* Berkeley, Los Angeles, Oxford 1992. Dawson weist deutlich auf die vielfachen Bemühungen hin, die Juden den Griechen und den Römern näherzubringen. In seiner *Allegorischen Erklärung des heiligen Gesetzbuches* schreibt Philon beispielsweise, daß die moralischen Werte der Juden die der griechisch-römischen Kultur seien. Als Schnittpunkt verschiedener Kulturen war Alexandria tatsächlich ein Zentrum des Synkretismus. Das bezeugt auch die Lehre des Gnostikers Valentinos aus Alexandria, der sich zwischen 136 und 140 in Rom aufhielt: Er verband Texte aus der Zeit vor den Evangelien, alttestamentarische Zitate, gnostische Mythen und Platonische Dialoge.

3 Der römische Antisemitismus und die fatalen Folgen der Septuaginta

1 Cicero, *Pro Flacco,* 28.

2 Flavius Josephus, *Antiquitates Judaicae,* 14, 7, 2 § 12.

3 Meines Erachtens wurden die Funktionen innerhalb der Triade je nach Kultur und Epoche verschieden aufgeteilt und entsprachen

nicht immer den von Georges Dumézil aufgestellten Schemata. Vgl. G. Dumézil, *Les dieux souverains des Indo-Europoéens,* Paris 1977. Das klassische Triadenmodell fand Dumézil anderswo: »Der Iran machte aus den drei Söhnen des Zarathustra (Zoroaster) den ersten Priester, den ersten Krieger und den ersten Bauern und Viehzüchter« (»Trois familles«, in: *Mythe et epopée 1,* Paris 1985).

4 Als nämlich die Stämme den Propheten Samuel zum ersten Mal um einen König baten, fragte sich dieser entrüstet: »Wozu brauchen sie einen König?« Und selbst 700 Jahre später unter der hasmonäischen Dynastie war das Königtum untrennbar mit dem Amt des Hohenpriesters verbunden. Die Unterscheidung zwischen königlichen und oberpriesterlichen Kompetenzen unter David und Salomon scheint nur von kurzer Dauer gewesen zu sein.

Vielleicht denkt der Leser an eine mögliche Parallele zwischen den Juden und den Galliern. Nach Michelet handelt es sich bei den Galliern um eine Mischung aus echten Kelten, Bretonen, Walisern, Schotten und Iren. Sie waren wie die Hebräer in mehrere umherziehende Stämme unterteilt und sind – eine weitere Gemeinsamkeit mit den Hebräern – erst spät, d. h. um 500 vor unserer Zeitrechnung, in »ihr« zwischen den Römern und den Germanen liegendes Gebiet eingewandert. Wie die Hebräer haben sie die Pax Romana nie akzeptiert, und ihre Druiden bekleideten – den hebräischen Priestern vergleichbar – hohe Ämter mit wichtigen politischen Kompetenzen (sie vermittelten beispielsweise zwischen den untereinander rivalisierenden Stämmen). Doch bei Kampfhandlungen und politischen Verträgen hatten die gallischen Stammesoberhäupter mehr Gewicht als die Druiden. Bei den Verhandlungen in Köln im Winter 69/70 zeigte sich das deutlich. Im Gegensatz zu den Hebräern waren bei den Galliern – wie bei allen Indogermanen – die Kompetenzen der einzelnen Ämter klar festgelegt. Vgl. Maurice Bouvier-Ajam, *Les Empereurs gaulois,* Paris 1984.

5 Die Septuaginta unterscheidet sich im Aufbau und Inhalt von den älteren, in hebräischer Sprache geschriebenen Versionen des Alten Testamentes, die beispielsweise das Buch Daniel und die Apokryphen noch nicht kennen (vgl. Alexander James Grieve, »Septuagint«, in: *Encyclopaedia Britannica*).

6 Wie bei so vielen heiligen Texten der jüdisch-christlichen Überlieferung haben sich auch bei der Septuaginta mit der Übersetzung Unstimmigkeiten eingeschlichen. Offensichtlich konnten einige der Übersetzer nur schlecht hebräisch und haben deshalb

den ursprünglichen Text mehr interpretiert als wirklich übersetzt. Zum Teil haben sie ihn auch gar nicht begriffen, und dementsprechend unverständlich sind manche Textstellen (Grieve, »Septuagint«, op. cit.). Die Grammatik, die Syntax und der Wortschatz des Hebräischen ist voller Besonderheiten (bestimmte Konsonanten sind doppeldeutig, es gibt keine Genera), und deshalb ist eine Übertragung vom Hebräischen ins Griechische schwierig (vgl. Larry Walker, »Biblical Languages«, in: *The Origin of the Bible*, Wheaton, Illinois 1992).
Später kommt es zu einer zusätzlichen Entstellung der Septuaginta mit entsprechenden pervertierten Folgen, denn die Christen benutzten die ungenaue griechische Übersetzung für ihre eigenen theologischen Ziele. Eines der bekanntesten Beispiele dafür ist die fehlerhafte Übersetzung der berühmten Weissagung Jesajas: »Seht, die Jungfrau wird ein Kind empfangen, sie wird einen Sohn gebären und sie wird ihm den Namen Immanuel geben« (7, 14) (Anm. des Übers.: Zitiert nach der 1980 im Herder Verlag erschienenen Bibel). Der griechische Text benutzt das Wort »parthenos«, was tatsächlich »Jungfrau« bedeutet. Im Original verwendet Jesaja das hebräische Wort »almah«, was zwar »junge Frau«, aber nicht unbedingt »Jungfrau« bedeutet. Die Folgen dieser fehlerhaften Übersetzung sind hinreichend bekannt...

7 Der griechische Apologet Tatian, ein hellenisierter Syrer des 2. Jahrhunderts, gibt zu, daß die Septuaginta gerade wegen ihrer schweren Lesbarkeit seine Aufmerksamkeit erregt hat: »Als ich ernstlich hin und her sann, fielen mir einige barbarische Schriften in die Hände, älter als die Lehren der Griechen und unvergleichlich göttlicher als ihr Irrthum. Diesen gelang es, mich zu überzeugen und zwar wegen des schlichten Ausdrucks, der Bescheidenheit der Verfasser, der leichten Faßlichkeit der Weltschöpfung, der Vorkenntnis der Zukunft, der Vortrefflichkeit der Verordnungen und der Einen Herrschaft über Alles« (*Oratio ad Graecos* XXIX, in der Übersetzung von Valentin Gröne, Kempten 1872).

8 Einer der irritierendsten Punkte der Genesis: »In jenen Tagen gab es auf der Erde die Riesen, und auch später noch, nachdem sich die Gottessöhne mit den Menschentöchtern eingelassen und diese ihnen Kinder geboren hatten. Das sind die Helden der Vorzeit, die berühmten Männer« (6, 4).

9 Ex 33, 5.

10 Lv 14, 33–35.

11 Ex 34, 13.

12 Ex 33, 3.

13 Ex 32, 27–29.

14 *De Civitate Dei* VI, 11. Tacitus und Apion, aber auch Autoren wie Juvenal und Plutarch führen dieses Argument an. Bei Tacitus finden sich außerdem Bemerkungen zum Sabbatjahr, das seiner Meinung nach offensichtlich nur den Sinn hatte, dem Nichtstun zu frönen. Dies zeigt klar, daß Tacitus von diesem Thema keine Ahnung hatte, denn in erster Linie sollte mit dem Sabbatjahr das Land alle sieben Jahre brachliegen. Eine vom landwirtschaftlichen Standpunkt aus gesehen sinnvolle Praxis, doch darauf geht der Autor nicht ein. In einem Text, der ebenfalls den Titel *De Superstitione* trägt, berichtet Plutarch, daß das Sabbatjahr darin bestehe, sich mit Schlamm zu beschmieren und im Dreck dahinzuvegetieren, die Götter mit den unmöglichsten Bitten zu belästigen und sich selbst einer umfassenden Verzweiflung hinzugeben (*Moralia*, Bd. 1, 5, 16).
Der Sarkasmus steht nicht nur für die Ignoranz, sondern auch eindeutig für die Böswilligkeit dieser Autoren, denn die regelmäßige Ruhe sollte keineswegs den Müßiggang fördern, sondern der Meditation und damit der spirituellen Bereicherung dienen. Für die Babylonier waren der 7., 14., 21. und 28. Tag eines jeden Monats schon lange vor den Juden die *schapattu,* an denen der König wegen der heiligen Bedeutung dieser Tage bestimmten Aktivitäten nicht nachgehen durfte.
Die Lektüre antiker Autoren ist also bei weitem nicht immer so erbaulich wie allgemein angenommen.

15 *Historia Romana* XXXVII, 16, 3. Was Cassius Dio im griechischen Original als *poiesis* (»Tätigkeit«) bezeichnet, übersetzt Earnest Cary mit »abergläubischer Furcht« *(ptoiesis).*

16 Vgl. den Artikel »Circumcision« in: *Encyclopaedia Britannica.* Dort erfährt man, daß der Peniskrebs im Gegensatz zu den Völkern, die keine Beschneidung kennen, bei den Juden praktisch nicht vorkommt.

17 Der Leser möge mir verzeihen, wenn ich mich nicht sonderlich mit Texten aufhalte, die unweigerlich ins Obszöne abdriften. Ich gehe nicht nur aus Gründen des Anstands darüber hinweg, sondern auch deshalb, weil der antisemitische Geist dieser Texte mehr als unerfreulich ist. Eine detaillierte Analyse römischer Texte zum Thema Beschneidung findet man in der Studie *Judeophobia. Attitudes toward the Jews in the Ancient World* von Peter Schäfer, London 1997.

18 *Historiae* 5, 1–4.

19 Zitiert bei J. N. Sevenster, *The Roots of Pagan Anti-Semitism in the Ancient World,* Leiden 1975.

20   Ben Sira heißt mit vollständigem Namen Joschua ben Eleasar ben Sira (gräzisiert: Jesus Sirach). Er ist in der jüdischen und der christlichen Überlieferung der Antike durch sein Weisheitsbuch *Ecclesiasticus* (»Sirachbuch«) bekannt. Dieses Buch zählte in den jüdischen Gemeinden quasi zu den kanonischen Schriften. Doch im 13. Jahrhundert wurde es explizit aus dem Verzeichnis der kanonischen Schriften gestrichen (*Dictionnaire encyclopédique du judaïsme*, op. cit). Ende des 19. Jahrhunderts hat man in der *Genisa* (»Haus der Aufbewahrung« = Archiv) von Kairo den hebräischen Text des *Ecclesiasticus* entdeckt (bis dahin kannte man nur die von seinem Enkel in der zweiten Hälfte des 2. Jahrhunderts vor unserer Zeitrechnung in Alexandria angefertigte griechische Version). Seitdem rückt Ben Sira wieder in den Blickpunkt der Exegeten, die den hellenistischen Einfluß in der jüdischen Literatur der Seleukidenzeit ermessen wollen. Vgl. Hengel, *Hellenism*, op. cit.

21   *Vivrer et philosopher sous les Césars,* Toulouse 1980. Nach dieser Doktorarbeit hat es in Rom im ersten Jahrhundert vor unserer Zeitrechnung eine den Humanismus vorbereitende »Kulturrevolution« gegeben. In den letzten Jahren hat diese Arbeit Neugierde geweckt: Thomas N. Habinek, *The Politics of Latin Literature,* Princeton 1997, und der von Thomas Habinek und Alessandro Schiesaro herausgegebene Titel *The Roman Cultural Revolution,* Cambridge 1998. T. P. Wiseman von der Universität Exeter hat im *Times Literary Supplement* vom 29. Mai 1998 diese These abgelehnt *(»Revolution? What Revolution?«).* Wisemans Argumente verdienen meines Erachtens den Vorzug.

22   Dazu gibt es 3 Hypothesen: Es gab wohl einen phrygischen Gott Sabazios. Er war für die Landwirtschaft und die Geburten verantwortlich. Bei den Römern hieß er entweder Jupiter Sabazius oder – wegen des orgiastischen Charakters seines Kults – auch Bacchus-Dionysos. In beiden Fällen ist es unwahrscheinlich, daß die Römer die Juden wegen der Einführung eines anderen Jupiterkultes ausgewiesen haben.
Bei manchen Juden des zweiten Jahrhunderts vor unserer Zeitrechnung kam es zu Synkretismen zwischen ihrem Gott und fremden Göttern. In bestimmten Fällen wird Sabazios mit dem hebräischen *Zebaoth* (»Heerscharen«) – einem der Namen der jüdischen Gottheit – identifiziert. Auch das ist keine Erklärung für die Ausweisung der Juden, denn diese haben bei Nichtjuden ja immer den Kult fremder Götter toleriert.
Die dritte Hypothese sieht im Götternamen Sabazios ein Mißverständnis, nämlich eine Fehlinterpretation des Wortes »Sabbat«.

Für die Ausweisung der Juden benutzte man also den Vorwand, daß ihr Kult zu viele Anhänger gefunden habe. In Wahrheit seien sie jedoch ausgewiesen worden, weil ihre Anwesenheit bestimmten Interessen im Wege stand. Diese Hypothese scheint die plausibelste zu sein.

23 Wir wissen von der vom Prätor Cornelius Scipio Hispanus angeordneten Anweisung nur durch zwei byzantinische Geschichtsschreiber des vierten Jahrhunderts unserer Zeitrechnung: Julius Paris und Januarius Nepotianus. Diese stützen sich auf einen verlorengegangenen Text von Valerius Maximus (vgl. Edouard Will und Claude Orrieux, *Prosélytisme juif? Histoire d'une erreur,* Paris 1992). An diesen beiden Beispielen wird die schwierige Interpretation römischer Texte und die große Gefahr voreiliger Schlüsse besonders deutlich.

24 *Pro Flacco* XXVI, 68, op. cit.

25 *Annalen* II, 85, op. cit.

26 Sueton, *De vita Caesarum:* »Tiberius« XXXVI, 2 Bde.

27 *Historia Romana* LVII, 5.

28 *De Vita Caesarum:* »Claudius« XXV, 4, 24.

29 In diesem Punkt geht Cassius Dio (*Historia Romana* LX, 6, 6) auf Distanz zu Sueton, denn er behauptet, daß Kaiser Claudius aus Angst vor neuen Unruhen sich gegen die Ausweisung ausgesprochen und den »Juden« lediglich ein Versammlungsverbot auferlegt habe. Da wir den Erlaß des Claudius nicht kennen, bleibt die Frage offen. Es ist anzunehmen, daß der Kaiser, der sich später besonders den Juden gegenüber eher gemäßigt zeigte, diesen »Juden« für den Fall einer Fortsetzung ihrer öffentlichen Aktivitäten mit der Ausweisung gedroht hat.

30 *Historiae* V, 4 und 5.

4 Der erste Pogrom:
Das Massaker vom August 38 in Alexandria

1 Flavius Josephus (*De Bello Judaico* II, 487 und *Contra Apionem* II, 35) will den Eindruck erwecken, daß die Juden freiwillig und als gleichberechtigte Bürger nach Alexandria gekommen sind. Aber »Aristrachos und Hekataios, zwei wichtige Quellen für die hellenistische Geschichte, berichten nichts über eine jüdische Einwanderung zur Zeit Alexanders« (André Bernand, *Alexandrie la Grande,* Paris 1966). Die Juden scheinen vielmehr mit Gewalt aus Judäa verschleppt worden zu sein. Möglich ist auch, daß zu wenige der Einladung Alexanders gefolgt waren.

2 Bernand, *Alexandrie*, op. cit.

3 *In Flaccum* IV, 43. Eine umfangreiche Literatur beschäftigt sich mit der Frage, ob die Juden Bürger von Alexandria waren oder nicht. Damit geht die Frage einher, ob die Juden die gleichen Rechte hatten wie die Griechen. In seinen *Antiquitates Judaicae* (XIV, 188) berichtet Flavius Josephus von einer Bronzetafel, auf der Cäsar vermerken ließ, daß die Juden dieselben Bürgerrechte besitzen. Diese Bürgerrechte waren wohl ein Paradoxon, denn im ganzen Reich bedeuteten sie, daß man verpflichtet war, die Götter zu ehren. Wer dies nicht tat, wurde wegen Gottlosigkeit mit dem Tode bestraft. Andererseits hätten die Juden, wenn sie wirklich die römischen Götter verehrt hätten, ihren Glauben verraten. Unvorstellbar! Einige Autoren – L. H. Feldman etwa – vertreten dennoch die Hypothese, daß die Juden von Alexandria wahrscheinlich nicht ganz so orthodox waren, wie allgemein angenommen; oder aber sie waren von der Kulturpflicht befreit und kamen so in den vollen Genuß der ihnen von Cäsar zugestandenen Bürgerrechte. Cäsars Entscheidung wurde aber offensichtlich wieder rückgängig gemacht. Denn wie der im Jahr 1921 entdeckte Londoner Papyrus 1912 klar zeigt, wandte sich Kaiser Claudius in einem Erlaß aus dem Jahre 41 »an die Alexandriner und die Juden« und bezeichnete letztere als Bewohner »einer Stadt, die nicht die ihrige ist«. Ein Widerspruch in sich, denn Claudius wußte sehr wohl und gab es in diesem Erlaß auch explizit zu, daß die Juden damals seit fast drei Jahrhunderten in Alexandria wohnten. Wer also in einer Stadt des Imperiums wohnte, besaß nicht automatisch das Bürgerrecht. Ebenso eindeutig ist das Verbot, das Claudius gegenüber den Juden von Alexandria aussprach: Sie durften an keinen Wettkämpfen teilnehmen, an denen Gymnasiarchen oder Kosmeten den Vorsitz führten. Die Teilnahme an diesen Spielen war nämlich nur Bürgern vorbehalten. Daraus ergibt sich ohne Zweifel, daß die Juden im Jahre 41 zwar Bewohner, aber keine Bürger des Imperiums waren. Die Bedeutung dieses Punktes entspricht der Aufmerksamkeit, die ihm seit fast 100 Jahren zuteil wird. Vor 2000 Jahren schon kam Josephus, der immer nur zeigen wollte, wie sehr die Juden des Imperiums integriert waren, in seinen *Antiquitates Judaicae* nicht weniger als 18mal auf diese Frage zurück. Und das, obwohl das Gegenteil offensichtlich war! Allzu groß war das Unbehagen, das diese Frage in ihm auslöste, und allzu klar das Bewußtsein, daß die Bürgerrechte der Juden zu seiner Zeit sehr in Frage

gestellt wurden. Wie wichtig dieser Punkt ist, wird zu Beginn des zweiten Teils dieses Buches im Hinblick auf das römische Bürgerrecht des hl. Paulus noch deutlicher werden. Über den Londoner Papyrus waren einige Autoren zu Beginn des 20. Jahrhunderts so verärgert, daß sie ihn schlichtweg für unecht erklärten. Sie haben jedoch unrecht, denn das Wesentliche daraus findet sich bei Flavius Josephus bestätigt (*Antiquitates Judaicae* XIX, 280–286, 288, 292). Andere wiederum gingen noch weiter und hielten lediglich die Textstellen, in denen von den Juden die Rede ist, für unecht. Aber auch das läßt sich nicht aufrechterhalten.

4 Hengel, *Judaism*, op. cit.

5 Diese Beschreibung stützt sich auf Philons Bericht *In Flaccum*. Avillius Flaccus wurde kurz darauf auf Caligulas Befehl verhaftet. Sein Besitz wurde beschlagnahmt und er selbst auf die Insel Andros verbannt, wo man ihn wenige Monate später auf Anordnung Caligulas umbrachte. Sein Tod war grausam, was bei Caligulas Blutrausch und in Anbetracht der Massaker, für die Avillius die Verantwortung hatte, zu erwarten war.

6 In den *Antiqitates Judaicae* XVIII, 8, 1 berichtet Flavius Josephus von der Unterredung zwischen der von Philon angeführten jüdischen Delegation und Caligula. Ein weiterer Bericht steht in dem als *Legato ad Gaium* bekannten Text (der genaue Titel lautet *De Virtutibus Prima Pars. Quod est de Legatione ad Gaium*).

7 Vgl. Anmerkung 3. Das Bürgerrecht war eines der Anliegen der bei Caligula vorsprechenden jüdischen Delegation.

8 Die beiden wurden zum Tode verurteilt und hingerichtet (vgl. V. Tcherikover, A. Fuks und M. Stern, *Corpus Papyrorum Judaicarum*, Cambridge 1957–1964). Die Papyri mit ihren Berichten über dieses antisemitische Zwischenspiel in Alexandria sind vor allem deshalb so interessant, weil sie deutlich zeigen, wie stark diese Strömung war.

9 Apostelgeschichte 18, 2.

10 Die boshafte »Eselei« scheint auf den obskuren Autor Poseidonios oder Apollonios Molon zurückzugehen. Der wußte offenbar von einem goldenen Eselskopf im jüdischen Tempel zu berichten. Apion nahm es auf, und die Antisemiten der damaligen Zeit verbreiteten es weiter.

5 Die Massaker von 66, 70, 115 und 132

1 Die einzige Quelle zum Aufstand von 66 ist Flavius Josephus *De bello Judaico* II, 18, 6–11.

2 Lk 24, 21.

3 Joh 19, 12.

4 Joh 11, 50.

5 *De bello Judaico* 12, 8, 1–4.

6 Josephus berichtete zweimal von hellenisierten Juden, die sich im Krieg gegen die Römer nicht den Zeloten anschließen wollten, beispielsweise in Skythopolis (Bet-Schean): »Was aber soll man zu den Juden in Skythopolis sagen? Jene brachten es sogar über sich, den griechischen Städten zuliebe gegen uns Krieg zu führen, nicht aber mit uns, ihren Stammesgenossen, die Römer abzuwehren« (*De bello Judaico* VII, 8, 364). Die Juden von Skythopolis hatten sich in der Tat geweigert, sich einer Strafexpedition der Zeloten gegen die Römer anzuschließen (ebd., II, 18, 1). Die Unglücklichen wurden aber ihrerseits von den Hellenen massakriert.

7 Der Historiker Flavius Josephus ist ein außergewöhnlicher Fall. Er hat mit den *Antiquitates Judaicae* (Jüdische Altertümer) und *De bello Judaico* (Geschichte des Jüdischen Krieges) zwei maßgebliche Werke geschrieben und ist wegen seiner genauen und umfangreichen Informationen einer der wenigen antiken Autoren, die man wirklich als Historiker bezeichnen kann. Joseph ben Matthitjahu – so sein korrekter Name – war Jude. Sein Vater stammte aus einer Priesterfamilie, die Linie der Mutter leitete sich von den Hasmonäerkönigen her. Die Römer sahen in ihm einen Mann der jüdischen Oberschicht und warben ihn für ihre Dienste an. Während des Aufstandes in Judäa führte er das Oberkommando über die auf der Nordseite von Jerusalem stehenden römischen Truppen. In jener Zeit nahm er den Namen an, unter dem ihn die Nachwelt kennt. Flavius Josephus war also halb Römer, halb Jude, und aus diesem Grund begegnen viele Historiker seinen Berichten mit Vorsicht, einige lehnen sie sogar ganz ab: »thoroughly unreliable« (»überhaupt nicht vertrauenswürdig«) schreibt Paul Johnson in seiner *History of the Jews* (op. cit.). Übertreibung ist das mindeste, was man Johnson vorwerfen kann. Josephus macht eher den Eindruck eines kultivierten Patriziers, der sich entschlossen für die Trennung zwischen jüdischem Nationalismus und jüdischer Religion einsetzte. Wie Philon und dessen Neffe Tiberius Alexander gehörte er zu einer hellenisier-

ten Oberschicht, die zwischen Religion und Politik genau unterschied. Er war kein parteiischer Schriftsteller. In seinen ausführlichen Berichten über Tiberius Alexanders Intervention in Ägypten und das Massaker an den sich gegen Rom auflehnenden Juden spiegeln sich seine eigenen Erfahrungen wider: Während der Belagerung von Jerusalem mahnte er die Juden, sich zu ergeben, und mußte dabei mehrmals ihren Pfeilgeschossen ausweichen. Den Tod als endgültige Niederlage hatte er am eigenen Leibe erfahren: 67 stand er in Jotapata auf der Seite der verfolgten Juden und litt 47 Tage lang unter der Belagerung der römischen Armee. Er wollte fliehen, aber man hinderte ihn daran. Schließlich leisteten sich die Belagerten gegenseitige Beihilfe beim Selbstmord. Man ließ das Los entscheiden, so wie man es sechs Jahre später auch in Masada handhabte. Ein jeder wurde von demjenigen mit der nächsthöheren Nummer erstochen. Das Schicksal und seine Intelligenz schonten ihn. Er befand sich unter den beiden Letzten und überredete denjenigen, den er töten sollte, am Leben zu bleiben. Die beiden Männer überlebten den teuflischen Pakt, der »vierzig bedeutenden Leuten« das Leben gekostet hatte. Für ihn waren die Einwohner Jerusalems Opfer und Gefangene einer Halunkenbande, die die armen Leute in den Untergang führte. Er kannte die Geisteshaltung dieser Schurken wohl. Auch über die Essener wußte er Bescheid, aber leider zeigte er kein großes Interesse an ihnen. Bedauerlich, denn er hätte uns beste Informationen aus erster Hand geliefert. Aus seiner Aversion gegen die Zeloten mit ihrer unabänderlichen Überzeugung vom katastrophalen Ende machte Josephus keinen Hehl. Für ihn waren die blutrünstigen Schwärmer Feinde der jüdischen Nation, denn sie brachten sie in eine Gegenposition zu Rom, und das bedeutete nur Blutvergießen. Josephus bemühte sich sicherlich um eine ehrliche, objektive Berichterstattung, auch wenn er die historische Wahrheit wohl etwas zurechtgerückt hat. Die Zeloten beispielsweise hat er negativ dargestellt, ohne ihre Ideologie zu erläutern oder sich jemals zu fragen, warum es unter den Juden so viele »Räuber« gab. Auch bei den Opferzahlen der Jerusalemer Belagerung neigte er zu starken Übertreibungen. Wie bereits erwähnt, kannte Josephus – ähnlich wie Tacitus, Sueton oder Classius Dio – nicht die Prinzipien moderner Geschichtsschreibung. Trotzdem ist er für die jüdische und die römische Geschichte des ersten Jahrhunderts eine Informationsquelle von unschätzbarem Wert.

Josephus wollte weder den hellenistischen Kulturreichtum noch die politische Erfahrung der Römer aufgeben und glaubte, beides mit seinem jüdischen Grundwesen vereinbaren zu können. Sein Streben nach einer Ökumene, die den Juden auch in einer nichtjüdischen Welt weiterhin das Praktizieren ihres Glaubens ermöglicht hätte, ist unschwer zu erraten. Warum nicht? Das Problem war, daß er, wenn er von den Juden sprach, vor allem seine Klasse der gebildeten Juden meinte. Durch seine gehobene Stellung im römischen Heer waren ihm die nationalistischen Sehnsüchte seines Volkes entgangen. Heute würde man Josephus einen Anhänger der Realpolitik und einen jüdischen Laizisten nennen. Die Christen schätzten ihn weniger, denn er war kein Parteigänger der Anhänger Jesu. Und viele Juden wiederum warfen ihm vor, daß er die Uniform derer getragen hat, die das Schwert gegen die Juden erhoben haben. Josephus war Zeuge der endgültigen Spaltung zwischen dem Endzeit-Judentum der Essener und Zeloten auf der einen Seite und dem nach Ökumene und Laizismus strebenden Judentum der Sadduzäer auf der anderen Seite. Er hat die Partei der Letzteren ergriffen und den Fluch, den die Chinesen gegen ihre Feinde ausstoßen, am eigenen Leib erfahren: »Möget ihr in einer interessanten Zeit leben«.

8 Unter Herodes dem Großen hatte man mit dem Bau begonnen, doch die Römer ließen ihn unterbrechen.

9 Vgl. Jeremias, *Jerusalem*, op. cit.

10 Eusebius von Cäsarea, *Kirchengeschichte*.

11 Über diesen Zusammenstoß berichten A. Tcherikover und A. Fuks in »Actes des martyrs païens«, in: *Corpus Papyrorum Judaicarum*, 2 Bde., 1968 und 1970. Der Bericht stammt offensichtlich aus den ersten Regierungsjahren Hadrians.

12 Der Hohepriester von Jerusalem konnte nach der Einnahme der Stadt nicht frei über die für den Tempel bestimmten Abgaben der Juden verfügen. Er unterstand der römischen Kontrolle. In der Folgezeit durften jedoch die Oberhäupter oder Ethnarchen aller jüdischen Gemeinden des Imperiums die Tempelabgaben selbst eintreiben.

13 *Historia Romana* IX, 43. Die Gesamtbevölkerung von Judäa bewegte sich damals wahrscheinlich zwischen zwei und zweieinhalb Millionen (Lange, *Atlas...*, op. cit.).

14 Unter der Herrschaft des Persers Chosrau II. durften sie zwischen 614 und 629 in die Stadt zurückkehren, auch Kulturhandlungen waren ihnen erlaubt. 637 nahm der Kalif Omar I. die Stadt in Besitz. Er achtete darauf, daß nichts zerstört wurde, und errichtete 688 die El-Aksa-Moschee. Die Stadt blieb jahrhundertelang in muslimischer Hand. Erst 1917 hat sie Lord Allenby den Osmanen entrissen.

Teil II: Antijudaismus und christlicher Antisemitismus

1 Saul/Paulus

1 Lange, *Atlas ...*, op. cit.

2 In den Paulusbriefen wird an mehreren Stellen vor der raffinierten Verführungskunst der Häretiker gewarnt (beispielsweise Röm 16, 17–20). Günther Bornkamm erklärt in seiner Arbeit über Paulus (Stuttgart 1970), daß der aus dem letzten Jahrzehnt des ersten Jahrhunderts stammenden Offenbarung des Johannes eine völlig andere Geisteshaltung zugrunde liegt und sie deshalb keine Anspielungen auf die Lehre von Paulus enthält.

3 Nebenbei sei erwähnt, daß die meisten frühen Evangelientexte, sowohl die kanonischen als auch die nichtkanonischen, älter sind als das erst um 300 auf dem Konzil von Elvira sich abzeichnende kanonische Recht.

Heute geht man davon aus, daß die drei synoptischen Evangelien – Matthäus, Markus und Lukas – nach dem Fall von Jerusalem im Jahr 70 geschrieben worden sind. Die heutigen Versionen der drei Evangelien sind allerdings jüngeren Datums. Das in Alexandria verfaßte Matthäusevangelium war Papst Klemens 1. 95 noch nicht bekannt, auch Ignatius kannte es 110 noch nicht. Zwischen 120 und 135 wird es von Polykarp zum ersten Mal zitiert. Auch das nicht vollständig erhaltene Markusevangelium war Ignatius 110 noch nicht bekannt, selbst Polykarp kannte es zwischen 120 und 135 noch nicht. Beim Lukasevangelium gab es angeblich auch eine erste Version, nämlich einen von Markus inspirierten »Proto-Lukas«. Die zweite Version soll um 93/94 verfaßt worden sein. Die aktuelle Fassung wurde in Antiochia geschrieben und war ebenfalls weder Klemens 1. 95 noch Ignatius 110 bekannt. Auch sie wird zum ersten Mal zwischen 120 und 134 von Polykarp zitiert. Das Johannesevangelium soll ebenfalls eine erste Version aus der Zeit vor dem Fall von Jerusalem gekannt haben. Eine zweite Version wurde um 100 oder 125 verfasst. Die aktuelle Fassung wurde in Ephesos geschrieben.

Aus all dem ergibt sich, daß die heutige Fassung der vier kanonischen Evangelien lange Zeit nach der Auflösung der Jerusalemer Apostelgemeinschaft und der auf Paulus zurückgehenden Gründung der Urkirche erstellt wurde, nämlich zu dem Zeitpunkt, als die Christen sich von der jüdischen Gemeinschaft trennen wollten. Erst um die Mitte des zweiten Jahrhunderts wurden die vier Evangelien über eine begrenzte Anzahl von Predigern bekannt.

4 Mit Apokryphen werden jene religiösen jüdischen und christlichen Texte bezeichnet, die nicht in den Kanon der Bibel aufgenommen wurden. Sie wurden bisher nur sporadisch untersucht. Bis vor 30 oder 40 Jahren waren sie nur wenigen Spezialisten bekannt, und allein ihre Erwähnung ruft in gewissen kirchlichen Kreisen starken Unmut hervor. Lange Zeit wollte man glauben machen, daß es nur die vier kanonischen Evangelien gäbe, die uns zudem in ihrer ursprünglichen Textfassung überliefert seien, nämlich so, wie sie die Evangelisten in ihrer göttlichen Eingebung aufgeschrieben hätten. Ein Beispiel dafür ist die grimmige Verzweiflung, mit der bestimmte Wachhunde des katholischen Kanons auf die Veröffentlichung meines vierbändigen Werks *L'Homme qui devint Dieu* zum Thema Thomasevangelium und apokryphe Evangelien reagiert haben. Zwei Aktenordner voller persönlicher Beleidigungen, die sich alle auf Kritiken eines »Professors der Bibelwissenschaft« stützen, aus denen jedoch eine verblüffende Unwissenheit spricht. Was für eine erstaunliche Ehre! Die Exegese hat ergeben, daß die kanonischen Evangelien mannigfach verändert wurden. Außerdem hat sich herausgestellt, daß die Evangelisten, denen diese Schriften zugeordnet werden, nur fiktive Figuren sind. Die evangelistische Bewegung der ersten Jahrhunderte unserer Zeitrechnung hat eine große Menge von Evangelien und den Aposteln zugeordnete Schriften hervorgebracht, die zum Teil von einer naiven Apologetik geprägt sind, zum Teil aber auch viele Informationen beinhalten, die nicht den tendenziösen Anweisungen der kirchlichen Autoritäten entsprachen. Selbst eine große Bibliothek könnte heute die wissenschaftlichen Arbeiten über die christlichen Apokryphen nur mit Mühe fassen. Der Inhalt dieser Texte geht weit über das Thema dieses Buches hinaus. Dennoch geben sie interessante Hinweise, was die Ursprünge des christlichen Antisemitismus betrifft. Den interessierten Leser weise ich darauf hin, daß meine ersten Studien sich auf *The Apocryphal New Testament* von Montague Rhodes James (Oxford 1924) stützten, ein kritisches Kompendium, welches das damals wenig erforschte Fachgebiet weitgehend und mit lobenswerter Kompetenz abdeckte. Seitdem ist unter der Leitung von François Bovon und Pierre Geoltrain ein Nachschlagewerk von beachtlicher Größe erschienen: *Écrits apocryphés chrétiens* (Paris 1997).

5 Die Anklage war begründet: Stephanus hatte erklärt, daß die Tieropfer dem Geist des Alten Testaments widersprächen, und fand deshalb, daß man sich mit erstaunlicher Gleichgültigkeit über diese Texte hinwegsetzte.

6 Apg 7, 57.

7 Ebd., 8, 1.

8 Ebd., 8, 1–3.

9 Ebd., 9, 2.

10 Röm 11, 1 und Phil 3, 5.

11 Hyam Maccoby, *Paul et l'invention du christianisme* (Lieu commun/Histoire 1987).

12 Apg 21, 40 und 23.

13 Bei einem so hochrangigen Beamten wie einem Tribun ist dies ganz besonders ungeschickt, denn laut Gesetz ist das Bürgerrecht nicht über Geldtransaktionen zu bekommen (vgl. Norbert Hugedé, *Saint Paul et Rome*, Paris 1986).

14 Apg 23, 23.

15 Ebd., 24, 23.

16 Ebd., 26, 27.

17 Ebd., 18, 1–17. Dieser Gallio ist Senecas älterer Bruder. Der Überlieferung nach sollen Saul und Seneca einen Briefwechsel unterhalten haben. Seit dem vierten Jahrhundert sind nämlich Briefe dieser mutmaßlichen Korrespondenz zwischen den beiden Männern im Umlauf. Auch Hieronymus kannte sie und war von ihrer Echtheit überzeugt. Gallio war nicht nur ein einflußreicher, sondern auch ein vom Glück begünstigter Amtsträger. Sowohl Claudius als auch Nero waren ihm wohlgesinnt.

18 Ebd., 24, 26.

19 Flavius Josephus, *Antiquitates Judaicae* 20, 182 f. Entgegen dem Bericht des Josephus haben möglicherweise die Juden von Cäsarea, die über den brutalen Antisemitismus des Antonius Felix empört waren, Nero fortlaufend mit Beschwerden bestürmt.

20 Manche Autoren versuchten dies damit zu erklären, daß die Statthalter gar nicht über Sauls Beschwerdeverfahren entscheiden konnten, weil es in Jerusalem von einem Juden beantragt worden war, der nicht aus Cäsarea kam. Das Argument ist nicht haltbar, denn die Kompetenz der Statthalter erstreckte sich über alle kaiserlichen Provinzen Palästinas. Die Frage, ob Paulus aus Jerusalem stammte oder nicht, hatte keinerlei Bedeutung. Als Jude wären ihm überall die römischen Bürgerrechte entzogen worden.

21 Maccoby, *Paul...*, op. cit.

22 Dies bestätigt Jeremias in *Jérusalem*, op. cit.

23 Apg 5, 34–42.

24 Gal 3, 13 und 19.

25 1 Kor 2, 1–5. Laut Günther Bornkamm (*Paulus*, Stuttgart 1987) handelt es sich um eine gnostische Vorstellung.

26 Röm 3, 21. Hans Dieter Betz zeigt in seinem grundlegenden
    Werk *Der Apostel Paulus und die sokratische Tradition* (Tübin-
    gen 1970) deutlich, wie sehr sich Saul ganz bewußt von der Phi-
    losophie der griechischen Zyniker beeinflussen ließ.
27 Hieronymus glaubte nicht, daß Saul jemals die Bürgerrechte Tar-
    sos' besessen hatte. Er meinte vielmehr, daß Saul im judäischen
    Gischala geboren wurde und mit seinen Eltern erst nach Tarsos
    auswanderte, als Gischala unter römische Herrschaft kam. Von
    Tarsos aus schickte man ihn dann nach Jerusalem *(De viris illu-
    stribus)*. Die Hypothese des Hieronymus steht auf recht schwa-
    chen Füßen. Sie zeigt uns aber zumindest, daß Sauls Autobio-
    graphie mehr als nur einen Autor verwunderte. Ich erlaube mir,
    den Leser auf meinen Titel *L'Incendiaire. Vie de Saül apôtre*
    (Paris 1991) hinzuweisen. Es ist der Versuch, die Biographie und
    die Persönlichkeit dieses Mannes zu rekonstruieren.
28 Bei Paulus' nichtjüdischer Abstammung und der Tatsache, daß
    er aus seiner Herkunft ein Geheimnis macht (der Name seines
    Vaters ist unbekannt, dies ist bei einer Schlüsselfigur der Apo-
    stelgeschichte ungewöhnlich), liegt folgende Frage nahe: Warum
    sollte er nicht die Wahrheit gesagt haben? Höchstwahrschein-
    lich, weil er es nicht konnte. Und warum konnte er es nicht?
    Weil die Wahrheit seine missionarische Arbeit in Frage gestellt
    hätte.
    Die Apostelgeschichte und seine Briefe geben jedoch verschie-
    dentlich wertvolle Hinweise auf seine Herkunft.
    Die Stelle 13/1 der Apostelgeschichte wird in der Regel so wieder-
    gegeben:»In der Gemeinde von Antiochia gab es Propheten und
    Lehrer: Barnabas und Simeon, genannt Niger, Lucius von
    Kyrene, Menahem, ein Jugendgefährte des Tetrarchen Herodes,
    und Saul.« Es ist schon ungewöhnlich, daß ein Jugendfreund
    des von den Juden gehaßten Tetrarchen sich in Antiochia in
    einem Kreis wiederfindet, dem auch Paulus angehört. Doch
    noch interessanter ist die Tatsache, daß die letzten Worte in der
    griechischen Version –»*Manahu te Hrodon tou Tetrarchon syn-
    trophos kai Saulos*« – das traditionellerweise zwischen *syntro-
    phos* und *kai Saulos* eingefügte Komma nicht kennen. Die dama-
    ligen Schreiber sollten die Sätze sicherlich so anordnen, daß keine
    Mißverständnisse entstehen konnten. Also ist der Satz folgender-
    maßen zu lesen:»Menahem, ein Jugendgefährte des Tetrarchen
    Herodes und Sauls.« Das gibt einen ganz anderen Sinn: Mena-
    hem war also nicht nur der Jugendgefährte des Tetrarchen Hero-
    des (wegen des ungefähren Alters von Menahem und Paulus wird
    es wohl Herodes Agrippa I. gewesen sein), sondern auch von

Saul. Danach ist Paulus, der Begründer des Christentums, mit Herodes Agrippa aufgewachsen. Peinlich, peinlich.

Man könnte meinen, es gehe nur um ein Komma... Doch von einer als seriös geltenden, aber anscheinend weniger seriösen als großen Zeitung wurde ich deswegen sogar als Scharlatan bezeichnet. Trotzdem gehe ich noch weiter und führe Paulus' raffinierte Grußadresse am Ende des Römerbriefes an: »Grüßt das ganze Haus des Aristobulos. Grüßt Herodion, der zu meinem Volk gehört« (Röm 16, 10 f.). Die für die herodianische Familie typischen Namen Aristobulos und Herodion ziehen die Aufmerksamkeit auf sich. Es gab zu der Zeit tatsächlich einen Aristobulos III., Sohn des Herodes von Chalkis und Vetter von Herodes Agrippa II., der 60 den in Cäsarea beim Präfekten gefangengehaltenen Paulus aufsuchte. Dieser Aristobulos stand in der Gunst Neros, der ihn 54 mit dem Königreich Kleinarmenien bedachte, 60 mit einem Teil von Großarmenien und nach dem Tode des Vaters auch mit dem Königreich von Chalkis. Ebenfalls in Rom befand sich ein junger Mann namens Herodion, d. h. »kleiner Herodes«, der das Königreich seines Vaters noch nicht geerbt hatte. Laut Robert Ambelain könnte es sich bei diesem Herodion um den ältesten Sohn von Aristobulos I. handeln (*La Vie secrète de saint Paul.* Paris 1971). Auf die Schwachstellen dieser Hypothese bin ich bereits in *L'Incendiaire...*, op. cit. eingegangen.

Der Zufall spielt sicherlich eine große Rolle. Aber ernstzunehmende Gründe sprechen für die Annahme, daß Paulus zur weitverzweigten herodianischen Sippe gehörte. So ließe sich auch das eigenartige Verhalten des Statthalters Antonius Felix erklären, der ja über seine Frau auch mit dieser Familie verbunden war. Denn er hatte die Schwester von Agrippa I. geheiratet, sie hieß Drusilla...

29 Um das Jahr 160 verwarfen viele Christen jüdischer Abstammung und zum Christentum bekehrte Juden die Autorität der Paulusbriefe. Für sie gab es nur einen heiligen Text: das Matthäusevangelium. Sie sahen in Paulus einen Häretiker und forderten in ihren christlichen Gebeten den Wiederaufbau des Jerusalemer Tempels. Vgl. Gerd Lüdemann, *Heretics* (London 1996).

30 J. B. Rives, *Religion and Authority in Roman Carthage from Augustus to Constantine*, Oxford 1995.

31 Andererseits machte ihn das Rebellische für die Römer wieder interessant. Die Juden galten als hervorragende Zauberer. In Karthago fand man Papyrusrollen und gravierte Bleitafeln aus dieser Zeit (ungefähr erstes bis drittes Jahrhundert) mit zahlreichen hebräischen Worten. Ebd.

32 Röm 9, 30–32.

2 Die Kirche entsteht aus dem Judentum

1 Der furchtbare Satz wird übrigens nur von Matthäus zitiert (27, 25). Als genaue Umdrehung der von der Mischna für die Gottesfeinde empfohlenen Formel ist er ganz besonders suspekt. Denn kein Jude hätte jemals gefordert, daß das Blut – von wem auch immer – über ihn und seine Kinder komme. Ian Wilson (*Jesus. The Evidence*, London 1984) vermutet, daß das Matthäusevangelium in Rom abgefaßt wurde, und zwar von jemandem, der ganz offensichtlich auf römischer Seite stand. Nicht weniger suspekt ist der Satz, den Johannes die Menge rufen läßt:»Wir haben keinen König außer dem Kaiser!« (19, 15). Selbst wenn die Juden sich der römischen Herrschaft fügten, ist der Ruf nach dem Kaiser als ihrem König doch äußerst zweifelhaft. Denn gerade Pilatus hatte beinahe einen Volksaufstand ausgelöst, als er den Tempel mit römischen Adlern schmücken ließ.

2 Lk 24, 34.

3 Apg 2, Mk 22, 16.

4 Mk 16, 1–7. Der Engel in der entsprechenden Szene bei Mt (28, 1–7) verwendet ungefähr die gleichen Ausdrücke.

5 Einer der größten Widersprüche besteht zwischen dem Matthäus- und Lukasevangelium: Matthäus verwendet den gesamten Anfang seines Evangeliums (1–17) auf einen Stammbaum, der Christus als Nachkomme Davids zeigen soll. Bei Lukas hingegen findet sich eine Stelle, die diese ganze Genealogie umstößt:»Wie kann man behaupten, der Messias sei der Sohn Davids? Denn David selbst sagt im Buch der Psalmen: Der Herr sprach zu meinem Herrn: Setze dich zu meiner Rechten, und ich lege dir deine Feinde als Schemel unter die Füße. David nennt ihn also»Herr«. Wie kann er dann Davids Sohn sein?« (20, 41–44).

6 Eusebius 5, 20, 2. *Kirchengeschichte.* Zwar ist der Originaltext des Neuen Testaments verlorengegangen, doch mit Hilfe zahlreicher exegetischer Studien war es möglich, den überlieferten Text von den unzähligen Hinzufügungen zu befreien. Allein die in New York erschienene *Anchor Bible* widmet 20 Bände von jeweils mehr als 1000 Seiten diesem Thema (allein zwei Bände mit mehr als 2500 Seiten behandeln ausschließlich das Johannesevangelium).

7 Mk 15, 6 ff.

8 Mt 16, 18.

9 *Die Geschichte der synoptischen Tradition* (Berlin 1979). Bultmann zitiert die Autoren, die seine Meinung teilen.

10 Mt 17, 24–27, und 18, 17.

11 Thomasevangelium, Absatz 12.

12 Wahrscheinlich konnten sich die Bischöfe, als man die Fälschung »Du bist Petrus...« einfügte, nicht mehr an die Ernennung von Jakobus erinnern. Laut Flavius Josephus wurde Jakobus zusammen mit mehreren Mitstreitern umgebracht, als das Amt des Statthalters nicht besetzt war.

13 Mt 17, 24–27.

14 Mt 12, 9.

15 Apg 15, 2, 4, 12 und 22.

16 *Theologie des Neuen Testaments* (Tübingen 1984). In *L'Incendiaire*..., op. cit., habe ich Bultmanns Ansichten näher erläutert. Daraufhin wurde ich als »Scharlatan« bezeichnet. Ich befinde mich jedoch bei Bultmann in guter Gesellschaft.

17 Gal 1 und 2.

18 Phil 2, 5 ff.; Röm 15, 3.

19 Apg 9, 15 und 22, 12 ff.; 1 Kor 9, 1 und 15, 9.

20 Apg 11, 19–25.

21 Es geht in diesem Buch nicht um Paulus' Missionstätigkeit, und deshalb kann auch die Frage, wie die Versammlung der Apostel in Jerusalem darauf reagiert hat, nicht im Detail behandelt werden. In *L'Incendiaire*..., op. cit., Anmerkung 120 und 127 findet der geneigte Leser jedoch mehrere Gründe für den berechtigten Zweifel an der von der Apostelgeschichte dargestellten Version von der Barnabasreise nach Antiochia. Offenbar sollte der Abgesandte den in Antiochia eifrig missionierenden Paulus an die Linie der Jerusalemer Apostelversammlung erinnern, die sich weder von der Thora noch vom Judentum distanzieren wollte.

22 Gal 3, 13 und 19.

23 Apg 20, 22. Kurioserweise riet derselbe Heilige Geist ein paar Zeilen weiter (21, 4) den Jüngern in Tyros, Paulus von seinem Besuch in Jerusalem abzuhalten. Sie waren offensichtlich über den Konflikt zwischen Paulus und der Versammlung der Apostel informiert und erwarteten nichts Gutes von dieser Unterredung.

24 2 Kor 13, 6.

25 Maccoby, *Paul*..., op. cit.

26 Röm 2, 28f.

27 1 Kor 10, 18.

28 Gal 6, 16.

29 Röm 2, 17 und 23.

30 1 Kor 12, 1.

31 Marcel Simon, *La Civilisation de l'antiquité et le christianisme*, Paris 1970.

32 In *Theologie des Neuen Testaments,* op. cit., ist Bultmann auf die
Bemühungen bestimmter Autoren wie Klemens, Ptolemäus oder
Justin der Märtyrer eingegangen: Sie wollten das Erbe des Alten
Testaments bewahren, aber gleichzeitig die Theologie von Paulus
weiterentwickeln. Dies führte zu einer Reihe von Merkwürdig-
keiten, beispielsweise dem Versuch, über gnostische Gruppen
auch die Juden wieder mit einzubeziehen. Ein wenig bekanntes
Kapitel der Urkirche.

33 Gal 3, 2.

34 *Christian Antisemitism. A History of Hate.* New Jersey, London
1995.

35 Dialog 11, 123 f. in Robert A. Kraft, *The Apostolic Fathers.*
A New Translation and Commentary. New York 1965.

36 B. Lohse, *Die Passa-Homilie des Bischofs Meliton von Sardes,*
Leiden 1958.

37 Der 111 zum Stadthalter von Bithynien ernannte Plinius der Jüngere erkundigte sich bei Trajan, was für eine Politik er gegenüber
dem sich beängstigend schnell ausbreitenden Christentum ein-
schlagen solle. Plinius selbst hatte diejenigen, die sich zum Christentum bekannten und deshalb die Verehrungsriten gegenüber
den heidnischen Gottheiten und dem Kaiser verweigerten, hinrichten lassen. Trajan antwortete ihm, daß er die Christen nicht
verfolgen, sondern lediglich diejenigen bestrafen solle, die nicht
den Göttern opfern wollen. Vgl. Simon, *La Civilisation...,* op.
cit. Trajans Maßnahme war halbherzig, läßt aber bereits eine
Unterscheidung zwischen Judentum und Christentum erkennen.

38 *Apologeticum* 21, 4 f.

39 Der in der Religionsgeschichte völlig paradoxe Begriff der »Weiterentwicklung« wird auch im Vorwort dieses Buches angesprochen. Im 20. Jahrhundert wird das Thema von Antrophologen
wie Lucien Lévy-Bruhl *(La Mentalité primitive),* Émile Durck-
heim *(Les Formes élémentaires de la vie religieuse)* und Bronis-
law Malinowski wieder aufgenommen.

40 Alan T. Davies, *Antisemitism and the Foundations of Christia-
nism,* New York 1979.

41 Der berühmte Ratschlag »Schlage nicht gegen den Stachel aus«
(Apg 26, 14) ist ein Zitat aus dem Drama des Euripides *Die Bak-
chen.* In den Versen 794/5 wird Penteus von Dionysos belehrt:
»Bring Opfer ihm statt wider seinen Stachel, Mensch wider
Gott, so hitzig auszuschlagen« (Übers. Oskar Werner, Stuttgart
1983). Ähnlich die seltsame Formulierung im zweiten Brief an
Timotheus (4, 6):»Denn ich werde nunmehr geopfert, und die
Zeit meines Aufbruchs ist nahe.« Der Satz erinnert an folgenden

Vers des Euripides: »Man spendet ihn den Göttern, ihn, den Gott
als Wein« (*Die Bakchen* 284, Übers. Oskar Werner). Beide Textstellen enthalten im Original die seltene Passivform des griechischen Verbs *spendein* und das ebenfalls nicht häufig vorkom-
mende Verb *theomachein*.

3 Die große Verwirrung der ersten Jahrhunderte

1 Der Arianismus (nach Arius, einem Theologen in Alexandria,
   260–336) stützt sich auf die Tatsache, daß in den Evangelien an
   keiner Stelle von der Dreifaltigkeit die Rede ist. Jesus sei vielmehr
   ein Mensch. Der Arianismus hatte weitreichende Konsequenzen
   spiritueller, theologischer und politischer Natur und führte sogar
   zu militärischen Auseinandersetzungen. Der Gnostizismus ist eine
   die Jahrhunderte überdauernde intellektuelle und religiöse Bewegung, die sich vor allem auf die folgenden drei Grundprinzipien
   stützt: Die göttliche Erkenntnis (Gnosis) gewinnt man nicht durch
   den Logos, sondern durch die Erleuchtung. – Die göttliche Gnade
   erfährt man, oder man erfährt sie nicht. – Die materielle Welt ist
   schlecht (vgl. Messadié, *Histoire générale de Dieu*, op. cit.).
2 R. Joseph Hoffmann, *Porphyry's Against the Christians. The
   Literary Remains,* New York 1994. Auf Befehl des Kaisers Theodosius II. wurden alle Exemplare dieses Pamphlets 448 verbrannt. Zahlreiche Exzerpte blieben in einer Schrift des Geistlichen Makarios Magnes erhalten. Die Kritik, die Porphyrios am
   Christentum übt, ist zum Teil hart. Seine Analysen der Evangelientexte und besonders der Herausarbeitung der Widersprüche
   zeigen jedoch, daß Porphyrios die Evangelien aufmerksam gelesen hat. Besonders empörend fand er, daß Jesus seine Kirche auf
   den Feigling Petrus bauen wollte, den Jesus selbst Satan genannt
   hatte. Doch man kann Porphyrios nicht auf einen antichristlichen Pamphletisten reduzieren: Er war vielmehr ein wahrer Uni-
   versalgelehrter.
3 *Schriften des Urchristentums,* Bd. 2 (darin u. a. der Barnabasbrief), hg., eingel. u. übers. v. Klaus Wengast, München 1984.
   Hier s. ebd. (8, 1–2).
4 Ebd.
5 *Reden gegen die Juden* VI, 2. Johannes Chrysostomos zählt
   nicht nur zu den Urvätern der orthodoxen Kirche, sondern
   auch zu den geistigen Urhebern des slawischen Antisemitismus.
   Seine überspitzte Sprache fiel jedoch auf ihn selbst zurück, denn
   sie machte es seinen Feinden, darunter Bischof Theophilos von

Alexandria, der Johannes Chrysostomos auf kaiserlichen Befehl zum Bischof von Konstantinopel geweiht hatte, leicht, die Kaiserin Eudoxia, die Gattin von Arcadius, davon zu überzeugen, daß die flammenden Reden gegen den Luxus auf sie gemünzt waren. 403 hatte Johannes Chrystostomos ägyptischen Mönchen, die von Theophilos exkommuniziert worden waren, Unterschlupf gewährt. Das diente Theophilos als Vorwand, um den kaiserlichen Befehl rückgängig zu machen. Er eilte auf dem schnellsten Weg nach Konstantinopel, berief scheinbar eine Synode ein und enthob Johannes Chrysostomos des Amtes, weil er angeblich die Kaiserin verleumdet habe. Der Entmachtete ging ins Exil, doch zwei Monate später kam es zu einem – tatsächlichen, inszenierten oder aufgebauschten – Zwischenfall, der die Lage erheblich verschlimmerte: Auf dem großen Platz von Konstantinopel wurde eine Statue der Eudoxia aufgestellt. Und bei dieser Gelegenheit soll Johannes Chrysostomos die Geschichte von Herodias bzw. Salome, die den Kopf von Johannes dem Täufer auf einem Tablett forderte, erwähnt haben. Die wütende Eudoxia schickte Johannes Chrysostomos ein zweites und letztes Mal in die Verbannung. Dieser wandte sich an Papst Innozenz I. und den weströmischen Kaiser Honorius, die beide den Fall auf einer Synode vortragen wollten. Doch Arcadius wollte von der Sache nichts mehr hören und ließ die Gesandten des Papstes und des weströmischen Kaisers in Konstantinopel gefangennehmen. Johannes Chrysostomos starb 407 im Pontusgebiet und wurde erst nach seinem Tod mit der Exkommunikation seiner Gegner rehabilitiert.

6 Die Judenchristen – das waren Sekten wie die Nazaräer, die Ebioniten und wahrscheinlich auch die Sabäer – achteten streng auf die Einhaltung des Gesetzes und lehnten die Lehre des »Nichtjuden und Verräters« Paulus rigoros ab. Sie beriefen sich wahrscheinlich auf eine heute verschwundene aramäische Urversion des Matthäusevangeliums und verbreiteten Evangelientexte, die heute zu den Apokryphen zählen, beispielsweise das Hebräer- und das Nazaräerevangelium. Die vom Gnostizismus beeinflußten Judenchristen fanden bei den orthodoxen Juden genauso wenig Anklang wie bei den Christen. Lange Zeit glaubte man, daß das Judenchristentum im 4. Jahrhundert verschwunden sei. Es hat aber aller Wahrscheinlichkeit nach das Bild des Christentums im Koran nachhaltig beeinflußt. Dies würde bedeuten, daß Mohammed noch im 7. Jahrhundert die judenchristliche Lehre kannte.

7 388 haben die Christen in der am Zusammenfluß von Balikh und

Euphrat liegenden Stadt Kallinikos, dem ehemaligen Nikepho-
rion und späteren Regierungssitz des Kalifen Harun el-Rachid
(heute die syrische Stadt Rakka), angestiftet durch den Bischof,
die Synagoge in Brand gesteckt. Auf ein Schreiben des zuständigen römischen Präfekten erklärte Theodosius I., daß die Verantwortlichen den Wiederaufbau der Synagoge zu bezahlen hätten.
Daraufhin wandte sich der Bischof der Stadt an den gefürchteten Mailänder Bischof Ambrosius, der deshalb eine Messe, der
der Kaiser beiwohnte, unterbrechen ließ und verkündete, daß es
nicht angehe, wegen dieses Synagogenbrandes so viel Aufhebens
zu machen, denn schließlich habe »Gott selbst diesen Ort des
Unglaubens und der Gottlosigkeit, diesen Hort des Wahns verdammt«. Wer also sollte die Juden rächen, fragte der Bischof.
Gott, den sie beleidigt haben, oder Christus, den sie gekreuzigt
haben? Theodosius wollte zunächst gegenüber dem Bischof nicht
klein beigeben, doch aus Angst vor der Exkommunikation gab er
schließlich nach einer Auseinandersetzung zwischen dem Bischof
und einem Angehörigen des kaiserlichen Gefolges nach. Der
Widerstand des Theodosius war kein Ausdruck der Toleranz.
Ausschlaggebend war vielmehr der Wunsch, weiterhin als Beschützer aller Bewohner des Imperiums aufzutreten. Ein Auftrag,
dem sich schon der letzte Heidenkaiser verpflichtet gefühlt hatte
(vgl. William Nicholls, *Christian Antisemitism. A History of
Hate,* op. cit.).

8 *Codex Theodosianus* 16, 8, 10f. und 15, zitiert bei James Parkes,
   *The Conflict of the Church and the Synagogue. A Study in the
   Origins of the Antisemitism,* New York 1974.

9 *Christian Antisemitism,* op. cit.

10 Das waren extrem hohe Gemeindesteuern, von denen der christliche Klerus ausgenommen war.

11 Lange, *Atlas…,* op. cit.

12 1337a, 28–29. Auch die eindeutig frauenfeindliche Haltung von
   Paulus, Augustinus und einigen anderen dürfen wir mit Recht
   auf Aristoteles zurückführen: Sie sind angeblich in Kriegszeiten
   unnütz, sorgen für lockere Sitten, begünstigen die Homosexuali-
   tät und hängen (wegen ihrer Aussteuer) am Geld… *Politik* II, IX,
   5–15.

13 Gys-Devic, *De la Guerre des Titans à la bataille des manuscrits*
   (Cahiers du Cercle Ernest Renan Nr. 181, 1. Trimester 1993).
   Der Autor konnte zeigen, daß viele von den heidnischen Gebäu-
   den, die angeblich irgendwelchen Erdbeben und sonstigen Natur-
   katastrophen zum Opfer gefallen sein sollen, in Wirklichkeit von
   christlichen Bilderstürmern zerstört worden sind.

14 Jean B. Neveux, »De optimo piae rei publicae statu. Questions et résponses de T. H. Morus, de A. Frycz-Modrjewski et de J. V. Andrea (xvı^e–xvıı^e siècles)«, in: *Religion et politique. Les avatars de l'augustinisme*, Saint-Étienne 1998. Für Augustinus drängt der menschliche Hochmut (eine unverzeihliche Sünde) zur irdischen Macht und ist deshalb durch die immanente geistliche Macht zu ersetzen.

15 Ebd.

16 In seiner Abhandlung über die Toleranz geht Michael Walzer auch auf die Toleranz in den historischen Großreichen wie dem alten Ägypten oder Rom ein: Die Beamten hatten vor den eroberten Völkern wenig Respekt, sorgten aber für eine funktionierende Verwaltung und nahmen die Gleichmacherei in Religion, Kultur und Sitten ohne weiteres in Kauf. Diese Sichtweise scheint mir zu undifferenziert, denn in erster Linie entschied man sich aus politischen Beweggründen für mehr Toleranz. Mit einer allzu strengen Verfolgungspolitik riskierte man nämlich Aufstände und hat dies in der Tat ja auch so erfahren. Wie wir in den vorangehenden Kapiteln gesehen haben, war die Toleranz gegenüber den Juden des Römischen Reichs aus religiösen und kulturellen Gründen auf ein Minimum reduziert.

17 Étienne Gilson, *La Philosophie au Moyen Age*, Lausanne 1986.

4 Das finstere Mittelalter: Frankreich, Spanien, Deutschland

1 364 war das Reich zwischen Valentinian I. (Westrom) und Valens (Ostrom) geteilt worden, wurde aber unter Theodosius wieder vereint.

2 René Sédillot, *Histoire morale et immorale de la monnaie*, Paris 1989. Den Nachfolgern von West- und Ostrom war das Knowhow im Minenbau verlorengegangen, außerdem waren die meisten Minen – wie etwa die von Gallien – inzwischen tatsächlich erschöpft.

3 Zitiert bei Victor Duruy, *Histoire de l'Europe et de la France au Moyen Age*, op. cit.

4 Vgl. Malcolm Hay, *The Roots of Christian Antisemitism*, Freedom Library Press 1981.

5 Anm. des Übers.: In Oradour-sur-Glane haben die Nationalsozialisten als Vergeltungsmaßnahme für einen Partisanenanschlag die Zivilbevölkerung in die Kirche getrieben und das Gebäude angezündet.

6 Philippe Bourdrel, *Histoire des juifs de France*, Paris 1974.

7 Thomas von Aquin (1225–1274) bestand auf dem Verbot der
   Zinsgeschäfte und Wechselbriefe. Beides war jedoch für den
   zwischenstaatlichen Handel unerläßlich. Einige Exegeten wie
   Heinrich von Gent oder Alexander von Alexandria bemühten
   sich um eine großzügigere Auslegung der kanonischen Texte,
   und so waren Wechselbriefe, solange es sich nicht um Spekula-
   tionsgeschäfte handelte, wieder zulässig. Vgl. Marie-Thérèse
   Boyer-Xambeu, Ghislain Deleplace und Lucien Gillard, *Monnaie
   privée et pouvoir des princes*, Paris 1986.
8 *Histoire des juifs…*, op. cit.
9 Jacques Madaule, *Le drame albigeois et le destin français*, Paris
   1962; Jean-Pierre Cartier, *Histoire de la croisade contre les Albigeois*, Paris 1969.
10 1247 beispielsweise forderte Papst Innozenz IV. die deutschen
   Prälaten auf, gegenüber den Gläubigen, die unter irgendeinem
   Vorwand (etwa dem Vorwurf der Ritualmorde) die Juden verfolgten, ein Machtwort zu sprechen. Es kam jedoch zu keinen
   Sanktionen, und die Verfolgungen wurden fortgesetzt. Vgl.
   Henry Chadwick, *The Pelican History of the Church*, Harmond-
   worth 1967.
11 Francis Rapp, »Les Juifs en Allemagne à la fin du Moyen Âge«,
   in: *Histoire du Christianisme*, Bd. 6, hg. von J. M. Mayeur u. a.,
   Paris 1990.
12 Die Bemühungen dieses Papstes, »Schutz« und »Elend« der
   Juden im Gleichgewicht zu halten (nach den Kirchenvätern –
   Augustinus und Terullian etwa – waren die Juden im Elend zu
   halten), lösen beim heutigen Leser Mißfallen aus. Für die damalige Zeit zeugen sie jedoch von einer lobenswerten Mäßigung.
   Die Ziele Gregors des Großen sind klar: Er untersagte zwar die
   Zwangstaufe der Juden, verdoppelte aber alle wirtschaftlichen
   und sozialen Maßnahmen, die sie zur Konversion drängen mußten. Er verbot, Synagogen zu beschlagnahmen, beschränkte sich
   aber darauf, das »überstürzte Handeln« derer zu rügen, die es
   getan hatten, beispielsweise den Bischof Victor von Palermo,
   der eine Synagoge in eine Kirche umgewandelt hatte und sich
   weigerte, das Gebäude den Juden zurückzugeben. Da befahl Gregor dem Bischof, den Bau einer neuen Synagoge zu bezahlen.
   Dadurch wurde die neue Synagoge allerdings zum Eigentum der
   Kirche! Vgl. Edward A. Synan, *The Popes and the Jews in the
   Middle Ages*, New York 1965.
13 Rapp, »Les Juifs…«, op. cit. Auf neun Konzilversammlungen
   wurde zwischen 1215 und 1370 erneut bekräftigt, daß sich die
   Juden kennzeichnen müssen. Die Päpste Pius II. (1459) und Alex-

ander VI. (1494) bestätigten diese Vorschrift und schrieben als Farbe dafür Gelb vor. 1363 bestimmte der französische König Johann I. unter Berufung auf eine Vorschrift aus dem Jahre 1234 von Thibaut von Navarra die Farben Rot und Weiß für die Judenkennzeichnung. Als im Heiligen Römischen Reich Deutscher Nation Stimmen dagegen laut wurden, schrieb Papst Gregor IX. 1233 einen Beschwerdebrief an die deutschen Bischöfe. Daraufhin mußten die Juden von Köln, Augsburg und Nürnberg erneut das Zeichen tragen. Ludwig der Heilige setzte für jeden Juden, der sich weigerte, das Zeichen zu tragen, die horrende Geldstrafe von 10 in Tours geprägten Pfund fest. Vgl. Jeffrey Richards, *Sex, Dissidence and Damnation*, London, New York 1990.

14 Durch die Schwäche des Römischen Reichs war zu Beginn des fünften Jahrhunderts eine verworrene, instabile Situation entstanden. Als die »Barbaren«, d. h. die Wandalen, die Sueben und die Alanen, in den Jahren 406/7 die römischen Garnisonen überrannten und den Rhein überquerten, trafen sie auf gallischem und iberischem Gebiet auf keinen nennenswerten Widerstand. Die einheimische Bevölkerung begrüßte sie sogar mit einem Gefühl der Erleichterung, denn sie erhoffte sich von den Neuankömmlingen eine Befreiung von den römischen Steuereintreibern. Was vom Römischen Reich auf der Iberischen Halbinsel übrig blieb, waren nur die großen Strukturen des legislativen, des administrativen und des religiösen Bereichs (die christliche Kirche). Da die Wiederherstellung einer gewissen Ordnung nottat, hat die Bevölkerung des Nordens in jenen Jahren die Westgoten gerufen.

15 Es waren nicht mehr als 200000 (»Spain«, in: *Encyclopaedia Britannica*).

16 Auch der Klerus beteiligte sich an diesen Ausschreitungen: Bei einer dieser Attacken hat ein 15-jähriger Mönch namens Simon einen gleichaltrigen Jugendlichen mit der Schleuder angegriffen. Das Opfer ist kurz darauf gestorben. Vgl. *España Sagrada, teatro geografico-historico de la Iglesia de España*, Madrid 1918; J. Vincke, *Documenta selecta mutuas civitatis arago-cathalaunicae et ecclesie relatines illustrantia*, Barcelona 1936, zitiert bei David Nirenberg, *Communities in Violence. Persecutions of Miniorities in the Middle Ages*, Princeton 1996.

17 »Esquisse de l'histoire du peuple juif«, in: *Dictionnaire encyclopédique du judaïsme*, hg. v. Geoffrey Wigoder, Paris 1996.

18 Als sein Neffe, der König von Italien, allzu starke Unabhängigkeitstendenzen zeigte, ließ er ihn grausam hinrichten.

19 Z. Averni, *Germania Judaica*. Bd 2: Von 1238 bis Mitte des
    14. Jahrhunderts, Tübingen 1968.
20 Ein Junge namens William, Sohn eines reichen Bauern und Lehr-
    bub bei einem Kürschner, war – wie erzählt wurde – kurz nach
    Ostern verschwunden. Als man ihn das letzte Mal gesehen hatte,
    war er gerade in das Haus eines Juden hineingegangen. Zwei
    Tage später fand man seine Leiche östlich der Stadt im Thorpe
    Wood. Sein Schädel war kahlrasiert und voller Schnittwunden.
    Nach Auskunft der Mutter des Jungen und des Gemeindepfar-
    rers Godwin hatte man das Opfer nach dem Gottesdienst in
    eine der Synagogen von Norwich mitgenommen, um dort die
    Passion Jesu zu wiederholen. Hausangestellte der Juden hatten
    angeblich durch einen Türspalt das Martyrium des Jungen beob-
    achtet. Man soll ihm eine Dornenkrone aufgesetzt, ihn gefes-
    selt und an ein Kreuz genagelt haben. Anschließend – so wurde
    berichtet – habe man ihm die Seite durchstochen und ihn mit
    kochendem Wasser übergossen. Schon der zuständige Ordnungs-
    hüter wollte die Geschichte nicht glauben und lehnte es deshalb
    ab, die Juden verhaften und verurteilen zu lassen. Statt dessen
    schickte er sie zu ihrer eigenen Sicherheit auf das Schloß der Her-
    ren von Norwich. Höchstwahrscheinlich hatte der Junge einen
    Epilepsieanfall und sich selbst die Wunden am Kopf beigebracht.
    Doch damit nicht genug: Man begann Wunder aufzuzeichnen,
    die man dem angeblich gemarterten Jungen zuschrieb. Die Bevöl-
    kerung forderte seine Heiligsprechung. Doch sowohl die staat-
    lichen als auch die kirchlichen Würdenträger am Ort blieben
    skeptisch. Zwei Jahre später wurde einer der glühendsten Befür-
    worter dieser Heiligsprechung zum Bischof von Norwich ge-
    wählt. Im Anschluß an dessen Wahl fand eine antijüdische Groß-
    demonstration statt. Der hl. William von Norwich ist lediglich
    der erste einer langen Reihe von Phantasieheiligen. Vgl. Augu-
    stus Jessop und M. R. James, *The Life and Miracles of St. Wil-
    liam of Norwich by Thomas of Monmouth*, Cambridge 1896,
    zitiert bei P. Johnson, *A History...*, op. cit.
    Das Gerücht von den Ritualmorden hält sich hartnäckig. Im
    20. Jahrhundert taucht es in Italien wieder auf, wo eifrige Gläu-
    bige die angeblich einst traditionsreiche Verehrung von Dome-
    nichino del Val, einem vorgeblich um 1250 von den Juden aus
    Saragossa getöteten Jungen, wiederbeleben wollten (*Response,
    Mitteilungen des Simon-Wiesenthal-Zentrums* vom September
    1989).
21 Bernhard von Clairvaux höchstpersönlich hatte die Tötung eines
    Ungläubigen als verdienstvolle Tat hervorgehoben. Dennoch war

er ein Gegner der Ausschreitungen gegen die Juden. Im Rheinland gelang es ihm, die gegen die Juden aufgebrachte Menge zu beruhigen und so viele Juden vor dem Tod zu retten.

22 Nach den Berichten des Rabbiners Joseph Colon gingen die Juden in der zweiten Hälfte des 15. Jahrhunderts in Frankreich und Italien kaum einer anderen Beschäftigung nach. Vgl. S. Katz, *The Jews in the Visigothic Kingdoms of Spain and Gaul*, Cambridge 1937. Die Juden untereinander liehen sich jedoch kein Geld.

23 Rapp, »Les Juifs...«, op. cit.

24 »Money-lending«, in: *Encyclopaedia Britannica*.

25 Thomas von Chobham, *Summa confessorum*, Löwen 1968.

26 Er stand nämlich unter dem Verdacht, Agnès Sorel, die Mätresse des Königs, vergiftet zu haben, und so wurde sein ganzer Besitz in Frankreich beschlagnahmt. Zum Thema Wucher im Mittelalter siehe auch die Arbeit von Jacques Le Goff, *La Bourse et la Vie*, Paris 1987.

27 »Money-lending«, op. cit.

28 Lange, *Atlas...*, op. cit.

5 Das finstere Mittelalter: Italien, England, Osteuropa

1 Theoderich gilt nicht nur als der größte gotische König, sondern zählt wahrscheinlich zu den größten Königen des Mittelalters schlechthin und ist Karl dem Großen durchaus ebenbürtig. Als Sohn des ostgotischen Königs Theodomir und der slawischen Sklavin Erelieva kam er mit sieben Jahren als Geisel an den Hof von Konstantinopel. Dort blieb er zehn Jahre und lernte, was guter und was schlechter Stil der Politik ist. Mit 17 Jahren kehrte er zurück, setzte sich an die Spitze einer bewaffneten Schar und nahm seinem eigenen Vater die Stadt Singidunum, das heutige Belgrad, weg. Anschließend leitete er eine kaiserliche Expedition gegen die Aufstände in Mösien und Makedonien. Mit dem erfolgreichen Ausgang dieser Unternehmung zählten die Ostgoten zu den wichtigsten Föderati, den Bündnispartnern Ostroms. Theoderich war 20 Jahre alt, als sein Vater starb. In den folgenden 14 Jahren führte er Kriege gegen fast die ganze Welt, unter anderem auch gegen seinen ehemaligen Beschützer, den oströmischen Kaiser Zenon, vor allem aber gegen einen anderen ostgotischen Fürsten, der impertinenterweise ebenfalls den Namen Theoderich trug. Gegen diesen kam es zu einer Schlacht im nördlichen Venetien. Anschließend besiegte er in einem nicht weniger

heftigen Kampf die Gepiden. In der nächsten Schlacht standen ihm die Truppen Odoakers gegenüber. Odoaker, der Italien unter seiner Herrschaft hatte, war auch ein vielgeachteter Kriegsheld, mußte sich aber am 26. Februar 493 nach einer schweren Niederlage in Ravenna geschlagen geben. Theoderich hielt sich nicht an sein Versprechen, die Macht mit seinem Rivalen zu teilen und diesem das Leben zu retten, sondern brachte ihn am 15. März 493 während eines Banketts eigenhändig um. Der sterbende Odoaker soll gerufen haben: »Wo bleibt denn Gott?« Doch Theoderich, nun Herr über Italien, kümmerte das wenig. Theoderich war voller Widersprüche: gewalttätig und blutrünstig auf der einen, großzügig und unvoreingenommen auf der anderen Seite. Auch im Machtkampf zwischen den beiden Anwärtern auf den Heiligen Stuhl, Symmachus und Laurentius, versuchte er zunächst zu schlichten, ließ jedoch schließlich in voller Wut Symmachus, den eigentlichen Papst, niedermetzeln. Laurentius war allgemein als Gegenpapst betrachtet worden. Erbittert über die Verfolgung der Arianer unter Kaiser Justin im Jahr 524 veranlaßte er Papst Johannes I., für mehr Toleranz beim Kaiser in Konstantinopel vorstellig zu werden. Den zurückkehrenden Papst ließ er ins Gefängnis werfen, wo dieser zwei Jahre später starb. Am Ende seines Lebens soll Theoderich den Mord an Odoaker und an Symmachus bereut haben.

2 Ab 1060 wird Sizilien vom Normannen Robert Guiscard erobert.

3 A. Guetta, »Italie«, in: »Esquisse de l'histoire du peuple juif«, *Dictionnaire encyclopédique du judaïsme,* op. cit.

4 Kaiser Heinrich VI. heiratete 1186 Konstanze, die als Tochter Rogers I. das normannische Königreich Sizilien erbte. Damit herrschten die Staufer zumindest theoretisch über ganz Italien, den Kirchenstaat ausgenommen. Heinrich VI. starb, bevor er seinen Erbreichsplan realisieren konnte. Der Papst, der in Sizilien große Besitzungen hatte, leistete heftigen Widerstand gegen dessen Vereinigung mit dem Reich.

5 1265 vergab die Kurie Sizilien und das Königreich Neapel an Karl von Anjou, den Bruder von Ludwig dem Heiligen. Nach so manchen unerfreulichen Zwischenfällen fiel das Königreich von Neapel und Sizilien an das Haus Aragon und blieb bis 1707 unter spanischer Herrschaft.

6 Paul Johnson stützt sich in seiner *History of the Jews* (op. cit.) auf die Studien *The Jews of Medieval Oxford* (1951) von Cecil Roth und *The Jews of Medieval Norwich* (London 1967) von V. D. Lipman. Demnach wird die Gesamtzahl der Juden im mittelalterlichen England auf 5000 geschätzt. Johnson nimmt an, daß

sie im Gefolge der normannischen Barone, die 1066 am Feldzug Wilhelms des Eroberers teilgenommen hatten, nach England gekommen waren, und zwar höchstwahrscheinlich nach dem Tod Wilhelms, also nach 1087. Denn als überzeugter Christ, der sehr auf die Meinung seiner beiden katholischen Prälaten Lanfranc von Canterbury und Geoffroy von Coutances hörte, hätte es Wilhelm sicherlich nicht als gutes Zeichen gewertet, wenn »Gottesmörder« mit ihm gezogen wären. Ich halte es jedoch für wahrscheinlicher, daß die Juden erst 1096 auf der Flucht vor den rheinischen Massakern zu Beginn des ersten Kreuzzugs zum ersten Mal den Ärmelkanal überquert haben. Denn wie V. D. Lipman (*The Jews...*, op. cit.) zeigt, waren die zur allerersten Generation gehörenden Juden von Norwich alle rheinländischer Herkunft.

7 Mathilde, die Witwe Kaiser Heinrichs v., war die Tochter von Heinrich I. Beauclerc und einer Nonne. Stephan war der Sohn des Grafen Stephan Heinrich von Blois und von Adela, einer Tochter des Königs. Bis 1125 betrachtete der König seinen Enkel Stephan als den natürlichen Erben. Doch mit dem Tod des Königs stellte sich Mathilde gegen ihren Neffen und machte selbst Ansprüche auf die Krone geltend. Sie fand Unterstützung bei ihrem Halbbruder, der den Adel zwang, sie als Königin anzuerkennen und ihrem Sohn Heinrich I. von Anjou das Thronfolgerecht zuzusprechen. Als Heinrich von Anjou starb, reiste Mathilde zu dessen Beisetzung. Stephan nutzte die Abwesenheit der Königin, um den Adel für sich zu gewinnen, und erklärte, daß man ihn mit Gewalt zum Thronverzicht gezwungen habe und die Königin als Tochter einer Nonne keine legitime Thronfolgerin sei. Er ließ sich mit der Zustimmung seines Bruders Heinrich, der Bischof von Winchester war, von den Londonern zum König krönen. Der sich daraus entwickelnde Kampf um den Thron mündete in einen Bürgerkrieg, in dem jeder, der etwas besaß, ganz egal ob Adeliger oder Jude, wie ein Bauer ausgeraubt wurde. Erst mit dem Tod von Stephan 1154 legten sich die Kriegswirren.

8 Vgl. Anne Grymberg, »Angleterre«, in: »Esquisse de l'histoire du peuple juif«, *Dictionnaire encyclopédique du judaïsme*, op. cit.

9 Nur wenige Menschen jener Zeit sind so schillernd, ja fragwürdig wie dieser englische König. Er bekämpfte seine eigenen Söhne und seine Mutter Eleonore von Aquitanien, besiegte die Truppen Saladins, war Liebhaber und Rivale des französischen Königs Philipp August und Gefangener des deutschen Kaisers

Heinrich VI. Die Chronisten zeichnen ihn als eine irritierende Mischung aus religiösem Aberglauben und Draufgängertum.

10 Michèle Brossard-Dandré und Gisèle Besson, *Richard Cœur de Lion. Histoire et légende*, Paris 1989.

11 Ebd.

12 Grymberg, »Angleterre ...«, op. cit.

13 Paul Hilberg, *Die Vernichtung der europäischen Juden*, Berlin 1982; Jacob Marcus, *The Jew in the Medieval World? A Source Book, 314–1791*, New York 1975; V. D. Lipman, *Three Centuries of Anglo-Jeriwsh History*, London 1961.

14 Anne Grymberg, *Histoire du christianisme*. Bd. 6: *Un temps d' Un temps d'épreuves: 1274–1449*, op. cit.

15 Der bömische Reformer Jan Hus (1369–1415) war ein Schüler des englischen Theologen John Wycliff, dessen Werke er auch ins Tschechische übersetzt hat. In seinen Predigten forderte er die Christen auf, nicht nach materiellen Zeichen für die Gegenwart Christi zu suchen, sondern nach dessen immaterieller Präsenz. Auch die Geldgier der Kirche war ihm ein Dorn im Auge. Er fand in der Bevölkerung starken Anklang und beunruhigte deshalb den Klerus und die Vertreter Roms. Der König und spätere Kaiser Sigismund wurde wortbrüchig und lieferte ihn an die Inquisition aus, die ihn am 6. Juli 1415 in Konstanz auf dem Scheiterhaufen verbrennen ließ. An diesem Feuer entzündete sich Luthers flammende Revolte gegen Rom.

16 Olga, die Witwe Igors, war die erste Christin des Fürstengeschlechts von Kiew. Sie ließ sich 957 während eines offiziellen Staatsbesuchs in Konstantinopel taufen. 959 bat sie den deutschen Kaiser Otto I., ihr einen Bischof und einen Priester zu schicken. Voldymir Kosik, »L'Empire de Kiev et le baptême de l'Ukraine«, in: *Historia*. September 1987.

17 Sylvie Anne Goldberg und Alex Derczansky, »Monde ashkénaze«, in: »Esquisse de l'histoire du peuple juif«, *Dictionnaire encyclopédique du judaïsme*, op. cit.

18 Ebd.

19 S. M. Dubnov, *History of the Jews in Russia and Poland*, Bd. 1, Philadelphia 1976. Der von der Kirche heiliggesprochene Capistrano war ein unverbesserlicher Antisemit. Er bezeichnete die Juden als »Hussiten« und sah in der Niederlage Polens gegen den Deutschen Orden eine »Strafe des Himmels«.

20 Ebd.

21 Lucian Boia, *Entre l'ange et la bête. Le mythe de l'homme différent de l'Antiquité à nos jours*, Paris 1995.

22 Etwa David Martin, *Does Christianity Cause War?* Oxford 1998.

6 Die islamische Ruhepause

1 Mohammed hatte es in Medina mit drei jüdischen Gruppen zu tun: mit den Banu Qajnoqua, den Banu Nadr und den Banu Qorajdsa. Gegenüber den beiden ersten Gruppen ließ Mohammed Gnade walten, doch die dritte ließ er ausschalten. Die Zahl der hingerichteten Männer schwankt zwischen 600 und 900 (unter den Opfern befand sich auch eine Frau). Allgemein wird angenommen, daß Mohammed diese Gruppe deshalb massakrieren ließ, weil ihm deren Verhalten während der Belagerung Medinas durch die feindlichen Qoraischiten nicht gefallen hat (vgl. Maxime Rodinson, *Mohammed*, Luzern, Frankfurt/Main 1975). Er konnte den Banu Qorajdsa allerdings nicht viel vorwerfen. Nahm er es ihnen vielleicht übel, daß sie sich nicht entschlossen genug hinter ihn gestellt hatten? Wir können davon ausgehen, daß das Massaker nicht religiös, sondern politisch motiviert war. Wenn man einigen Autoren glauben darf, wollte Mohammed ursprünglich die jüdischen Gemeinden Arabiens für seinen neuen Glauben gewinnen und gab diesen Plan erst angesichts des jüdischen Widerstands auf.

2 Nicht zu verwechseln mit Basra in Mesopotamien.

3 Die Geschichte wird vom arabischen Historiker Tabarri berichtet.

4 Max L. Margolis und Alexander Marx, *A History of the Jewish People*, New York 1973. Die beiden Autoren datierten die Gründung von Jathrib, dem späteren Medina, auf das vierte vorchristliche Jahrhundert, andere gehen bis in die Zeit Davids oder sogar Moses' zurück. Abu el-Faraj el-Isfahani, ein arabischer Schriftsteller des ausgehenden 13. Jahrhunderts (*Kitah el Aghani*, Kairo 1970), beruft sich auf die Überlieferung und bezeichnet die Amalekiter als die Ureinwohner der Arabischen Halbinsel. Dies deckt sich mit dem Vierten Buch Mose (24, 20), wo sie als »die ersten unter den Heiden« bezeichnet werden. Vgl. auch Charles C. Torrey, *The Jewish Foundation of Islam*, Yale 1967.
Nach der kurzen abessinischen Herrschaft über das Königreich Saba im frühen vierten Jahrhundert kam 375 ein einheimischer König an die Macht. Sein Herrschaftsgebiet schloß auch die Territorien von Dhu Raidan, Hadramaut und Jamanat mit ein. Sein Nachfolger trat zum jüdischen Glauben über, vermutlich aus Opposition zu den Römern, die vergeblich versucht hatten, diesen Zugangsweg zum Roten Meer unter ihre Kontrolle zu bringen. 575 wurde Jussuf Dhu Howas, der letzte jüdische König

von Saba, von einem abessinischen Christen umgebracht. Dieser Abessinier übernahm im Namen des Königs von Abessinien selbst die Regierung des Königreichs. Die jüdischen Einrichtungen des Hedschas erlebten einen wirtschaftlichen und politischen Zerfall, blieben aber dennoch weiterhin bestehen und lebten vor allem vom Weihrauch- und Myrrhehandel (Gordon Darnell Newby, *History of the Jews of Arabia*, Columbia 1988). Die Enteignungspolitik gegenüber den Juden (wichtige Wasserstellen und Weideflächen) ging nicht auf den plötzlichen Einfall Mohammeds zurück, auch wenn dies einige Texte vorgeben. Diese Politik zeichnete sich bereits vor Mohammed ab (Michael Lecker, *Muhammad at Medina. A Geographical Approach*, Jerusalem Studies in Arabic and Islam, Bd. 6, 1985). Zur Zeit Mohammeds war die Arabische Halbinsel bei weitem keine Einöde, sondern eine Region voller politischer und wirtschaftlicher Aktivitäten. 1992/93 wurden bei Ausgrabungen im Hedschas bedeutende städtische Anlagen freigelegt. Die Juden der arabischen Welt waren in die einheimische Bevölkerung integriert und wurden respektvoll behandelt. Die Araber zeigten sogar ein zunehmendes Interesse an der jüdischen Mystik.

5 So etwa die Ähnlichkeit zwischen der Sure 1, 5 und dem Psalm 27, 2, der Sure 21, 105 und dem Psalm 37, 29; zwischen der Sure 7, 48 und dem Lukasevangelium 16, 24. Der Kontakt Mohammeds mit jüdischen und christlichen Kreisen spiegelt sich auch in der – falschen – Interpretation bestimmter Bibelstellen wider. So wird der Ahasverusminister Haman mit dem pharaonischen Minister Haman verwechselt, oder die Mosesschwester Mirjam mit der Jesumutter Mirjam (Maria). Mohammed kannte auch bestimmte literarische Texte der damaligen Zeit. Der »Mann mit den beiden Hörnern« als Bild für Alexander den Großen stammt aus dem hellenistischen *Alexanderroman* des dritten vorchristlichen Jahrhunderts, der fälschlicherweise Kallisthenes zugeschrieben wurde. Weil sein »Vater« Jupiter Ammon zwei Hörner gehabt hat, wird auch Alexander so beschrieben. Der Koran bezieht sich auch auf die Apokryphen und auf die Berichte der Haggada. Diese Parallelen waren schon Thema von einigen exegetischen Studien. Mohammed schien Kontakt zu den Essenern gehabt zu haben, denn in der arabischen Welt lebten auch Mandäer, Anhänger Johannes des Täufers und Doketisten.

6 Weite Teile der Arabischen Halbinsel standen zumindest theoretisch unter persischer bzw. oströmischer Kontrolle. Die Perser beherrschten Südarabien, den Jemen und das Hadramaut und

konnten ihren Einfluß sogar in Ostarabien geltend machen.
Byzanz hingegen beherrschte das nördliche Arabien, die Halbinsel Sinai, Palästina und weite Teile von Mesopotamien, also
ein Gebiet, das heute die Länder Jordanien, Syrien, Israel und
den Libanon umfaßt.

7 Bernhard Lewis, *Semites and Antisemites*, London 1986.

8 Von religiöser Toleranz spricht u. a. die Sure VI, 109:»Schmähe
nicht die Götzen, welche sie statt Allah anrufen, sonst möch-
ten sie in Unwissenheit auch feindselig Allah schelten.« Andere
Koranstellen: XLV, 14 und LII, 45.

9 Diesem Grundsatz widerspricht allerdings eine muslimische
Überlieferung, nach der Mohammed auf dem Totenbett erklärt
haben soll, daß in der arabischen Welt keine zwei Religionen
nebeneinander existieren könnten. Daraufhin soll der Kalif
Omar die Juden des Hedschas enteignet und nach Syrien vertrieben haben. Die Geschichte wird von Tabarri berichtet, der sie
aus zweiter oder gar dritter Hand übernahm und deshalb nur
ungenau wiedergibt. Vermutlich ließ Kalif Omar Land, das den
Juden gehörte, aufkaufen. Wir wissen allerdings aus zahlreichen anderen Quellen, daß es auch noch nach Kalif Omar jüdische Gemeinden gab, und zwar sowohl im Hedschas als auch
in der übrigen arabischen Welt. Eine spürbare Ausweisung der
Juden aus der arabischen Welt hat also nicht stattgefunden. Vgl.
Newby, *A History...*, op. cit.

10 Lange, *Atlas...*, op. cit.

11 Die hellenistische Bezeichnung »Barbaren« und der entsprechende römische Ausdruck wirken auf den ersten Blick verwirrend, denn demnach könnte man glauben, die Berber seien
Nachfahren der Goten, die nach dem Sturz von Karthago im
römischen Besatzungsheer in Nordafrika zum Einsatz kamen.
Damit wäre das nordische Aussehen der Berber, das sich bis
heute gehalten hat, schnell erklärt. In Wahrheit ist der Ausdruck
»Barbara« viel älter als die römische Besetzung Nordafrikas. Er
findet sich nämlich bereits in ägyptischen Inschriften aus der Zeit
von 1700 bis 1300 vor unserer Zeitrechnung. Damals gebrauchte
man für die in der Sahara lebenden Berber auch die Namen Libu,
Meschwesch, Tjemehu' und Tjehenu'. Damit ist die Gotenhypo-
these entkräftet. Auf den ägyptischen Denkmälern werden Berber seit dem 18. Jahrhundert vor unserer Zeitrechnung europid
dargestellt. Auf der Suche nach dem Ursprung der Berber muß
man also weiter zurückgehen, beispielsweise zu den Phöniziern,
die im zweiten Jahrhundert vor unserer Zeitrechnung das heute
algerische Bergland Tassili besetzt haben. Außerdem nannten

die Römer die Berber nicht nur »barbari« (»Ausländer«), sondern auch »Numidae« und »Mauri«. Der hl. Augustinus, der bekannte Bischof der nordafrikanischen Stadt Hippo, war Berber. Dank zahlreicher Historiker wissen wir heute mehr über die Berber. Den Anfang machte Ibn Chaldun, ein arabischer Historiker des 14. Jahrhunderts, mit seiner *Geschichte der Berber.* Er verbrachte fast sein ganzes Leben bei den Berbern und hat diese sehr bewundert. Vgl. Michael Brett und Elizabeth Fentress, *The Berbers,* Oxford 1997.

12 Wir wissen wenig von Benjamin von Tudela: Er war Jude und handelte mit Edelsteinen. Seine zwischen 1159 und 1172 geschriebenen Reisebeschreibungen enthielten eine Fülle von zum Teil wertvollen Informationen über den Mittelmeerraum und den Mittleren Osten seiner Zeit.

13 Bei den babylonischen Juden herrschte offensichtlich große Unstimmigkeit, denn mehrere Rabbiner trennten sich im achten Jahrhundert von der lokalen Akademie, um in Kairuan eine weitere zu gründen, und machten Kairuan so zu einem wichtigen jüdischen Zentrum innerhalb der islamischen Welt.

14 *Dictionnaire encyclopédique du judaïsme,* op. cit.

15 Man könnte Maimonides einen theozentrischen Spiritualisten nennen, für den die Vernunft zur Erkenntnis Gottes führte. Die Logik ist für ihn eine Universalsprache, und deshalb hält er auch die Sprache der Philosophie für universal. Maimonides' Einfluß ist groß, trotz (oder gerade wegen) der heftigen Kontroversen, die sein Werk lange nach seinem Tod ausgelöst hat, und reicht bis zu Spinoza. Mit Maimonides setzte die bis heute andauernde philosophische »Laisierung« des Judentums ein.

16 Paul Johnson, *A History of the Jews,* op. cit.

17 Das Thema sprengt den Rahmen dieses Buches. Ausführlicheres dazu bei Nicole S. Serfaty, *Les courtisans juifs des sultans marocains XIIIe–XVIIIe siècle, hommes politiques et hauts dignitaires,* Vorwort von Haim Zafrani, Bouchene 1999.

18 Es war jedoch nicht die einzige öffentliche Verbrennung von Talmudexemplaren. Die französischen Könige Ludwig IX., Philipp III. und Philipp IV. ordneten jeweils mindestens eine Verbrennung an. Auch Papst Klemens IV. befahl König Jakob von Aragon die Beschlagnahmung aller Talmudexemplare. Er begründete es damit, daß das Werk »in seiner Masse« […] unzählige Beleidigungen und abscheuliche Verhöhnungen gegen den Herrn Jesus Christus und seine allerheiligste Mutter Maria enthält«. Vgl. Richards, *Sex…,* op. cit.

19 Unter den sieben Übersetzern, die von dem abbasidischen Kalifen

Mamun im neunten Jahrhundert mit der Übertragung von Aristoteles beauftragt worden waren, befanden sich auch zwei Juden – Hunain Ibn Ischak, den die christlichen Scholastiker Johannitius nannten, und Ibn al Nadim. Vgl. Messadié, *Histoire générale de Dieu*, op. cit.

20 Zum Teil sind die schwindenden Bevölkerungszahlen auf Epidemien wie die Pest zurückzuführen, die nach den Schätzungen etwa ein Drittel der europäischen Bevölkerung hinweggerafft haben. Abnehmende Bevölkerungszahlen lassen sich aber offensichtlich im Lauf der Geschichte immer wieder beobachten, zumindest wenn man den verfügbaren Statistiken glauben darf. Die afrikanische Bevölkerung beispielsweise zählte 1650 an die 100 Millionen, 1750 etwa 95 Millionen und 1800 rund 90 Millionen. In Europa stieg die Bevölkerung in der gleichen Zeit von 100 auf 187 Millionen an. Von 1965 bis 1975 sank die Geburtenrate in den meisten Ländern der Dritten Welt um 10 Prozent bis 20 Prozent, in China um 34 Prozent und in Kuba sogar um 47 Prozent. Vgl.»Population«, in: *Encyclopaedia Britannica* und »Géographie humaine«, in: *Quid 96*.

21 Der Name leitet sich von Al Abbas, dem Onkel Mohammeds, her.

22 Dieser Auffassung sind einige Historiker, beispielsweise E. Gutwirth,»Hispano-Jewish Attitudes to the Moors in the Fifteenth Century, in: *Sefarad* Nr. 49, 1989, und N. Roth, *Jews, Visigoths and Muslims in Medieval Spain. Cooperation and Conflict*, Leiden 1989.

23 Gérard Chaliand und Jean-Pierre Rageau, *Atlas des Empires*, Paris 1993.

7 Das Beispiel Asien

1 François-Bernard und Édith Huyghe, *Les Empires du Mirage*, Paris 1993. Die These, daß die Juden bereits vor Columbus in Amerika waren, steht natürlich im Widerspruch zur»klassischen« Version von der Entdeckung Amerikas. Sie widerspricht auch der Vorstellung, daß Mongolide im ersten Jahrtausend vor unserer Zeitrechnung Amerika besiedelt haben. Doch in den letzten Jahrzehnten haben eine ganze Reihe von anthropologischen und ethnologischen Arbeiten diese These bestätigt. Die These von der Besiedlung Amerikas durch Mongolide wird offensichtlich durch Untersuchungen am Mann von Kennewick widerlegt. Denn danach wurde Amerika bereits 25 000 Jahre vor unserer Zeitrechnung von Europa aus besiedelt (Roger Lewin,

»Young Americans«, in: *New Scientist* vom 17. Oktober 1998).
Der 1966 in Georgia entdeckte Stein von Metcalf weist besonders im Hinblick auf die Vorschriften des Leviticus so deutliche Parallelen zwischen den religiösen Riten der Yuchi-Indianer
und den Juden auf, daß es schon sehr dreist ist, dies als reinen
Zufall abzutun (vgl. Cyrus Gordon, *Before Columbus,* New
York 1971). Gordon lehnt die These ab, die Yuchis seien einer
der verlorengegangenen jüdischen Stämme. Trotzdem: Es ist
durchaus möglich, daß die Juden Palästinas sich den Phöniziern
angeschlossen haben. Die Schrift auf dem Metcalf-Stein weist
viele Ähnlichkeiten mit der ägäischen, ursprünglich phönizischen Schrift aus der zweiten Hälfte des zweiten Jahrtausends
vor unserer Zeitrechnung auf. Doch das Thema sprengt den
Rahmen dieses Buches.

2 Zum Talmud gehören auch die Mischna, eine Aufzeichnung
mündlich überlieferter Gesetze, und die Gemara, eine Sammlung rabbinischer Diskussionen. Im 3. Jahrhundert wurde die
bis dahin nur mündlich überlieferte Mischna von dem Rabbiner
Yehuda Hanassi schriftlich festgehalten. Der älteste, heute bekannte Talmud ist der von Babylon. Er wurde erst Ende des
5. Jahrhunderts fertiggestellt (vgl. *Dictionnaire encyclopédique
du judaïsme,* op. cit.). Möglicherweise haben sich die Falascha
später in Äthiopien niedergelassen, als sie selbst annehmen, beispielsweise nach dem Niedergang des jüdischen Königreichs
von Saba.

3 Daniel Boorstin, *Les Découvreurs,* Seghers 1983.

4 Das Versicherungswesen ist wesentlich älter als allgemein angenommen und wurde bereits um 4000 v.u.Z. praktiziert. Auch
die Babylonier kannten es. In Indien läßt es sich für das siebte
Jahrhundert und in Griechenland für das dritte Jahrhundert
v.u.Z. nachweisen... In der Antike stützte man sich auf eine
Großanleihe, die man bei einem Bankmann hinterlegte (vgl.
Gerald Messadié, »Assurances«, in: *Les Grandes inventions de
l'humanité,* Paris 1988.

5 Vgl. René Khawam, *Les Aventures de Sindbad le Marin,* Paris
1985.

6 Zitiert bei Cécile Beurdeley, *Sur les Routes de la Soie,* Fribourg
1985.

7 Lange, *Atlas...,* op. cit. 1988 veröffentlichte der Chinaspezialist
David Selbourne in London *The City of Light.* Es ist die Übersetzung eines Reiseberichtes des jüdischen Händlers Jakob von
Ancona, der 1270 nach China gereist war. Der Italiener berichtet
von Juden, die sich im Hafen von Quanzhou, dem heutigen

Chüanchow (bei Ibn Battuta: Saitun), niedergelassen hatten. Die Veröffentlichung hat unter den Sinologen eine heftige Kontroverse über die Echtheit des Manuskriptes ausgelöst. Einige Wissenschaftler warfen Selbourne sogar Fälschung vor. Das Marinemuseum von Chüanchow bestätigte jedoch offensichtlich die Echtheit des Manuskriptes. *The City of Light* ist also ein weiterer Beweis für die jüdische Präsenz im mittelalterlichen China.

8 D. D. Leslie, *The Survival of the Chinese Jews,* Leiden 1972.

9 Huyghe, *Les Empires...,* op. cit.

10 Die Christenverfolgungen durch die extremistischen Gruppierungen der politischen Parteien Indiens beenden nämlich die lange indische Tradition der religiösen Toleranz, und dabei zählen die indischen Christen gerade einmal 23 Millionen – ein Strohhalm im Vergleich zur Gesamtbevölkerung von einer Milliarde.

11 Menachem Begin, *White Nights,* New York 1977.

12 Hermann Kulke und Dietmar Rothermund, *Geschichte Indiens,* Stuttgart 1982. Die Autoren erwähnen ein langes Dokument, das 1055 von der Händlergilde verfaßt wurde und einen ungewöhnlichen Stolz ausstrahlt: Sie zählen recht ungeniert ihre Vorzüge auf.

13 Johnson, *A History...,* op. cit.

14 Die Boxer begannen auch die Christen als »fremde Dämonen« zu verfolgen. Es war der Anfang einer nationalen chinesischen Erhebung.

8 Das Europa der Ghettos

1 Ende des 14. Jahrhunderts hatte sich der Gebrauch von Schuldscheinen endgültig durchgesetzt. Die ersten Christen, auf deren Initiative die Schuldscheine zurückgehen, waren Bankleute aus Piacenza. Sie bekamen sehr schnell Konkurrenz aus Siena, Lucca und Florenz, daher die Bezeichnung »Lombarden«.

2 Bourdrel, *Histoire...,* op. cit.

3 Fadiay Lovsky, *Antisémitisme chrétien et mystère d'Israel,* Paris 1955.

4 Bei den »Maillotins«-Revolten von 1382 wurden die Juden aus Protest gegen die Steuern tätlich angegriffen. Man riß die Kinder aus den Armen der Eltern und schleppte sie zu den Taufbecken. Doch Karl VI., der damals noch unter der Vormundschaft des Herzogs von Anjou stand, ordnete judenfreundliche Maßnahmen an. Sein chronischer Geldmangel zwang ihn zu einer Änderung der Politik.

5 Richards, *Sex ...*, op. cit.

6 Joshua Trachtenberg, *The Devil and the Jews*, New Haven, London 1943.

7 Walter Map, *De Nugis Curialium 1181–1192*, zitiert bei Richards, *Sex ...*, op. cit.

8 Carlo Ginzburg, *Le Sabbat des Sorcières* (1989), dt.: Hexensabbat, Entzifferung einer nächtlichen Geschichte.

9 Trotz seines hochentwickelten Moralbegriffs und seiner reichen Philosophie ist der Talmud nicht frei von solchen Geschichten: Er berichtet beispielsweise von Chamath, dem Geist des Öles, der angeblich Akne und Ekzeme hervorruft.

10 Im Januar 1999 veröffentlichte die römische Kirche eine revidierte, am 1. Oktober 1998 von Papst Johannes Paul II. gebilligte Fassung des Exorzistenhandbuchs. Jetzt wird der Satan anhand von psychiatrischen Kriterien identifiziert ...

11 Jakob Sprenger und Heinrich Institoris, *Der Hexenhammer* (1487); mehr über den kriminellen Wahn der Hexenjagd bei Gerald Messadié, *Histoire générale du diable*, Paris 1993.

12 Brian P. Levack, *La Grande Chasse aux sorcières*, Seyssel 1991. In einer 1968 veröffentlichten Zusammenstellung rezensiert H. C. Erik Midlefort 509 Titel, die sich mit den Hexenprozessen beschäftigen. Levack zitiert eine Vielzahl davon. Ich habe sie nicht alle gelesen, denn spätestens nach 20 Titeln packt einen der Ekel vor so viel Besessenheit und Niedertracht.

13 Die Inquisition wurde 1232 von Papst Gregor IX. als kirchliche Gerichtsinstanz gegründet und fiel in den Zuständigkeitsbereich der Bettelorden: Dominikaner und Franziskaner. Die ersten Inquisitoren stammten aus dem Dominikanerkloster Friesach in Kärnten, auch der schreckliche Konrad von Marburg ist zu erwähnen. Der Dominikaner Alberich war der erste, der ausdrücklich zum Inquisitor ernannt war. Er trug den Titel *Inquisitor hereticae pravitatis* und reiste im Rahmen einer Untersuchungskommission durch die Lombardei. Knapp 100 Jahre später ging die Inquisition mit ungeheurer Gewalt vor und dehnte die Strafe auf Kinder und Enkel des Hingerichteten aus, wie das zwischen 1307 und 1323 von Bernard Guidonis geführte *Liber sententiarum inquisitionis* bezeugt. Der Vorwurf der Häresie traf also auch die Nachkommenschaft der Verurteilten und führte zur Beschlagnahmung ihres Besitzes. Es liegt auf der Hand, daß die örtlichen Inquisitionsgerichte durch die Beschlagnahmung reich wurden. Sie funktionierten wie die Gestapo oder wie die Mafia und wurden ziemlich bald in die Auseinandersetzungen zwischen Papsttum und den Fürstenfamilien hineinge-

zogen: Papst Bonifatius VIII. stammte aus dem Geschlecht der Caetani, das mit dem der Colonna seit Ewigkeiten im Streit lag. Er erklärte die Colonna zu Ketzern, weil sie ihm seine weltliche Macht streitig machten. Auch Papst Klemens V., der sich 1309 illegalerweise auf Kosten der Familie von Este die Stadt Ferrara unter den Nagel gerissen hatte, erklärte alle gegen ihn aufgebrachten Venetianer zu Häretikern. Natürlich konnte man nicht eine ganze Familie auf den Scheiterhaufen schicken, geschweige denn eine ganze Stadt. Aber trotzdem diente die Inquisition oft als Deckmantel für die Habgier der Päpste und der Inquisitoren und nicht zur Bekämpfung der Häresie (vgl. Paul-Daniel Alphandéry, »Inquisition«, in: *Encyclopaedia Britannica*). Als Napoleon 1813 die Inquisition abschaffte, protestierte der Vatikan energisch, aber vergeblich. Sie berief jedoch bis 1908 weiterhin Sitzungen ein. Dann wurde ihr Name in Heiliges Offizium umgeändert. Im Oktober 1998 erklärte die Kirche, daß sie zwar nicht die Inquisition als Institution, aber deren Scheiterhaufen bereue.

14 Im 18. Jahrhundert kam es zu einer Verschmelzung des Ewigen Juden mit »Jud Süß«, einer historischen Figur namens Josef Süß Oppenheimer, der als Bankier und Wirtschaftsberater in den Diensten des Herzogs Karl Alexander von Württemberg stand. Der zum katholischen Glauben übergetretene Herzog hatte sich den Zorn der Protestanten zugezogen, weil er in seinen Ländern den Katholizismus dem Protestantismus gleichstellen wollte. Es ging sogar das Gerücht, daß der Herzog alle Untertanen zum katholischen Glauben zwingen wollte. Als er starb, wurde der Hofjude Oppenheimer, den man für die Verirrungen des Herzogs verantwortlich machte, verhaftet und am 4. Februar 1738 unter allgemeiner Erleichterung gehängt (Ruth Gay, *The Jews of Germany. A Historical Portrait*, New Haven und London 1992).

15 In: *Le Fond de l'abîme*, zitiert bei S. A. Goldberg, A. Derczansky, »Monde aschkénaze«, op. cit.

16 Bogdan Chmelnizki war zwar Hetman (von dt. »Hauptmann«) der Kosaken, stammte aber ursprünglich aus Polen, war also Christ. Vor den polnischen Verfolgungen flüchtete er zu den Kosaken, mit denen er 1646 gegen die Osmanen zu Felde zog. Später wurde er Fürst der Ukraine. Im Kampf um Moldawien, das er seinem Sohn vermachen wollte, wurde er 1651 in Beresteczko von der polnischen und litauischen Armee besiegt. Vgl. »Bogdan Chmelnicki«, in: *Encyclopaedia Britannica*.

17 Während der Fronde, die im Mai 1648 begann, standen sich zum

ersten Mal in der Geschichte Frankreichs und Europas ein Volks-
parlament und eine politische Königsmacht feindlich gegenüber.
Das Parlament protestierte gegen die Steuern, die Kardinal
Mazarin als Vertreter des Königs von den Justizbeauftragten dieses Parlaments erhob. Außerdem forderte es die Zurücknahme
früherer Finanzerlasse und eine Verfassungsreform. Die Tatsache, daß der Aufstand vom französischen Hochadel unterstützt
wurde, darf nicht darüber hinwegtäuschen, daß das hinter dem
Parlament stehende Volk von Paris der auslösende Faktor dieser
Protestbewegung war. Ein hübscher Zufall, der auf kommende
Ereignisse vorausweist: Ausgerechnet vor der Bastille kommt es
im darauffolgenden Bürgerkrieg zur entscheidenden Wende, als
die Grande Mademoiselle (Anm. des Übers.: Anne Marie Louise
d'Orléans, Herzogin von Montpensier) die Festungskanonen
gegen die Feinde von Condé und damit gegen die Verteidiger
Mazarins richten läßt.

18 Vgl. Goldberg/Derczansky, »Monde ashkénaze«, op. cit.
19 Man wollte vor allem die armen Juden vertreiben.
20 Josel von Rosheim (ca. 1478–1554) war Vorstand und Sprecher
    der jüdischen Gemeinden des Reichs und als solcher auch vom
    Kaiser anerkannt. Er bekam für viele Gemeinden die Zusage kai-
    serlichen Schutzes gegen Verfolgungen und kämpfte gegen den
    Einfluß Luthers und die antisemitischen Machenschaften des
    Kurfürsten Johann Friedrich von Sachsen und des Reformators
    Martin Butzer, der als unverbesserlicher Antisemit für die hessi-
    schen Juden eine Bedrohung war. Vgl. Nachum T. Gidal, *Die
    Juden in Deutschland von der Römerzeit bis zur Weimarer Repu-
    blik*, München 1988.
21 Mit Ausnahme von Schnupftabak und Wein durften sie keinen
    Tabak, kein Leder, keine Wolle und keinen Alkohol verkaufen.
    Der Handel mit Luxuskleidern, Pferden, Fellen, Wachs und
    Honig, Kaffee, Tee und Schokolade war ihnen hingegen erlaubt.
    Auch mit Edelsteinen und Edelmetallen durften sie handeln. Die
    Metalle zum Schmelzen bringen durften sie jedoch nicht.
22 Siehe Anmerkung 15.
23 Leopold von Ranke, *Die römischen Päpste*, 1834–36. Die unbe-
    siegbare Armada (eine Flotte mit 7000 Matrosen und 17000 Sol-
    daten) wurde hauptsächlich aus drei Gründen gebaut: Nach der
    Enthauptung von Maria Stuart war die katholische Partei in Eng-
    land völlig zusammengebrochen. Das war für den Papst ein gro-
    ßes Ärgernis. Im übrigen sann Philipp II. auf Rache, weil Eng-
    land seit 1581 die Niederlande in ihrem Unabhängigkeitskampf
    gegen die spanische Krone unterstützte. Er erhob außerdem An-

spruch auf die Krone von Maria Stuart, wollte England erobern, die Niederlande zurückgewinnen und die katholische Welt unter der spanischen Krone vereinen.

24 Vgl. Françoise Chipeau,»Les Attaques se multiplient contre les chrétiens en Inde«, in: *Le Monde* vom 22. Dezember 1998. Es gibt nur 23 Millionen Christen in Indien, aber ihre guten Werke irritieren die hinduistischen Fundamentalisten von der Bharatya Janata.

25 Es entstand eine wohlhabende jüdische Bourgeoisie. Einer ihrer bekanntesten Vertreter war der Bankier Meyer Amschel Rothschild (1743–1812). Der Name leitet sich vom Hauszeichen im Frankfurter Ghetto ab. Die Geschäftsverbindungen der Familie reichten über ganz Europa (mehrere nationale Häuser: England, Frankreich, Österreich).

26 Amon Elon, *Founder. Meyer Amschel Rothschild and his time*, London 1997.

27 Den englischen Katholiken hatte er verboten, Messen zu feiern. Und die Mitglieder der anglikanischen Kirche standen unter dem Verdacht, Royalisten zu sein.

28 Goldberg/Derczansky,»Monde ashkénaze«, op. cit.

29 Der Name leitet sich wahrscheinlich vom italienischen Wort für Guß,»ghetto«, ab. Denn in diesem Viertel Venedigs hatte es eine Kanonengießerei gegeben.

30 Giuseppe Trebbi, *Storia di Venezia dalle origine alla caduta della Serenissima*, Bd. 8, Rom 1997.

31 »England«, in: *Encyclopaedia Britannica*. 1801 zählte das Königreich rund 8 900 000 Einwohner.

32 Goldberg/Derczansky,»Monde ashkénaze«, op. cit.

9 Die Freiheit und ihre drei Herausforderungen

1 Bourdrel, *Histoire...*, op. cit.

2 »Juifs«, in: Jean de Viguerie, *Histoire et Dictionnaire du temps des Lumières 1715–1789*, Paris 1995.

3 Bourdrel, *Histoire...*, op. cit.

4 »1814 waren noch 750 Metzer Bürger, die inzwischen in ganz Frankreich verstreut waren, als Steuerzahler registriert. Erst 1860 waren die anhängigen Steuerverfahren endgültig abgewikkelt. Die Erbengemeinschaft Cerf-Berr beispielsweise schuldete den Steuerbehörden noch 60 000 Livre, die Erbengemeinschaft Moch 5500.« Bourdrel, *Histoire...*, op. cit.

5 Ebd.

6 Ruth F. Nescheles, *The Abbé Grégoire 1737–1781. The Odissey of an Egalitarian.* Westport, Conn. 1964.

7 Vgl. Léon Poliakov, *Geschichte des Antisemitismus*, Frankfurt/ Main 1988/89.

8 Pierre Birnbaum und Ira Katznelson (Hg.), *Paths of Emancipation, Jews, States and Citizenship*, Princeton 1995.

9 Napoleons Appell wirft mehrere Fragen auf: Ist er, von den beiden Nachrichten im *Moniteur* einmal abgesehen, überhaupt echt? Von seiner Echtheit kann man ausgehen, zumindest gibt es verschiedene Dokumente, die in die gleiche Richtung weisen. Beispielsweise der anonyme Bericht, der für die Unruhen der messianitischen Juden 1799 in Prag General Bonaparte verantwortlich machte, weil dieser »ihrem Aberglauben Nahrung gab«.

Was ist aus dem Originaldokument geworden? Warum kam Bonaparte nie wieder darauf zurück? Möglicherweise ließ Bonaparte das Dokument und mit ihm die Erinnerung an die schmachvolle Niederlage nach seiner Rückkehr aus dem Feldzug vernichten.

Geht die Idee eines jüdischen Staates in Palästina auf Napoleon zurück? Wahrscheinlich nicht: »Genau in jener Zeit war in Frankreich ein Appell italienischer Juden mit dem Titel *Lettre à nos Frères* im Umlauf, der für Palästina eine jüdische Neubesiedlung vorschlug.« So jedenfalls schreibt Paul Giniewski in der umfassendsten und präzisesten Analyse dieser seltsamen Episode der napoleonischen Geschichte (»L'État juif de Napoléon«, in: *Historia*, Dezember 1986).

10 B. Lewis, *Semites and Antisemites*, London 1986.

11 Eine sicherlich heftige Debatte ergibt sich aus der Frage, ob der Laizismus, der den Juden den Weg zur republikanischen Zivilgesetzgebung geebnet hat, überhaupt »intolerant« oder gar »rigoros« sein kann. Oder: Ob es sich bei der Intoleranz gegenüber allen Formen und Vorbedingungen von Intoleranz überhaupt um Intoleranz handelt.

12 Eine eingehendere Erörterung dieses Konzepts ist im Rahmen dieses Buches nicht möglich. Eine meisterhafte Analyse findet sich im Band VIII der *New Cambridge Modern History:* »The American and the French Revolution 1763–1799« (Cambridge 1965).

Der Amerikaner Tom Paine war einer der glühendsten Verfechter des republikanischen Modells.

13 Im Osten Frankreichs gab es hebräische Schulen, nämlich in Metz und in den elsässischen Gemeinden Ettendorf, Biesheim

und Westhoffen (Bourdrel, *Histoire*..., op. cit.), in denen lediglich die Fächer Religion und Hebräisch unterrichtet wurden, was natürlich das sprachliche Inseldasein und die mangelnden Kenntnisse von der Welt verstärkte.

14 Die moderne Anthropologie wird heute gerne Ethnologie genannt. Die alten Vorurteile, die bereits Humboldt angeprangert hat, sind ihr aber nicht verlorengegangen. Ich verweise den Leser auf meine *Histoire générale de Dieu*, op. cit., wo ich die rassistischen Verwirrungen der bekanntesten modernen Ethnologen (darunter paradoxerweise auch Juden) ausführlich untersucht habe. Man sollte diese Eurozentristen mit ihrer rassistischen Überzeugung von der Überlegenheit der »weißen Rasse« gegenüber den »primitiven« Völkern mit den Greueltaten in Ex-Jugoslawien konfrontieren, denn diese Massaker unterscheiden sich in nichts von denen der Hutu und Tutsi.

15 Lewin, »Young Americans«, *The New Scientist*, 17.10.1998.

16 F. Grattenauer, »Wider die Juden: Ein Wort der Warnung an alle unsere christlichen Mitbürger«. Vgl. Léon Poliakov, *Le mythe aryen: essai sur les sources du racisme et du nationalisme*, 1971.

17 Bis heute läßt sich nicht beweisen, ob es jemals einen arischen Volksstamm gegeben hat, geschweige denn, ob die Arier aus einer bestimmten Region stammen. Man weiß lediglich, daß es eine – anfänglich recht kleine – indoarische Volks- oder Stammesgruppe gab, deren Mitglieder alle die gleiche Sprache sprachen. Nach dem heutigen Wissensstand saßen sie vor allem auf der iranischen Hochebene (wo sie allerdings nicht die ersten Siedler waren), in Afghanistan und in Mesopotamien. Von dort aus sollen sie im 4. Jahrtausend v. u. Z. in mehreren Wellen nach Nordindien und nach Europa ausgewandert sein. In den Flußebenen von Dnjepr und Donez sollen sie sich in verschiedene Volksstämme aufgespalten haben. Anthropologisch unterschieden sie sich durch ihre helle Haut und die blauen Augen. Beides läßt sich wahrscheinlich mit genetischer Isolation und der Entwicklung rezessiver Gene erklären. Als Krieger und Züchter von kleinen schnellen Pferden haben sie die europäische Bevölkerung im Lauf der Jahrtausende stark geprägt. Sie verehrten männliche Gottheiten und waren ausgesprochen frauenverachtend. Außerdem besaßen sie eine hochentwickelte Technologie und gehören in den meisten Gebieten Europas zur Urbevölkerung. Die Teutonen werden im 4. Jahrhundert v. u. Z. von dem Geographen Pytheas aus Massalia (Marseille) erwähnt. Es handelt sich um einen germanischen Stamm, der an der Westküste Jütlands und an der Elbmündung lebte. Dieser zog um 120 mit den Kim-

bern nach Süden und besiegte mehrmals die Römer, die sie 102 bei Aquae Sextiae (heute Aix-en-Provence) vernichtend schlugen. Sie – wie Gobineau – als die einzigen Nachkommen der Arier zu bezeichnen, ist reine Küchenanthropologie. Sie waren lediglich »arische« Ur-Ur-Urenkel, wie viele andere europäische Volksstämme auch.

18 Der Rassismus beruft sich auf eine Überlegenheit des Mannes gegenüber der Frau. Ein gewisser Virey, Mediziner seines Zeichens, behauptete im 19. Jahrhundert, daß »die gesamte moralische Konstitution des weiblichen Geschlechts auf die Schwäche der weiblichen Organe zurückzuführen« sei. (So bei Boia, *Entre l'ange...*, op. cit.).

10 Amerika, Amerika!

1 Samy Katz, »Amérique Latine«, in: »Esquisse de l'histoire du peuple juif«, *Dictionnaire encyclopédique du judaïsme*, op. cit.

2 Die ersten Gebiete, in denen sie sich festsetzten, waren offensichtlich Venezuela und Peru.

3 Cecil Roth, *A History of the Marranos*, New York 1932; Johnson, *A History...*, op. cit.

4 Max. I. Dimont, *Jews, God and History*, New York 1994.

5 Lange, *Atlas...*, op. cit. Lange gibt leider nicht an, ob bei diesen 4 Millionen die Indianer mitgezählt werden. Es ist zu bezweifeln, denn von den 147 Indianerstämmen, die das 20. Jahrhundert in Nordamerika überlebt haben, zählten schon allein die Schippewas um 1950 noch 32 000 Stammesmitglieder (Gérald Messadié, *Les Indiens des deux Amériques*, Paris 1973). Wenn man den mit der europäischen Besiedlung einsetzenden starken Bevölkerungsschwund der nordamerikanischen Indianer berücksichtigt (1853 zählte man allein in Kalifornien rund 100 000 Indianer, 1906 waren es hingegen nach Angaben der *Encyclopaedia Britannica* nur noch 19 000), kommt die indianische Bevölkerung Nordamerikas um 1800 auf rund zwei Millionen.

6 Katz, »Amérique Latine«, op. cit.

7 Joseph J. Blau und Salo W. Baron, *The Jews in the United States 1790–1840*, New York 1963.

8 Es waren Gesetze, die die Einbürgerung der Juden in den Kolonien erleichtern sollten. Ausschlaggebend war vor allem der Mangel an engagierten Kräften im Handel und im Finanzsektor, sicherlich aber auch der Wunsch, die Juden aus dem Land zu haben.

9 Gidal, *Les Juifs*..., op. cit.; Blau et Baron, *The Jews*..., op. cit.; Johnson, *A History*..., op. cit.

10 Rahel Ertel,»Etats-Unis!«, in:»Esquisse de l'histoire du peuple juif«, *Dictionnaire encyclopédique du judaïsme,* op. cit. Vor allem die Einwanderer zu Beginn des 20. Jahrhunderts waren auffallend jung. 70 Prozent derer, die zwischen 1900 und 1914 ankamen, waren zwischen 14 und 40 Jahre alt.

11 Gay, *The Jews*..., op. cit.

12 Der McCarren-Walter-Erlaß von 1925 wurde erst 1965 außer Kraft gesetzt. Er regelte die Einwanderung und Einbürgerung und war als Ergänzung zum Johnson-Reed-Erlaß von 1924 gedacht.

13 Robert W. Ross, *So it Was True. The American Protestant Press and the Persecution of the Jews,* Minneapolis 1980.

14 Sie waren 1921 wegen eines Verbrechens verhaftet worden, das wahrscheinlich von der Morelli-Bande verübt worden war, und wurden 1927 hingerichtet. Bereits ihre Verhaftung und erst recht der Revisionsprozeß von 1959 sorgten für große Aufregung, denn es konnten gravierende Fehler und Parteilichkeit nachgewiesen werden.

15 In einem Bereich, der sowohl die»Massenpsychologie«als auch die Ethnologie betrifft, muß man auch auf persönliche Erfahrungen zurückgreifen. Ich kenne die USA seit 1960 und habe in einigen Gesprächen, die ich dort geführt habe, festgestellt, daß Nichtjuden den Juden bestimmte angeborene Charaktereigenschaften zuschreiben. Bemerkungen dieser Art waren aber meistens nicht abwertend gemeint, sondern entsprachen eher einer gewissen Bewunderung. Meine Gesprächspartner bedauerten es oft, keine Juden zu sein, und waren überzeugt, daß sie als Juden in der Lage gewesen wären, ihre Geschäfte besser zu führen...

16 Bei einem offiziellen Essen in Berlin 1938 überreichte ihm Göring eine Goldmedaille als Zeichen der Anerkennung, die er bei der Luftwaffe genoß, und Lindbergh nahm sie dankend an, was ihm natürlich später zum Vorwurf gemacht wurde (A. Scott Berg, *Lindbergh,* New York 1998).

17 Die Vereinigten Staaten haben zwischen 1933 und 1941 150 000 deutsche Juden aufgenommen (Ertel,»États-Unis«, op. cit.). Weitere Aufnahmen wurden abgelehnt, obwohl bekannt war, daß diejenigen, die abgewiesen wurden, in den Tod gehen würden.

18 »Canada«, in:»Esquisse de l'histoire du peuple juif«, *Dictionnaire encyclopédique du judaïsme,* op. cit.

19 Lange, *Atlas*..., op. cit.

20 Ebd.

11 Die Höllenmaschine und die uneingelösten Versprechen
     des 19. Jahrhunderts

1   Zitiert bei Bourdrel, *Histoire*..., op. cit.
2   Ebd.
3   Am 26. Juli 1806 kam es zu einer Versammlung jüdischer Würdenträger, auf der das jüdische Eherecht, das Verhältnis der Juden zum Staat, die Kompetenzen ihrer autonomen Institutionen, das Zinsgeschäft sowie kommerzielle und berufliche Fragen erörtert wurden. Im Anschluß daran berief Napoleon am 9. Februar 1807 den »Großen Sanhedrin«, den sogenannten Napoleon-Sanhedrin, und zwar mit typisch napoleonischem Pomp (die Verwaltung hatte sogar neue Gewänder für die Rabbiner beschlossen und sie so stillschweigend zu Staatsbeamten gemacht). Der Staat zwang den Juden seinen Willen auf und schloß die religiösen und politischen Einrichtungen, die »das Volk Israel in Palästina, als es noch seine Gesetze, seine Priester und Magistraten hatte«, regiert hatten. Der Sanhedrin mußte sich beugen, nur in der Frage der Mischehen blieb er hart. Joseph David Sintzheim, der Vorsitzende des »Napoleon-Sanhedrins«, war dem Rat Moses Sofers aus Preßburg gefolgt, der damals als Oberhaupt des orthodoxen Judentums in Europa galt und ein erklärter Gegner der »Integrationspolitik« war. Auf diese Weise bremste Napoleon die von der Revolution befürwortete Integration. Immerhin gab er den jüdischen Gemeinden eine Rechtsstruktur, die heute noch gültig ist und sich als recht nützlich erwiesen hat: das Konsistorium. Vgl. »Sanhédrin de Napoléon«, in: *Dictionnaire encyclopédique du judaïsme*, op. cit. Mit dem Konsistorium gab es zum ersten Mal eine gesetzliche Einrichtung, die die jüdischen Aktivitäten mit den französischen Gesetzen abstimmte und beispielsweise den gewerbetreibenden Juden die entsprechenden Lizenzen ausstellte.
4   »Entreißen« ist das passende Wort, denn die zaristische Verwaltung setzte regelrecht Kinderfänger ein, die bestimmte Wehrpflichtigenquoten zu erfüllen hatten und die jungen Juden im wahrsten Sinne des Wortes einfingen und zur Armee schickten.
5   Kinder, die in einer öffentlichen Schule eingeschrieben waren, waren von der Wehrpflicht ausgenommen. Dies brachte den staatlichen Schulen verständlicherweise einen riesigen Zulauf (Goldberg/Derczansky, »Monde ashkénaze«, op. cit.).
6   Die bei den orthodoxen Traditionalisten verschriene Haskala (»Aufklärung«) ist eine Bewegung, die auf das 18. Jahrhundert

zurückgeht und das Judentum auf eine moderne Welt ausrichten will. Sie konnte die zaristische Verwaltung davon überzeugen, daß die aufgeklärten Juden für den Staat von Nutzen sind. Auf ihren Einfluß ist es zurückzuführen, wenn Nikolaus I. zwischen den »nützlichen« Juden – den Bankiers, Handwerkern und Bauern – und den »überflüssigen« unterschied. Simon Poliakov beispielsweise zählte zu den »nützlichen« Juden. Er leitete den russischen Eisenbahnbau und griff dabei auf ortsansässige jüdische Arbeitskräfte zurück.

7 Die Wiedereinführung dieses – immer noch gültigen – Erlasses war von Marquis de Lattier vorgeschlagen worden, der als Abgeordneter das Département Drôme vertrat. Ein interessanter verfassungsrechtlicher Punkt, denn offensichtlich übernahm das französische Königreich ohne weiteres Gesetze aus der Zeit des Kaiserreichs.

8 Eine Praxis, die selbst in der zivilisierten Welt immer noch vorkommt: 1998 wurde bekannt, daß in Kanada zwischen 1950 und 1980 Tausende von jungen Indianern fortgeschleppt und in christliche Schulen gebracht wurden, wo man nur englisch oder französisch sprach … und sie »sexuell mißbrauchte« (Alain Gerber, »Le martyre oublié des Amérindiens«, in: *Liberation* vom 9. November 1998).

9 Diese Darstellung stützt sich auf Bourdrel, *Historie …*, op. cit.

10 Disraeli, »The Idea of Poverty«, zitiert bei Albert O. Hirschmann, *The Rhetoric of Relation: Perversity, Futility, Geopardy*, Harvard 1991.

11 Malthus, »An Essay on the Principle of Population«, 1798.

12 Moses Hess, *Rom und Jerusalem, die letzte Nationalitätsfrage*, 1862.

13 Bourdrel, *Histoire …*, op. cit.

14 Karl Marx stammte aus einer gebildeten Rabbinerfamilie, wurde aber auf Wunsch seines Vaters mit sieben Jahren getauft. Sein gespanntes Verhältnis zur Mutter trieb ihn in einen entschiedenen Antisemitismus (Gidal, *Les Juifs …*, op. cit.). Der junge Marx ist ein typisches Beispiel für den sogenannten jüdischen Selbsthaß.

15 Marx konnte sich sein ganzes Leben lang nicht von diesem extremen Antisemitismus befreien, auch nicht gegenüber jüdischen Freunden, die ihn gastfreundlich aufnahmen. Den Berliner Arbeiterführer Ferdinand Lassalle beispielsweise bezeichnete er als »jüdischen Neger«, weil dieser angeblich von einem Neger, der Moses auf seinem Auszug aus Ägypten begleitet hatte, abstammte. Außerdem war Marx ein Rassist der schlimmsten Sorte,

weshalb ihn andere Revolutionäre wie Dühring oder Bakunin einen »befangenen Juden« nannten. Dies hinderte ihn jedoch nicht, seine Tochter in Vorlesungen über jüdische Propheten zu schicken...

16 1849, 1850, 1851, 1852, zwischen November 1852 und Februar 1853, 1853, 1857, 1858 und 1859 (vgl. Johnson, *A History*..., op. cit.).

17 Aus Anlaß des Putsches vom 3. November 1993 erklärte Albert Makachow, russischer General und Kommunist, in Moskau in aller Öffentlichkeit: »Wenn ich sterbe, wird man mindestens zehn Jidi (Juden) ins Jenseits befördern. Wir haben eine Liste!« Einen Monat später wurde während einer Parlamentskrise deutlich, wie stark der Antisemitismus nach wie vor in Rußland und Sibirien ist. Der für seine extrem antisemitischen Reden bekannte Neo-Bolschewisten-Chef Wladimir Schirinowski ist selbst jüdischer Abstammung, ebenso der ehemalige Premierminister Primakow (Véronique Soulé, »L'antisémitisme russe à voix hautes«, in: *Liberation* vom 11. November 1998).

Teil III: Der nationalistische Antisemitismus

1 Die Explosion im Frankreich der Belle Époque

1 Aus der detaillierten Aufstellung der Demonstrationen von Pierre Birnbaum (*Le moment antisémite. Un tour de la France en 1898*, Paris 1998) geht deutlich hervor, daß kaum ein Viertel verschont blieb.

2 Ebd.

3 Die Umstände dieses Täuschungsmanövers waren nämlich schon am 6. November 1896, also 14 Monate zuvor, von dem Schriftsteller Bernard Lazare in seinem Manifest *Une erreur judiciaire* (»Ein Justizirrtum«) genau geschildert worden. Er veröffentlichte Dokumente, die die Armee eigentlich geheimhalten wollte. Die kriminellen Machenschaften waren also durchaus ans Licht gekommen, und die Dreyfusgegner waren sich sehr wohl bewußt, daß die Situation jederzeit zugunsten von Dreyfus umschlagen und für sie die schlimmsten Folgen haben konnte. Zolas Artikel konnten die Regierung und der Generalstab jedoch unmöglich hinnehmen.

4 Möglicherweise gibt es in der Dreyfusaffäre ein Jahrhundert später immer noch Punkte, die nicht vollständig geklärt sind. Es wurde schon lange genug darüber geschrieben, und ich gehe nur

deshalb darauf ein, weil sich mit dieser Affäre der französische Antisemitismus Ende des 19. Jahrhunderts endgültig festsetzte.

Ein kurzer Abriß der Fakten: Die heimlich für die französische Armee arbeitende Putzfrau Bastian fand in der deutschen Botschaft in einem Papierkorb einen Zettel mit Notizen eines französischen Offiziers. Es war anscheinend die Handschrift von Alfred Dreyfus, der daraufhin verhaftet wurde. Um seine Verhaftung »rechtfertigen zu können«, ließ der militärische Geheimdienst Papiere fälschen, die Dreyfus ein für allemal kompromittieren sollten. Der eigentliche Drahtzieher aber war Oberst Henry. Er nahm Kontakt zu dem jüdischen Fälscher und Betrüger Moses Leeman auf. Im selben Papierkorb der deutschen Botschaft fand die Putzfrau Bastian auch einen Rohrpostbrief, als dessen Verfasser der Geheimdienst irrtümlich den Militärattaché Schwarzkoppen identifizierte. Offensichtlich wollte dieser den Brief an den französischen Kommandanten Marie-Charles-Ferdinand Walsin Esterházy in die Rue de la Faisanderie Nr. 27 schicken. Weder der Geheimdienst noch der Generalstab fanden es anscheinend seltsam, daß die Initialen C. T. der Unterschrift gar nicht auf Schwarzkoppen paßten.

Die graphologische Untersuchung des besagten Zettels ergab, daß es die Handschrift des verschuldeten und undurchsichtigen Esterházy war. Die Untersuchung war vom Oberst Picquart durchgeführt worden. Dreyfus hätte also für unschuldig erklärt und statt dessen Esterházy verhaftet werden müssen. Aber nein: Picquart wurde verhaftet, weil er der Wahrheit auf der Spur war, und von General Boisdeffre nach Nordafrika geschickt. Durch die Veröffentlichung von Bernard Lazare waren die Machenschaften der Armee bereits so greifbar, daß der Generalstab Dreyfus nicht mehr für unschuldig erklären konnte, ohne dabei selbst schwer in Mißkredit zu geraten.

Als Anfang 1898 das Volk auf die Straße ging, versuchte man gerade, ein Verfahren gegen Esterházy zu eröffnen. Es folgte die Verhaftung von Henry, der sich am 30. August 1898 die Kehle durchschnitt. Dreyfus wurde zwar nach vier Jahren Straflager begnadigt, aber erst 1906 für unschuldig erklärt.

Die Affäre enthält eine ganze Reihe von Ungereimtheiten. Angefangen mit der Sorglosigkeit, mit der man offenbar in der deutschen Botschaft so kompromittierende Schriftstücke wie den Handzettel Esterházys oder den an ihn adressierten Rohrpostbrief einfach in den Papierkorb warf, zumal Kaiser Wilhelm II. höchstpersönlich den Zettel mit Randnotizen versehen haben soll. Die Deutschen mußten davon ausgehen, daß der französi-

404 Anmerkungen zu Teil III, Kapitel 1

sche Geheimdienst ihre Papierkörbe durchsuchte. Ein Schriftstück wie dieser Zettel wäre normalerweise in einer abschließba-
ren Kassette verwahrt worden. Meines Erachtens ist die Rolle der
Putzfrau Bastian nicht genügend untersucht worden.

Nach Henri Giscard d'Estaing, der bei Philippe Bourdrel ausführlich zitiert wird, hat Esterházy möglicherweise für eine hohe
Persönlichkeit der französischen Armee gearbeitet, vermutlich
für General Mercier, der über Esterházy dem deutschen und
dem italienischen Generalstab gefälschte Nachrichten zukommen ließ. Die Untersuchungen innerhalb der Armee, die die Entdeckung dieses berühmt-berüchtigten Zettels ausgelöst hat,
wären demnach auf eine erstaunlich schlechte Koordination
zurückzuführen (es sei denn, hinter der Entdeckung dieses Zettels stecken irgendwelche Machenschaften des Generalstabs, der
damit General Mercier in Schwierigkeiten bringen wollte).
Damit wäre auch die erstaunliche Nachsicht gegenüber Esterházy erklärt, der lediglich die Armee verlassen mußte, obwohl
er als Verfasser dieses Zettels eindeutig als Verräter überführt
war und folglich vor das Kriegsgericht hätte gestellt werden müssen. Und das Kriegsgericht hätte ihn – wie Dreyfus – ins Straflager geschickt. In einem seltsamen Brief an den französischen
Staatsmann Waldeck-Rousseau forderte General Gallifet, daß
man »die Offiziere und andere, die in die unglückselige Affäre
verwickelt sind, ein für allemal entlastet und ihnen die Türen
des Vergessens öffnet«.
Offensichtlich war die französische Armee durch das Bekannt-
werden vertraulicher Informationen in Verlegenheit geraten,
wollte jedoch nicht zugeben, daß sie mit Doppelagenten arbeitete, und hat deshalb den Schwarzen Peter dem bei seinen Kollegen wenig beliebten Juden Dreyfus zugeschoben. Die Dreyfusaffäre hat nicht zufällig einen Juden getroffen, sondern wurde
bewußt ausgelöst, um einen Juden zu treffen.
Oberst Henry, der als Urheber des Betrugs entlarvt wurde, nahm
sich am 30. August 1898 das Leben. Im Dezember desselben Jahres startete die rechtsradikale Zeitung La Libre parole eine Spen-
denaktion zugunsten der Witwe von Oberst Henry, damit diese
gegen »den Juden Reinach« gerichtlich vorgehen konnte. Aus
Mitleid oder aus ostentativer Feindschaft zu Dreyfus spendete
Maurice Barrès 50 Francs und Paul Valéry drei Francs. Auch
François Coppée, Pierre Louys und Paul Léautaud entrichteten
einen Obolus. Ein gewisser Gras, Abt seines Zeichens, spendete
fünf Francs und schrieb folgende Bemerkung dazu: »Für einen
Bettvorleger aus Judenhaut, um ihn jeden Morgen und jeden

Abend mit Füßen zu treten.« Zur Entlastung des französischen
Geisteslebens sei jedoch erwähnt, daß Émile Duclaux, der Direktor des Instituts Pasteur, sowie Charles Péguy, Anatole France,
André Gide, Jules Renard, Octave Mirbeau, alles Professoren
vom Collège de France, sich zugunsten von Dreyfus ausgesprochen haben (vgl. Bourdrel, *Histoire ...*, op. cit.).

5 Peter Gay, *La Culture de la haine, hypocrisies et fantasmes de la
bourgeoisie de victoria à Freud,* Paris 1997.

6 Im September 1939, kurz nach den Kriegserklärungen Frankreichs und Großbritanniens gegenüber dem Deutschen Reich,
startete man in der amerikanischen Bevölkerung eine erste Mei-
nungsumfrage und kam zu folgenden Ergebnissen:
für einen sofortigen Kriegseintritt auf der Seite von England,
Frankreich und Polen: 2,5 Prozent;
für eine Politik, die sich völlig aus dem Konflikt heraushält und
weiterhin an alle Welt, einschließlich Deutschland, auf der Cash-
and-Carry-Basis verkauft: 37 Prozent;
für eine Politik, die zu allen kriegführenden Nationen auf Distanz geht und auch keine Handelsbeziehungen auf der Cash-
and-Carry-Basis zu ihnen unterhält: 29,9 Prozent.
67,4 Prozent der Amerikaner wollten Frankreich und Großbritannien in ihrem Krieg gegen Deutschland alleine lassen. Nur
2,5 Prozent fanden einen sofortigen Kriegseintritt auf deren Seite
notwendig. Als Roosevelt 1940 vor dem Kongreß die Aufrüstung
der US-Marine und der US-Armee forderte, bezeichnete der berühmte Lindbergh diese Rede als »dummes Geschwätz«.

7 Eines der besten Beispiele für diese Mythologisierung ist der französische König Ludwig IX., der Heilige. Zahlreichen Historikern
dient er als ideologischer Ansatz für ihr legendäres »christliches
Frankreich«. Jacques Le Goff schreibt in seiner beachtlichen
historischen Biographie (*Saint Louis,* Paris 1996): »Ludwig der
Heilige ist eine Schöpfung von Jean de Joinville«, einem Zeitgenossen des Königs. Le Goff hält ihn für einen vertrauenswür-
digen Gewährsmann und bezeichnet deshalb Ludwig als den
letzten »heiligen« König. Es wäre schön gewesen, wenn der
bekannte Historiker den Begriff der »Heiligkeit« näher erläutert
hätte. Denn schließlich beschreibt er den Monarchen als einen
Mann, der Frau und Kinder vernachlässigt hat, nicht jedoch
seine Mutter, die gefürchtete Blanche von Kastilien. Er verbrachte einen Großteil seiner Zeit im Gebet und mit frommen
Andachten, fand großen Gefallen an der Selbstgeißelung, verbot das Lachen am Freitag, wusch den erstbesten Gästen die
Füße und kannte auch sonst noch manche exzentrische Gewohn-

heit, die ihm sein strenger Glaube diktierte. Er hat übrigens den Juden das Tragen eines Judenzeichens vorgeschrieben. Was nicht weiter verwunderlich ist, denn schließlich stand der Monarch unter dem Einfluß der Dominikaner, die – wie bereits erwähnt – eingefleischte Antisemiten waren. Seine Heiligsprechung erfolgte erstaunlich schnell, nämlich bereits 25 Jahre nach seinem Tod. Darf man dieser beachtlichen Biographie eine Anmerkung hinzufügen? Was versteht der Historiker Le Goff wohl unter einer Heiligkeit, die den Antisemitismus in seiner Reinform mit einschließt? Heißt das, daß Heiligkeit und Haß sich gegenseitig bedingen? Als Christ bin ich jedenfalls der Meinung, daß Ludwig der Heilige ein dankbares Objekt für die moderne Psychoanalyse wäre: Er erinnert stark an einen fanatischen Masochisten. Gefangen von dem Bild eines strafenden Christentums, war er ein Vorläufer der hysterischen Flagellanten von Sevilla, aber auch jener Ajatollahs, die heute allgemein auf entschiedene Ablehnung stoßen.

8 Patrick Demouy,»Le baptême de Clovis«, in: *Historia,* April 1988.

9 Ausgabe vom 6. Januar 1895. Zitiert bei Birnbaum, *Le moment...,* op. cit.

10 Die Zeiten haben sich geändert. Die Zeitung *La Croix,* die Dreyfus ursprünglich als»jüdischen Feind«und»Frankreichverräter« bezeichnet hat, findet unter dem Einfluß von P. Merklen ab 1927 zu einer gemäßigteren Ausdrucksweise. Zum Gedenken an den 100. Jahrestag der Veröffentlichung von Zolas Verteidigungsschrift publizierte Chefredakteur Michel Kubler am 11./ 12. Januar 1998 einen reuevollen Leitartikel, der beachtenswerte Passagen enthält, denn er gibt zu, daß»unsere großen Kollegen von der katholischen und freien Presse«jahrelang»tödliche Zeilen«veröffentlicht haben. Dann:»Weder eine Einzelperson noch eine Gemeinde hat Zukunft, wenn sie das Volk, in das sie hineingeboren ist, ablehnt.«Ist das so zu verstehen, daß die Kirche in den 2000 Jahren, in denen sie die Juden verfolgt hat, keine Zukunft gehabt hat?

11 *Action française,* 23. April 1910, in:»Dreyfus«, *Dictionnaire politique et critique.* Paris 1932.

12 *Gazette de France* vom 11. Februar 1901, zitiert in:»Juif«, *Dictionnaire politique et critique,* op. cit.

13 »L' Église et la démocratie« in: *Action française* vom 1. November 1905, zitiert in: *Dictionnaire politique et critique,* op. cit.

14 »Wir machen zwar aus der Nation keinen Gott und kein meta-

physisches Absolutum, aber in gewisser Hinsicht etwas, was die Alten eine Göttin genannt hätten.« Charles Maurras, in: *Dictionnaire politique et critique*, op. cit. Man fragt sich, was Maurras, der Vorreiter aller Chauvinisten, unter der Geschlechtsumwandlung der Gottheit verstanden hat.

15 Gerald Messadié, *Les grandes inventions du monde moderne*, Paris 1989.

16 25 Jahre lang (bis 1994) war ich stellvertretender Chefredakteur einer wissenschaftlichen Zeitschrift und wurde in dieser Eigenschaft von den Lesern schriftlich und mündlich beschimpft, weil die Zeitschrift die »wirren« Theorien des »Juden Einstein« ernst nahm.

17 Zitiert bei John Patrick Diggins, *Max Weber. Politics and the Spirit of Tragedy*, London 1997. Diggins vergleicht den Moralbegriff Max Webers mit dem Eingeständnis von Lincoln und arbeitet so einen moralischen Absolutismus heraus, der den Gegensatz zur Ethik darstellt.

18 Zitiert bei Alain Brossat in *Le Corps de l'Ennemi. Hyperviolence et démocratie*. La Fabrique 1998. Die Arbeit weist – ähnlich wie Marc Crapez' *Naissance de la gauche* (Michalon 1998) – darauf hin, daß die republikanische Staatsform nicht immer gleichbedeutend mit Demokratie ist, außerdem ist beides nicht von vornherein gleichbedeutend mit Toleranz.

19 5. März 1898. Zitiert bei Birnbaum, *Le moment...*, op. cit. Zahlreiche Persönlichkeiten der Literatur und der Kunst haben unabhängig von ihrer politischen Gesinnung, aber wahrscheinlich nicht ohne antisemitischen Hintergedanken gegen den Eiffelturm protestiert, u. a. Charles Gounod, François Coppée, Alexandre Dumas d. J., Leconte de Lisle, William Bouguereau, Victorien Sardou, Charles Garnier und Jules Meissonnier.

20 Die 1904 von Gustave Téry gegründete Zeitung hatte zunächst einmal keine andere Orientierung als den Antisemitismus. Später schwankte L'Œuvre zwischen Anarchismus und Nationalsozialismus (Claude Bellanger, Jacques Godechot, Pierre Giural, Fernand Terrou, *Histoire générale de la presse française*, P.U.F. 1972). Angeblich wurde der Untertitel erst 1911 – also nach der Dreyfusaffäre – als fester Bestandteil in die Titelseite aufgenommen (Poliakov, *Histoire...*, op. cit.).

21 Jean Rabaut, *Jean Jaurès* (Paris 1971/1981), zitiert bei François, *A l'école de l'Action française* (Paris 1998). Für Jaurès haben die Juden bei der Auflösung der »feudalistischen und patriarchalischen« arabischen Gesellschaft eine entscheidende Rolle gespielt (P. Bourdrel, *Histoire...*, op. cit.).

22 »Au pied du Sinai«, zitiert bei Poliakov, *Histoire de l'antisémitisme*, op. cit.

23 Man sollte auch nicht vergessen, daß die Dritte Republik damals
   wenig Anklang fand, weder bei den Arbeitern, die den radikalen
   Clemenceau nicht mochten, noch bei der Bourgeoisie, die auf die
   opportunistischen Politiker schlecht zu sprechen war. In vielerlei
   Hinsicht erinnert Frankreich zwischen 1900 und 1939 stark an
   die Weimarer Republik. Sowohl auf der linken als auch auf der
   rechten Seite wechselte man das politische Lager mit verblüffen-
   der Regelmäßigkeit. Zwischen 1900 und 1940 zeigte die Nation
   einen identitätsbildenden, ausgesprochen antisemitisch geprägten Nationalismus.

24 Vero Eretico (Pseudonym Mussolinis), »Socialismo e Socialisti«,
   La Lima vom 30. Mai 1908, zitiert bei Zeev Sternhell, Mario
   Sznajder und Maria Asheri, *Naissance de l'idéologie fasciste*
   (Paris 1989). Nachdem Mussolini jedoch die italienische Übersetzung von *Au-delà du fascisme* (»Jenseits des Faschismus«)
   des belgischen Theoretikers Henri de Man gelesen hatte, änderte
   er seine Meinung.

25 *La Dépêche de Toulouse* vom 28. April 1898. Zitiert bei Birnbaum, *Le moment...*, op. cit.

2 Die deutsche Illusion und die Krise der westlichen Welt

1 Gidal, *Les Juifs...*, op. cit. Einige Quellen geben eine wesentlich
  geringere Bevölkerungszahl an, andere wiederum eine höhere.

2 Abraham Geiger, *Allgemeine Einleitung in die Wissenschaften
  des Judentums. Nachgelassene Schriften*, Berlin 1872; Gay,
  Jews..., op. cit.

3 Im Mai 1872 öffnete die Lehranstalt für die Wissenschaft des
  Judentums in Berlin ihre Pforten (zunächst einmal in angemiete-
  ten Räumen) und bot später in Zusammenarbeit mit Historikern
  wie Eugen Täubler oder Ismar Elbogen, mit Linguisten wie Franz
  Rosenthal und mit Soziologen wie Franz Oppenheimer Lehrver-
  anstaltungen an.

4 Ihr ging der Norddeutsche Bund voraus, dem sich alle deutschen
  Fürstentümer nördlich des Mains angeschlossen hatten.

5 Gay, *Jews...*, op. cit.

6 *Hitlers willige Vollstrecker*, op. cit. Zum Thema 19. Jahrhundert
  und zu seiner Theorie vom »Ausrottungsplan«, den die Deutschen ja angeblich seit langem hegten, schreibt Goldhagen:
  »Das kognitive Modell der Ontologie, das die rassistische und

völkische Weltsicht stürzte, widersprach der christlichen Ansicht, nach der alle Seelen durch die Taufe gerettet werden können [...]« Weiterhin behauptet Goldhagen, daß auch die bekehrten Juden unabänderlich als Juden betrachtet wurden. Dem widersprechen allerdings die Tatsachen: Sobald die Juden konvertiert waren, wurden sie als Christen betrachtet. Beispielsweise Eduard Gans, einer der Gründungsmitglieder des Vereins für Cultur und Wissenschaft der Juden. Er konvertierte 1825 und hatte bereits ein Jahr später die Zulassung für die Berliner Universität, die bis dahin Juden nicht offengestanden hatte. Er wurde zum Ordinarius berufen und behielt den Lehrstuhl bis zu seinem Tode im Jahr 1839. Auch im Wilhelminischen Zeitalter war die Taufe nach wie vor für die Juden das entscheidende Kriterium ihres Statuswechsels. Ansonsten gäbe es keinen Grund, warum zwischen 1880 und 1910 sich 12000 Juden taufen ließen (Gay, *Jews...*, op. cit.). Offensichtlich kannte Goldhagen die Schriften des zur gleichen Zeit lebenden Franzosen Édouard Drumont nicht. Sie sind um einiges aggressiver und sorgten für größere Spannungen.

7 Gay, *Jews...*, op. cit.
8 Ebd.
9 Ebd.
10 Gidal, *Les Juifs...*, op. cit.
11 Das Thema mag nicht direkt hierhergehören, ist aber dennoch interessant, zumindest im Hinblick auf den Nationalismus, der die dritte historische Antisemitismuswelle ausgelöst hat: Alle nationalen Gedenkfeiern – ganz gleich ob sie von überzeugten Anhängern der Republik oder von Extremisten veranstaltet werden – verherrlichen eine Vergangenheit und beeinflussen damit die Geisteshaltung. Beispielsweise die in Frankreich jährlich wiederkehrende Feier zum Waffenstillstand vom 11. November 1918, der die erste der grauenhaften Schlächtereien des 20. Jahrhunderts beendete und wie ein Sieg des französischen Vaterlands über Deutschland präsentiert wird. Für zusätzlichen Wirbel sorgte der Vorschlag von Premierminister Lionel Jospin, bei diesen Feiern auch der zahlreichen Soldaten zu gedenken, die 1917 aus Protest gegen den Krieg ihren Gehorsam verweigert haben und deshalb auf Befehl der französischen Armeeführung erschossen wurden.
12 Gordon A. Craig, *The Germans*, London 1982/1991.
13 Daniel Goldhagen beruft sich in *Hitlers willige Vollstrecker* (op. cit.) auf Klemens Felden (leider konnte ich ihn nicht ausfindig machen), der in *Die Übernahme des antisemitischen Stereotyps*

zwischen 1861 und 1895 51 antisemitische Autoren und Publikationen erfaßt haben will. Anhand dieses Materials will Goldhagen 28 verschiedene Lösungsvorschläge für das Judenproblem festgehalten haben, davon 19, die eine physische Eliminierung vorsahen (Kap. 4). Die Anzahl der Autoren und Publikationen nicht getrennt aufzuführen, entspricht nicht der geschichtswissenschaftlichen Sorgfalt: Wie viele Autoren und wie viele Publikationen waren es denn nun eigentlich? Die Formulierung legt nämlich den Verdacht nahe, daß manche Autoren mehrere Publikationen geschrieben haben. Es ist nicht das einzige Mal, daß Goldhagen die Texte nicht so gewissenhaft auswertet, wie man es bei einer so provokanten These wie der seinen eigentlich erwarten dürfte. Zuvor berichtet er nämlich, daß »ein hoher Prozentsatz der Antisemiten keine eingreifenden Maßnahmen vorschlug«, das ist verwunderlich... Diejenigen, die eine Eliminierung vorsahen, waren also in der Minderheit.

Die Vergangenheit mit Hilfe von Quellen aus der Gegenwart zu interpretieren ist an sich schon ein gefährliches Unterfangen, denn oft findet man nur das, was man finden will. Auch Mißverständnisse durch verzerrte Darstellungen sollte man vermeiden. Falls Deutschland wirklich seit 1861 – wie Goldhagen behauptet – von einem so starken Antisemitismus geprägt war, daß Hitler nur das Zündholz im Pulverfaß war, so ist es schwer zu begreifen, daß die Juden bis zur Kristallnacht nichts davon gemerkt haben. Und selbst wenn man – wie Goldhagen – davon ausgeht, daß sich die Juden fast 70 Jahre lang der Gefahr nicht bewußt geworden sind, ist das auch nicht gerade schmeichelhaft. Noch weniger zu begreifen wäre unter solchen Umständen, warum die Machthaber des Kaiserreichs und später der Weimarer Republik, von der Bevölkerung ganz zu schweigen, nichts gegen den Wohlstand der Juden unternommen haben.

In Wahrheit stellen die von Goldhagen angeführten hysterischen Texte nur die Meinug einer extremistischen Randgruppe dar. Wer sie als Beweismaterial gegen die gesamte deutsche Nation verwendet, mißachtet ein soziologisches Grundprinzip: die Trägheit der Masse. Vgl. Finkelstein/Birn, A Nation..., op. cit.

Folgende Anekdote gibt sehr viel Aufschluß über die allgemeine Zurückhaltung, mit der der »gewöhnliche Deutsche« den Nationalsozialisten begegnet ist: Nach dem mißlungenen Putschversuch vom November 1923 im Münchner Bürgerbräukeller bekamen Hitler und seine Anhänger von der Brauereidirektion eine Rechnung über 143 Bierkrüge, 80 Gläser, 98 Hocker, zwei Pulte und 148 Gedecke, die bei den Unruhen zu Bruch gegangen waren

(David Gay Large, *Where Ghosts Walked. Munich Road to the Third Reich*, London 1997). Wie Saul Friedländer in *L'Allemagne nazie et les juifs* (Bd. 1, *Les années de persécution 1933-1939*, Paris 1997) klar zeigt, hatte der »gewöhnliche Deutsche« sicherlich eine antisemitische Grundeinstellung, doch einer tatsächlichen Judenverfolgung stand er ablehnend gegenüber. Ein weiterer Beweis dafür ist die Tatsache, daß das »arische« Stammpublikum auch nach dem Aufruf von 1933 zum Boykott jüdischer Geschäfte weiterhin bei Juden kaufte. In den ersten fünf Jahren wurde der Boykott nicht befolgt.

14 Craig, *The Germans*, op. cit.

15 Wegen Betrugs verlor er seine Stelle als Volksschullehrer und betätigte sich als Demagoge. Er schlug vor, den Juden auf deutschem Boden einen Fremdenstatus zuzuteilen, sie vom öffentlichen und kulturellen Leben auszuschließen, ihren Besitz einzuziehen und sie selbst zu deportieren. Seine Vorschläge stießen jedoch auf wenig Resonanz. Vgl. Craig, *The Germans*, op. cit.

16 Ehrlich befaßte sich ab 1885 mit der Rolle der Vakuolen im Protoplasma der Zelle und wies auch zum ersten Mal auf die Aufnahme durch die Zellen hin, was jedoch erst mit der Molekularbiologie ab 1970 Bedeutung bekam. Er sprach damals auch schon von der Möglichkeit, kranke Zellen durch Entzug von Sauerstoff und Blut abzutöten. Eine Idee, die auch heute noch hochaktuell ist. Vgl. C. H. Browning, »Emil Behring and Paul Ehrlich: Their Contributions to Science«, in: *Nature*, Bd. 175, 1955.

17 Wie andere jüdische Schüler mußte auch der junge Einstein auf dem Luitpold-Gymnasium Demütigungen einstecken. Wie sein Biograph Ludwig S. Feuer (*Einstein and the Generation of Science*, New York 1974) berichtet, hat Einstein aufgrund des »strengen und klassischen Unterrichtsablaufs« und der »militärischen Disziplin« im Unterricht die Schule verlassen. Auch die Lehrer bestanden darauf, daß er ging. Trotzdem gibt es zahlreiche Belege dafür, daß er sich nach wie vor in Deutschland zu Hause fühlte. Während der deutschen Kapitulation und der Revolution von 1918 befand er sich in Berlin. Im September 1920 wohnte er bei Max Born in Nauheim, trotz der antisemitischen Attacken der auf seine Berühmtheit eifersüchtigen deutschen Physiker (Albert Einstein/Max Born, *Briefwechsel 1916-1955*, München 1991).

3 1933–1945: Irrtum und Horror

1 Goldhagen unterscheidet nicht zwischen dem christlichen und
   damit europäischen Antisemitismus und dem deutschen Antisemitismus, geschweige denn zwischen dem religiös begründeten
   und dem nationalistischen Antisemitismus. Offensichtlich sieht
   er nicht, daß der Antisemitismus der Weimarer Republik niemals
   bis zur Errichtung von Konzentrationslagern und Gaskammern
   gelangt wäre.
2 Messadié, *Histoire générale de Dieu*, op. cit.
3 Eine skandalöse Geschichte, nachzulesen bei Rosetta Loy, *Ma-
   dame Della Seta aussi est juive*, Paris 1998.
4 Rolf Hochhuths erfolgreiches Theaterstück *Der Stellvertreter*
   von 1963 beschäftigt sich mit dem Schweigen von Pius XII. während des Krieges und insbesondere während der deutschen Besetzung Roms, als zahlreiche Juden verhaftet wurden. Seitdem ist
   die Haltung von Pius XII. oft heftig kritisiert worden, insbesondere seine deutschfreundliche Haltung. Pius XII. war vor seiner
   Berufung zum Papst Nuntius in Berlin.
   Die Kritik fordert eine Richtigstellung heraus: In seiner Weihnachtsansprache von 1942 sprach Pius XII. sehr wohl von der
   »Verfolgung von Hunderttausenden von Menschen, die kein Verbrechen begangen haben, sondern einfach nur aufgrund ihrer
   Nationalität oder Rasse für den Tod oder die allmähliche Ausrottung bestimmt sind«. Deutlicher konnte man es nicht sagen.
   Außerdem war die Aufgabe von Pius XII. wesentlich schwieriger
   als für seinen Vorgänger Pius XI. Wenn er 1943 die Massaker an
   den Juden erneut angeprangert hätte – worüber er im Gegensatz
   zur Mehrheit der damaligen deutschen Bevölkerung informiert
   war –, hätte er möglicherweise einen Aufstand unter den Christen heraufbeschworen und somit auch Christen in den Tod geschickt, unter Umständen sogar, ohne Juden gerettet zu haben.
   Im übrigen hat dieser Papst durch die Ausgabe falscher Tauf-
   scheine 700 000 Juden das Leben gerettet. Zum Teil ließ er sie in
   Mönchskutten und Nonnenkleider stecken und in Klöstern und
   sonstigen religiösen Einrichtungen unterbringen. Hat man vergessen, daß Golda Meïr und jüdische Gemeindevorsteher aus
   vielen Ländern (Ungarn, Türkei, Italien, Rumänien, Vereinigte
   Staaten) ihm feierlich gedankt haben?
   Ich bedaure es nach wie vor, daß er Rom nicht zu Beginn des
   Krieges verlassen hat. Er wäre nicht der erste Papst gewesen, der
   die Ewige Stadt verlassen hat. Mit einer solchen Aktion hätte er

mehr Klarheit geschaffen und auch bei den Alliierten mehr erreicht. Er war sicherlich deutschfreundlich, was jedoch kein Verbrechen ist, und hat wahrscheinlich noch mehr Unterlassungssünden begangen (s. Anmerkung 19). Trotzdem sollten manche Historiker mit ihrem Urteil etwas vorsichtiger sein.

5 James Caroll »The Silence«, in: *The New Yorker* vom 7. April 1997. James Caroll ist Katholik und war Kaplan an der Universität Boston.

6 Vgl. die Arbeit von André Lama, »Mussolini, Pie XI, Hitler et la question religieuse«, in: *Cahier du Cercle Ernest Renan* Nr. 204. Man muß wissen, daß der Vatikan sich bis dahin geweigert hatte, Rom als Hauptstadt Italiens anzuerkennen.

7 Zitiert bei Gérard Sylvain, *La question juive en Europe 1933 – 1945*, Paris 1985.

8 Ebd.

9 Die erste Zahl stammt von A. Guetta: 7000 von den insgesamt 50000 in Italien lebenden Juden (»Italie«, in: »Esquisse de l'histoire du peuple juif«, *Dictionnaire encyclopédique du judaïsme*, op. cit.). Von Gérard Silvain stammt die zweite Zahl: 7500 von 58000 Juden (*La question...*, op. cit.).

10 Susan Zuccotti, *The Holocaust, the French and the Jews*, New York 1993.

11 Lama, *Mussolini...*, op. cit.

12 Natürlich gab es auch in Deutschland Kirchenmitglieder, deren Blindheit skandalös war. Im Stuttgarter Schuldbekenntnis der Evangelischen Kirche Deutschlands vom 19. November 1945, zu dessen Mitverfassern Pastor Martin Niemöller gehörte, heißt es: »Wohl haben wir lange Jahre im Namen Jesu Christi gegen den Geist gekämpft, der im nationalsozialistischen Gewaltregiment seinen furchtbaren Ausdruck gefunden hat, aber wir klagen uns an, daß wir nicht treuer gebetet, nicht fröhlicher geglaubt und nicht brennender geliebt haben.« Niemöller, der 1937 wegen seines offenen Widerstands gegen den Nationalsozialismus mehrmals verhaftet worden war (und in der amerikanischen Presse eine medienwirksame Persönlichkeit war), wird von Goldhagen als Belastungszeuge gegen die Kirche angeführt. Wie jeder weiß, war Niemöller nicht der einzige Geistliche, der verhaftet worden war, und die Meinung von vielen hundert anderen verhafteten Priestern deckt sich mit Sicherheit nicht mit der seinigen.

13 Lama, *Mussolini...*, op. cit.

14 Nach einem Artikel des Sonderkorrespondenten der protestantischen Zeitschrift *The Evangelical Visitor*, zitiert bei Ross, *So It Was True*, op. cit.

15 Finkelstein/Birn, *A Nation...*, op. cit.
16 Jeremy Noakes (Hg.), *Nazism 1919–1945*, 4 Bde., Exeter 1998.
17 Ebd.
18 »La déclaration du Vatican sur la Shoah« (»Die Erklärung des Vatikans zur Shoah«) in *Le Monde* vom 18. März 1998. Ein Dokument der päpstlichen Kommission über das Verhältnis zu den Juden in einer nichtoffiziellen Übersetzung des für die Beziehungen zuständigen bischöflichen Sekretariats. Nach dem Verfasser dieses Zeitungsartikels geht die Erklärung auf ein Versprechen zurück, das Johannes Paul II. bereits 1994 in seinem apostolischen Brief *Tertio millenio adveniente* gegeben hat: »Zu Recht nimmt sich die Kirche, während sich das zweite christliche Jahrtausend seinem Ende zuneigt, mit stärkerer Bewußtheit der Schuld ihrer Söhne und Töchter an, eingedenk aller jener Vorkommnisse im Laufe der Geschichte, wo diese sich vom Geist Christi und seines Evangeliums dadurch entfernt haben, daß sie der Welt statt eines an den Werten des Glaubens inspirierten Lebenszeugnisses den Anblick von Denk- und Handlungsweisen boten, die geradezu Formen eines Gegenzeugnisses und Skandals darstellten« (Absatz Nr. 33).
Bereits 1987 hatte Johannes Paul II. eine solche Erklärung in Aussicht gestellt. In jenem Jahr war es nämlich zwischen dem Vatikan und Israel zu Verstimmungen gekommen. Grund: Der Papst hatte den Österreicher Kurt Waldheim empfangen. Daß die Abfassung des Textes elf Jahre gedauert hat, mag verwunderlich erscheinen. Mitverantwortlich für den zeitlichen Aufschub war die polnische Bischofskonferenz von 1992, auf der Auschwitz zu einer »polnischen Besonderheit« erklärt wurde (Peter Hertel, »Pourquoi le Vatican bloque l'encyclique sur la Shoah?«, in: *Golias*, September–Oktober 1997). Daß diese Formulierung für Verwirrung sorgte, ist noch freundlich ausgedrückt. Waren es also nicht die Nationalsozialisten, die das Lager in Auschwitz eingerichtet haben? Oder waren es nur die Polen, die in dem Lager umkamen? Es gab sicherlich noch andere Gründe für das lange Ausbleiben der Erklärung. Wollen wir hoffen, daß sie stichhaltiger waren.
Halten wir fest, daß der päpstliche Brief jene Sünde auf die »Kinder« der Kirche abwälzt, obwohl wir in den vorangehenden Kapiteln dieses Buches deutlich gesehen haben, daß der Antijudaismus als eine der Erscheinungsformen des Antisemitismus auf die Kirche selbst zurückgeht. Entscheidend ist jedoch, daß die Kirche bei der Entstehung dieser Verirrung letztendlich ihre Schuld eingesteht.

Die wahrlich späte Reueerklärung stieß jedoch nicht auf einhellige Zustimmung. Der Papst macht zu Recht – allerdings mit vagen Formulierungen – den deutschen Nationalsozialismus für die Shoah verantwortlich (»Die Shoah war die Frucht eines neuheidnischen modernen Regimes«). Es stellt sich also offensichtlich die Frage, was der Papst denn nun eigentlich bereut. Außerdem ist der Begriff des »Heidentums« ungenau: Das Dritte Reich hat niemanden gezwungen, heidnische Götter zu verehren, sondern die Staatsräson und die Nation in den Mittelpunkt gestellt; beide Prinzipien gehören jedoch nicht in den Bereich des Heidnischen. Außerdem hat das »Heidentum« – der vage Begriff wirft komplexe Fragen auf, die hier nicht im einzelnen behandelt werden können – mit der Entstehung des modernen Antisemitismus nichts zu tun. Das »Heidentum« war tolerant und von einer tiefen Spiritualität geprägt oder konnte es zumindest sein. Das Verwirrendste an diesem Vorwurf des Heidentums ist der damit unweigerlich verbundene Freispruch aller »nichtheidnischen« Staaten, die dennoch – wie beispielsweise Frankreich – aktiv an der Judenverfolgung beteiligt waren. Auch wenn die Vichyregierung einen Charles Maurras in ihren Reihen hatte, der trotz seines Theismus als »Heide« galt, betonte sie in ihrer Politik stets den traditionellen Katholizismus.

Daß der katholische (und der protestantische) Antijudaismus die kulturelle Grundlage des nationalsozialistischen Antisemitismus bildete, wurde nie klar und eindeutig festgehalten. Der Text des Vatikans beschränkt sich auf die tiefe Reue für »die Verfehlungen dieser Söhne und Töchter der Kirche«, die in Deutschland und in den besetzten Ländern nicht ihre Stimme gegen die Judenverfolgungen erhoben haben. Hier werden die Bedingungen, unter denen die Katholiken in jenen Gebieten lebten, völlig falsch eingeschätzt. Allem Anschein nach soll die Verantwortung für die Shoah auf die Deutschen in ihrer Gesamtheit abgewälzt werden. Mit Recht kommt der Verdacht auf, daß die polnische Herkunft des Papstes Johannes Paul II. die Formulierung dieser Reueerklärung beeinflußt hat. Ist der ein halbes Jahrhundert nach Kriegsende im katholischen Klerus von Polen – besonders im Zusammenhang mit dem Kreuz von Auschwitz – immer noch deutlich auszumachende Antisemitismus etwa auch auf das »Heidentum« zurückzuführen?

Ausflüchte dieser peinlichen und ungeschickten Erklärung lassen sich wahrscheinlich vor allem damit erklären, daß Johannes Paul II. das Dogma von der Unfehlbarkeit des Papstes aufrechterhalten wollte. Dieses Dogma war nämlich durch das Still-

schweigen von Pius XII. und die Mißbräuche, zu denen es in der
Folge kam, schwer angegriffen worden (siehe Anmerkung 4).
Eine öffentliche Untersuchung des Verhaltens von Pius XII.,
die im übrigen zu seinen Gunsten ausgefallen wäre, hätte jedoch
mit Sicherheit mehr Wirkung gezeigt als die Taktik, den »Kindern der Kirche« den Antisemitismus anzulasten.
Im Zusammenhang mit Pius XII. sei übrigens noch daran erinnert, daß es während des Ersten Weltkriegs so gut wie keinen
deutschen Antisemitismus gab. General Erich Ludendorff beispielsweise war bei der Einweihung mehrerer Synagogen zugegen
und begann seine auf jiddisch gehaltenen Ansprachen mit »Liebe
Juden«. Aus diesem Grund konnte man den Anstieg des Antisemitismus nach 1918 vor vielen Beobachtern – auch vor dem
katholischen Klerus – lange Zeit geheimhalten.
19 So ließ etwa Kardinal Innitzer, der Erzbischof von Wien, am
27. März 1938 in den Kirchen des Landes eine Erklärung ver-
lesen, die die Katholiken aufforderte, in der bevorstehenden
Volksabstimmung für den Anschluß Österreichs an das Reich zu
votieren. Dafür wurden Innitzer und seine Leute von Radio Vatikan gerügt: »Mit dieser Erklärung haben die österreichischen
Bischöfe den Kampf den Laien überlassen und sich selbst als
Feiglinge zu erkennen gegeben, die es nicht wert sind, für Jesus
Christus weiterzukämpfen.« Pius XI. sprach also durchaus eine
deutliche Sprache.
Pius XII. war da weniger streng, auch gegenüber Monsignore
Feltin, dem Erzbischof von Bordeaux, der in den dunklen Jahren die Vichyregierung auf kirchlicher Seite unterstützte. Er ließ
am 23. Dezember 1941 auf der Versammlung der französischen
Kardinäle und Erzbischöfe einen Text veröffentlichen, der die
Arbeitsgesetze der Vichyregierung guthieß. Anschließend ließ er
über den Informationsdienst von Vichy einen Brief verbreiten, in
dem alle Gläubigen aufgefordert wurden, »innerhalb der beste-
henden Arbeitsorganisation ihren persönlichen Beitrag zu leisten, und zwar jeder nach dem ihm vorgegebenen Plan«. Außerdem erklärte der Hirtenbrief, daß »die Kirche die Freiheiten der
Gewerkschaften nie für so entscheidend gehalten hat, daß sie
jeder Sozialregierung, die diese Freiheit aufhebt, sofort Macht-
mißbrauch vorwerfen müßte«. Derselbe Feltin ließ übrigens für
Philippe Henriot, der von Widerstandskämpfern ermordet worden war, eine Messe lesen (Philippe Cohen-Grillet und Christian
Terras, »Quand Mgr Feltin collaborait avec M. Papon«, in:
Golias, September–Oktober 1997). Außerdem sei daran erinnert, daß Feltin, obwohl de Gaulle ihn auf die Liste der »Uner-

wünschten« setzen ließ, in aller Ruhe seine Karriere als Erzbischof von Paris beenden konnte.

Pius XII. hat also die energische Haltung seines Vorgängers gegenüber den totalitären Systemen und dem Antisemitismus nicht fortgesetzt. Vor seinem Tod 1939 hatte Pius XI. noch an einer letzten Enzyklika gearbeitet. Sie trug den Titel *Humani generis unitas* und hätte den Verdacht der Sympathie der Kirche für diese ideologischen Verirrungen ein für allemal beseitigt. Pius XII. ließ den Entwurf jedoch verschwinden. Erst 56 Jahre später sollte er veröffentlicht werden (vgl. Georges Passelecq und Bernard Suchecky, »L'encyclique cachée de Pie XI«, in: *La Découverte,* 1995). Wahrscheinlich dachte er voller Angst an das Konkordat zwischen Hitler und Pius XI. von 1933. Damals hatte Hitler dem Papst erklärt, daß er nicht sicher sei, ob er die nationalsozialistische Partei davon abhalten könne, die katholischen Privatschulen zu schließen und die katholischen Jugendverbände zu verbieten, wenn der Vatikan weiterhin die katholische Zentrumspartei unterstützen würde. In seiner Sorge um die deutschen Katholiken gab Pius XI. damals nach. In der Zwischenzeit hatte sich die Situation jedoch zugespitzt, und es ist deshalb verständlich, daß Pius XII. Hitler keinen neuen Anlaß zu Drohungen geben wollte (James Pool, *Hitler and His Secret Partners,* New York 1997).

Trotzdem ist dieser Papst durch sein außergewöhnliches Wohlwollen gegenüber Deutschland stark belastet. Offensichtlich konnte Pacelli nicht zwischen dem Nationalsozialismus und dem »ewigen« Deutschland unterscheiden. Diese Kurzsichtigkeit war sicherlich auch der Grund, weshalb er als Apostolischer Nuntius von Bayern den Vatikan überredet hatte, Millionen von Dollar in die Wirtschaft des Dritten Reichs zu investieren. Angeblich hat er auch Hitler Geld gegeben. Schwester Pascalina, seine deutsche Haushälterin, will nämlich in München bei einer Unterredung zwischen Hitler und Pacelli gesehen haben, wie letzterer Hitler einen hohen Betrag aus dem Kirchenfonds überreicht hat (Paul I. Murphy, *La Popesa,* New York 1983).

Ebenso ungeschickt – und für seine Verteidiger peinlich – ist die Tatsache, das Pius XII. 1947 geholfen hat, aus Deutschland stammende Goldbarren auf Umwegen in die USA zu schaffen. Dazu gibt es einen Bericht von einem nicht namentlich genannten ehemaligen Oberst der U.S. Military Intelligence und eine detaillierte Studie von John Loftus und Mark Aarons mit dem Titel *The Secret War against the Jews* (New York 1994). Die Brüder Dulles – John Forter Dulles war unter Eisenhower Staatssekretär

(1952) und Allen Dulles Verwaltungschef der oss (Organization of Strategic Services, Vorläufer des cia) – haben zwischen 1942 und 1945 das Gold über Bern auf eine Bank des Vatikans gebracht, es offensichtlich auf diese Weise gewaschen und in die Vereinigten Staaten exportiert. Die Geschichte scheint glaubhaft zu sein, denn Loftus und Aarons geben viele Einzelheiten an.

20 *Les Juifs ...,* op. cit.

21 *Menschliches, Allzumenschliches,* 1878 erstmals erschienen. Das Zitat widerspricht denen, die – weil sie Nietzsche nicht gut kennen – in ihm trotz deutlicher Hinweise einen der geistigen Wegbereiter des Nationalsozialismus, des Antisemitismus und anderer Verirrungen sehen wollen. Dazu ein Beispiel: 1998 kam in der *The Sunday Times* ein Bericht über die Untaten junger Ganoven, die der Zeitungsredakteur damit zu erklären versuchte, daß diese jungen Leute »zuviel Nietzsche gelesen« hätten. Außerdem sei an dieser Stelle an folgenden Ausspruch von Jacques Derrida erinnert:»Die einzige Politik, die sich auf Nietzsche berufen konnte, war wohl die Politik des Nationalsozialismus. Dies besagt wohl schon sehr viel und sollte mit all seinen Konsequenzen betrachtet werden« *(Otobiographies: L'enseignement de Nietzsche et la politique du nom propre).* Wahrscheinlich haben die Nationalsozialisten Nietzsche nicht richtig gelesen oder sind den schlimmen Fälschungen der Nietzsche-Schwester Elisabeth Förster, die den Führer sehr verehrte, aufgesessen.
Es handelt sich eindeutig um Unwahrheiten, denn Nietzsche selbst hat oft genug seinen Unwillen über den Antisemitismus zum Ausdruck gebracht. Dies war letzten Endes auch der Punkt, der ihm bei Wagner nicht gefiel und weshalb er sich mit dem Komponisten überwarf.

22 Der folgende Ausspruch von Jacques Bainville macht deutlich, wie falsch man in Frankreich die Situation in Deutschland einschätzte:»Der Frieden hat die Einheit des deutschen Staates bewahrt und gestärkt« *(Les conséquences politiques de la paix.* Neuauflage Paris 1995). Was Bainville jedoch als einer der wenigen der rechten französischen Szene mit sicherem Gespür vorausgesehen hatte, war das Bündnis, das Deutschland in Rapallo mit Rußland einging, um die noch ausstehende Rechnung mit Polen begleichen zu können.

23 Am 21. Juni 1920 hatte die Konferenz von Boulogne einen Betrag von 269 Milliarden Goldmark veranschlagt, der innerhalb von 42 Jahren zu bezahlen war.

24 Die diktierten Bedingungen waren für Deutschland niederschmetternd: Verlust von Westpreußen und Memelland, Danzig

wurde zur Freien Stadt erklärt. Außerdem gingen über »revidierte« Volksentscheide Gebiete an Belgien, Dänemark und Polen verloren, nämlich Eupen-Malmedy, Nordschleswig und Teile von Ostpreußen und Oberschlesien. Das Saarland sollte 15 Jahre lang vom Völkerbund besetzt werden. Des weiteren mußte Deutschland auf seine Kolonien verzichten: Deutsch-Südwestafrika (Namibia), Togo, Kamerun, Deutsch-Ostafrika (heute Teile von Tansania, Ruanda und Burundi) und das Bismarck-Archipel sowie die Marshall- und Samoa-Inseln im Pazifik. Die deutsche Kriegs- und die deutsche Handelsmarine wurden beschlagnahmt, der Generalstab wurde aufgelöst. Auch das gesamte Waffenmaterial mußte an die Alliierten abgegeben werden...

25 Nur aufgrund der raschen Aufeinanderfolge von Revolution (1918), Inflation (1923) und Weltwirtschaftskrise (ab 1929) konnte in Deutschland eine Unperson wie Hitler an die Macht kommen.

26 Winston Churchill, *Great Contemporaries,* 1935. Am 20. August 1940, also fünf Jahre später, schrieb André Gide in sein Tagebuch: »Ich kann mich einer mit Angst und Lethargie gepaarten Bewunderung für Hitler nicht erwehren.« Ein Moment der Verirrung sicherlich, denn André Gide wählte letzten Endes das freie, unbesetzte Frankreich, aber eben doch eine Verirrung.

27 Am 14. Mai 1929 griff der *Völkische Beobachter* ein längst vergessen geglaubtes Gerücht wieder auf: »Vatikanische Akten als Beweismaterial für die jüdischen Ritualmorde«.

28 Hinter der Verurteilung jener französischen Soldaten wegen Aufruhrs gegen den Staat steht die Idee von der absoluten Oberhoheit des Staates. So gesehen müßte man jedoch auch den französischen Widerstand während des Zweiten Weltkriegs als Befehlsverweigerung auffassen. Denn wenn man – wie das ja mancher tut – die Vichyregierung als die offizielle Vertretung des französischen Staates anerkennt, führt das zu einem Grundsatzkonflikt, der bisher wenig beachtet wurde.

29 Ross, *So It Was True,* op. cit. Die Symbolkraft der Geste war groß, denn die Baptist World Alliance (BWA) ist eine mitgliederstarke Vereinigung. In den 50er Jahren zählte sie weltweit 21 Millionen Mitglieder (»Baptist«, in: *Encyclopaedia Britannica*). Die Entscheidung löste heftige Kritik aus, doch die BWA hielt an ihr fest. John Bradbury, der Korrespondent der amerikanischen Tageszeitung *The Watchman-Examiner,* lieferte in seinem Bericht über die Konferenz ein idyllisches Deutschlandbild: Ein Land, in dem es keinen Jazz gab, keine »sexuelle« Literatur und keine »schmutzigen« Gangsterfilme (Ross).

30   Bella Grunberg und Pierre Dessuant, *Narcissisme, christianisme et antisemitisme*, Arles 1997. Eigentlich bin ich kein Freund der überspannten Interpretationen mancher Psychoanalytiker in Sachen Politik. Trotzdem ist festzuhalten, daß das, was man heute über das Verhalten der meisten Nazigrößen weiß – Hitler, Heydrich, Heß, Himmler und andere –, auf typische Geisteskrankheiten hindeutet. Hinweise auf die zahlreichen »Hitlerstudien« der letzten Zeit wird man in diesem Buch nicht finden. Denn viele messen meiner Meinung nach den Nebensächlichkeiten eine allzu große Bedeutung bei. Es ist beispielsweise wenig wahrscheinlich, daß Hitler deshalb ein Antisemitist war, weil er ein Mitschüler von Ludwig Wittgenstein, dem berühmten Philosophen jüdischer Abstammung, war. Es gab noch viele andere Jungen in der Klasse, doch zu einem Bund gegen Wittgenstein taten sie sich deshalb noch lange nicht zusammen. Auch Hitlers Sexualität, ein besonders scheußliches Thema, war der Ausgangspunkt für manche Hypothese. Warum sollte die Tatsache, daß Hitler möglicherweise nur einen Hoden hatte, etwas über seinen Charakter aussagen? Mehr Aufschluß bietet hingegen seine Drogensucht.

31   »Vers la solution finale«, in: *L'Histoire* vom Oktober 1998. Philippe Burrin ist Geschichtsprofessor mit dem Spezialgebiet »Internationale Beziehungen« an der Genfer *École des hautes études internationales*. Die Entwicklung der Unterdrückungsmaßnahmen in der Zeit von 1933 bis 1945 und wie mit ihnen ein ganzes Volk terrorisiert wurde, sind Themen, die weit über den Rahmen dieses Buches hinausgehen. In den beiden Arbeiten von George S. Browder, *The Foundations of the Nazi Police State. The formation of SIPO and SD* (Oxford 1990) und *Hitler's Enforcers. The Gestapo and the SS Security Service in the Nazi Revolution* (Oxford 1997), werden diese Themen jedoch ausführlich behandelt.
Allem Anschein nach hat sich die Polizei, die fast unverändert von der Weimarer Republik – ja sogar noch aus den Zeiten des Kaiserreiches – übernommen worden war, freiwillig den Nationalsozialisten angeschlossen, zumal diese ihr in ihrem gewaltsamen Vorgehen gegen die Kommunisten völlig freie Hand ließen. Seit der Revolution von 1918 galten die Kommunisten als Feinde der Nation, nicht nur als Feinde des Nationalsozialismus. Laut Browder fühlte sich die Polizei in ihrem Kampf gegen die Kommunisten von der Weimarer Republik allein gelassen. Im Gegensatz zu Goldhagens These war die Polizei nicht grundsätzlich vom Antisemitismus geprägt, wohl aber von einem star-

ken Antikommunismus. Bei der Durchsicht der Bewerbungsakten für den Sicherheitsdienst der Jahre 1932 bis 1934 stellte Browder fest, daß nur 3 Prozent der neu Eingestellten antisemitische Gefühle äußerten. Der Antikommunismus stand deutlich im Vordergrund. Erst nach der Verkündigung der Nürnberger Rassengesetze 1935 war die Polizei angehalten, auch gegen die Juden vorzugehen.

Mit verschiedenen Maßnahmen gelang es den Nationalsozialisten, die Polizei an sich zu binden: All diejenigen, die polizeilich verfolgt wurden, verloren sämtliche Rechte. Auch Folter war erlaubt. Außerdem standen der Polizei in reichlichen Mengen Mittel und Personal zur Verfügung.

32 Leo Strauss (1899–1973), einer der herausragendsten politischen Philosophen des 20. Jahrhunderts, ist gebürtiger Deutscher. 1938 wanderte er in die Vereinigten Staaten aus und wurde 1944 amerikanischer Staatsbürger. Seine beiden wichtigsten Werke sind *On Tyranny* (1948, 1968 neu aufgelegt) und *Naturrecht und Geschichte* (1956, Frankfurt am Main 1977). Er ist für alle, die sich mit totalitären Systemen – vor allem mit dem Nationalsozialismus – auseinandersetzen wollen, ein maßgeblicher Analytiker.

33 Diese Feststellung stammt aus einem Vortrag, den Strauss am 26. Februar 1941 in New York gehalten hat.

34 Die reaktionären Vorläufer der Nationalsozialisten warfen Rathenau vor, Deutschland an die Alliierten verkaufen zu wollen. Mit dem Sturz des Kabinetts von Reichskanzler Wirth, dem Rathenau als Wiederaufbauminister angehört hatte, und der Besetzung des Ruhrgebiets durch die Franzosen bewirkte das Attentat jedoch das Gegenteil von dem, was seine Mörder erhofft hatten.

35 Es ist die Ansicht von Hermann Rauschning (*Die Revolution des Nihilismus*, 1938). Auch Leo Strauss stimmt ihr zu: Die Ziele der Nationalsozialisten waren nicht von vornherein festgelegt. Das methodische Vorgehen gegen die Juden täuscht über die Tatsache hinweg, daß die Strategien in der Zeit zwischen der Machtergreifung 1933 und der Entscheidung für die Endlösung 1942 häufig wechselten.

36 Browder, *The Foundations…*, op. cit.

37 Ein zusammenfassender Bericht der Konferenz war in 30 numerierten Kopien an die betroffenen NS-Größen verteilt worden. Das Wichtigste über die Konferenz findet sich in Hilbergs meisterhafter Studie *Die Vernichtung…*, op. cit., unter anderem auch das, was der Angeklagte Eichmann in der Gerichtssitzung vom 26. Juni 1961 an Informationen lieferte. Zwei andere in dieser Frage aufschlußreiche und immer noch aktuelle Arbeiten sind

meines Erachtens die von Gerald Reitlinger (*Die Endlösung*. *Hitlers Versuch der Ausrottung der Juden 1939–1945*, Berlin 1983, 1968) und die von Lucy Davidowicz (*Der Krieg gegen die Juden 1933–1945*, München 1979).

38 Einzelheiten über die Unterhandlungen finden sich bei Gerald Reitlinger, *Die Endlösung...*, op. cit.

39 Robert W. Ross (op. cit.) fand in der protestantischen Presse Amerikas aus der Zeit von 1939 bis 1942 616 direkte und indirekte Hinweise auf diese Vorgänge.

40 Richard Breitmann, *Official Secrets. What the Nazis Planned, What the British and Americans Knew*, London 1998. Laut Breitmann erfuhren die Engländer nur über das berühmte Spionagebekämpfungszentrum von Blechtley Park, das die deutschen Funkmeldungen abhörte, vom Großeinsatz der deutschen Polizei, die 1941 und 1942 mit der Hinrichtung der Juden hinter der Ostfront beauftragt war. Als Churchill im Oktober 1941 in einer Rede die deutschen Greueltaten erwähnte, löste dies bei Hitler, der sich von jemandem aus seiner näheren Umgebung verraten glaubte, wieder einmal einen Wutanfall aus.

41 Mosley, der nach der Kriegserklärung interniert worden war, wurde 1943 aus gesundheitlichen Gründen wieder in die Freiheit entlassen. Er gründete 1948 die rechtsradikale Union Movement, in der 51 rechtsextreme Organisationen zusammengefaßt waren; in Wirklichkeit handelte es sich dabei um Buchclubs, die antisemitische und faschistische Titel herausgaben.

42 Ramsays politische Laufbahn erinnert eher an einen Roman von Evelyn Waugh als an die wirkliche Politik. Er mischte sich jedoch auch in Spionagegeschäfte ein, was fatale Folgen für ihn hatte. Tyler Kent, ein Mitglied seines Right Clubs, arbeitete offiziell für die US-amerikanische Botschaft. 1940 gelang es ihm, von den geheimen Telegrammnachrichten zwischen Churchill und Roosevelt Abschriften zu machen und diese an einen »Mr. Macaroni« von der italienischen Botschaft weiterzuleiten (Richard Griffiths, *Patriotism Perverted. Captain Ramsay, the Right Club and British Antisemitism*, London 1998).

43 Pool, *Hitler...*, op. cit.

44 Wie jeder weiß, war jedoch die Deutschfeindlichkeit kein Hinderungsgrund für eine Kollaboration mit den Nazibesatzern.

45 Der Artikel erschien am 2. September 1938, also nach dem Anschluß, und zwar mit der Überschrift: »Wien unterm Hakenkreuz. Die Juden wollten den Anschluß. Wegen der Juden haben ihn die Wiener akzeptiert.« Zitiert wird dieser nicht nur niederträchtige, sondern auch absurde Bericht von Pierre-Marie Diou-

donnat in seiner beachtenswerten Studie *Je Suis Partout 1930– 1944. Les maurassiens devant la tentation fasciste* (La Table Ronde, 1973). Dioudonnat kommt zu der Feststellung, daß das rechte Gedankengut damals eine unbeschreibliche Mischung aus Unwahrheiten und Fanatismus war, von den von der Geschichte widerlegten Ideen ganz zu schweigen. Im übrigen bleibt zu prüfen, inwieweit die von Dioudonnat verurteilte Gedankenwelt wirklich dem italienischen Faschismus à la Mussolini gleichzusetzen war. Dieser Faschismus unterschied sich nämlich sehr von der Ideologie und Kultur der damals rechten Szene in Frankreich. Wenn man wirklich etwas aus den Fehlern der französischen Rechten vor dem Zweiten Weltkrieg lernen will, so sollte man vielmehr das in der damaligen westlichen Welt einschließlich den USA stark ausgeprägte reaktionäre Denken dem demokratischen Denken gegenüberstellen. Wie Albert O. Hirschman (*The Rhetoric...*, op. cit.) dargelegt hat, muß sich dieses demokratische Denken mit zwei gegensätzlichen Hypothesen auseinandersetzen: nämlich mit der Hypothese, daß die Demokratie eine Gefahr für die Freiheit darstellt, und mit der Hypothese, daß der Wohlfahrtsstaat eine Gefahr für die Freiheit und die Demokratie darstellt. In reaktionären Reden schleicht sich sehr leicht Rassismus ein und bringt das Judentum auf eine philosophische Ebene, die bisher meines Erachtens nur oberflächlich untersucht wurde.

46 Ebd.

47 Ebd. Man beginnt die Regierungsreform mit Schrecken zu betrachten, die für den berühmten Historiker Le Goff, der 1953 in die Académie Française gewählt wurde und unter anderem *Le siècle de Louis XV* geschrieben hat, die Idealform gewesen wäre.

48 »Anstatt in Reynaud und Daladier zwei Männer zu sehen, die das Land in die Niederlage geführt haben, der eine aus Leichtsinn, der andere, weil er gar nichts tut, ist man der Meinung, daß der eine den Krieg und der andere den Frieden will«, schrieb damals Alfred Fabre-Luce im Kapitel *Paris 40* seines *Journal de la France, Mars 1939–Juillet 1940* (Paris 1941).

49 Muß man an Franklin D. Roosevelts Abhängigkeit vom Kongreß und Senat erinnern und an die allgemeine Stimmung, die gegen einen Kriegseintritt war? Erst nach dem japanischen Angriff auf Pearl Harbor 1942 konnte der Präsident den Achsenmächten den Krieg erklären.
In manchen Leitartikeln vor und nach dem Kriege wurde immer wieder betont, daß die Vereinigten Staaten vor ihrem militärischen Einsatz auf der Seite der Alliierten den Juden in Deutsch-

land nicht helfen konnten, ohne in die inneren Angelegenheiten eines Landes einzugreifen. Das Argument ist nicht stichhaltig, denn die Vereinigten Staaten hätten sehr wohl etwas unternehmen können, beispielsweise durch die Verlegung der Olympischen Spiele von 1936 an einen anderen Austragungsort. Diese fanden bekanntlich in Berlin statt und wuden von Hitler weidlich für propagandistische Zwecke ausgenutzt.

Der entscheidende Punkt ist jedoch, daß die Vereinigten Staaten früher in den Krieg hätten eintreten können, wenn sie den Naziterror in seinem vollen Ausmaß erfaßt hätten. Aber ein großer Teil der amerikanischen Machthaber war nicht nur gegen den Kriegseintritt, sondern empfand auch noch Sympathie für die Nationalsozialisten. Einer der bekanntesten Vertreter der nazifreundlichen Amerikaner war der damals als Botschafter in London arbeitende Joseph Kennedy, der Vater des späteren Präsidenten John F. Kennedy. Er hat 1938 die deutsche Annektion des Sudetenlandes unterstützt. Als in London durchsickerte, daß man in der deutschen Armee einen Staatsstreich gegen Hitler vorbereitete, wehrte sich Kennedy entschieden gegen eine Unterstützung dieses Staatsstreiches durch die Vereinigten Staaten, denn seiner Meinung nach hätten damit die Kommunisten die Macht in Deutschland übernommen (Pool, *Hitler...*, op. cit.). Dieses Argument entbehrte jedoch jeder Grundlage: 1938 war die deutsche Armee durch und durch nationalsozialistisch eingestellt, wie mir 1956 in den Privatgesprächen mit General Fritz von Bayerlein bestätigt wurde.

Noch schlimmer allerdings ist die Tatsache, daß derselbe Joseph Kennedy in London in einem Gespräch mit dem deutschen Botschafter Herbert von Dirksen erklärt hat, daß Deutschland sich von den Juden »befreien« (»get rid of«) könne, wenn dies auf diskrete Weise geschehe. Er fügte außerdem hinzu, daß auch die Vereinigten Staaten antisemitisch seien, und führte als Beweis dafür die Tatsache an, daß der Golfclub von Boston seit 50 Jahren keine Juden aufgenommen habe (Pool, *Hitler...*, op. cit). Das sind Äußerungen von einiger Tragweite, denn sie machen die Vereinigten Staaten eindeutig zu Komplizen der in Deutschland stattfindenden Judenvernichtung.

1939 schließlich beschlossen Joseph Kennedy und James D. Mooney, Direktor der deutschen General-Motors-Werke, für Deutschland einen hohen Kredit zu organisieren. Dazu wollte Kennedy sich im Pariser Hotel Ritz mit Görings Wirtschaftsbeauftragtem Dr. Helmut Wohlstatt treffen. Doch der Geheimdienst schlug Alarm, und Kennedy bekam keine Erlaubnis, nach

Paris zu reisen. Also reiste Wohlstatt nach London, und nach einem zweistündigen Gespräch mit Joseph Kennedy einigte man sich auf einen Kredit von einer Milliarde Golddollar für das Dritte Reich. Der Kredit wurde jedoch nie bewilligt, denn am 3. September erklärte Großbritannien Deutschland den Krieg. Kennedy konnte es nicht fassen. Seitdem setzte er alle Hebel in Bewegung, um die Vereinigten Staaten von einem Eintritt in den Krieg abzuhalten. Auch Charles Lindberghs Einflußnahme beschränkte sich nicht auf Salongespräche: Er versicherte, daß die deutsche Luftwaffe ohne Risiko Paris und London zerstören könnte, und beeinflußte somit die englische Entscheidung, von einer Intervention im Zusammenhang mit dem Einmarsch deutscher Truppen in die sogenannte Resttschechei abzusehen. Doch Joseph Kennedy und Charles Lindbergh waren nicht die einzigen einflußreichen Amerikaner, die dem Dritten Reich wohlwollend gegenüberstanden. Die bereits erwähnten Brüder Dulles (s. Anmerkung 19) und Nelson Rockefeller, Direktor der die Erdölgesellschaft Standard [Oil] of New Jersey kontrollierenden Chase National Bank und späterer Staatssekretär für Lateinamerika und Vizepräsident der Vereinigten Staaten, haben bis 1945 mit den Nationalsozialisten zusammengearbeitet. Am Ende des Krieges halfen die Brüder Dulles den Nationalsozialisten, ihren Besitz ins Ausland zu retten, und während des Zweiten Weltkriegs wurde das Dritte Reich von der Standard of New Jersey über Spanien mit Erdöl beliefert. Aus diesem Grunde bezeichnete Harry Truman 1942, als er lediglich einfacher Senator war, das Verhalten der Rockefellers als Verrat. Vgl. Loftus, Aarons, *The Secret War...*, op. cit.

50 Tatsächlich ist die Geschichte etwas komplizierter: Bereits seit 1932 nahm man Atomspaltungen vor. Doch die dabei freigesetzte Energie reichte für eine notwendige Kettenreaktion nicht aus. Erst mit den Versuchen von Hahn und Straßmann zeichnete sich eine erste Möglichkeit ab. Außerdem wurde bei dieser Gelegenheit die berühmte Einstein-Formel $E = mc^2$ überprüft. Bohr war sich der Tragweite dieser Entdeckung bewußt, als er im Januar 1936 in die Vereinigten Staaten reiste, um dort mit Einstein, J. A. Wheeler und anderen Physikern über die Erfahrungen von Hahn und Straßmann zu diskutieren. Die mathematischen Berechnungen ergaben, daß die Reaktion 2,5 Neutronen pro gespaltenes Atom produziert, also genug für eine Kettenreaktion. Nachdem zahlreiche theoretische und praktische Probleme gelöst waren, ging am 2. Dezember 1942 an der Universität von

Chicago der weltweit erste Atommeiler in Betrieb und produzierte zum ersten Mal kontinuierlich in kontrollierter Reaktion Atomenergie. Man hat sich oft darüber gewundert, daß die deutschen Physiker nicht in der gleichen Weise den physikalischen Gedanken weitergeführt haben wie Bohr. Doch vieles bleibt im dunkeln. Wenn man dem hervorragenden deutschen Wissenschaftler Werner Heisenberg glauben darf, hatten die deutschen Physiker die Tragweite von Hahns Experiment sehr wohl begriffen, haben aber das Forschungsprogramm, mit dem sie beauftragt waren, absichtlich in die Länge gezogen, um Hitler keine Atombomben zur Verfügung zustellen.

4 Mahnruf

1 *The Rhetoric...*, op. cit.

2 Das Fehlen eines identitätsstiftenden Nationalismus ist sicherlich einer der Hauptgründe für die Toleranz gegenüber den Juden in den Jahrhunderten der islamischen Expansion. Die Muslime waren stets auf Wanderschaft und konnten deshalb mit Landesgrenzen wenig anfangen. Wie die Juden waren sie Nomaden, mit dem Unterschied allerdings, daß ihr Nomadentum eine militärische Dimension hatte.

3 Der seit 1999 verschwundene amerikanische Historiker Georges L. Mosse befaßte sich eingehend mit dem engen Zusammenhang zwischen der »Männlichkeit« – ein von der Gesellschaft des 19. Jahrhunderts konstruiertes Konzept – und dem reaktionären, zu demokratiefeindlichen Totalitarismen führenden Gedankengut.

4 Sehr aufschlußreich ist die reich dokumentierte Studie von Kenneth S. Stern (*A Force upon the Plain. The American Militia Movement and the Politics of Hate*, New York) über die alarmierende Zahl der »patriotischen«, »christlichen« und vor allem rassistischen und ausgesprochen antisemitischen Neonazis. Sie alle sind bis an die Zähne bewaffnet und wollen die christliche amerikanische Nation gegen die Mächte des Bösen (Neger, Juden und Demokraten) verteidigen. Es war einer von ihnen, der 1999 das Feuer auf die Kinder einer jüdischen Schule eröffnete. In *The Vanishing American Jew* (New York 1997) berichtet der berühmte amerikanische Rechtsanwalt und Journalist Alan M. Dershowitz, daß er jede Woche rund 50 Telefonanrufe und 35 Briefe von Antisemiten erhält.

5 Daniel Bourgeois, *Business helvétique et IIIe Reich*. Lausanne 1998.

6 Im Spätsommer 1998 kam es in Polen zu einem nicht nur unwürdigen, sondern auch lächerlichen Streit. Ich erwähne ihn hier nur, weil er deutlich zeigt, welcher Mangel an Sensibilität und welches Unverständnis in gewissen Kreisen in bezug auf die Shoah herrscht. Ein benachbartes Karmelitinnenkloster ließ auf dem ehemaligen Lagergelände von Auschwitz an die 230 Kreuze aufstellen. 80 dieser Kreuze waren je 4 Meter hoch, die anderen rund 150 Kreuze waren kleiner. Außerdem war 1998 ein 7 Meter hohes sogenanntes Papstkreuz errichtet worden, das 1979 während der ersten Polenreise von Johannes Paul II. im Lager Birkenau gestanden hatte. Als Reaktion auf den Einspruch der Juden, die über diesen Wald von Kreuzen betroffen waren, erklärte der polnische Episkopat, daß diese Kreuze tatsächlich einer Provokation gleichkämen und »die Sammlung der Gedanken an diesem besonderen Ort« empfindlich störten. Außerdem würden sie sich »auf das Gedenken an die Opfer, auf die Kirche und auf die Nation negativ auswirken und die Gefühle unserer jüdischen Brüder schmerzhaft verletzen« (vgl. Henri Tincq, »L'episcopat polonais dénonce la ›provocation‹ des croix d'Auschwitz«, in: *Le Monde* vom 27. August 1998).

Eine vernünftige Stellungnahme. Dennoch empfahl der Episkopat, das große Kreuz beizubehalten. Es war an der Stelle errichtet worden, wo zu Beginn des Krieges 152 polnische Patrioten erschossen worden waren. Sie wurden jedoch nicht wegen ihres Glaubens, sondern aus politischen Gründen hingerichtet. Deshalb ist ein Gedenkkreuz, das außerdem auch noch dem Kirchenoberhaupt gedient hatte, eigentlich fehl am Platz. Auch die polnische Regierung war dieser Meinung: Auschwitz sei kein christlicher Ort, sondern eine Gedenkstätte, die ihren besonderen Charakter behalten und daran erinnern sollte, daß religiöse Gründe zum Massenmord geführt haben.

Am darauffolgenden Tag – es war der 25. August 1998 – brachte Erzbischof Jozef Glemp, der Primas von Polen und »Wortführer der unnachgiebigsten Linie innerhalb der polnischen Kirche«, sein Bedauern zum Ausdruck, daß »die jüdische Nation, die einst in Polen im Wohlstand gelebt hat und nach all den schrecklichen Erlebnissen eigentlich reifer sein müßte als die anderen, heute keine Worte des Verständnisses und des Kompromisses findet«. Mit anderen Worten: »Hat euch die Lektion nicht gereicht?« Besonders peinlich waren die spitzfindigen Argumente, mit denen Glemp anschließend erklärte, daß das Lager in Auschwitz zwar

in Polen, aber eben im besetzten Polen errichtet worden war
(AFP, »Le primat de Pologne envenime le débat sur les croix
d'Auschwitz«, in: Le Monde vom 28. August 1998). Es sind
schon seltsame Worte: Weshalb sollte das Grauen, das die Juden
erlebt hatten, sie dazu bringen, sich mit einem Kompromiß ab-
zufinden? Ändert die Tatsache, daß das Vernichtungslager im
besetzten Polen eingerichtet wurde, etwas daran, daß die Opfer
vor allem Juden waren? Wollte man etwa am Ort des Schreckens
eine Nationalflagge hissen? Und wie sollte denn der geforderte
Kompromiß aussehen? Wollte man die 230 Kreuze auf die Hälfte
reduzieren? Oder gar das »Papstkreuz« auf halber Höhe absä-
gen? Menachem Joskovitch, der Großrabbiner von Polen, hat
nicht ganz unrecht, wenn er die Entfernung aller Kreuze fordert, denn »ob ein oder tausend Kreuze, das kommt auf dasselbe
hinaus«.
Allein schon ein solcher Vorfall ist Grund genug, ein Buch wie
dieses hier zu schreiben, denn aus der Affäre spricht der reine
Antisemitismus.

7 Am 29., 30. und 31. Oktober 1998 kam es in Rom während eines
dreitägigen internationalen Symposiums von Historikern und
Theologen zum Thema Inquisition zu einem offiziellen Reuebekenntnis, vgl. Henri Rinc »L'Église se repent des bûchers de
l'Inquisition«, in: Le Monde vom 30. Oktober 1998. Ein wie
üblich recht spätes Reuebekenntnis, denn es hat lange gedauert,
bis man diesen christlichen Vorläufer der Gestapo oder des KGB,
der die Inquisition nun einmal war, ohne Widerspruch zu den
verbrecherischsten Einrichtungen der Geschichte rechnete.

8 Mehrere Ethnologen haben mich im Laufe der Jahre überzeugt,
daß der wissenschaftliche Begriff »Ethnie« – ein in erster Linie
kultureller Begriff, der gerne dem anatomisch-biologischen Begriff »Rasse« gegenübergestellt wird – oft in sinnentstellender
Weise für rassistische Zwecke verwendet wird.

9 So zitierte die französische Tageszeitung Le Monde am
25. Januar 1999 Jean-Yves Le Gallou, den Sprecher der rechten
Partei Front National–Mouvement National (FN-MN): »Der
europäische Kampf wird sich in Zukunft um die Identität dre-
hen, d. h. um das Recht der Franzosen und der anderen europäischen Völker auf Wahrung ihrer Identität, ohne überrannt oder
durch eine endlose Einwanderungswelle kolonisiert zu werden.
Denn diese Einwanderungen sind die größte Bedrohung der Identität, ja der Substanz Frankreichs und Europas.« Le Gallou nennt
als Grundlage der europäischen Zivilisation die »in den Regionen, Provinzen und Landschaften verwurzelte Kultur« (Chri-

stiane Chombeau,»Bruno Mégret lance son Front National dans la campagne européenne«). In der Auseinandersetzung mit der Realität dieses Europas besannen sich die Vertreter der FN-MN auf die alte Rede von Charles Maurras. In Anbetracht solcher Äußerungen fragt man sich, ob Algerien, das zur Zeit von Maurras in drei »Departements« eingeteilt war, mit seinem Couscous und seinen damals auch islamischen Festen eine »Landschaft« französischer Identität war. Le Gallou sprach sich übrigens dafür aus, »gegenüber Bürgern EU-fremder Staaten« die nationalen Grenzen zu schließen, wahrscheinlich weil jene ja angeblich weder Kultur noch Zivilisation besitzen. Es stellt sich also die Frage, ob Kultur und Zivilisation ausschließlich in der Europäischen Union zu Hause sind.

10 1993 waren es 1,87 Mrd. bei insgesamt 5,8 Mrd. Erdbewohnern. Die Katholiken machen mit 1,3 Mrd. ein knappes Viertel der Weltbevölkerung aus.

11 Dershowitz, *The Vanishing...*, op. cit. Danach sind den amerikanischen Juden des ausgehenden 20. Jahrhunderts die typischen jüdischen Merkmale verlorengegangen:»Die Juden der gegenwärtigen Generation befanden sich nie in der Opferrolle, die unser Volk in der Vergangenheit so stark geprägt hatte [...] Die jüdische Welt hat sich seit dem Ende des Zweiten Weltkriegs so stark gewandelt [...], daß unsere Kinder ihre Großeltern nicht mehr wiedererkennen.«

12 Den Zionismus, den identitätsbildenden Nationalismus der Juden, habe ich in diesem Buch nur knapp angesprochen, denn er hat mit der Geschichte des Antisemitismus nicht viel zu tun. Der Zuspruch hielt sich außerdem lange Zeit in Grenzen: 1930 beispielsweise zählte die amerikanische Zionistenorganisation ganze 8000 Mitglieder. Meines Erachtens hatte der Zionismus keine großen Auswirkungen auf den Antisemitismus. Die Feindseligkeit, mit der die arabische Welt auf die Gründung des Staates Israel reagierte, ist vor allem im politischen Kontext zu betrachten.

13 Bereits vor der Gründung des Staates Israel kam es dort zu einem solchen Elitedenken. In ihrer Arbeit *The Jews of Germany* (op. cit.) erinnert Ruth Gay an die Ausgrenzung und den Spott, den die in den 30er Jahren aus Deutschland Eingewanderten über sich ergehen lassen mußten. In der Folge kehrte sich die Situation um, und die zuvor verspotteten Aschkenasim begegneten den Sephardim mit ähnlicher Geringschätzung.

14 In seinem kurzen, aber inhaltlich interessanten Essay *Quelques réflexions sur la philosophie de l'hitlérisme* (1934 in der Zeit-

schrift *Esprit* zum ersten Mal veröffentlicht, 1997 vom Pariser
Verlag Payot-Pivages neu aufgelegt) wies Emmanuel Levinas auf
einen verblüffenden Widerspruch hin, der sich auch bei Martin
Heidegger deutlich zeigt: Weil die deutschen Universitäten auf
die Hitlerbewegung eingingen, konnten sie sich ihre Freiheit bewahren. Der Essay war eine Antwort auf Heideggers berühmt-
berüchtigte Rektoratsrede, die dem Leser auch noch 60 Jahre
später manchen Aufschluß gibt, und zwar nicht nur über Heideggers geistige Verirrungen, sondern auch über den Zusammenhang zwischen Nationalsozialismus und Antisemitismus.

Register

PIPER

Hannah Arendt
Vor Antisemitismus ist man nur noch auf dem Monde sicher

Beiträge für die deutsch-jüdische Emigrantenzeitung »Aufbau«
1941–1945. Herausgegeben von Marie Luise Knott.
245 Seiten. Geb.

»Wir können den Antisemitismus nur bekämpfen, wenn wir
mit der Waffe in der Hand gegen Hitler kämpfen.« Dieser Satz
von Hannah Arendt macht deutlich, daß die junge Philosophin
im Krieg Stellung beziehen wollte. Sie war 1941 aus Frankreich in die USA geflohen. Bald schrieb sie regelmäßig für
den »Aufbau«. Diese in New York erscheinende Zeitung des
»German Jewish Club« war das Forum der deutschsprachigen
Juden in der »freien« Welt. Und für Hannah Arendt wurde
der »Aufbau« die zentrale Verbindung zum Weltgeschehen.
Arendts »Aufbau«-Beiträge aus den Jahren 1941 bis 1945 erscheinen hier erstmals gesammelt in Buchform in einer kom-
mentierten Ausgabe. Die Texte sind zugleich ein erstes Ergebnis von Hannah Arendts politischem Handeln und der eigentliche Anfang ihres Werkes als politische Theoretikerin.

PIPER

Peter Longerich
Politik der Vernichtung

Eine Gesamtdarstellung der nationalsozialistischen
Judenverfolgung. 772 Seiten. Geb.

Die Verfolgung und Ermordung der Juden bleibt das zentrale
Ereignis der deutschen Geschichte in diesem Jahrhundert. Wie
sehr die Frage »Wie war es möglich?« bis heute drängend ak-
tuell geblieben ist, zeigen die Diskussionen in der Publizistik
der letzten Jahre.
Peter Longerich stellt diese Frage in einen grundlegenden
Kontext. Seit der Öffnung der Archive in Moskau, Ostberlin
und anderswo ist es möglich, die praktische Vorbereitung und
Planung, kurz: die Politik gegen die Juden als ein Gesamtge-
schehen darzustellen. Ging es früher allzuoft in der Forschung
um Details und Einzelergebnisse, nimmt der Autor das ganze
in den Blick. Longerich gelingt es, die Verzahnung von Politik
und Gewalt, die Logik des Geschehens, ganz neu herauszu-
arbeiten, unabhängig von »Intentionalisten« und »Funktiona-
listen« und anderen Grabenkämpfen der Zeitgeschichtsfor-
schung. Er hat damit ein Standardwerk geschaffen, das in seiner umfassenden Darstellung die zeitgeschichtliche Diskussion
der nächsten Jahre bestimmen wird.

PIPER

Joachim C. Fest
Das Gesicht des Dritten Reiches

Profile einer totalitären Herrschaft. 516 Seiten.

Serie Piper 1842

Joachim C. Fests psychologisch-biographisch angelegte
Porträts der führenden Figuren des Dritten Reiches sind längst
zum Standardwerk geworden. Das Buch beabsichtigt nicht
die umfassende, systematische Erläuterung von Herrschafts-
strukturen; vielmehr zielt es, ausgehend vom individuellen
Hintergrund, auf die Exponenten des nationalsozialistischen
Deutschland, geht jedoch in zwei Richtungen über eine reine
Geschichte der Personen hinaus: Immer nämlich sind diese
Personen ja auch Repräsentanten ihrer sozialen Herkunft,
der Motive, Affekte und Verhaltensweisen der sozialen Schicht,
der sie entstammen; zum anderen stehen sie für einen
bestimmten Bereich der Politik des Nationalsozialismus.
So beleuchtet zum Beispiel die Studie über Ribbentrop auch
die Außenpolitik, die über Goebbles auch die Propaganda dieser Periode der deutschen Geschichte. Fest ergänzt seine Darstellung durch Gruppenporträts über das Offizierskorps, über
die Intellektuellen und die Rolle der Frau im Dritten Reich.

PIPER

Stéphane Courtois, Nicolas Werth, Jean-Louis Panné, Andrzej Paczkowski, Karel Bartosek, Jean-Louis Margolin
Das Schwarzbuch des Kommunismus

Unterdrückung, Verbrechen und Terror. Mit dem Kapitel »Die Aufarbeitung des Sozialismus in der DDR« von Joachim Gauck und Ehrhart Neubert. Aus dem Französischen von Irmela Arnsperger, Bertold Galli, Enrico Heinemann, Ursel Schäfer, Karin Schulte-Bersch, Thomas Woltermann. 998 Seiten mit 32 Seiten Schwarzweiß-Abbildungen. Geb.

Dieses Buch wird den Blick auf dieses Jahrhundert verändern. Es zieht die grausige Bilanz des Kommunismus, der prägenden Idee unserer Zeit. 80 Millionen Tote, so rechnen die Autoren vor, hat die Vision der klassenlosen Gesellschaft gekostet, mehr als der Nationalsozialismus zu verantworten hat. Mit dieser These lösten die Autoren eine beispiellose Debatte aus. Es geht den Autoren nicht nur um eine Generalinventur des Terrors, sie benennen auch Mitwisser, intellektuelle Mittäter im Westen.

»›Das Schwarzbuch des Kommunismus‹ ist nicht nur eine Chronik der Verbrechen, sondern auch eine Unglücksgeschichte jener ›willigen Helfer‹ im Westen, die sich 90 Jahre lang blind und taub machten.«
Frankfurter Allgemeine

PIPER

Enzyklopädie des Holocaust

Die Verfolgung und Ermordung der europäischen Juden.
Hauptherausgeber: Israel Gutman. Herausgeber der deutschen
Ausgabe: Eberhard Jäckel, Peter Longerich, Julius H. Schoeps.
Vier Bände in Kassette. Zusammen 1912 Seiten.

In über 1000 Stichworten wird der Versuch unternommen,
die Hintergründe, Abläufe und Auswirkungen des Holocaust
zu untersuchen. Neben der gesetzlich verankerten Rassenideo-
logie des NS-Staates und den Maßnahmen der Ghettoisierung,
Deportation und Ermordung der Juden wird den Verfolgten
im nationalsozialistisch beherrschten Europa breiter Raum
gewidmet. Die Haltungen der Menschen sowohl in den
besetzten Ländern als auch in den freien Demokratien zu
den Juden werden ebenso untersucht wie die Auswirkungen
des Holocaust.

»Wer immer sich ins Studium dieser Schreckensgeschichte
vertiefen will, findet hier eine unerschöpfliche Quelle für
biographische Details, wissenschaftliche Skizzen oder lexika-
lische Informationen.«
Frankfurter Rundschau